【北京社科名家文库】

从人口学到老年学

BEIJING SHEKE MINGJIA WENKU

邬沧萍自选集

邬沧萍◎著

首都师范大学出版社
CAPITAL NORMAL UNIVERSITY PRESS

图书在版编目（CIP）数据

从人口学到老年学：邬沧萍自选集/邬沧萍著．—北京：首都师范大学出版社，2010.3（2014.04 重印）
（北京社科名家文库）
ISBN 978-7-81119-934-5

Ⅰ.①从…　Ⅱ.①邬…　Ⅲ.①人口学—文集②老年学—文集
Ⅳ.①C92-53②C913.6-53

中国版本图书馆 CIP 数据核字（2010）第 042111 号

北京社科名家文库
CONG RENKOUXUE DAO LAONIANXUE
从人口学到老年学
邬沧萍自选集
邬沧萍　著

项目统筹：杨林玉　　责任编辑：寒　梅
责任设计：王征发　　封面绘画：王征发
责任校对：李佳艺　　责任印制：何景贤
首都师范大学出版社出版发行
地　址　北京西三环北路 105 号
邮　编　100048
电　话　68418523（总编室）　68982468（发行部）
网　址　www.cnupn.com.cn
印　刷　北京集惠印刷有限责任公司
全国新华书店发行
版　次　2010 年 6 月第 1 版
印　次　2014 年 4 月第 2 次印刷
开　本　710mm×1 000mm　1/16
印　张　39.25　　插　页　1
字　数　395 千
定　价　88.00 元

出版说明

1978 年，中国改革开放的元年。自那一年开始，中国已经走过了波澜壮阔的 30 年。这是伟大的 30 年，是改变中国的 30 年，是震惊世界的 30 年，也是哲学社会科学蓬勃发展的 30 年。

在哲学社会科学这 30 年的辉煌成就里，浸透着为新中国哲学社会科学奠基的老一辈专家呕心沥血的求索，也镌刻着寻着他们足迹的后来者追求真理的步伐。“学之大者，国之重器”。我们有责任将这些“大者”潜心研究的成果，重新编辑出版以飨读者。为此，北京市社会科学界联合会和首都师范大学出版社将这一套《北京社科名家文库》奉献给读者。她以自选集的体例形式，每年推出一批，争取在几年内达到百种以上。《北京社科名家文库》将系统展示当代哲学社会科学名家学者 30 年来的学思精华，展示他们的学术探索历程和风采。同时，为使这套《北京社科名家文库》更加丰富，编委会决定在首都师范大学出版社已出版的《当代著名学者自选集》中挑选符合体例的图书，编辑成《北京社科名家文库·纪念辑》，这将更完整地反映北京学人在学术风范和学术使命上的历史延续。

我们相信，《北京社科名家文库》将能够成为具有文化传承价值的经典性大型出版工程，成为集中展示首都哲学社会科学重要成果的一个窗口。由于我们水平所限，定有不足之处，希望读者和同仁给予批评指正。

编　委　会

2009 年 11 月

邬沧萍先生

目录

北京社科名家文库

北京社科名家文库

北京社科
名家文库

我同人口学和老年学结下不解缘

一、我同人口学的历史渊源

我同人口学很早就有点渊源。新中国成立前就接触过人口问题。1971年后，我国恢复在联合国的合法席位后，就开始研究人口问题，我这时参加一点翻译工作，至今我仍然在从事人口研究。这项工作，一直持续了近40年，我是研究人口问题为时最长的一个。中国人民大学今年三月，授予我一级荣誉教授称号。2006年我办理退休后，仍继续受聘为博士生导师。今年一月被中国老年人体协、中国老年协会和全国妇联授予“第七届全国健康老人”称号。我今年仍然继续招收博士生。最近几年，我每周都照常参加一些学术会议，偶尔还有些教学或学术报告。现在，我还不时发表文章，最近花了不少的时间，完成了一篇纪念建国60周年的文章，谈到我亲历我国人口学60年沧桑的新认识。我从事人口学和老年学的研究是机遇的巧合，但也有一种历史的必然性。

我在香港、广州岭南大学读的是经济学，毕业后在上海海关学院进修，学的是对外贸易和海关业务，后受派遣在香港的中国九龙海关当过两年公务员。1948年赴美留学，在纽约大学取得MBA学位后，继续攻读博士，又在哥伦比亚大学专修统计学。我的知识结构，同人口学本来关系不很大。我在美国留学期间，人口学还是鲜为人知的学科。在美国当时，只有普林斯顿大学有专门人口研究机构。但在那个时期，世界上都在热衷于研究国民收入，我和中国学者、留学生都踊跃参加这些研究讨论课程。我们参加了世界国民收入的比较研究课题，利用了美国图书馆丰富的研究资料。经过反复的比较计算，我们研究发现，1936年是旧中国最好的年景，人口如果按4.75亿来计算，这一年，人均国民收入只有36美元，相当于美国当时的1/60～1/70，计算和研究的结果让我们大吃一惊，真正懂得旧中国贫穷到什么程度，同富裕国家差距有多大。当时，我们在美国哥伦比亚大学，一个学分学费是30美元，这一比较对我刺激极大，我认为我国贫困落后同中国人口过多关系极大，这项研究结果大大促使我响应党的号召，回国参加革命和新中国建设。

在我决定回国参加革命前，我和进步的同学学习过毛泽东同志1949年写的《历史唯心主义破产》，回国后我们也反复地学习，这篇宏文使我对我国人口问题的认识，从哲学上和政治上有了质的飞跃，但是中国人口过多和贫困问题的关系始终挥之不去。

回国后，我在北京高校工作。1952年，全国高校院系调整，仿照苏联教育模式，取消了社会学、人口学、心理学等，北京原来从事社会学、人口学的教授们都重新安排工作，这就等于官方宣告，在社会主义下，不存在人口问题和社会问题，人口学和社会学是无足轻重的。那时，我先在辅仁大学，后在中央财经学院，次年合并到中国人民大学，在统计系任教。不久，我就认识了当时北京几个高校的经济系和社会学系的知名教授，他们很多是我曾仰慕过的人口研究的知名学者，如陈达、吴景超、潘光旦、李景汉、费孝通、罗青、戴世光等。1953年，我作为统计学系教师参加当时由苏联专家指导的我国第一次人口普查，这次人口普查是中国历史上的一次突破，我也从参加普查中学到一些人口调查的知识和方法。

普查后，有识之士都焦急地等待着普查的结果。1954年，全国公布的普查数据为6.02亿，人口数据大大超过原来认为的4.75亿的估计数，高出1/4，这个人口数，不能不引起全国人民的热议。我所认识的老一辈人口学家、社会学家和经济学家都发表议论，开会讨论，许多医学专家和社会知名人士都发表意见。那个时期，中国的学术杂志不多，在《新建设》、《人民日报》、《文汇报》等都有不少关于人口的文章，大多数的知名学者都认为，我国人口过多，需要尽快节制，但也有一批声名显赫的权威学者反对，他们甚至把主张控制人口者视为马尔萨斯主义者。那时，我还在学习马列主义期间，没有参加到讨论中来。我认为争论双方都缺乏人口数据来支持。反对节制生育的一方，低估了新中国成立后，人口增长的巨大潜力，他们未认识到，人口死亡率大幅度下降，如果不加节育，人口不到30年就会翻一番，后果是严重的，我不敢苟同，但自己觉得人微言轻，没有表达自己的意见。

1957年6月反右斗争开始之初，并未牵涉到人口问题。7月5日在《人民日报》上还发表了马寅初《新人口论》，但到10月4日，《人民日报》发表一篇署名文章，题为《不许右派利用人口问题进行政治阴谋》，风云突变，矛头指向人口问题的老账和新账，我所熟悉认识的人口学者、社会学者的人口观点和主张都受到政治上的批判，几乎全部被划成右派，只有马寅初当时幸免。但其后开展的大批判对马寅初《新人口论》批判得更为严厉，批判文章多达几百篇。对他的批判一直持续到1958年大跃进，那时候“人手论”更是振振有词，批判变本加厉。直到1959年，三年困难时期的吃饭问题充分暴露后，对人口问题的大批判才冷静下来。但1957年反右斗争和随后对《新人口论》的大批判，把人口的学术问题作为政治问题来批判，使人口学者和社会学者噤若寒蝉，这种万马齐喑的局面持续了20年。我认为在20世纪50年代，已经暴露出大量人口问题，诸如人口盲目增长，特别是大跃进中高死亡率，人口锐减问题，第一、第二个人口高峰叠加问题等。如果有人口学、社会学存在，稍微重视一下人口统计资料，就很容易发现和预见到当时我国面对的是十分严峻的人口问题。

我作为统计学的教师，对人口统计学是熟悉的，在当时的政治气氛下，对人口问题却不敢妄言。现在回头来看，在新中国成立后就着手控制人口，有点不切实际，那时百废待举，顾不上人口问题是无可厚非的。然而，在第一次人口普查结果公布后，许多有识之士提出，在我国开展节制生育的意见是正确可行的，但又被反右斗争否定了；另一方面，盲目照搬苏联理论和模式，同时也取消人口学、社会学，教条地认为迅速增长是社会主义的人口规律，把主张控制人口增长的观点统统归属于马尔萨斯主义。这样把本来有可能在20世纪50年代后期，大张旗鼓在全国范围内开展计划生育的大好机遇给失掉了，这是我国人口政策的重大失误，几代人都为此付出了沉重的代价。

从已公开的文件来看，1957年反右运动前，在全国范围内开展计划生育是可能的。其一，那时许多干部和群众已经自发有节育的要求，只是缺乏领导、指导和手段。其二，党的高层领导包括毛泽东、刘少奇、周恩来、邓小平等，在当时都有过节制生育、控制人口的主张和论述，毛泽东还提出计划生育这个概念，并提出由政府设一个部门主管，制定规划等。更为重要的是在1956年，中共八大会议上就明确指出，国内的主要矛盾已经不再是工人阶级和资产阶级的矛盾，主要任务是发展生产力。并且强调：坚持民主集中制和集体领导制度，反对个人崇拜，发展党内民主和人民民主。遗憾的是未能坚持这条路线，反而开展反右斗争、大跃进、人民公社、反右倾等政治运动，直到后来提出“以阶级斗争为纲”，发动“文化大革命”十年动乱等，直到十一届三中全会后才有了转机。

1953年我调到人民大学，一边任教，一边如饥似渴地学习马列主义，参加马列主义夜大学攻读四门基础理论课，我学习非常认真规范，一周两个晚上雷打不动，每课两三小时，每学期用口试方式考试一次。四年间，我参加八次考试，以全优成绩毕业。作为一名人民大学教师，我必须掌握马克思主义才能和其他教师在同一个起跑线上，开展讨论和研究。在此期间，我学习过许多马列主义经典著作，确实受益匪浅。我把马克思主义和我过去学过的许多西方理论相比较，确有“一览众山小”之感。我把马克思主义作为我的“望远镜”和“显微镜”，使我立身处世和研究学问的世界观、人生观、价值观和方法论等，大大提高了一步，马克思主义使我后来研究人口学和老年学有了一个明确的方向。在那个年代，还很难完全摆脱阶级斗争的禁锢和教条主义的影响。

在人大统计系工作时，当时系里请来三位苏联统计教授，在讲到人口统计时，一位教授就批判一本苏联布尔亚斯基的《人口统计学》，认为这是贩卖西方人口统计学。这本书我曾看过，其中讲到稳定人口和静止人口模型，只是用了一些数学推导就受到苏联学者的批判。我认为谈的是统计方法和技术问题，不涉及政治问题。其后，又在一次讨论科研课题时，苏联教授就让戴世光教授写一篇关于批判资产阶级生命统计的反动本质的文章。我认为生命统计就是研究出生率、死亡率、生育率、人口自然增长率，是个技术方法问题。但在那时，人口问题是个学术禁区、是“高压线”碰不得的，因而我和很多人都敬而远之。但是长期形成中国人口过多、妨碍中国发展的观念，我还是一直挥之不去。这是我后来愿意献身于人口学的思想基础。

1971 年，联合国恢复我国在联合国的合法席位，中国受邀参加联合国各种人口问题讨论，并要准备参加在 1974 年召开第三次国际人口会议。在这个时期，全世界都关心第三世界人口激增问题，被认为是世界三 P(人口、贫困、污染)问题之首，全世界十分重视，并提出第三世界人口问题必须加以解决。这时，我国人口学、社会学已停办了近 20 年，只有重新筹组研究人口问题的班子。当时国家计委委托人大党委参加筹组，人大党委从各系选派很多教师参加，可能由于我有英语和统计学的基础，就这样从 1972 年初，我先从翻译国际文件开始，卷入人口研究，这对我来说是求之不得。1974 年，我国参加世界人口会议后，有关部门建议，在人民大学原有的研究基础上，正式成立专门人口研究机构，这样我就义无反顾地专门从事人口教学和研究。此后，我就把人口学作为我的专业，全身心地投入这项研究，迄今有 38 年了。

二、人口学在我国是一门不可或缺的朝阳科学

1974 年，世界第三次人口大会后，经有关部门建议并得到批准，以人民大学原有人口研究班子为基础，组建一个人口研究机构，这就意味着被取消的人口学得到恢复和正名。在人大党委组建人口机构时，原来在人口研究组的教师大多都不愿意从事人口学研究了，只有刘铮和我以及个别教师愿意兼职。在启动研究时，遇到很多困难。

首先，人口学这门学科在旧中国很不发达，专门从事人口学的学者屈指可数，留下的著作也不多，传播的人口学知识大多数是 20 世

纪30年代的学术成果，缺乏现代人口学理论、知识和方法，最为缺乏的是完整可靠的人口数据。人口上的争论文章大多是推理论文，缺乏人口变量数据来证实，不能令人信服。可以说旧中国人口学可以继承的实在是少之又少，新中国人口学几乎从零开始。

其二，闭关锁国。二战后，第三世界人口激增，国外在人口理论观点、研究重点和研究方法上都有许多创新。在联合国人口委员会资助下，1954年和1965年，在罗马和贝尔格莱德召开过两次较大的世界人口学术会议：并开展了一个规模很大的世界生育率调查。在20世纪60年代，联合国资助许多发达国家和发展中国家，开设人口研究机构和人口培训机构，专门培训第三世界人口学人才等等。所有这些，我国当时一无所知，我国人口学与国际人口学不接触，当时，国际人口科学资讯只有来自苏联的这条唯一渠道，苏联的人口科学理论同西方大相径庭，研究方法也相对落后，只能抱残守缺。同国外现代人口学自然有很大差距，要迎头赶上，绝非易事。所幸，1971年，在联合国恢复我国在联合国席位以后，中国驻联合国代表团在北京图书馆内，设立一个联合国资料室，能够取得一些资料来研究。

其三，开拓创新人口学，在当时最为困难是学术环境恶劣。人民大学人口研究机构成立时，“四人帮”还在台上，批林批孔、政治大批判之声不绝于耳，极“左”思潮和教条主义盛行，许多人对当年的大批判记忆犹新，心有余悸，使得他们对人口学敬而远之。但我还是愿意竭尽绵力开拓人口学，不求有功，但求无过。思想的禁锢不能不影响到人口学的开拓和创新，只有在十一届三中全会提出解放思想后，人口学才阔步前进。

在人口学机构成立之初，虽然心有余悸，但我们在我国现代人口学开拓和创建中，做了许多学科发展基础性的工作，为后来人口学发展做了铺垫。在十一届三中全会前，我和戴世光编写了一本《世界人口统计资料》，合著了《资本主义国家经济统计指标基础知识》、《人口统计学》，先后主编了《世界人口》，合译了《人口通论》，也编写过《人口理论》。这些书在1978年前后，都相继公开出版了，只有合著的一本《世界几个大国人口问题》没有出版，这些书对后来的教学和研究都起到很大作用。我们所许多同志研究了很多中外人口思想史和人口发展史，翻译了许多英文、俄文的人口著作、文献和资料。我建议创办一份人口刊物，以此来推动人口学发展。1977年《人口研究》首刊出版，至今已有30多年了，至今我还任名誉主编，该刊成为中国期刊方阵期刊。我们也曾出版过几期英文版，出版过几年《人口译丛》，后来因经费拮据不能持续下去。当时物质条件很差，完成这些奠基工作要付出很多的艰辛。

实践的需要是人口学发展的原动力。十一届三中全会开启的改革开放路线，使中国人口学起死回生，摒弃"以阶级斗争为纲"，确立以经济建设为中心的政治路线，这就为我国人口学发展开辟了最广阔的道路。由于开展"实践是检验真理的唯一标准"的大讨论，提出解放思想、实事求是的思想路线，把颠倒了的人口理论纠正过来，人口学者的思想禁锢和余悸得到消除，独立和创新的思想激发出来。改革开放的路线使我国人口学跟上时代的步伐。

1979年，我国与联合国人口活动基金合作，组成我国第一个人口学家代表团出国考察访问，全团5人，4位来自人民大学人口所，我是秘书长，我们应邀访问了联合国人口司、人口基金会、亚太经社理事会人口司，世界生育率调查会(WFS)，国际人口学会(IUSSP)、国际人口学研究机构联合会(CICRED)，考察了美国、法国、英国、泰国等国的十几所世界知名的人口研究和教学机构。这次考察大大开阔了我们的视野，提高了我们对现代人口学的认识；同时我也结识了多位世界知名学者，我和他们进行学术交流，成为学术同行和朋友。经过这次出国，到 2002 年之前，我先后出国访问、考察、讲学、参加会议 70 多次，还曾多次担任过人口、计生、老龄国际组织的理事。在国内也多次担任过人口国际合作项目顾问。在人口学、老年学广泛的国际交流中，我的知识和研究能力极大地提高，也为人大人口所取得很多研究国外人口、老龄的学术资料，使我们能跟踪国际人口学、老年学发展的动向，大大提高我们的研究能力和水平。

人口学是一门应用性的社会科学，这门科学的发展取决于实践对这门科学的需要和这门科学能为实践需要提供智力支持的程度。

十一届三中全会后，人口领域当务之急是控制住第一、第二个人口高峰叠加造成的人口激增的压力。人口学的任务就是要论证、阐明我国控制人口增长的必要性、重要性和紧迫性。在十一届三中全会以前，开展计划生育主要的论据着眼在有利于母婴健康、妇女解放、青年成才等理由，几乎不敢触及从经济上来论证中国人口过剩问题，怕被认为马尔萨斯主义。我认为人口学还必须作更充分的研究。改革开放后，我和许多学者根据恩格斯两种生产论，认为人口生产必须和物质生产相适应，过快的人口增长就必须加以控制。我深知这一论证还不够充分和严密，但两种生产必须相适已被大多数人接受。

1979 年 5 月 15 日，我和刘铮合写了一篇《人口非控制不行》，发表在《人民日报》上，这是事隔 20 年冲破人口禁区后，《人民日报》发表的第一篇人口理论文章。自此以后，我从 1979～2000 年先后从不同角度，诸如从人均国民收入、基本国情、我国资源、环境的等方面来论证；另一方面，从中国四个现代化、人民生活、人口素质，特别是从中国人口增长的巨大潜力和世界人口与发展的比较研究等方面，来论证中国严格控制人口的必要性和重要性。发表的文章、论文和报告有几十篇，其中发表在《人民日报》、《求是》、《光明日报》、《经济日报》、《中国社会科学》和《人口研究》有二三十篇。

作为一门应用社会科学的人口学知识，在国家咨询决策中应起到指导和参谋作用。1979 年，我和刘铮、林富德经过调查，向国务院提交了一份《对控制我国人口增长的五点建议》，是中国关于人口问题的第一份研究报告，由我起草的，提倡一对夫妇只生一个孩子，坚决杜绝生三个孩子的建议。我们提交的报告被印发给当年经济工作会议作参考。这个研究报告获得教育部第一届人文社科一等奖。在《中共中央关于控制我国人口增长问题致全体共产党员、共青团员的公开信》发表前，我应邀参加一次人口政策讨论，我在会上反对几代人都只能生一个孩子的主张，提出我的建议“提倡一对夫妇只生一个孩子，是国家不得已实行的一代人的政策”。1983 年，在昆明召开全国人口发展区域规划会议，该会议旨在要求每个地区，按持续只生一个孩子来规划人口，我在会上“舌战群儒”，力排众议反对这个规划，理由是一对夫妇只生一个孩子不能持之过久。我认为人口学作为科学应该对一些不科学的理论和实践发挥批判的功能，这是人口学重要的社会功能之一。

我国现阶段的国情要求严格控制人口增长，开展计划生育，降低生育率。在人口学上，低生育率必然加速人口老龄化。因此，对人口老龄化必须有所准备，这是人口学所具有的预见功能。1982 年，我国第三次人口普查后，准备召开国际会议，建议我研究人口性别比和人口年龄结构。经过研究后，我已察觉我国人口出生性别比略微偏高，并写了一篇论文，这也是一种人口学的预见功能，遗憾的是当时怕妨碍计划生育的开展，性别比问题未安排在第三次人口普查国际会议上讨论，我后来只能在一本论文集中发表。以后我指导一位学生写学士学位论文研究出生性别比，该论文受到国家计生委重视。时隔20年后，该生的博士论文也进一步研究出生性别比，她在博士论文的基础上，出版一本专著，我为该书写了个序，体现我对这个问题的重视。如果在第三次人口普查以后对出生性别比加以重视，情况会更加主动。但我国出生性别偏高问题，一直受到学术界关注，这也充分体现人口学的预见功能。

人口学发展不能局限于为计划生育服务，人口学的社会功能主要是提供科学研究成果、培养人口学人才和普及人口知识。改革开放后，我们在过去人口理论，人口统计学、世界人口和中外人口思想史基础上，扩大和充实出版了一本《人口学辞典》，我任副主编，这是迄今为止是我国比较规范的一本人口学的专业辞典。为了推行计划生育，在1980～1995年期间，我除了发表一些论文、文章外，在中央广播台、中央电视台演讲人口理论、人口政策，在北京、上海、辽宁、山东等地对干部和群众作学术报告和普及宣传讲座，1990年，北京市委宣传部授予我国情演讲比赛"灵山杯"一等奖，我后来被推选为中国计划生育协会副会长。在1995年，中央几个部委授予我第二届中华人口奖(科学奖)。

在人口理论上，很早的时候我就十分关心人口、资源、环境的相互关系。过去，我国曾自诩为地大物博，可我研究下来，发现事实并非如此，重要资源按人均都低于世界平均水平。改革开放后不久，我就接触到可持续发展理论，更加重视我国人口容量问题，发表一些文章，出版了一些著作。在同我国学者合作编写《人口理论教程》中，我主动承担编写全新的《人口和生态环境》一章。20世纪90年代，我主编一本《人口资源、环境关系史》，被评为精品教材。在1992年，我在新德里参加中印人口学者讨论会，了解到世界科学院院长的专门讨论科学技术与人口关系的会议，也同时在新德里召开。我从两个会议中，进一步认识到科学技术有助于节约资源、保护环境，有助于扩大人口容量；但也认识到科学技术是一把双刃剑，在解决资源、环境问题时，也要付出各种代价。因此，在科学技术很发达的条件下，人类控制人口和进行人口研究，仍是不可替代的。

中国人口学发展本来就先天不足。改革开放后，人口学迅速聚集了大批学者，他们大多认为进入人口学是为了控制人口增长，为计划生育服务的。由于人口活动基金提供很多经费，让研究人口人员出国学习和考察，邀请一大批学者来华讲授人口学，所有人口机构都能得到图书资料、最新的文件和研究手段，人口机构和研究人员迅速增加。由于人口活动基金的帮助，我国人口学发展很快。在1980年前后，开始的第一期援助，就在十个高校和中国社会科学院设有人口研究机构，第二期增加到30个高校，以后全国进一步发展到几十所人口研究机构，显然是过度膨胀。当时，不少人口学研究成果是低水平的重复。

鉴于我国人口众多，控制人口增长的任务繁重；我建议我国可以打破人口学只培养研究生的外国常规，招收少量本科生，经过教育部和联合国人口基金的论证，同意在1981年，开始在中国人民大学和复旦大学开始招收人口学本科生。在当时实行计划生育是我国的一项基本国策的氛围下，报考和录取的都是入学考试成绩优异的。先后有十几届毕业生，他们在国内外，很多已成为人口学的骨干教师，学科带头人，不少人成为国家机关的得力干部。在1995年，我国本科专业调整，人口学专业被取消，现在改属管理学的人口管理专业。

全党全民经过30年的努力，20世纪末，我国计划生育取得巨大的成就，人口生育率已降到更替水平，甚至更低，计划生育的紧迫性有所缓解，社会对人口学的需要渐渐冷却下来；另一方面，人口基金认为，中国人口学教育培训项目15年已取得很大成绩，不再需要继续资助，并且中国应该在人口学的南南合作，在帮助其他发展中国家发展人口学研究上发挥作用。因此本来过多的人口学机构和人员出现减少和萎缩。这些现象都充分表明我国大多数人对人口学的性质和任务没有科学的认识。为了提高对人口学的科学认识，我从20世纪90年代后期，就重新审视人口学发展的历史和全球现代人口学发展的轨迹，我认为人口学是人类社会一门不可或缺的科学。人口学是研究人口各个变量，诸如人口的数量、质量、结构、迁移、分布、人口的出生、死亡和增长等，人口学研究人口变量之间的相互关系和人口与经济、社会、资源、环境之间的相互关系。人口学既研究全部人口，也研究亚人口。随着人口的增加，人口变量的发展变化愈来愈复杂，对人口问题的深入认识愈来愈需要科学的理论和方法。经过一个时期的研究，我在世纪之交的人口科学讨论会上，发表了一篇题为《人口学在21世纪是一门方兴未艾的朝阳科学》的论文，这篇论文在会上引起了热烈讨论，也有助于使我国人口学稳步发展。进入21世纪后，我完成了社会科学一个重点课题："人口学学科体系"的研究，该研究的成果公开出版后获教育部2009年人文社科二等奖。为迎接新中国成立60周年，我应邀为《人口研究》撰写了一篇关于我国人口学60年的发展，我的命题为：《人口学在我国是一门无可替代的社会科学》。

三、老年学是21世纪人类最需要的一门学科

在我开始从事人口学研究的时候，很多发展中国家的人口激增，从而大大促进现代人口学的发展；另一方面，人口老龄化问题在发达

国家已经十分明显，促使老年学也在迅速发展。我意识到我国人口学和老年学两门新学科在我国将接踵而来。发达国家的生育率缓缓下降，在生育率下降后近百年才逐步认识到人口老龄化，但我国人口生育率迅速下降，老龄化的进程必然加速。因此，我国对人口老龄化的认识能够更早、更快。1980年在讨论《中共中央公开信》时，已经有学者提出人口会迅速老龄化。随后1982年我国派代表团参加维也纳第一次世界老龄大会，老龄一词随着就从联合国的文件中引进中国，并经国务院批准成立一个“中国老龄问题全国委员会”，明确它是一个社会团体，当时老龄问题在国内还鲜为人知，甚至有人认为这是学者照抄照搬西方，中国不会出现老龄问题，更多人则担心提出老龄问题会妨碍推行计划生育。在那时我谈人口老龄化大多在小范围，在内部提出。

1982年我国第三次人口普查结果公布后，我被推荐为重点研究人口性别和年龄结构，我发现我国人口老龄化已浮出水面。1984年8月，我就在《人民日报》发表一篇《老龄问题和我们的对策》，我深知在大力开展计划生育时，过分强调老龄问题不合时宜，我能做到的是，在理论上和舆论上科学地阐明控制人口与老龄问题的相互关系和权衡利害得失，优先控制人口增长，同时也要重视老龄问题；老龄工作需要老年学的智力支持，老年学也是一门科学。另一方面，我一直在推动我国老年学研究和培养老年人才上，做力所能及的工作。1986年，中美老龄问题国际会议在北京举行，这是我国第一次召开的老龄国际会议，我慎重考虑后，就以“计划生育与老龄问题是相辅相成的”为题在大会上发言。

在20世纪80年代，我深知严格控制人口增长必然加速人口老龄化，我国人口未得到有效控制前，不可能过分强调人口老龄化，而应重点放在做好应对人口老龄化的各种准备工作上，这些准备工作，包括舆论、理论、人才、物质、全民健康、立法、制度和各种机制等的准备。这些准备工作，国家、政府、社会责无旁贷。作为知识分子，也应做力所能及的智力支持。我在全国政协会议和各种学术会议上，向国家教委，老龄委等，建议成立老年学专业，招收老年学硕士生和博士生，在我国成立老年学学会，都先后得到落实。

1983年，我先后招收了一个硕士生和两个博士生，从事老年学研究，他们都是我国最早的一批。该硕士生以《人口年龄结构老龄化》为论文题目，当时还受到一部分人的非议，认为中国目前不存在老龄化问题。该生毕业后，在全国老龄科研中心工作，成为该机构学科的带头人之一，直到退休后还参与一些老龄工作。最先培养的几位博士生毕业后，有的出国发展了，这时我也意识到老年学在我国的发展要有一个比较长的过程，同时还会有思想认识和理论上的斗争。有人认为老年学不是一门科学，它只能是一门自然科学或老年医学，不涉及社会科学，因此，我开始探求大量古今中外文献中的老年科学的历史发展，当代老年学学科的性质、研究对象、研究方法和老年学在各国的发展和应用等，这项研究至今还在追踪研究。2000年，我应邀参加在意大利召开的国际老年学学会成立50周年庆典，进一步提高、修正和充实了我对老年学的认识。回国后，我曾经给主管教育和老龄的李岚清副总理书面和口头汇报过我的认识。我认为老年学在我国是十分需要的。

在20世纪80年代，我潜心研究，确认老年医学源于希腊医学之父的希波克拉底(Hippocrates)和罗马时代的西塞罗(Cicero)，前者从个体老化病理研究，后者《论老年》从社会和政治的角度来探讨。个体老化病理研究随着人类个体老化而不断发展，形成一门老年医学

(Geriatrics)，到二战前人类才开始认识到人口(群体)老龄化问题要从社会和政治的角度来研究，所以到现代才发展成为一门社会老年学(Social Gerontology)，首创者美国学者蒂比茨(Tibbitts)被称为“社会老年学之父”。社会老年学从政治、经济、社会文化、道德、心理、法律、政策等角度研究。老年医学和社会老年学有联系，又有区别，构成老年学的两个学科群。经过几年的研究，我认为老年学是一门包括自然科学与社会科学交叉的一个学科，研究人类个体老龄化和群体老龄化的规律的一门科学。这门学科发展过程符合人类认识世界的规律；即先由认识个体到认识全体，由认识人类生理变化到心理变化，直到他们和社会变迁之间的相互关系。因此，老龄问题需要多门学科的知识才能全面认识，才能使人类社会因势利导，适应人类的老龄化。经过较多的研究和多次参加国内外老年学的学术讨论，我确认老年学是一门古今中外应对老龄化的人类知识的归纳，也是我国目前和将来愈来愈需要的一门学科。1985年先后，我在人大、北大和许多老年学会议上作过多次讲座，编写老年学教材，也在很多报刊上发表文章。

1986年，中国老年学学会成立，我在第一届大会上被选为副会长，在第二届被选为会长，任职长达十年之久。我系统研究老年学多年后，先后在《中国人民大学学报》、《人民日报》、《中国老年学杂志》等报刊发表过诸如《论老年学的形成、研究对象和科学性质》、《老年学在我国是一门有现实需要的科学》、《人口老龄化与我国老年学研究的开展》等多篇论文。我在《中国人民大学学报》发表的两篇论文被当时全国科协主席钱学森看到了，他亲笔给我写了一封信，说我对中国做了件大好事，所有中国老年人都会受益，在信中同我讨论，在社会主义制度下的中国，老年人应能比西方国家的老年人更幸福。在1988年，他的亲笔信在《中国人民大学学报》上发表。钱学森同志写给我的亲笔信，对我是一种鼓励，也是一种启发，我认识到研究这门学科，既要吸收西方的研究成果，也要同中国国情相结合。我在1999年主编一本《社会老年学》，2000年荣获北京社科一等奖。

从20世纪80年代到现在，我一直在研究中国老年学，每年都招收一两名研究老年学和人口老龄化与发展的博士生，我先后指导过，并已取得博士学位的研究生近20名，其中很多已成为老年学的学科带头人和骨干教师。在世纪之交，中国人民大学在我们多年的建议下，正式建立老年学研究所，正式招收老年学硕士生和博士生，这是全国第一个招收老年学专业研究生的高等院校。2007年，中国老年学学会授予我杰出贡献奖。

老年学，特别是社会老年学是一门应用科学，其重要社会功能在于解决中国人口老龄化问题，而不在于纯学术和理论研究。国内外大多数学者对人口老龄化都忧心忡忡，持悲观的论述，根源在于认为“逢老必衰，逢老必病”。担心由于个体老龄化，导致社会劳动生产率下降、劳动力短缺、社会保障入不敷出；老年人生活不能自理，医疗、护理费用增高，社会照料资源短缺等。在我国更多人担心家庭养老、社会养老都难以为继等。我认识到我国在解决温饱问题后，应对人口老龄化关键是从制度和机制上解决好老年人健康问题，延缓衰老问题，这是个科学问题。

1992年，我赴美进行学术考察，专门研究美国社会保险和老年学的社会作用。我学习了许多老年学、生物学和老年病学的知识，了解了美国的医疗保险和医疗救助等。我向不少知名专家请教，收集大量保健科学文献，我深信衰老可以延缓，老年人疾病是可以预防的。1997年，我率领一个代表团，到布达佩斯参加第十七届国际老年学年会，议题为“科学要为健康老龄化服务”，这次会议使我茅塞顿开。

我细读了会前发表的国际老年学学会的一份研究报告，该报告确认健康老龄化是科学的，人类个体的老龄化是可以延缓和推迟的。很多欧美日的老年学名家，都在会上论证，老年学的研究成果证明，健康老龄化是可以做到的。这次会议大大扭转了人类人口老龄化前景的悲观论调。回国后，我得到当时我国主管卫生工作的国务委员彭珮云的支持，在中国老年学学会召开了两次规模较大的会议，把健康老龄化的概念推向全社会，我们得到太阳神集团的资助，在全国范围内，开展健康老龄化征文比赛。许多老龄研究机构的学者参加征文比赛，收到论文近千篇。健康老龄化的认识得到极大的普及。我在颁奖会上作了系统的发言并作为《健康老年化》一书的前言全文发表。在这以后我在《人民日报》、《中国社会科学》等，都发表健康老龄化的文章和论文。我概括健康老龄化的本质是以预防为主，任何人在中青年时期甚至在青少年和婴幼儿时期就要重视健康，保持身心健康进入老年期，在老年期保持正常的衰老，防范病理性衰老，老年人自觉提高生活独立和生活自理能力，就自然会实现健康老龄化。我一直认为健康老龄化是人类应对老龄化的必然选择，也是我国应对人口老龄化的一项根本战略。我在年近花甲，才开始从事专业研究，并践行健康老龄化的科学知识。我今年已进入米寿之年(88 岁)，被评为“全国第七届健康老人”，进一步增强对我国应对人口老龄化的信心，我深信健康的生活方式和行为是可以延缓衰老的。

2002 年，我已年届 80 岁，作为中国老龄代表团的顾问，参加了马德里召开的“第二届世界老龄大会”，我认真学习和听取大会的文件和发言。我十分重视世界卫生组织倡议的积极老龄化，它强调老年人参与社会、有经济保障、健康老龄化三者相提并论，对人类社会和老年人有深远的意义，可以说是这次会议最重要的成果之一。积极老龄化在全球得到热烈响应，我国的老龄工作者和学者都大力推崇，有人把积极老龄化、倡导老人参与社会，仅看成是老有所为，我认为这还不够全面，经过认真研究，确认它是健康老龄化的必要补充、完善和提高，是一种战略思维。我国老年学要国际接轨就要充分加以利用和发展，把积极老龄化理念用于应对个体老龄化并升华为应对人口群体老龄化。积极老龄化同我国倡导的政府主导、社会参与、群众积极的老龄工作方针基本吻合，所不同的是前者着重从个体层面考虑，后者从群体层面考虑，两者是密切相关的。我在2005年，参加中国人口发展战略研究时，也提出以积极老龄化的理念应对人口老龄化。在2006年，中共中央《关于加强人口和计划生育工作，统筹解决人口的决定》，就有一个积极应对人口老龄化的命题，我认为这个命题是很科学的，但还有待进一步深化和研究。

多年来我一直在研究解决中国人口老龄化问题，诸如：家庭养老、居家养老、社会保障、社会保险、社会福利、孝文化、慈善事业、放宽生育、发展老龄产业、社会化服务、社区为老服务等等。我始终认为健康老龄化和积极应对人口老龄化是两个基本理念，体现了科学发展、社会和谐的要求。围绕应对人口老龄化，我也提出不少的意见，发表过文章，最近我在《求是》(2009年第7期)上发表了《积极应对人口老龄化》的文章。概括地说，我认为积极应对人口老龄化至少有几个要点：

1. 应对人口老龄化必须积极乐观，摒弃各种消极、悲观观点和心态。

2. 积极应对人口老龄化是全社会的共同责任，不能全部推给家庭、国家、社会。老年人本身和他的家庭更要承担责任。

3. 应对人口老龄化，必须有各方面的积极努力，主要指政府有关部门，主动承担责任，制定法律政策、措施，要有足够的人力、物力、财力的投入，并形成制度和机制。社会参与包括公益事业、慈善机构、各社会团体和企业以及社区等各种社会组织的积极努力参与。

4. 健康老龄化必须有老年人及其家庭成员的积极参与，因此积极老龄化和健康老龄化是积极应对人口老龄化的基础。

5. 积极应对人口老龄化，要求未雨绸缪主动应对。

十七大高举中国特色社会主义旗帜，对积极应对人口老龄化指明了方向，也提出更高的要求。我愿意在有生之年，为老年学和老年事业继续努力工作！

人口学是一门科学

建设社会主义必须从国情出发*

一切从实际出发是我们党的思想路线。这条路线运用于社会主义建设就是一切从国情、国力出发。广义的国情包括国力在内，国力通常着重是指国情中可以用数量来衡量的那部分。民主革命时期，我们正确认识到我国是个半封建、半殖民地社会这个基本国情，取得了民主革命的胜利。建国以后，凡是能从具体国情出发的时期，都能比较顺利地解决社会主义革命和社会主义建设的重大问题；凡是错误地估计了国情，结果必然发生失误，使社会主义建设事业遭受挫折。我们建设社会主义脱离中国国情、国力的失误已经不止一次，所以认真研究中国的国情、国力是十分必要的。

国情、国力是我们建设社会主义的客观基础，它是前人历史活动的结果，我们无法选择。同时，它又是我们自觉创造新的历史的起点。国情、国力是包含了物质生活各个方面的一个很广泛的概念，其中经济的前提和条件是带

---

* 原载中共北京市委宣传部编：《基本国情和基本路线教育教材》，129～151页，北京出版社。

有决定性的，政治、法律、文化、意识形态等等也包括在国情之内。毛泽东同志对国情有个概括的定义：社会的性质就是国情。他在《中国革命和中国共产党》一文中写道："认清中国社会的性质，就是说，认清中国的国情，乃是认清一切革命问题的基本根据。"(《毛泽东选集》596 页)

国情、国力都不是固定不变的。今天的国情、国力已不同于民主革命时期，也不同于建国初期的过渡时期的国情，今天我们是处在社会主义初级阶段，即通常所说的我国是一个发展中的社会主义大国。我国国情可以概括为：社会主义初级阶段的生产力、生产关系和与之相适应的上层建筑以及物质生活条件的总和。作为生产关系，我国已经进入了社会主义，但我国是个发展中的社会主义国家，作为生产力还是落后的，从国土和人口来说。我国是一个大国，但不是一个经济大国，经济上是落后的，这是中国的主要特点。

作为国情，生产力、生产关系无疑是最重要的，但我国是个大国，国土和人口作为物质生产和生活的基本条件也是不可缺少的，它对加速或延缓我国社会主义建设起着重要作用。国土和人口在国情中的重要性，各国并不相同，甚至在一国中不同发展阶段也不同。在我国，人口问题在社会经济发展过程中始终是个重要问题。国土问题也可以说是资源环境或生态环境问题，国土和人口的重要性已日益为人们所认识。我国 1982 年把计划生育作为国策，此后又把环境保护作为基本国策，都说明它们是重要的国情。过去一个时期，我国曾教条地轻视国土和人口在我国社会经济发展中的作用，已经在社会主义建设过程中受到了"惩罚"。我国的基本国情可以有许多不同表述，但"人口多，底子薄，人均资源不足和经济文化发展不平衡"应是我国建设社会主义考虑国情、国力的基本出发点。鉴于国情中生产力、生产关系和上层建筑等已有专文论述，本文将着重从人口和国土对建设社会主义的影响及作用来论述。

一、我国的国土规模与资源情况

一提到我国的国土规模和自然资源情况，人们常用的一句评价就是“地大物博”。

从国土规模来讲，我国地域辽阔，领土面积约为960万平方公里，约占世界陆地面积的1/15，占亚洲面积的1/4，仅次于苏联和加拿大，居世界第3位。

我国国土从最北的黑龙江省漠河到最南端的南沙群岛曾母暗沙，南北延伸约5 500余公里，从最西端的新疆乌恰县到最东边的黑龙江省抚远县境黑龙江与乌苏里江汇合处，东西相距也有5 200多公里。

随着纬度的改变，我国国土由北向南跨越寒温带、温带、暖温带、亚热带、热带和赤道带，其中属于暖温带和亚热带的面积最广，占全国总面积的30%以上。由沿海向内陆，我国国土有从湿润、半湿润过渡到半干旱和干旱的水分递变规律，其中湿润地区面积最广，约占全国总面积的30%。我国大部分地区热量和水分以及它们的良好配合关系，为发展农业生产提供了优越条件。

我国地形十分复杂，山地和高原面积占有很大比重。在国土面积中，山地约占1/3，高原占1/4强，盆地约占1/5，平原和丘陵各占1/10左右。这些不同地域，有极大差异的气候、地貌、水文、土壤、植被等各种自然要素，错综复杂地结合在一起，构成了对经济发展有直接影响的自然环境。

我国幅员辽阔、资源丰富，“地大物博”是名副其实的，但与此相联系的还有另外一个基本国情，即“人口众多”，反映到资源问题上，就导致我们成为资源总量的大国，人均资源的穷国，即人均占有量少。

自然资源一般可以分为 6 大类，即土地资源、水资源、生物资源、矿产资源、海洋资源和气候资源。

就土地资源来说，我国现有耕地的实际面积为 14.9 亿亩，人均 1.3 亩左右。在现有的耕地中，约有 1 亿亩盐碱地和6 000万亩涝洼地，而且大部分山坡地有不同程度的水土流失。可见，我国耕地不仅人均占有量少，而且有近一半耕地利用条件较差。

我国耕地占土地总面积的比例远远小于美国和印度。我国耕地占土地总面积的比例略高于 10%，而美国达到 20%，印度更高达 50.3%。如果把我国的人口总数也考虑在内，则看出，我国是土地绝对数量大，而人均相对数量小。我国土地总面积居世界第 3 位，主要农业用地居世界前列，但是人均占有量还不到世界平均数的 1/3，详见下表：

项　　目	占世界总量（%）	居世界位数	世界人均（亩）	中国人均（亩）
土地总面积	7	3	45.5	15.0
耕　地	7	4	5.5	1.3
有林地	7	8	15.5	1.8
草　地	7	3	11.4	3.5

从土地开发的前景看，我国难利用的土地多、耕地后备资源少。我国沙漠和高山寒漠等难利用的土地有 25.1 亿亩，占土地总面积的 17.4%，可垦荒地有 5 亿亩，其中能垦为农田的只有 2 亿亩左右，按垦殖率 60%计，净增耕地仅 1.2 亿亩。所以，发展我国的种植业生产，重点只能放到提高现有耕地的单位面积产量上。我国人口多，人

均土地少，人均耕地更少，珍惜和合理利用每一寸土地，切实保护耕地，是我们的基本国策。

我国水资源十分丰富，多年平均降水总量约6万亿立方米，折合单位面积水深为630毫米，河川径流总量2.6万亿立方米，地下水近8 000亿立方米。但是，水量在地区和时间上分布很不平衡。从地区上看，东南地区水多，西北部水少。长江流域及其以南地区的水量占全国的80%以上，北方及西北水量不到20%。从时间上看，夏季水多，北方缺水地区夏季水量占全年的60%～80%，秋、冬、春少水，而且年际变化大，多水年和少水年水量相差悬殊，造成水旱灾害频繁，农业生产很不稳定。

目前我国水资源利用量每年约4 770亿立方米，占水资源总量的18%，其中农业用水4 200亿立方米，城市和工业用水570亿立方米。工业、城市的发展用水非常紧张，全国150多个城市出现缺水现象，地下水开采过量，水位大幅度下降，已直接影响到工农业生产的发展。可见，对水资源的节约、保护及合理开发利用，已成为我国现代化建设中至关重要的问题。

根据有林面积占全国土地面积的比例计算，全国森林覆盖率为12%。这说明我国林地少，森林覆盖率很低。建国后绿化造林累计达13.7亿亩，但保存面积只有4.2亿亩，占30%，而且保存的幼林又有1/3生长很差，难以成林，相当一部分是疏林地，即不合格的森林。据估计，我国一年木材生长量平均约2.2亿立方米，而各种消耗为3亿立方米，已连续多年出现了森林赤字。由于森林植被被破坏，许多地方水旱灾频繁，生态环境恶化。在我国33亿亩可利用的草原中，由于过度放牧，已有近1/4的面积(7.7亿亩)发生退化。这些问题的出现既有过度开发、不合理使用的原因，也同人口的较快增长密切相连。

我国矿产资源种类比较齐全，在全国范围内配套程度较高，而且矿床类型也比较多。我国的地下矿产资源很多，已发现的有140多种，是当今世界上矿种比较齐全的少数国家之一。煤的资源丰富、品类齐全，已探明全国储量达7 688亿吨，居世界第3位。铁矿资源分布很广，已探明铁矿石储量达498亿吨。石油资源也较多，达116亿吨。钨、锌、锂、钛、钒、铜、锡等金属矿产储量都居世界前列。我国矿产资源还有一个特点：储量多、人均少、分布很不均衡。此外，我国矿产资源虽然丰富，但具有富矿少、贫矿多、综合性矿床多的特点。

我国地处太平洋西部，东南两面临海，拥有丰富的海洋资源。我国内陆江河溪流纵横，湖库塘堰星罗棋布，共有各种淡水水面3亿多亩，是世界上淡水水域最多的国家之一，其中可养鱼水面近亿亩。我国有海洋鱼类1 500多种，虾类400多种，蟹类600多种，各种淡水鱼类831种。此外还有丰富的海洋石油和海洋能源有待开发利用。

综上所述，可以看出我国的自然资源具有三个基本特点：

1. 资源丰富，但人均占有量少。

我国资源总量多，在许多方面居于世界前列，但是由于我国人口众多，人均占有量绝大多数都低于世界人均的水平。例如，我国人均土地约15亩，为世界人均数45.5亩的33%；人均草地3.5亩，为世界人均11.4亩的31%。我国绝大多数矿产资源的人均数也大大低于世界人均数。我国是资源总量大国，人均资源“穷国”，这是必须清醒认识的基本国情。

2. 资源的地区分布很不平衡。

全国90%以上的耕地、森林、人口和工业集中在东南部，西北部多为草原和荒漠，但矿产资源比较丰富。另外，我国南方水多煤少，北方水少煤多，因此，南水北调、北煤南运，以至西电东送都是平衡资源所必不可少的。

3. 资源既有开发过度，又有开发不足。

例如，森林过伐、草原过牧、近海捕捞过度，对一些矿产资源的滥采，这些都需要调整和恢复。但我国资源利用程度总的讲仍比较低，开发潜力还很大。我国 2/3 的耕地是中、低产田，水浇地不到一半；近海3 000万亩滩涂，已利用的不到 10%；我国水能资源开发利用不到 5%，而全世界平均水平为 18%，工业发达国家为 36%，一些国家已达到 80%～90%。

资源在我国具有特别重要的意义。我们以不到全世界 7%的土地和低于世界人均水平的资源，自力更生的供养了占全世界 22%的人口，这是伟大的成就。但是，我国总的开发程度还比较低。对我国的国土资源做出科学的分析和评价，谨慎地、恰如其分地制定我们的资源政策，才能够保证我国社会主义经济建设健康持久地发展。

二、我国人口特点和社会主义现代化

我国是世界上人口最多的国家，1989 年末总人口已达 11.1 亿人，占世界总人口的 22%左右。我国人口的特点，主要表现在以下五个方面：

第一，人口基数大。

每当看到年末国家公布的人口数字时，人们也许会感到惊讶，比如说每年新增的人口数，去年比前年增加了1 577万人，相当于澳大利亚全国的总人口。怎么会这么多呢？其实，再看看我们的人口总数，就不会觉得奇怪了。我国有 11 亿人口，这 11 亿就是我们的人口基数，基数之大，世界第一。与世界各国相比，我国人口自然增长率去年14.3‰的水平并不算高，但是乘上11亿这一基数，新增人数就超过了一千万人，可见人口基数大对我国人口增长影响之大。根据史料记载，公元2年全国人口为5 959万人，直至1393年才超过6 000万，这一时期人口再生产长期处于高出生、高死亡、低增长状态。到了清朝以后人口增长速度加快，康熙二十四年，即公元1685年，全国人口已突破1亿。到1764年，即雍正29年，人口达到2亿。1849年，即道光二十九年，人口达到4亿，出现了我国人口发展史上的第一次大飞跃，奠定了我国人口众多的基础。另一次大飞跃是在新中国成立以后，全国人口由1949年的5.42亿增加到1982年的10.32亿，33年中，人口总数几乎翻了一番。预计到20世纪末，全国人口将达到12.5亿左右。可见，人口基数大这一特点的形成，既同解放时中国已经形成的庞大人口有关，也同建国四十年来人口的过快增长密切相连。人口基数大不仅每年会出现庞大的新增人口，而且会影响到社会主义现代化建设的发展速度，并带来一定的消极影响。

第二，人口转变快。

人口转变实际上指的是人口再生产类型的转变。我国人口转变快是指建国四十年来人口由高出生率、高死亡率下降到较低出生、低死亡率这一迅速变化的过程。它对我国人口的发展有极大的影响。

首先是我国人口死亡率下降快，由解放初的20‰已下降到1989年的6.5‰，下降速度之快，在世界上是罕见的。从人口平均预期寿命上看，解放初平均每人的预期寿命只有35岁左右，现在已达到70岁，换句话说，平均寿命几乎每年增加一岁。死亡率的迅速下降是我国社会经济迅速发展，人民生活水平、健康水平不断提高的真实体现，是举世公认的成就。

其次是我国人口生育率下降快。解放初期直至 60 年代初，我国平均每个妇女要生育 6 个孩子左右。在死亡率已经下降，而生育率仍居高不下的那段时期，曾造成我国人口的迅速增加。随着大力推行计划生育政策；现在平均一个妇女生育 2.5 个孩子，比 50 年代、60 年代有了很大的下降。实现这一下降我们只用了不到 20 年的时间。虽然这一生育水平与西方发达国家相比仍然较高，只相当于他们 50 年代的水平，但西欧国家是用了 100 多年才从平均 5 个下降到 2.5 个的。建国四十年来，我国妇女生育已由早婚、早育、多育的模式转变为晚婚、晚育、少育的生育模式。伴随着人口转变快，我国的人口增长也比较快，这是因为死亡率下降较快，下降的水平已经接近部分发达国家，而生育率下降较慢，因此人口总数必然还会有一定的增加。只有在全国普遍实行计划生育的情况下，人口增长的势头才会被遏止。

人口转变快势必带来人口老龄化的趋势。生育率的不断下降会使少年儿童人口在总人口中的比例不断减少；而寿命增加，老年人口会相应增多，这就是人口老龄化。我国现在还只是处于人口老化的初始阶段，但是随着老年人口总数的不断增加，在社会主义现代化建设过程中，赡养老人、增加社会福利支出的问题会越来越突出。

第三，人口素质低。

人口素质的高低一般可以从人口的文化素质和身体素质两方面来衡量。人口的教育水平和健康水平是国家经济和社会发展的重要标志之一。建国 40 年来，随着社会经济的发展和人民生活水平的提高，我国人口的素质有了很大的提高，但是同发达国家相比，人口素质仍然较低。

解放前的旧中国，文化教育水平十分落后。1949 年，每万人口中只有小学在校生450人，总人口中80%以上是文盲。新中国成立后，教育事业蓬勃发展，青少年受教育年限提高，文盲率大幅度下降。1982年全国人口普查的结果表明，由于解放后我国基础教育的发展和逐步普及，青少年受教育的机会逐年增加，人口的平均受教育年限显著提高，1983年已达7.3年，比解放前的1.6年增加了近4倍。全国12岁以上人口的文盲率也已下降到23.7%。

在取得这些成就的同时，我们也应当看到，将近1/4人口的文盲率表明我们的文化素质同已基本消除文盲的日本、美国、澳大利亚等国相比仍然有很大的差距。甚至还有一些新文盲、半文盲的产生。因此，发展基础教育，提高全民族的文化水平的任务还很艰巨。

在身体素质方面，四十年来，随着卫生事业的发展，我国人口的身体健康状况有了根本的改变，人口平均预期寿命已从解放时的35岁提高到70岁左右；疾病构成发生了重大的变化，有效地控制了传染病的流行，人口死亡率已降低到6‰的低水平上，彻底摆脱了“东亚病夫”的阴影。但是，我国残疾人口占全国人口5%～6%，每年新出生儿中有生理缺陷的占5%以上。

尽管人口身体素质已有了改善，但从营养状况等方面看，食物质量等还有待提高。据测定，我国人口每人每天实际摄入的热量约为2 900大卡，略高于基本生活需要(2 600大卡)。但在食物结构上，92%的营养取自于植物，取自于动物的不到8%。而世界上发达国家取自于动物的营养占2/3以上。

控制人口数量，提高人口素质是我们的基本国策，我们必须重视优生优育，把教育作为立国之本，大力推行义务教育，努力增强人民体质。

第四，人口分布的地区很不均匀。

我国国土辽阔，人口众多，但这些人口并不是均匀地分布在全国各地的，而是偏集东南。居住在我国东南部的人口占总人口的95%左右，西北地区则地广人稀。我国人口密度是世界平均数的3倍，东南地区密度更高，而且全国人口的80%居住在农村，这些人口分布特点对我国社会经济的发展有很大影响。

我国大体上有8亿人口在农村，农村人口比重高在世界上也是很突出的。社会主义现代化过程中必然伴随着人口的城市化。农业人口逐步减少，农业人口转变为非农业人口，是我国实现工业化和现代化的一个必然过程。但是，我国的现实情况不可能像发达国家那样让农业人口自发地向城市迁移，这会导致城市人口的急剧增加，给社会经济发展造成混乱，而必须实行计划调控，走出一条适合中国国情的城市化道路。明确了这一特点，就可以对我国农村大量过剩人口转到城镇发展乡镇工业的重要性有所认识，对我国人口城市化做好理论上和政策上的准备。

第五，我国各地区之间人口状况差别大。

对于我国这样一个大国来说，国内各地区之间的情况千差万别，使用任何一个平均数都是非常笼统的概括，都会掩盖各地区高低水平之间的巨大差异。

以生育率为例，1988年全国总和生育率为2.61，即每个育龄妇女一生中平均生育不到3个孩子，这个指标同发达国家相比高出20%左右。实际上，上海、北京、江苏等地平均一个妇女只生育1.3个小孩，仅为全国总数的50%，而有的边远地区却高出二、三倍。再以年龄结构为例，1987年全国人口中60岁及以上老年人口占8.47%，而上海已达13.14%，北京、天津均已超出10%，而宁夏、青海等省份只有5%左右，相差悬殊。这就形成这样一种局面：当一些地区的工作重点仍是控制二胎、杜绝多胎时，沿海发达地区的人口老化问题已经十分突出了。造成这些差异的主要原因是由于各地区之间社会经济发展的不平衡。

明确了我国人口的这些特点，在分析我国人口问题和制定政策时就要区别对待，而不能搞“一刀切”。

三、国情、国力总量与人均观念

长期以来，人们总喜欢用地大物博，人口众多来描述我国的国情，而人均意识观念却十分淡薄。虽然用总量指标能表明我国的总体国力，能体现人口多的国家具有的某种优势，表现我国的国力位次，增强民族自信心；但只强调这一面也容易造成错觉，使人们看不到我国人口过多带来的种种困难以及与外国在人均水平上的差距。

我国有很多产品的生产总量都居世界第一，例如，煤、粮、棉、水泥等，钢和石油的产量也居世界前列，国民生产总值位居世界第 8 位。这些成就充分反映了我国工农业生产已有了很大的发展，反映了国力的日益强盛。但是，这些产量若用人均指标来衡量，则都居于世界下游了。例如，我国 1989 年的国民生产总值为15 677亿元，人均只有1 410元。虽然由于计算方法、汇率、货币购买力等原因，这一指标很难确切同国外对比，但国内外很多统计学家、经济学家都肯定，我国的位次，在世界 150 多个国家和地区中，排在第 120 位以后，只略高于最不发达的国家。其他产品产量的人均指标也是很低的。这就提醒我们，不能只以总量指标的成就为满足，要看到我国 11 亿人口(注：此为本文写作当时的数据)对社会经济发展的影响，要看到在人均指标上，我们同世界各国的巨大差距，也就是要有人均观念。

要深刻认识我国国情，应当把人均观念应用到人均财富、人均自然资源和人均社会指标等概念上。

我国底子薄的重要标志之一，就是人均财富少。具体指的是人均生产性和非生产性基本建设少，人均物质技术装备低、人均生产工具贫乏、人均拥有的动力、交通通信手段和能源少、人均居住面积少、人均基础设施少等等。这些人均财富指标，我国都居于世界下游，这是我国人均产量和人均消费水平低的重要表现，在短时期内不会有很大的改变。

从长远来看，人均产量高低和发展的潜力不能不在很大程度上取决于我国人均自然资源的多寡。我国人均拥有的耕地、草原、林地、淡水资源等都大大低于世界人均水平。耕地、林地、淡水资源分别只及世界人均水平的1/3、1/9和1/4。已探明的矿产资源很多居于世界前列，但按人均计算，又大大低于世界平均水平。人均自然资源少，意味着在竞争中处于劣势，例如，我国人均耕地只有美国的1/9，因而在人均粮食产量上，不能不存在很大的差距。认识到这点，我们就应当最充分地利用我国的一切自然资源。人均自然资源少也向我们表明，任何浪费和破坏自然资源的行为都是对子孙后代不负责任的表现。

人均观念还必须扩展到社会指标。许多带有人均性质的社会指标如每万人口中的各级学生人数，人口的文盲率，每万人口的专业人员数，每万人口的医生、护士和病床数，每10万人口的各种文化、福利机构和设施数，人均的教育经费，人均的医疗保健费等等，我国的这些人均指标在世界上都是很落后的。这种落后状况的存在，一方面是由于我国还是一个发展中的社会主义大国，社会经济水平还有待进一步的提高；另一方面，这同我国近四十年来人口的过快增长也有密切的联系。上述总量指标与人均指标的对比都有力地说明，人口过快增长已经影响了我国社会的发展。

人均指标的落后，首先是由于生产总量不够多，生产力比较落后。其次是由于人口总数过大和不断膨胀。人口总数过大无疑是妨碍人均指标提高的一个极为重要的因素。有人认为，我国不需要搞什么计划生育，用不着控制人口的增长，只要把产量提高了，问题就可以解决，就可以提高人均指标。这是对我国当前控制人口数量以提高人均指标的深远意义认识不足的表现。千方百计地发展生产在任何时候都是首要问题，否则，人均指标就成了无源之水。但是，只重视生产而不重视人口对人均指标的影响也是不正确的。在人口增长速度超过生产增长速度时，人均指标必然会有所下降。即使生产增长速度等于或略超过人口增长速度，也只能使人均指标维持在原有的较低水平上。因此，要使人民生活有较大的改善，人均指标有较大的提高，必须在大力发展生产的同时，严格控制人口总量的过快增长。

还有的人认为，增加人口的同时会增加劳动力的数量，也会增加产量。这并不符合我国的实际情况。我国目前的情况是：人口总量庞大，劳动力相对过剩，人口素质不高，劳动力不能同生产资料、原料很好地结合，生产出有效产品。因此，增加人口只会成为一个延缓人均指标增长的日益增大的阻力。在我国，无论多大的产量，终将要被11亿、12亿……均分，每人平均的数量都是非常有限的。

综上所述，增强人均意识，可以使我们产生强烈的紧迫感、危机感、使命感，实事求是地研究问题，正视困难。

四、持续、稳定、协调地发展经济

十一届三中全会总结了社会主义革命和建设的经验，提出了一切从实际出发的思想路线。在十一届三中全会的指引下，全国亿万人民重新认识到认清国情的重要性，认识到我国必须走自己的路，建设有中国特色的社会主义。接着，十三大又明确提出和概括了在社会主义初级阶段，建设有中国特色的社会主义基本路线，即"一个中心，两个基本点"。10年改革开放的经验已经证明：四项基本原则是我国立国之本，改革开放是强国之路。

我国的生产力水平与世界先进水平相比差距还很大，如果不迅速提高生产力水平，人民生活难以提高，民主政治就没有基础，社会主义的吸引力与优越性就得不到充分发挥，国家与民族就难以自立自强于世界民族之林。因此我们一方面对发展经济要有紧迫感，另一方面又必须从我国国情、国力出发，脚踏实地地按三步走的发展战略来发展生产力。根据我国目前的国情、国力，必须要用很长的时间，使经济长期，持续，稳定、协调发展。这是把我国建设成富强、民主、文明的社会主义现代化强国的唯一选择。急于求成的做法，只能事与愿违。

第一，我国的国情决定，我国在任何时候都必须坚持独立自主、自力更生的方针，就是深化改革，扩大对外开放也要坚持自力更生为主，争取外援为辅的方针。必须建立完整的国民经济体系。我国不同于亚洲"四小龙"，不能依赖外国市场和外资，因为，诸如出口替代或出口导向型的发展战略等，都不符合我国国情，因此必须着眼于依靠国内资源和国内市场，坚持长期、持续、稳定、协调发展的方针。

自力更生的方针是中国革命也是中国社会主义建设取得胜利的一条根本经验。我们建国后建设社会主义，不止一次是从敌对势力对我国采取孤立、经济封锁、撤走专家和禁运的困境中走过来并取得成就的。当然，我们要利用一切有利的国际条件，实行对外开放政策，引进外国先进设备，利用外资、对外出口物资，以加速我国的现代化建设，但绝不能把希望都寄托在外国的援助上。我国有 11 亿人口，消费需求大，任何一种重要商品的需求都只能依靠自己来解决。

解决我国人口吃饭问题不能靠进口，不能像日本、荷兰、比利时等国那样主要靠进口粮食来解决吃饭问题。它们的人口分别只有我国的 1/10、1/70 和 1/110。我国哪怕 1/10 的人口缺粮，世界上参加国际贸易的商品粮也难以供应；即或有粮食也会引起世界粮食价格暴涨，我们也难以支付购买这样大批粮食的“硬通货”；即或我们能有外汇支付，运输问题也难以解决。更为重要的是，如果我国不能自力更生地解决 11 亿人口的吃饭问题，经济上将受制于人，政治上也谈不上真正地独立自主。因此，我国的国情就决定了我国必须十分重视农业，保护耕地(1984～1987 年平均每年减少耕地 983 万亩)，利用我国劳动资源的优势，艰苦奋斗，坚持不懈地搞好农田基本建设，兴修水利，改造中低产田，保护农业生态环境，精耕细作，千方百计提高单位面积产量。经过 10 年改革开放的努力，我们基本解决了 11 亿人吃饭的问题。但与国际上相比，目前我国粮食消费处于低水平，只是勉强够吃，约为美国的 1/4，苏联的 1/2。

我国引进先进技术设备，目的不是躺在外国进口的设备身上，而是要“外为我用”。但是由引进外国设备达到用国产产品来替代进口则需要很长时间。一是我国的劳动力素质还不高，掌握引进设备到消化引进设备需要时间；二是用国产产品替代进口的成套设备和生产线，使之能同国内原有设备配套生产，会遇到我国基础工业薄弱的困难，因此需要时间和各行各业的协作；三是用引进先进技术来改造传统技术设备，使之达到现代化水平，不是一蹴而就的，也要经过很长时间，必须长期坚持持续、稳定、协调发展的方针。

第二，人口多、底子薄的特点，决定了我国不能形成提高积累的重型产业结构和主要靠外延扩大再生产的发展模式，否则要影响生产力的提高和人民生活的改善。生产资料生产与消费资料生产都要兼顾。我国底子薄的一个重要表现是基础产业、基础设施落后，因此也不能片面追求发展短期繁荣的加工工业，而必须加强农业，加强能源、交通、通讯、重要原材料等基础工业和基础设施，使我们的国民经济建立在一个牢固可靠的基础之上。

在一个人口多、劳动生产率还不高、每年国民收入额增加不多的国家里，国民收入在消费和积累之间分配矛盾很大。有限的国民收入，首先要用于满足原有人口和新生人口(我国每年出生1 600万人左右)的基本需要，同时又要使原有人口的生活有所改善，就要吞食很大一部分国民收入。因此，可以说，人口的增加，人民生活的改善是以减少积累为代价的。而积累是扩大再生产的源泉，如果为了快一点积累国家建设资金，就必然要降低消费基金的增加额，人民生活就很难有多大改善，时间久了，还会影响劳动者的积极性。因此，从我国国情出发，积累率不能过高，一般认为最好不超过30%，这样才能保持持续、稳定、协调发展。另一方面，就人民生活需要的满足而言，除非物质产品达到极大地丰富，不然在一个人口众多，人口增长又快，原来生活水平又较低的国家，很难做到供需平衡。即或总供应和总需求能做到基本平衡，但是一些与生活需要和改善生活有关的产品的供需仍难以平衡。一是因为我国人口的生活水平正处在由贫困到温饱、由温饱向小康过渡的阶段，绝大多数人的需求都是属于基本生存需求(诸如粮食、肉类、副食品、住宅等)和生活方便与舒适的需要(如生活能源、家用电器之类)，需求种类和档次比较集中；二是由于同一时间提出需求的人多面广；三是因为新需求受到农业资源和自然资源和其他生产条件的限制，供应跟不上需要。其中粮食、副食与生活能源、住宅等将是最突出的，短时期内难以缓解。因此，在我国发展经济时，一方面要提倡适度消费，使消费与受国情制约的生产结构相协调，保持农业和农产品加工的消费品或建筑材料等都有一定的发展速度，以满足日益增长的需要，并使加工工业与农业、基础工业和基础设施相协调，逐步改善人民生活。另一方面，我国人口多，消费量大，因此我国的消费水平也必须与生产发展相协调。如果消费与国情、国力不相适应，也会妨碍生产力的发展。例如，我国近年来重复引进许多家电成套设备或生产线，生产了大量电视机、电冰箱和空调机等，电视机的产量 1989 年达到2 700多万部，其中彩电就有 938 万部，使我国在近几年一跃成为电视机生产最大国，超过美、日、苏。但我国人均电力消费水平却很低，仅及美国的 1/20、日本的 1/10，苏联的 1/10。有些城市为了保证生活用电不得不减少生产用电的情况时有发生。显然在我国目前的生产力水平下，这是一种超前消费。搞得不好会影响到我国生产力的发展。因此要在全体人民中积极倡导艰苦创业、勤俭建国、勤俭持家的优良传统。

第三，长期以来，我国的经济增长主要是靠不断扩大规模，过多地耗费资源来达到高速度的。这种高投入、低产出、高消耗、低效益的速度型经济增长，必须向效益型转变。追求速度和规模必然导致重复建设、重复引进，造成人力、物力、财力的严重浪费，是国力难以承受的，同时，生产力不能合理布局，也享受不到规模经济效益。目前约有 30％以上的加工工业生产能力得不到利用，一些大中型项目 1/3 以上达不到设计能力的一半，所以必须从速度型向效益型转变。但提高经济效益的根本途径是大力节约资源和降低消耗。我国每年新增能源和新增的电力不算少，但能源紧张和电力紧张却经常出现，主要原因是能源利用率低。例如，我国每单位国民生产总值的能耗相当于日本的 6.1 倍，美国的 2.3 倍，苏联的 1.7 倍。资源的有效利用，技术装备能力的发挥，首先必须是科学技术的进步，其次要加强企业管理，这里又遇到我国人口多、素质低的障碍，在同样的物质技术装备和同样的能源和材料下，劳动者的素质不同，经济效益就不同。而提高整个劳动者的素质需要较长时间，还需要有培训投资，这就决定了工业发展转型需要一个较长的过程。

我国资源、能源的浪费还表现在一个时期出现的高消费、超前消费，这也是与国情、国力很不适应的。诸如公费宴请，大吃大喝，进口高级轿车，饮料包装用易拉罐和进口化妆品等。特别是在粮食问题上，我国粮食本来就十分紧张，但却耗费大量粮食生产啤酒、白酒。最近 10 年啤酒生产就增加了 10 倍以上，这实际上也浪费了土地和资源。再例如，城乡都占用大量耕地盖住宅、盖生产生活用房，造成浪费土地资源，加剧了我国人均耕地少与提高生活水平的矛盾。上述种种超前消费现象都是与我国国情相悖的，是国力所无法承担的。

第四，我国人口多，增长快，劳动力多，但底子薄，生产力落后，必然出现劳动力过剩现象，这就与提高劳动生产率产生矛盾，这实质上是效益与公平的矛盾，随着人口的老龄化，这种矛盾也会加剧。我国的国情决定我们必须在社会安定、人民安居乐业与发展速度间相协调，以保证经济持续、稳定、协调发展。

第五，我国的国情决定了要持续发展生产，就必须依靠科学技术的进步和提高劳动者的素质，为此必须确保科学技术和教育的超前发展；必须加强环境保护，使资源能永续使用，无疑，这些都需要投资。从短时期看，这几方面投资效益常常不能立竿见影，但从长远来看，能使经济效益、社会效益和生产效益协调起来，这是我国经济持续、稳定、协调发展的根本保证。

过去，我国在这方面是有欠账的。过去国家、社会在这方面投入不够，其后果是劳动者素质普遍较低，仍存在一部分文盲并继续有新文盲产生。这个问题过去认识不够深刻，现在全党全民都已认识到要以教育为本，把教育提高到战略的高度。在今后经济有所发展的情况下，要逐步加大对教育、卫生、科技的投入。有必要指出，提高我国人口素质不是一个短时期内可以实现的，特别是由于我国近十几年来，人口素质较低的农村、边远地区出生的人口，比人口素质较高的城市人口多得多，形成全国人口素质的一种结构性下降，因此提高人口素质的任务很艰巨，需要加强农村和边远地区的教育，因而投入就要更多。否则经济与教育、科技、文化就不会协调，就更谈不上有持续和稳定的经济发展了。

我国由于人口急剧增长和不合理利用环境资源以及一些历史的原因造成环境质量恶化，诸如耕地被滥用，水土流失，土地次生盐渍化，森林被砍伐，植被遭破坏，土地大量沙漠化，地下水过量开采，水质、大气遭污染，酸雨在部分地区形成等等已影响到经济的进一步发展和人民生活质量的改善，因此，对我国资源和环境必须下大力量加以保护，否则就会出现资源枯竭。例如，近年来海洋水产减少，同过去一个时期"竭泽而渔"片面追求产值有关；超载放牧造成草场草原退化；为了片面追求产值污染河流、地下水等都是明显的例子。其次，对环境的保护要有一定投资，特别是投资在工业污染源的控制和农田基本建设上，这些都要求生产不能片面追求发展速度，而要考虑生态效益。

第六，我国的经济发展、人口状况和资源分布在地区间是不平衡的，从人口分布来看是东稠西稀；从矿产资源、水利资源来看，则是东贫西富；就经济发展而言，目前则是东富西贫。在城乡之间，社会、经济发展水平和人口状况也很不平衡。城市的发展、生产的现代化程度和人均收入都大大超过农村，而农村人口仍有8亿之众。在生产上，我国既有火箭、喷气式飞机和自动化、电子化的生产流水线，以及达到80年代水平的企业，但也有传统的农业，甚至有以锄头、木犁和人拉肩扛等进行生产的手段存在。在贫困地区，农户的全部的固定资产少得可怜，这种状况将会长期存在。因此，先进的地区、部门、行业和落后的地区、部门、行业之间悬殊是很大的。而先进的、现代化的地区目前还只是少数。因此，经济发展的水平不能全国一刀切，必须统筹兼顾，不能忽略贫困地区，不能急于求成；在发展上不能先进迁就落后，但也不能只顾锦上添花，在我国要更多注意扶贫，加速开发落后地区的自然资源，发展那里的经济，这对全国经济持续、稳定、协调发展是有利的。

我国人口多，底子薄，人均资源相对不足，各地情况差别很大；但我国从总体国力来说是强大的。我国现时的总体国力如按国民生产总值来说，在世界上排列第8位，如果再把我国的劳动资源和潜在的自然资源等也考虑在内，我国在世界上的位次会更靠前一点。我国人均资源不多是事实，但我国各种矿产资源和生物资源几乎都齐全，总量也不算少，而且大多都未开发出来，同一些发达国家有些资源已经开发了二三百年大不相同。

新中国成立以来，历次外来的强大政治和经济压力都未能压倒我们，主要是因为我们是个社会主义大国。大国的好处在于能集中人力、财力和资源，办一些经济同样落后的小国无法兴办的事业。我国能靠自己的力量建成一个比较完整的国民经济体系，我国能够生产原子弹、氢弹、导弹，使卫星上天（最近发射商业用“亚洲一号”通讯卫星），以及有许多在世界都属于大规模的工程和一些先进科技（如正负电子对撞机）等。这些成绩就是经济很发达的中小国家也难以做到。作为一个大国，我国能享受到规模经济效益。例如，我国建成几个大规模的石化企业和少数几个汽车工业基地、航空工业基地，就能使全国都能享受这些产品，用不着各省分别投资，而即使不投资的省也能享受规模经济效益。我国有丰富的劳动资源，固然会给安排劳动就业带来困难，但如能把劳动资源利用好，就会成为巨大的财富。例如，我国三北防护林第一期工程的建成和黄河三角洲农业开发等许多地区农田改造和水利工程的效益，都体现了我国劳动资源的优势。

但是，作为人口大国，其政治经济优势的体现是有前提的。首先需要有凝聚力，不然人口多反而成为一盘更大的散沙。增强凝聚力只能坚持中国共产党的领导。其次，中国地广人众，谋求十几亿人民群众共同富裕，唯一的选择就是走社会主义道路。其三，要发挥已出生人口的积极性，而不要将现有众多人口看成是国家的累赘，必须严格执行“实行计划生育”这一基本国策，减少每年新出生人口，以减轻国家和社会的负担，二者是矛盾的统一。其四，要厉行节约，充分发挥我国资源的效益，反对任何形式的浪费，反对任何损公利己的行为。把一切人力、物力用在发展经济和提高全体人民生活质量上。其五，始终不渝地发展科学技术，提高人口素质，把庞大人口变成庞大的人才。中国若能在20世纪末到下世纪初培养出几千万或更多的建设人才，中国的面貌将会真正改观。

深刻认识我国人口众多这一突出国情*

中国人口众多是一个突出的国情，对此必须有清醒的认识。我国人口众多是世界之“最”，也是历史上既定的客观现实，是我们的前人几千年活动的结果。我们这一代人对此无法选择，只能继承并在目前11.5亿人口的基础上，因势利导创造新的历史，希望全国人民同心同德能在半个世纪内把我国人口增长的势头控制住，使我国人口在达到16亿(最近有些科学家认为16亿是我国国土资源最大的人口承载量)以前能稳定下来，不再膨胀。

人口作为一个国家的国情，是普遍被接受的，但它在国情中的重要性各国有所不同，对一个国家不同时期也有所不同。人口对我国的社会经济发展始终是个重要问题。首先，我国人口众多这个特点决定我国人口问题不同于别的国家。同人口密度比我国高的国家如日本、新加坡、荷兰等国相比，我国一些问题解决起来比他们困难得多，如我国的粮食、就业、原料、能源等问题只能主要依靠自力

---

* 原载国家教委委托、北京师范大学主办的《思想政治课教学》，1992年第2期。

更生来解决。其次，我国的国土资源、耕地资源、淡水资源都已受到人口超负荷的压力，对人口的增长已到非严格控制不行的时候，否则我国人民的生存权和发展权就要受到威胁。我国从宏观的国家决策到微观的各种生活问题，大事小事都与人口众多有联系。在认识我国国情过程中，对人口问题曾经经历过一个由不认识、不重视到有了一定认识，到今天非常重视的过程。今天，我国在世界上是最重视人口问题的国家，体现在把控制人口、实行计划生育作为我国一项基本国策，有专门的政府部门贯彻执行；在我国国家宪法、法律，党和国家的一些决定和号召上都能体现出“中国人口众多是一个突出的国情”的这一科学命题。

我国人口众多，由来已久，是众所周知的，但多到什么程度，对社会经济带来多大的困难，许多人却不甚了解。按我国 1990 年人口普查公布，我国 1990 年 7 月 1 日大陆人口 11 亿3 400万，如果包括大陆以外地区人口在内是 11.6 亿。仅就大陆人口 11.34 亿而言，已占世界人口 1/5 以上，同所有发达国家的人口总和 12.07 亿只差7 000多万，但我国每年人口自然增长比所有发达国家多1 100万，预计到 1997 年我国人口总数就要和三十多个发达国家人口总和持平，往后还要超过。由于我国人口增长的惯性作用，到 20 世纪末我国人口将接近 13 亿，预计 2000 年所有发达国家人口为 12.64 亿，2000 年以后我国人口还要增长到接近 16 亿，这是我国人口众多的一个集中表现。由于人口基数大，必然要产生许多人口难题：

其一，育龄人群大，人口增长的势头难于遏制。

我国目前人口自然增长率 1.5%上下，总和生育率为 2.3，虽然高于发达国家，但却分别低于世界平均 1.7%和 3.4，大大低于不发达地区的 2.1%和 3.9。但是由于人口基数大，我国 1990 年出生人数2 354.3

万，净增人数达到1 650万，占世界净增人口 1/6。在 90 年代我国育龄人数约 3.2 亿，20～29 岁这个生育旺盛期妇女1 100～1 200万人。这个庞大的育龄人群就使得我国人口增长的势头很猛，就是长期坚持并有成效地推行计划生育，人口还得增长近半个世纪才能停止增长。

其二，劳动年龄人口多，按 15～59 岁计算 1990 有 7.22 亿。由于我国底子薄，很难提供足够的劳动就业岗位，使人力资源同物质资料很有效地结合，势必造成部分劳动力就业困难。1990 年市镇待业人口占 2.6%，农村过剩劳动力估计在 1 亿以上。劳动就业人群庞大使得劳动生产率低，经济效益不高。

其三，我国众多的人口中，低素质的人口人数多，比例大。根据 1987 年的抽样调查，全国残疾人口在全部人口中占 5%，按此推算，全国有5 000多万，平均每 5 个家庭中就有一个家庭有一个残疾人口，而且每年出生中有先天缺陷的约 20 万～30 万。我国 1990 年文盲、半文盲人口 1.8 亿，据估计全国人口的平均受教育年限不到 6 年，我国全国人口中达不到高中文化程度的占 2/3 以上，在科技竞争的时代已成为我国实现社会主义现代化的极大障碍。

其四，我国农村人口过多，增长势头得不到遏制，中国农村实现现代化任重道远。

我国人口总数接近所有发达国家的人口总和，但城镇人口 1990 年不到 3 亿，我国城乡人口分布与发达国家分布则迥然不同，我国城镇人口只占 1/4，农村人口占 3/4，发达国家的比例恰恰相反。到 1990 年我国农村人口仍高达 8.34 亿。改革开放以来农村人口已大量迁入城市，规模之大是前所未有的，但是由于农村人口每年仍增加1 000多万，使得农村人口增加的人数超过迁出的人数，农村人口仍年年在增加，而城镇容纳农村人口是有一定限度的，要使我国农村人口城镇化，既要大力控制农村人口增长又要为农村人口向城镇转移开辟道路。

其五，我国老年人群大，增长快，抚养越来越多的老年人将日益成为一个社会问题。

我国现在60岁以上老年人已达1亿，但老年人的增长速度是全部人口增长速度的一倍，年平均增长2.5%～3%，快于青少年和成年人口的增长。随着我国生育率进一步下降，人口老龄化会加速，因此现在在大力推行计划生育的同时，就要考虑人口老龄化可能对社会经济的影响，要未雨绸缪，统筹兼顾。

其六，贫困人口绝对数多，扶贫任务大。我国地区之间社会，经济、文化和人口的发展都不平衡，因此在我国部分地区仍有一部分贫困人口。由于我国人口基数大，哪怕贫困人口的比例已大大降低，但就其人数来说仍是很可观的。这些贫困人口大多在山区、边远地区和少数民族地区。中国这样一个从贫穷落后走过来的人口大国，需要全国先富起来的地区对贫困人口大力帮助，才能达到共同富裕，这个任务也是艰苦的，长期的。

人口众多的一个直接后果就是人口的“分母效应”，或说是人均水平低。衡量一国的经济、社会发展的生活水平的一个最主要的尺度，就是人均指标。特别是反映生产成果中最有概括性的人均国内生产总值(GDP)和重要产品的人均产量和消费量。改革开放以来我国的粮食、棉花、食用油、肉类、禽类、纱布、煤、水泥、玻璃、电视机等已跃居世界第一位。一些重要产品如钢铁、石油、发电量、化纤等都居世界前列，然而按人均水平计算，我国都属世界低水平，特别人均国民生产总值，按世界银行计算只略高于300美元，在世界上属于很低的水平，仅略高于最不发达的国家，在全世界排在100位以后。虽然由于计算方法、汇率、货币购买力等原因，这一指标不一定能真实反映我国经济和社会发展的实际情况，但是我国由于人口众多，人均水平低确实是个需要正视的问题。

在人均国民财富、人均固定资产、人均生产能力、人均基础设施、人均居住面积、多少人有一个病床、博物馆、文化馆等指标上，由于我国人口众多，这类指标都居于世界的低水平，这是我国劳动生产率水平低、社会发展水平低和生活水平低的根源和重要表现。

经济的发展在很大程度上取决于人均自然资源的多寡。我国由于人口众多，人均拥有的国土、耕地、草原、淡水等都大大低于世界人均水平。例如，我国耕地、草原、林地资源只有世界平均水平的1/3、1/9 和 1/4。人均资源少，在竞争中处于劣势。例如美国人均耕地是我国人均耕地 1.3 亩的近 10 倍，因而在人均粮食和农作物产量上与我国不能不存在很大的差距。

我国人口众多给国家、社会和个人带来的问题和困难，必须通过发展生产和控制人口增长才能逐步得到缓解，因此解决人口难题必须坚持以发展经济为中心。但是仅有经济发展还不够，还必须同时控制人口增长。新中国成立以后，我国人口增长虽然很快，但是经济增长比人口增长快。在改革开放以前经济增长的速度约为人口增长速度的 3 倍，改革开放以后超过 5 倍，但是人口多，增长快带来的问题仍十分严峻。就是今后有了较大发展，由于人口多、底子薄，我国的一些社会经济矛盾仍将长期存在，这些长期存在的矛盾主要有：

(1)我国国家建设和人民生活水平提高的矛盾，或说是积累与消费的矛盾。

(2)由于资源和资金的限制，某些商品的供需矛盾仍不能完全避免。

(3)我国安排就业与提高经济效益的矛盾。

(4)在提高我国人口的科学文化教育素质与民族的健康素质上将长期存在普及与提高的矛盾。

(5)人口对资源的压力与环境保护的矛盾。

(6)控制人口增长与人口老龄化的矛盾。

以上这些矛盾长期存在，在很大程度上是同人口众多有关的。这些矛盾是由于我国经济落后，人口众多，长期积累形成的，因此也必须通过全国人民共同努力，依靠自力更生，艰苦奋斗才能逐步解决。

认识我国国情，在对我国人口众多有忧患意识的同时，应该对我国发展的前途满怀信心，奋发图强，看到光明的一面。(1)我国人力资源是世界上最丰富的，可以充分利用我国劳动资源，增加劳动积累，用于整治我国的河山，绿化祖国等。(2)在社会主义制度下，我国能集中众多的人力和物力发展小国、穷国、弱国无法发展的事业(如原子弹、氢弹、卫星上天等等)和建立起一个比较齐全的国民经济体系。(3)我国幅员辽阔人口众多，对自然灾害有较大的承受能力，“一方有难，八方支援”，更有利于保障集体的生存权。(4)我国人口众多在统筹安排下，能享受很多规模经济效益和较轻的公共开支。(5)更为重要的是我国众多的人口团结起来，就能众志成城有利于维护国家主权，民族独立。这些优势都必须在中国共产党的正确领导下，沿着一条有中国特色的社会主义道路前进才能得到充分体现。说到我国有丰富的人力资源优势，并不是说人越多越好，更不是否定计划生育，而是说对已经出生的人口，应该发挥他们的优势，对未出生的人口则应尽量减少，以利于已出生人口发挥优势。这个辩证关系是必须认识的，否则就会陷于片面性。

中国人口性别比的研究*

人口性别比是指男女人口数之比。在世界上，大多数国家一般男女人口数都是接近的，只有那些人口移入、迁出占人口比例很大的国家，某些年龄组的男女人口数差别才显得突出，例如澳大利亚和阿拉伯石油输出国的科威特、阿拉伯联合酋长国、卡塔尔等。男女人口数不平衡即性别比过高或过低会给婚姻、家庭、社会安定团结等一系列社会问题带来这样或那样的影响。在我国就全国范围来说，国际迁移无甚影响，国内迁移对城镇、乡村和地区之间的性别比平衡有一定影响，长期以来对这个问题是很少研究的。但近年来关于人口性别比偏高，大龄青年婚姻，特别是出生性别比偏高问题，国外有少数人认为这是溺婴造成的，并就此攻击中国的计划生育政策。国内有些人则忧心忡忡，担心中国将来男女性别比例失调。因此对性别比的研究就成为一个科学上必须回答的问题。

---

* 原载刘铮等著：《中国人口问题研究》，北京，中国人民大学出版社，1988年，110～148。

一、我国人口性别比偏高的原因及其发展趋势

中国人口性别比一贯偏高，这是不可否认的事实。不管在解放前还是现在，不管与发达国家相比还是与发展中国家相比，我国的人口性别比都是偏高的。但这种偏高的原因究竟是什么，是需要进行深入研究的。本文就是要通过分析我国人口性别比的历史发展并与世界各国进行对比，澄清事实，找出缘由，以求对我国人口性别比有个清楚的认识。

1. 旧中国人口性别比一贯偏高，解放后虽已下降不少，但仍属世界性别比最高之列

由于缺乏完整的全国性人口资料，要直接拿出准确的旧中国人口性别比数据，准确地推算旧中国的人口性别比是不可能的。我们只能通过局部地区的资料对旧中国人口性别比作一些估计。

(1)解放前总人口性别比。在旧中国 20 世纪 30 年代之前几乎没有开展过性别比的研究，但是那时人们对于生活中男性人口多于女性人口以及溺弃女婴的现象都有直观的认识。1927 年国民党政府内政部关于 12 个省的人口报告表明人口性别比为 124。这是民国以来，在所出现的报告中最高的性别比。因为这个数据并不是来自人口普查而是根据各地民政、卫生和警察机关所发表的报告推算的，所以其准确程度不高，只是说明高性别比的一般趋势。

从 1932 年到 1942 年的 10 年间，有 13 个县或 1 个县中的一部分(江苏省江阴县峭岐镇)以及昆明全市举行了具有现代意义的人口调查。这些调查结果是我们研究人口性别比可资参考的宝贵资料。资料汇集于下表：

表中江阴及呈贡 8 个县的普查是 1932 年至 1939 年进行的，共计

人口2 043 868人，其性别比的算术平均数为 112.17。四川 3 县、云南环湖户籍示范区和昆明市的普查是 1942 年进行的，若与前面 8 个县的普查一起计算，得算术平均数为 110.57。这两个平均数虽然比上面引用的内政部的数字低得多，但它们仍然表明性别比是偏高的。

表 4-1　我国 10 处的性别比

(1932～1942 年普查资料)

<table>
<tr><th colspan="2">县　　别</th><th>总人口(人)</th><th>性别比</th></tr>
<tr><td colspan="2">江阴</td><td>21 864</td><td>112.1</td></tr>
<tr><td colspan="2">句容</td><td>279 455</td><td>116.6</td></tr>
<tr><td colspan="2">江宁</td><td>562 063</td><td>106.2</td></tr>
<tr><td colspan="2">定县</td><td>439 259</td><td>110.49</td></tr>
<tr><td colspan="2">邹平</td><td>165 735</td><td>93.1</td></tr>
<tr><td colspan="2">长乐</td><td>227 801</td><td>129.4</td></tr>
<tr><td colspan="2">兰谿</td><td>276 468</td><td>125.3</td></tr>
<tr><td colspan="2">呈贡</td><td>71 223</td><td>90.7</td></tr>
<tr><td colspan="2">四川(3 县)</td><td>619 471</td><td>108.0</td></tr>
<tr><td colspan="2">环湖示范区</td><td>597 216</td><td>102.7</td></tr>
<tr><td rowspan="3">昆明市</td><td>全市</td><td>174 024</td><td>121.6</td></tr>
<tr><td>城区</td><td>134 435</td><td>126.9</td></tr>
<tr><td>乡区</td><td>39 589</td><td>105.9</td></tr>
</table>

资料来源：陈达：《现代中国人口》，天津人民出版社 1981 年版，第 123 页。

根据金陵大学农学院卜凯教授主持的 1929～1933 年间的全国 168 个县的人口抽样调查数，在所有样本中，男子占总人口的 54%，在农村人口中，男子占总人口的 55%，将它们换算成性别比分别为 117.4 和 122.2。应当注意，在调查登记中，女子较男子更容易遗漏，因此我们认为实际的性别比会略低于这两个数，估计当时全国人口性别比平均水平在116.0左右。

根据国民政府1947年《中华民国统计提要》的记载，1946年全国人口调查公布的人口性别比为110。各省的性别比超过110以上的占大多数，最高的黑龙江省达128。现将资料列入表4-2。

基于以上的资料，我们认为旧中国人口性别比平均在110以上是可能的。这样的性别比不仅大大高于所谓正常性别比的标准范围，而且与当时世界的一些主要国家相比高出更多。从表4-3所列的15个国家的性别比可以看出，其中10个国家的性别比低于100，其余5个国家高于100，最高的印度为106.2，与中国相比显然要低得多。如果把中国人口性别比作100来计算各国的性别比相对数，那么差别性就更加明显了(见表4-3)。

表4-2 1946年和1982年全国各省性别比

省　份	材料时间	性别比	1982年性别比
北京(北平)	1946.7	142	102.4
天　津	〃	142	103.1
河　北	〃	117	104.8
山　西	1946.5	122	108.5
内　蒙	/	/	109.0
辽　宁	1946.7	109	104.2
吉　林	〃	112	105.0
黑龙江	1946.12	128	104.9
上　海	1946.7	124	99.3
江　苏	1946.12	109	103.4
浙　江	1946.9	114	107.7
安　徽	1946.11	113	107.8
福　建	1946.7	103	105.9

续表

省　份	材料时间	性别比	1982年性别比
江　西	/	108	106.5
山　东	〃	96	102.9
河　南	1946.5	106	104.1
湖　北	1946.10	113	105.5
湖　南	1946.7	110	108.1
广　东	〃	114	104.6
广　西	〃	111	107.3
四　川	〃	106	106.6
贵　州	〃	99	105.2
云　南	〃	101	102.8
西　藏	/	/	97.8
陕　西	1946.3	113	107.4
甘　肃	1946.7	108	107.2
青　海	—	102	106.0
宁　夏	〃	120	106.2
新　疆	1946.12	111	106.0
总　计		110	106.3

资料来源：①《中华民国统计提要》，国民政府主计处统计局编，1947年。②1982年人口普查资料。

表4-3　中国性别比与15个国家的比较

国　别	年　别	性别比	相对数(以中国为100)
中　国	解放前	110	100.00
英　国	1936	92.2	83.82
法　国	1935	93.2	84.73
瑞　士	1937	93.3	84.82

续表

国　别	年　别	性别比	相对数(以中国为100)
苏　联	1936	93.4	84.91
德　国	1933	94.5	85.91
挪　威	1935	95.7	87.00
意大利	1936	96.4	87.64
瑞　典	1935	97.8	88.91
荷　兰	1930	98.7	89.73
埃　及	1927	99.1	90.09
日　本	1930	101.0	91.82
巴　西	1920	101.6	92.36
美　国	1930	102.4	93.09
新西兰	1936	102.8	93.45
印　度	1931	106.2	96.55

资料来源：陈达：《现代中国人口》，天津人民出版社 1981 年版，第 125 页。

(2)解放前分年龄性别比。旧中国的分年龄性别比资料更加奇缺，我们只找到了 1933 年江苏句容县和 1946 年湖北省的两个地区性资料。通过这两个材料，旧中国的分年龄性别比可见一斑。为了便于分析，我们将这两个地区的分年龄性别比画成曲线图，如图 4-1 所示。

从下面的性别比曲线图中可以概括出以下几点结论：

第一，旧中国的分年龄性别比在老年以前都是相当高的。江苏句容县的分年龄性别比从 0～4 岁组到 45～49 岁组都在 115 以上，湖北省的分年龄性别比从 0～4 岁到 15～19 岁、35～39 岁、45～49 岁都在 110 以上。

第二，在上述年龄段里，分年龄性别比普遍高的趋势中，存在着两处更高的性别比。一处是 5～9 岁组，江苏句容县高达 123.36，湖

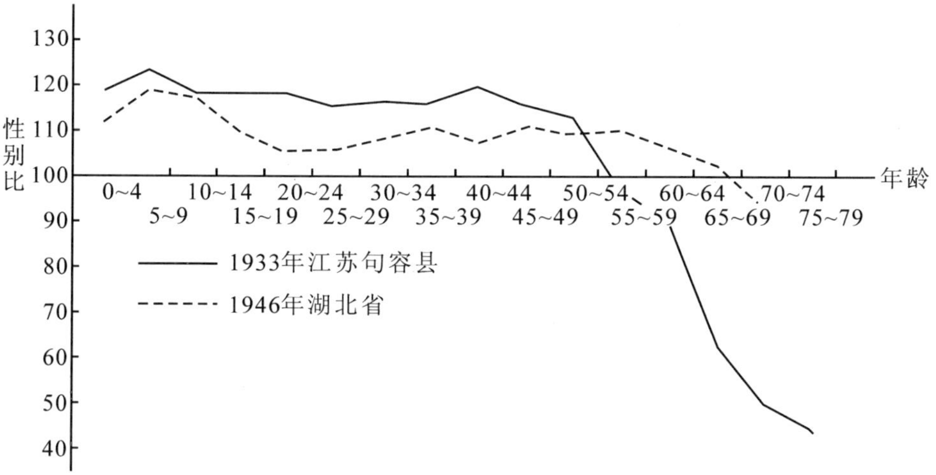

图 4-1

北省为 119.39；另一处是，江苏句容县 40～44 岁组高达 119.15，湖北省 45～49 岁组达 110.58。

第三，旧中国性别比达到平衡点的年龄晚。江苏句容县分年龄性别比达到 100，是在 55～59 岁组，湖北省则更晚，在 65～69 岁组。

上述三点结论与旧中国的总人口性别比、出生性别比之高是相吻合的，说明了旧中国的社会经济、医疗卫生对女性死亡率有更不利的影响，从而造成过高的人口性别比。

有一点必须注意，我们所引用的上述旧中国的资料都不可能是十分准确的，因为在旧中国无论在统计上还是在调查方法、技术上都存在问题，而且在调查登记中，婴幼儿特别是女婴的出生、死亡漏报、瞒报现象严重，对孕产妇死亡的禁忌也常常造成统计资料的不准。因此我们引用这些资料只是说明旧中国人口性别比之高的一般趋势。

(3)解放后我国人口性别比虽已下降不少，但仍属世界性别比最高之列。根据 1982 年的人口普查资料，我国总人口性别比为 106.30，出生性别比为 108.47，较解放前的 110 和 115 都有了很大下降，各省、市的人口性别比除个别省份外也都有不同程度的降低(见表 4-2)。解放以来我国人口性别比基本上稳定在 106±0.5 的水平上，但目前仍然偏高，全部人口以及 0～14 岁和 15～64 岁组的性别比仍属世界最高之列。除了几个国家如科威特，阿拉伯联合酋长国等，由于男性人口大量迁入使得人口性别比很高外，中国人口性别比同南亚几个国家相近，高于世界上各大洲的水平，从下表资料可以看到。

对比我国与世界发达地区和发展中地区的分年龄性别比，可以发现以下几个特点：

第一，与发达国家相比。我国人口的性别比在各个年龄上都高于他们，而只是在个别老年人口组稍低一些。与发展中国家相比，是比较接近的，而存在的不同是，我国人口的性别比在婴幼儿和青少年中要高些，而中老年要低些。

第二，性别比的峰值及其年龄有差异。从发达地区的总体来看，性别比的峰值为 105，其年龄为 0～4 岁；发展中地区，峰值 1950 年为 109，其年龄在 35～39 岁，1975 年为 105，其年龄为 50～54 岁。我国的性别比峰值 1953 年为 117.7，其年龄为 10～14 岁，1982 年为 111.8，其年龄为 50～54 岁(见图 4-2)。这就说明了我国与发达地区男女差别死亡率的差别模式不同，导致了性别比模式的不同。

第三，性别比的平衡年龄不同。就世界平均水平来说，1950 年在 30～34 岁，1975 年在 45～49 岁；发达地区 1950 年在 20～24 岁，1975 年在 30～34 岁；发展中地区 1950 年在 60～64 岁，1975 年在 60～64 岁。我国，1953 年在 60～64 岁，1982 年在 65～69 岁。可以看出我国与发展中地区是相同的，而比发达地区要晚得多(见图 4-2)。

表 4-4　中国人口性别比和世界各大洲、南亚几个国家性别比的比较 (%)

地区和国家	全部人口性别比	各年龄组人口性别比			资料说明
		0～14 岁	15～64 岁	65 岁以上	
中　国					
1953 年	107.56	111.37	105.63	73.94	
1964 年	105.46	108.04	106.41	69.21	
1982 年(不包括军队)	106.30	106.45	107.27	79.84	
(包括军队)	106.30	106.45	108.61	79.84	
世界及各大洲					
全世界	100.50	103.96	101.47	74.83	
亚洲	103.74	104.74	104.64	89.66	
南亚	106.93	106.67	107.09	100.00	
孟加拉国	106.45	100.18	106.74	108.45	1978 年 12 月 1 日
印度	107.20	105.75	108.22	107.21	1980 年 12 月 1 日
伊朗	106.20	108.60	103.82	112.13	1976 年 11 月
斯里兰卡	105.83	103.20	106.78	118.61	1978 年 12 月 1 日
非洲	98.73	100.95	97.58	75.00	
拉丁美洲	100.00	102.70	99.02	87.50	
北美洲	95.24	103.70	97.59	68.75	
欧洲	95.16	103.77	98.73	65.79	
大洋洲	101.77	103.03	104.29	80.00	

资料来源：① 中国 1953、1964、1982 年三次人口普查资料。
②联合国 1980 年《人口年鉴》。

第四，我国的性别比虽然与发展中国家相近，但在发展中国家里不属于性别比较低的国家，而是属于最高之列。在发展中地区，除了西亚一些石油输出国外，南亚国家的性别比是最高的，而我国的性别比正是属于这一最高之列(见图 4-3)。

2. 解放以来，我国人口性别比高是一贯的，并在地区上带有普遍性。

(1)解放后历年来性别比的数据都表明我国的性别比在世界上属

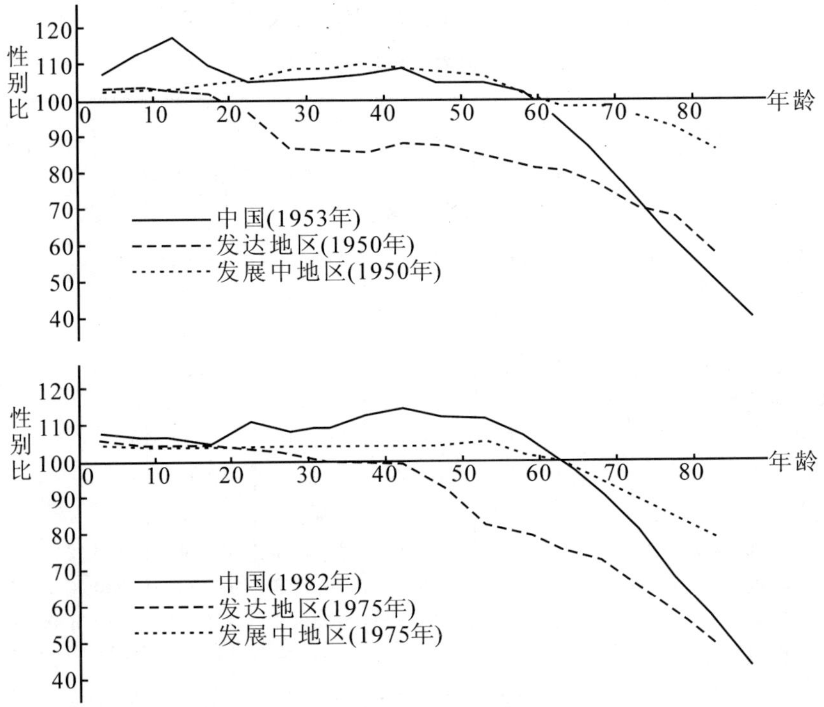

图 4-2　中国与发达地区、发展中地区分年龄性别对比

于最高之列。据第三次人口普查，我国 1982 年人口性别比为 106.3，比 1949 年的 108.2 有所下降。但观察解放后历年的性别比数据后发现，虽然总趋势是下降的，但这种下降主要发生在 1949 年和 1969 年，1969 年以后到 1982 年性别比却呈现一种缓慢回升的趋势，不过回升的幅度很小(见表 4-5)。

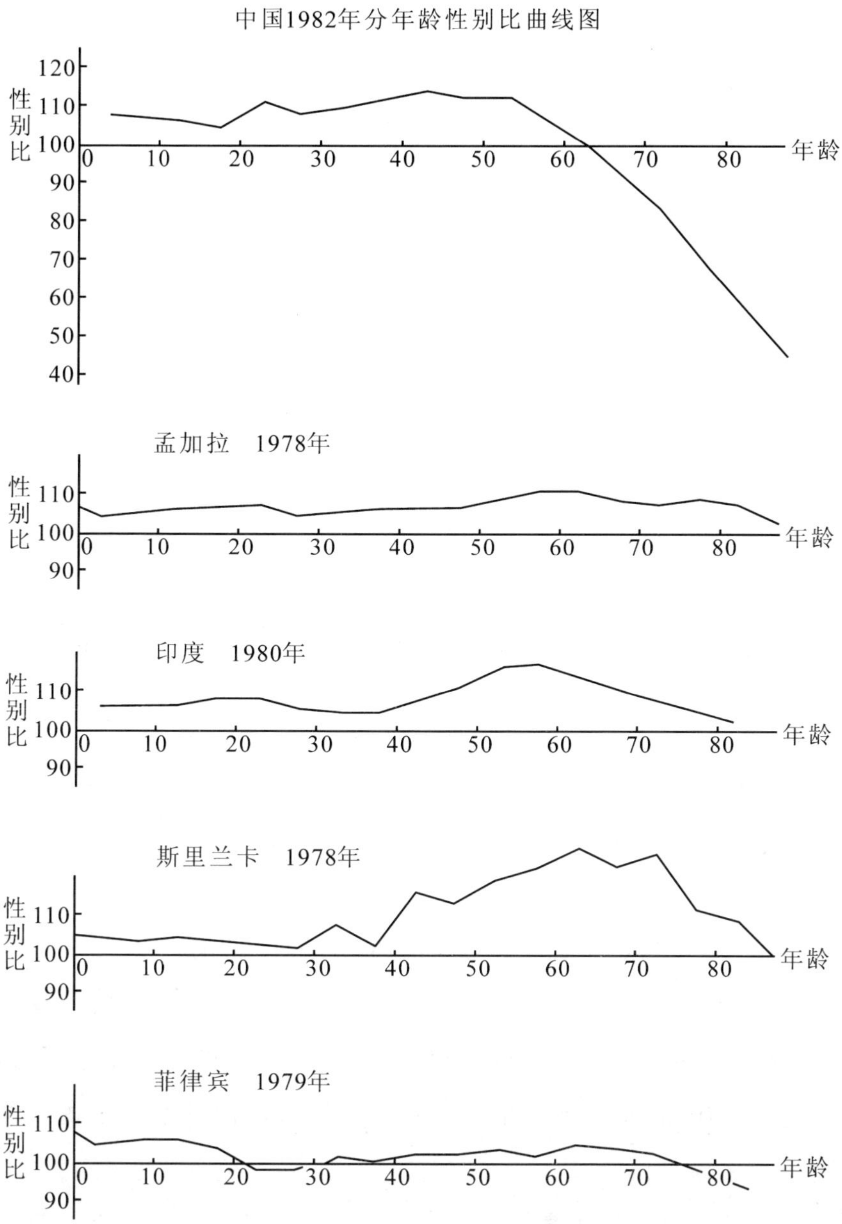

图 4-3 中国与南亚一些国家的性别比曲线比较图

表 4-5　1949～1982 年我国人口性别比变化

年　份	性别比	年　份	性别比
1949	108.2	1966	105.0
1950	108.1	1967	105.0
1951	108.0	1968	105.0
1952	107.9	1969	104.8
1953	107.6	1970	105.9
1954	107.6	1971	105.8
1955	107.3	1972	105.8
1956	107.4	1973	105.8
1957	107.3	1974	105.9
1958	107.5	1975	106.1
1959	107.9	1976	106.1
1960	107.4	1977	106.2
1961	105.9	1978	106.1
1962	105.3	1979	106.0
1963	105.6	1980	106.0
1964	105.5	1981	106.1
1965	104.9	1982	106.3

我国的性别比虽说有了下降，但它还是偏高的。从上表可以看到，从 1949 年到 1982 年的 34 年中，性别比除了 1965 年为 104.9 和 1969 年为 104.8 以外，其余年份都高于 105。不过自从 1961 年以来性别比围绕 105 的波动是很小的，基本上没有超出性别比平衡区间的上限 106。

(2)我国人口性别比高在全国各省带有普遍性。1982 年人口普查资料表明我国人口性别比在地区上有明显的差异，有低于 100 的上海和西藏，又有高于108的湖南、山东，最高的内蒙古达109。但普遍的水平较高，据计算，占全国人口87%的24个省、市的人口性别比都在103以上(见表4-6)。

表 4-6

性别比	省数	省名	
103以下	5	100以下	上海、西藏
		100～103	北京、山东、云南
103以上	24	103～106	天津、辽宁、吉林、黑龙江、江苏、福建、河南、湖北、广东、贵州、河北
		106～108	浙江、安徽、江西、广西、四川、陕西、甘肃、青海、宁夏、新疆
		108以上	湖南、内蒙古、山西

资料来源：1982年第三次人口普查资料。

如果我们进行更细致的观察，就会发现我国人口性别比较高的省份主要集中在西北、东南二大地区(见表4-7)。

表 4-7

西北	性别比	东南	性别比
内蒙古	109.0	湖南	108.1
山西	108.5	安徽	107.8
陕西	107.4	浙江	107.7
甘肃	107.2	广西	107.3
青海	106.0	江西	106.5
宁夏	106.2	福建	105.9
新疆	106.0		

资料来源：1982年第三次人口普查资料。

西北地区各省是主要的少数民族居住区，那里的经济、文化，医疗卫生都较落后，平均寿命低，男女死亡率差别小，而且年龄结构轻，这些都有可能是性别比高的原因。东南地区各省的性别比高，很可能与其出生性别比高有关系(见表 4-8)。但如山东、广东二省虽其出生性别比高，但总人口性别并不高，因此对于东南各省人口性别比高的原因是需要进一步研究的。

3. 形成我国高人口性别比的因素

一个简单的性别比指标往往包含有深刻的内涵，因为它受到许多因素的影响，有生物学因素的影响，有历史因素的影响，更有社会经济因素的影响。现在的性别比就是由于以往历史的发展、社会经济的变化造成的结果。但是所有这些因素，要对性别比施加影响，都必须通过人口学因素来完成，这些人口学因素就是出生性别比、男女差别死亡率和年龄结构。下文就这三个中间因素来分析它们对我国人口性别比的影响。

表 4-8

东南	出生性别比
湖南	107.6
安徽	112.5
浙江	108.8
广西	110.7
江西	107.9
福建	108.6

资料来源：《人口研究》，1985 年第 5 期，第 11 页。

(1)我国人口出生性别比高是造成我国总人口性别比高的基础。一批人的出生性别比，为这批人在以后的各年龄的性别比变化奠定了基础。如果死亡模式变化不大，那么这批人今后各年龄性别比的高低，将由其出生性别比的高低而定。出生性别比越高，各年龄性别比也越高，反之亦然。同样，对于一个人口来说，在死亡模式、年龄结构变化不大的条件下，它的出生性别比对其总人口性别比有很大影响，出生性别比的提高或下降，或多或少地引起总人口性别比的提高或下降。

世界上绝大多数国家的大量统计资料揭示了出生性别比的普遍稳定性，一般每出生 100 个女孩，平均就会出生 105±2 个男孩。出生性别比的稳定性主要是由生物学规律所决定的。

现在欧美发达资本主义国家的出生性别比多在 105 左右，它们的总人口性别比多在 100 以下；而南亚一些发展中国家，出生性别比都很高，有的超出了 105±2 的上限，因而它们的总人口性别比相应地要高，多在 106 上下。这一事实本身就说明了出生性别比对总人口性别比的影响。

我国人口出生性别比，根据 1982 年人口普查为 108.47。而且这种高出生性别比在全国各省较普遍。1982 年人口普查表明，全国有 10 个省的出生性别比在 106～107 之间，有 17 个省在 107 以上，其中高达 110 以上的有 4 个省，最高的安徽达 112.5。我国近年来的出生性别比，根据 1982 年婴幼儿性别比推算也都在 107 上下。因此同人口性别比低的国家相比，我国出生性别比偏高，就造成我国性别比曲线起点高于它们。正是由于我国人口的每一出生队列的性别比变化起点高，所以就产生了对总人口性别比偏高的影响(见图 4-4)。

(2)我国男女死亡率差别小是导致我国人口性别比高的主要原因。男女差别死亡率对人口性别比的影响是举足轻重的。对于一个出生队列，给定了出生性别比，那么以后各年龄性别比的高低，完全取决于男女差别死亡率的变化。性别比的高低与男女死亡率差别的大小是呈反向关系的，对于一个人口来说也是如此，只要其年龄结构没有大的变化。这就是在世界范围内出生性别比普遍稳定的情况下，总人口性别比存在较大差异的原因。

一般说来，由于各年龄组男性死亡率都较大于女性死亡率，所以

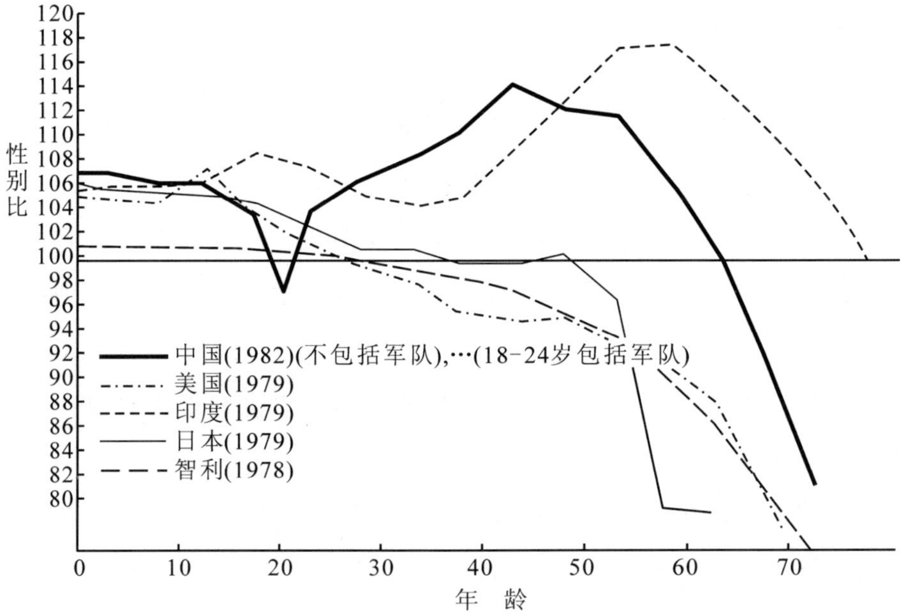

图 4-4 中国与印度、日本、美国、智利性别比

出生时的性别比(105)在随后的各年龄组里逐步下降，到婚龄期达到平衡(100)，进入老年后降至 100 以下。在发达国家，出生性别比多为 105，但由于男女死亡率差别较大，因而各年龄组的性别比普遍较低，而且性别比平衡的年龄较早，多为四五十岁。而在发展中国家，其出生性别比较发达国家稍高，主要是由于其男女死亡率差别小，使得分年龄性别比特别是婴幼儿性别比较高，因而性别比平衡的年龄也相对较晚，特别是东南亚一些国家直到 80 岁以上性别比才降至 100 以下。我国的分年龄性别比水平高、平衡年龄晚(62 岁)也主要是由于各年龄的男女死亡率差别小造成的。1982 年人口普查表明我国男女年龄别死亡率都较低，但由于男女差别不大，甚至在某些年龄组女性死亡率高于男性，因而就使得性别比下降缓慢，有时还有回升。图 4-5 是中国与美国、日本的分年龄性别比、死亡率性别比的比较，从

图中可清楚地看到性别比的高低与死亡率性别比的高低的相反关系。

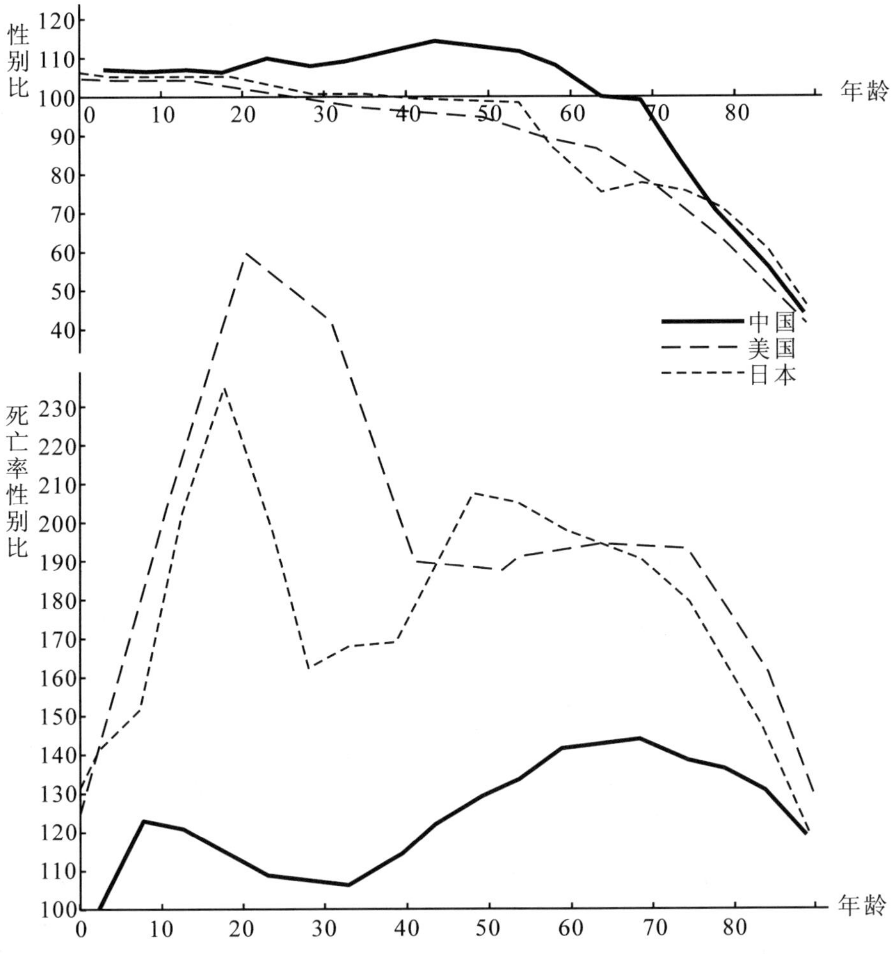

图 4-5　中国与美国、日本的分年龄性别比、死亡率性别比的比较

资料来源：①中国 1982 年人口普查资料。②1982 年联合国《人口年鉴》。

(3)我国人口年龄结构轻是造成我国人口性别比高的重要原因。总人口性别比除了受出生性别比和男女差别死亡率的影响，人口年龄结构是另一重要影响因素。在统计上进行分析时，总人口性别比可以分解为人口年龄结构和分年龄性别比这两个因素(分年龄性别比是由出生性别比和分年龄男女差别死亡率决定的，因此这里所说的年龄结构和分年龄性别比两个因素与上面所说的出生性别比、男女差别死亡率和年龄结构三个因素是一致的)。人口年龄结构轻往往会造成高人口性别比，因为年轻人口的性别比往往较高。我国人口年龄结构轻是造成我国人口性别比高的一个重要原因。如果把我国 1982 年的分年龄性别比，用瑞典 1979 年的年龄结构进行人口性别比的标准化计算，那么结果将是 101.5，比现在的 106.30 要低得多。

随着人口的老龄化，人口性别比也必然趋于下降。发达国家的人口性别比低于 100，一个重要原因就是其老年人口比例大，发展中国家的人口性别高在于其年轻人口比例大。为了说明这一点，我们找了几个国家的性别比和年龄结构资料(年龄结构采用“人口老化系数”指标，即 65 岁及以上老年人口比例与 15 岁以下少儿人口比例之比)。表 4-9 中的资料清楚地说明了性别比高低与年龄结构轻老的一致关系。

表 4-9

国家	性别比	人口老化系数(%)
中国(1982 年)	106.30	14.61(按 10%抽样资料计算)
印度(1981 年)	107.20	8.88
孟加拉(1981 年)	106.70	4.87
日本(1981 年)	96.86	40.84
美国(1982 年)	98.52	51.25
瑞典(1981 年)	98.05	109.27

资料来源：①中国 1982 年人口普查资料。②1982 年联合国《人口年鉴》。

我国人口老化过程已经开始，但在 20 世纪内这种过程还是十分缓慢的，进入 21 世纪老化过程将要加速，因而我国人口性别比将随人口老化过程而下降是必然的。

以上就影响人口性别比的三个因素进行了分析，但是我们还必须认识到我国人口性别比高是带有旧中国高性别比的痕迹的。

观察1953、1964、1982年三次人口普查的分年龄性别比曲线(图4-6)，我们发现这三条曲线共同地反映了旧社会性别比失调现象。具体说来，1953年的曲线自4岁以上，1964年的曲线自15岁以上，1982年曲线自32岁以上的性别比变化起伏很大，水平很高，这些年龄的人口都是解放以前出生的。特别是在1953年的曲线上4～30岁，1964年15～40岁，1982年32～55岁的性别比是最高的，这些人基本上都是同批出生的，而在三次普查时处于不同年龄的人口。这批人不仅性别比高，而且占总人口的比例又大，对总人口性别比产生不可忽视的影响。比如在1982年，32岁以上的人口占总人口的32%左右，其中性别比最高的32～54岁组人口(性别比都在110以上)就占总人口的22%，而在一些性别比低的国家，这部分人口性别比大部分早已低于、至少也接近100，因此，相比之下，这部分高性别比、高比例人口是造成我国人口性别比高于其他国家的重要原因。如果用我国人口性别比曲线(图4-7)比较同时出生的人口在几次人口普查中的性别比，就可以看到旧中国较高的性别比持续到50岁以后对1953、1964、1982年相应年龄性别的影响。以1920年出生人口为例，1946年是26岁，性别比约为105；1953年人口普查时为33岁，性别比高达106；1964年人口普查时为44岁，性别比仍为106；而到1982年人口普查时为62岁，性别比仍在101.2的较高水平上。可以认为，如果旧中国性别比不是长期保持这样的高水平，1982年的人口性别比不至于到62岁以后才达到100。历史上的高性别比，今后对我国人口性别比的影响还将持续一个时期。

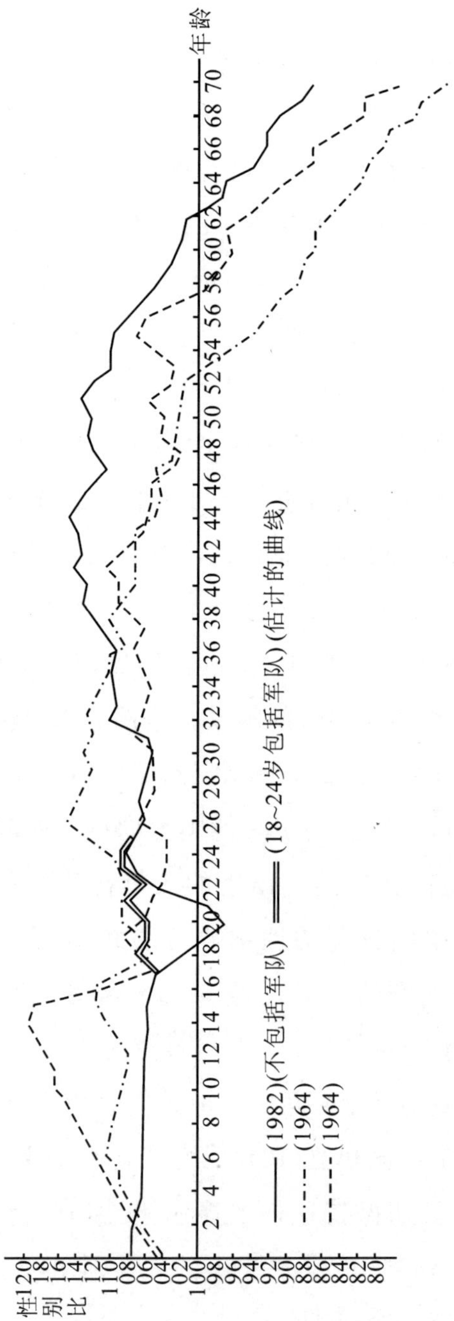

图 4-6　1946,1953,1964,1982 年分年龄性别比

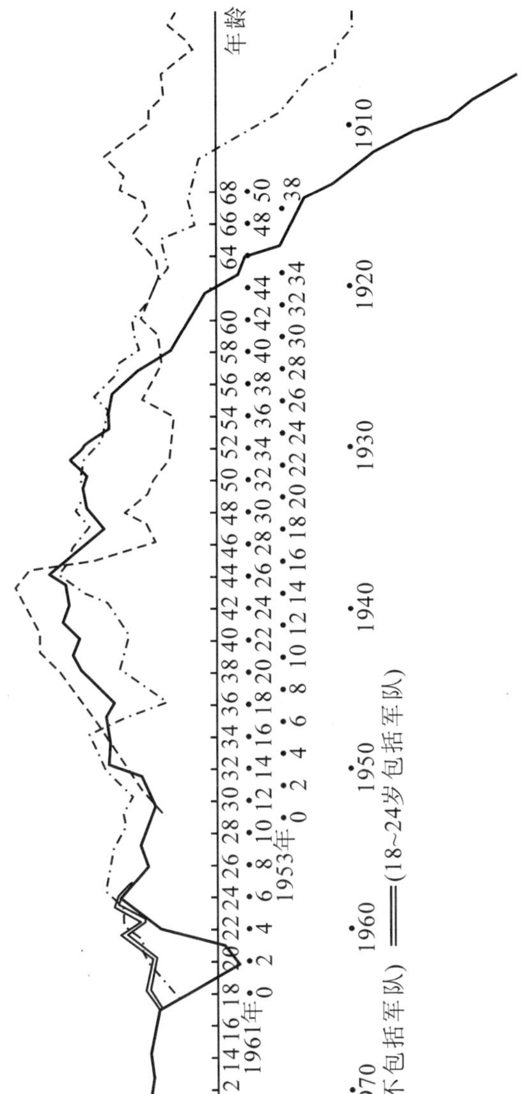

图 4-7　同一年代出生的人口在 1946、1953、1964、1982 年的性别比

二、我国人口出生性别比偏高原因的探索

出生性别比是人口性别比的基础，一般都认为它取决于生物因素以及各种社会、经济因素。各民族人口在其历史发展的各个阶段的特点，对出生性别比有无影响，在科学上没有作出明确的结论。我国现阶段人口性别比已经成为当今人口学和整个社会十分感兴趣的课题。出生性别比问题不仅应作为我国人口性别比偏高的一种原因加以考察，而且应该本着实事求是的科学态度，作出我国性别比偏高是客观存在，还是偶然的或人为的等结论，从而澄清某些对于我国人口政策的片面认识。

我国人口出生性别比的特点是什么？概括地说是偏高，它居于世界各国人口出生性别比的最高之列。当然，随着时间和地点的推移，它又是变化不定的，情况是多种多样的。总之，这个问题很复杂，涉及的学科和知识也很广。由于我国可供应用的资料的缺乏和目前人口学发展水平本身的局限，要想对此立即得出十分可靠的结论是不现实的。本节意在根据现存的资料和研究成果作出一些初步的判断和分析，以便为今后进一步深入研究打下基础。下面分几个方面探讨这一问题。

1. 我国人口出生性别比偏高由来已久，今天仍属世界各国中出生性别比最高之列

(1)从历史资料看，旧中国的出生性别比很高。旧中国的出生登记和统计工作都很落后，资料的涉及面和可靠性都十分有限。但是从所有能得到的官方数据以及社会学家、医学家的记录中，都可以看出我国出生性别比是很高的(当然也有个别例外，比如陈达教授在云南呈贡所得到的数据就偏低)。其中最典型的几项数据是：

第一，根据20世纪30年代在分布于全国各主要地区的几个农村县的调查，出生性别比如下：江苏省江阴县111.7，句容县115.0，浙江省兰谿县123.3，四川省内三个县平均99.1，云南呈贡县1940年至1944年6月平均为103.02。①

第二，国民党政府公布的8个城市1933年的出生性别比，见下表。

表4-10 民国22年(1933年)8城市婴儿出生性别比

市别	出生婴儿总数	男	女	出生性别比
南京	12 262	6 654	5 608	118.65
上海	28 115	15 267	12 848	118.83
北平	21 299	11 092	10 207	108.07
天津	2 592	1 512	1 080	140.00
青岛	3 925	2 078	1 847	112.51
杭州	8 023	4 412	3 611	122.18
广州	14 215	7 528	6 687	112.58
汉口	11 530	6 456	5 074	127.24

资料来源：国民政府主计处统计局编：《中华民国统计提要》(24年辑)。

这8城市1933年出生人口总数为101 961人，其中男54 999人，女46 962人，出生性别比为117.11，显然这个数字可能超过了实际的水平，也就是说，这样高的出生性别比在一定程度上归结为统计误差，但是它还是反映了旧中国高出生性别比的一般趋势。

为了同当时的国际水平相比较，我们列出15个主要国家的出生性别比资料(见表4-11)，显然，没有一个国家的数字超过中国。

① 陈达：《现代中国人口》，天津人民出版社1981年版，第27、123页。

(2)许多资料表明，新中国成立后我国人口出生性别比仍然很高，不论是全国平均水平，还是局部地区的数据都表明，出生性别比高于103～107的世界平均水平。其中最富有权威性的证明，来自1982年第三次全国人口普查和同期举行的1‰全国人口生育率抽样调查所得到的资料。

表4-11 15个国家的出生性别比

国别	年别	出生性别比	国别	年别	出生性别比
瑞士	1937	106.8	印度	1931	98.7
英国	1936	103.9	日本	1930	102.0
意大利	1936	103.8	荷兰	1930	104.7
新西兰	1931	193.5	美国	1930	103.0
法国	1935	104.0	埃及	1927	102.0
挪威	1935	105.1	苏联	1926	103.1
瑞士	1930	104.5	巴西	1920	100.9
德国	1933	105.0			

资料来源：国际联盟《统计年鉴(1937～1938)》表3。

A.1982年第三次全国人口普查之前，有如下几处资料反映了我国高出生性别比的情况。

第一，北京市妇产医院获得的1972年至1979年的平均出生性别比为108.6，具体各年的情况有较大波动，最高的1979年达118.0，最低是1978年，只有105.0，详细情况参见下表：

表4-12 北京妇产医院1972～1979年出生婴儿性别比

年份	出生总数	男婴	女婴	出生性别比
1972	5 544	2 883	2 661	108.4
1973	—	—	—	—

续表

年　份	出生总数	男婴	女婴	出生性别比
1974	4 063	2 087	1976	105.4
1975	3 913	2 039	1 874	108.6
1976	—	—	—	—
1977	3 670	1 883	1 787	105.3
1978	4 250	2 177	2 073	105.0
1979	4 599	2 494	2 105	118.0
合计	26 030	13 554	12 476	108.6

资料来源：《浙江人口通讯》1980 年第 3 期，第 26 页。

第二，北京市统计局汇总的资料表明，北京市自 1950 年至 1980 年这一期间的某些年份的出生性别比的简单平均数为 107.63，在所列举的 7 个年度中，有 4 年超过了 108。具体情况如下表：

表 4-13　北京市 1950～1980 年间部分年度的出生性别比

年　　度	新生婴儿中男婴比女婴多的人数	出生性别比
1950	2 806	109.42
1957	3 405	104.25
1961	5 878	106.78
1975	3 249	108.33
1978	3 892	107.38
1979	4 163	108.68
1980(1～5 月)	2 064	108.55

资料来源：朱一林：《本市新生婴儿中男孩多于女孩》，《北京日报》1982 年 7 月 7 日。

第三，谷祖善，杨淑芬整理19个省、市88个城乡医疗单位1960～1981年产房分娩登记的结果，发现在486 709个活产婴儿中，男婴有253 204个，女婴有233 505个，性别比为108.4。①

B. 从我国1982年第三次全国人口普查资料中可以直接得出1981年全国平均出生性别比为108.47，另一方面，从幼儿性别比倒推出以前若干年的出生性别比也是很高的。

1982年人口普查0～11岁年龄组的分年龄性别比如表4-14所示。假设进入70年代以来，我国人口死亡率总水平下降而模式不发生多大变化(尤其是男、女两性婴儿死亡率的差额不变)，则可利用1981年的全国分性别人口生命表，倒推出前若干年的出生性别比，如表4-16。

表4-14　1982年部分年龄人口性别比

年　　龄	性别比	年　　龄	性别比
0	107.52	6	106.33
1	107.83	7	106.32
2	107.39	8	106.06
3	106.73	9	106.12
4	106.30	10	106.32
5	106.44	11	106.38

资料来源：1982年第三次全国人口普查10%手工汇总资料。

① 见中国人口情报中心：《人口情报》第20期，1985年11月30日出版。

表 4-15　1981 年全国人口部分年龄分性别死亡率　(‰)

年龄	男性分年龄死亡率①	女性分年龄死亡率②	①—②	年龄	男性分年龄死亡率①	女性分年龄死亡率②	①—②
0	39.65	37.47	2.18	6	1.51	1.27	0.24
1	6.66	7.29	－0.63	7	1.20	0.97	0.23
2	4.25	4.93	－0.68	8	1.07	0.80	0.27
3	2.97	3.35	－0.38	9	0.93	0.69	0.24
4	2.14	2.23	－0.09	10	0.85	0.66	0.19
5	1.78	1.65	0.13	11	0.79	0.62	0.17

资料来源：1982 年第三次全国人口普查 10％机器汇总资料。

从逆推出的数据大概可以看出 1981 年之前若干年的人口出生性别比也是偏高的。应该指出，以 1981 年生命表的有关参数来倒推出生性别比可能出现比实际情况偏低的现象，因为人口发展的普遍规律是，随着总死亡率水平的下降，两性死亡率差别也在缩小。因此，1981 年以前的出生性别比有可能比表中数字更高一些。

C. 1982 年 7 月，我国在进行第三次人口普查的同时，举行了全国 1‰人口生育率抽样调查，这次调查为我国人口出生性别比的研究提供了宝贵的资料。

表 4-16　推测 1981 年以前若干年人口出生性别比

年份	1981 年岁数	推算出的出生性别比
1981	0	107.76
1980	1	108.00
1979	2	107.48
1978	3	106.78
1977	4	106.34
1976	5	106.50

表 4-17　1964～1981 年全国人口出生性别比资料

年　份	出生性别比	年　　份	出生性别比
1964	105.1	1973	107.2
1965	107.6	1974	105.7
1966	107.5	1975	107.7
1967	107.7	1976	111.4
1968	108.7	1977	106.6
1969	107.2	1978	10.2
1970	108.5	1979	106.8
1971	108.3	1980	111.8
1972	107.9	1981	108.5
		1964～1981	107.8

资料来源：1982 年全国 1‰人口生育率抽样调查资料。

上述资料表明，1964 年至 1981 年我国人口出生性别比的平均值达 107.8。值得注意的一点是，这一资料是一种回顾性的调查，因而准确性有一定的局限。根据我们在本节的后面所要谈到的特点，在这种回顾性的调查中，女婴死亡漏报的出现率可能比男婴高，同时也有女孩互相寄养而漏报或故意瞒报的现象，因而，实际的出生性别比肯定会略高于上表所列的数字。

以上三个方面的资料表明，长期以来，我国出生性别比一直很高，而旧中国又比解放后更高。当然，中国之大，也可以找到很多典型的出生性别比较低的例子。但是，上面所使用的资料都是涉及面很大，准确性较高的，我们认为它具有较大的代表性和可靠性。

(3)从横向，即地区间的比较来看，我国出生性别比高的地区是多数，低的是少数或仅是个别的地方，其证据可见于如下几点：

其一，根据1982年第三次全国人口普查，以省、市、自治区为单位将出生性别比水平分组，有18个省市(共计占我国人口总数的60％)的出生性别比在107以上。

其二，上述资料以县级单位分组，在2 378个县中(包括县级市)人口出生性别比高于107.25的有1 374个，占总县数的57.78％，这一点说明了我国高出生性别比是一个普遍现象。

其三，从我国的城镇(非建制市)和乡村的出生性别比的比较来看，镇平均性别比为109.01，乡村为107.6，我们认为，城镇不大可能出现溺弃女婴的现象，统计出的出生性别比高，说明了我国出生性别比高不是偶然现象，是由一定的自然规律决定的。

其四，观察世界主要国家当代人口发展的主要趋势，发现我国出生性别比(1981年为108.5)在世界上属于最高之列。当然，个别国家在某些特定的时期也有出生性别比超过108.5的记录，但是，如果从一个较长的时期来看，我国就是唯一的保持高出生性别比的国家。

2. 我国出生性别比偏高的原因初探

关于我国出生性别比的原因的研究还只是刚刚开始，由于各种因素的限制，尤其是可供利用的统计资料的缺乏，我们这里的研究并不能准确地回答所有的问题，所能做到的，只是得出一些初步的结论供今后进一步研究时参考。

我们试图运用相关分析肯定或否定一些现象同出生性别比之间的联系，至于这种联系的内在机制是什么，我们希望在今后的研究中得出合理的解释。

(1)人口出生性别比与地理因素和人口分布特征之间的联系。

第一，人口出生性别比的地域特征。根据1982年第三次全国人口普查资料，如果将29个省、市、自治区按出生性别比的高低分成三类：107 以上为第一类地区，106～107 为第二类地区，106 以下为第三类地区，将它们在行政区划图上标出并与我国地形图相比较，则易于发现，我国人口出生性别比的高低分布同我国地势变化状况高度吻合——海拔高度与人口出生性别比成反方向变化。

表 4-18　世界主要国家和地区当代人口出生性别比

国别	年度	出生性别比
瑞典	1979	105.49
法国	1979	105.38
英国	1979	106.00
前苏联	1973	105.08
日本	1979	106.17
香港	1978	106.60
美国	1979	105.20

资料来源：U. N.：Demographic year book，1980。

我国的东西沿海地区、华北平原、江淮平原、山东半岛、辽东半岛及四川盆地等地势低平地区的人口出生性别比均在 107 以上。从地势上看，这些地区是我国地势的第一级阶梯，位于第二级阶梯即黄土高原、云贵高原和内蒙古高原上的人口出生性别比居于中等水平，约在 106～107 之间，而位于第三级阶梯即青藏高原上的西藏自治区具有最低的出生性别比，仅为 101.32。可见我国人口出生性别比水平与地势的海拔高度呈显著的负相关关系。当然，也有例外，上海市位于东部沿海地区，但出生性别比与西藏一样，处于最低之列。这种情况出现的内在原因是值得进一步深入研究的。

第二，人口出生性别比同人口密度的相关关系。将人口出生性别比分布图同人口密度分布图作一比较，就会发现人口密度与出生性别比之间的相关关系比较明显。进一步将 29 个省、市、自治区的人口密度与出生性别比画出散点图，则除沪、藏之外，其余各省、市、自治区的出生性别比与人口密度的关系呈几条射线向右上方伸展，说明人口出生性别比与人口密度基本呈正相关关系。

(2)推行计划生育、控制人口增长与出生性别比的关系。

第一，出生性别比与总和生育率的关系。如果绘制以省为单位的总和生育率分布图并与出生性别比的分布图相对照，或者作出两者关系的散点图，可以发现总和生育率与出生性别比之间无明显的相关关系。

第二，出生性别比与母亲的初中以上文化程度的分布没有明显的相关关系(用上述方法比较得出)。

第三，出生性别比与母亲的生育年龄的关系。根据 1980 年和 1981 年两年的资料，按母亲生育年龄分组的出生性别比归纳成下表：

表 4-19　1980、1981 年出生性别比按母亲生育年龄分组

母亲生育年龄	出生性别比	母亲生育年龄	出生性别比
15～19	122.05	30～34	106.42
20～24	108.05	35～39	109.08
25～29	110.42	40＋	118.34

资料来源：1982 年全国 1‰人口生育率抽样调查资料。

从表中看出，出生性别比最高的母亲年龄组为 15～19 岁组和 40 岁以上的年龄组。但是，我国的实际情况是妇女的生育年龄集中在 20～34 岁组，而在这一年龄组，婴儿的出生性别比的变化趋势是先升后降，同时城乡之间又有差别，见下表：

表 4-20　城、乡按母亲年龄分组的出生性别比

年龄组	城　　市 (1980、1981 年平均)	乡　　村 (1980、1981 年平均)
20～24	110.43	107.91
25～29	109.02	110.65
30～34	102.72	106.77

资料来源：1982 年全国 1‰人口生育率抽样调查资料。

第四，胎次与出生性别比的关系。仍然利用1980、1981两年的资料，列表分析我国各大行政区分胎次出生性别比的情况（见表4-21）。

表4-21　六大行政区分胎次的出生性别比

（1980、1981两年平均）

地区	出生性别比	一胎	二胎	多胎
全　国	109.54	109.49	107.37	117.55
华北区	108.25	102.90	109.81	120.04
东北区	112.72	111.48	110.38	120.43
西北区	106.08	111.09	104.65	103.08
中南区	110.74	109.69	110.10	112.49
华东区	110.48	112.37	107.74	109.83
西南区	106.64	107.88	97.59	110.93

资料来源：1982年全国1‰人口生育率抽样调查资料。

从上表分析，胎次与出生性别比的关系十分复杂，从全国的情况来看，随着胎次的提高，出生性别比有一个先升后降的过程，而这又与母亲的年龄和出生性别比的变化趋势所表现出来的关系相矛盾，我们认为就我国的情况来说，胎次与出生性别比并未表现出显著的相关关系，这与国外一些人口学家的结论不同，他们认为随着胎次的提高，出生性别比必然下降。不过从上述的资料来看，从第一胎到第二胎出现了一个下降过程，但在第二胎之后，出生性别比反而提高。从这里似乎可以得出这样的初步结论：如果实行了严格的“一胎化”，可能会使出生性别比提高。

第五，结婚和生育月份与出生性别比的关系。婴儿的性别决定于受孕的一瞬间，这是一个纯生物过程，它与外界的自然环境可能存在一定的关系，比如气温的高低等等。这样，初婚的月份分布可能影响到出生性别比。例如，有人观察到秋冬出生的女婴比例大，春夏出生的男婴比例大。陈达教授在云南呈贡得到的数字表明，在1940～1944年的登记期间内，每年3、4、5、6月出生的男婴多于女婴。而1944年1～6月的出生性别比为123.31，其余各年的出生性别比都在100左右。① 我国民间有选取秋、冬的传统节日结婚的习惯，这样，生育月份在春、夏季节的机会多一些，这可能导致了我国出生性别比的偏高。当然，确实的结论尚待医学和统计学的进一步论证，我们这里只是提出这一现象，作为今后研究的参考。

从以上五点分析中我们看出，出生性别比与总和生育率、胎次、母亲的文化程度和年龄都没有明显的相关关系，与初婚月份的关系也无确实的证明。因此，我们认为推行计划生育政策并不能从上述这些方面使我国人口的出生性别比人为地提高，我国人口出生性别比偏高可能由于某种自然因素的作用。

(3)关于溺婴、统计漏报、瞒报和出生性别比的问题。溺婴和遗弃女婴是旧中国局部地区政治、经济、文化落后的一种产物，在新社会这一陋习有了很大改变，但是并未完全根绝。另一方面，也存在统计中漏报、瞒报的现象，而遗弃和漏报的绝大部分是女婴，因而人为地产生了统计中出生性别比偏高的现象。不过，这一现象主要出现在农村。在城市，由于社会经济条件和居住方式的特点，溺婴和统计误差出现的机会都很小。

根据1982年人口普查资料，1981年我国城市出生性别比略低于

① 见陈达：《现代中国人口》，天津人民出版社1981年版，第27页。

农村。该年度全国人口出生性别比为 108.47，23 个建制市(含市辖县)的出生性别比为 108.00，29 个省、市、自治区的省会所在市及中央直辖市(含市辖县)的出生性别比为 107.73，各省会所在市及直辖市的市区人口出生性别比为 107.19。可见，城市的人口出生性别比确实比农村低，出现这种现象的原因可能是由于部分农村存在溺弃女婴或女婴漏报、瞒报现象。不过，这种影响相对于全国平均水平来说尚不太明显。

据有关的历史书籍记载，旧中国的许多地方存在溺弃婴儿的习俗，但是最严重的是安徽、河南、广东、广西壮族自治区等省。以安徽为例，据史料记载，1934 年安徽 26 个县份的人口统计汇总资料中，0～4 岁婴幼儿1 665 478人，其中男性930 549人，女性734 929人，性别比高达 126.62。据调查，安徽省集中在淮河流域的怀远、蒙城等县，历史上溺弃女婴的现象十分严重，解放后有很大程度的改变，但并未绝迹。① 不过，我们认为，对出生性别比(同样，人口性别比)的统计数据产生最大影响的还不在溺弃女婴，因为这个数字相对于出生婴儿总数来说毕竟很小，对出生性别比影响最大的还是在女婴的漏报和瞒报上。推行计划生育政策之后，少数地方的农民为了能够生男孩或多生孩子，使女婴瞒报的现象变得比较严重。

据研究，在广东省揭阳县的出生登记中，由于超计划生育或抱养等原因常有漏报、瞒报出生的现象，其中漏报的女婴远远多于男婴，结果导致统计的出生性别比高于实际水平。据不完全统计，1979～1983 年在一个地区内共漏报出生婴儿 710 人，其中男性漏报 291 人，

① 成凤皋、张飞飞：《安徽省婴幼儿性比例的历史考察》(为第三次全国人口科学讨论会提供的论文，油印本)。

占漏报总数的40.98%，女性419人，占漏报总数的59.02%，女漏报是男的1.44倍。①

据山东省妇联组织在95个县、市、区的调查，1981～1983年共遗弃婴儿4 302人，其中女婴4 034人，占总弃婴数的93.8%，被遗弃的女婴有相当大的一部分因发现不及时或发现后照看不善而死亡，这些婴儿尤其是女婴被全部漏报。除这一部分弃婴漏报外，对出生性别比(统计中的)影响最大的还是有意的瞒报。山东省1981年的人口年报与人口普查比较，漏报率为12.51%，而漏报人口中绝大部分是女婴。这种漏报现象近几年有增无减，以致1983年和1984年人口年报的出生性别比分别高达117.6和116.7。②

有证据说明，尽管1982年人口普查由于组织、宣传工作的成功而使普查数据有较高的精确度，但是一些经济、文化落后和生育观陈旧的地区，仍有少数女婴被漏报和瞒报，这是不少作者通过实地调查得出的结论，我们在开展出生性别比研究时不能不注意这一点。③

(4)汉族出生性别比偏高的可能性也不能排除。我们从以下五个方面来分析这一问题。

第一，许多很可靠的实际调查证明了汉族的出生性别比长期平均达到107以上，成为已有的世界各民族人口出生性别比的最高限(比如，本节开始提到的各种调查数据)。

第二，汉族的出生性别比高于我国的少数民族人口出生性别比。

根据1982年人口普查资料，凡是汉族聚居的行政区，无论哪一

① 见《汕头人口》1984年第2期，第54页。

② 见刘书臻：《试析出生性别比问题》，《山东人口》1985年第3期。

③ 同上。

级，其人口出生性别比在107以上的比例数都在58%以上，而少数民族区域的对应数字都在46%以下，这说明我国汉族人口出生性别比是高于少数民族的。

第三，从历史资料来分析，比较陈达教授在云南呈贡统计的出生性别比和江苏江阴县的数字，就可以发现，呈贡作为少数民族的聚居地，其出生性别比要比汉族地区低得多。

第四，从世界范围来说，凡是以汉族血统为主的一些国家和地区，人口出生性别比都较高(见表4-22)。

表4-22 世界主要华人聚居地(假定主要是汉族)的出生性别比

年份＼出生性别比	香港	澳门	新加坡	美国华人
1950	—	—	—	103.85
1951	—	—	—	110.82
1952	—	—	—	111.89
1953	—	—	—	110.26
1954	—	—	—	105.42
1955	—	—	—	103.45
1956	106.95	112.18	106.76	101.63
1957	110.09	107.03	106.18	102.69
1958	108.97	100.00	106.32	106.22
1959	108.35	107.20	105.60	108.46
1960	106.40	119.34	107.38	103.06
1961	107.17	117.28	105.55	104.91
1962	—	109.56	106.24	107.17
1963	—	103.63	105.06	112.21
1964	—	111.25	105.21	

续表

年份＼出生性别比	香港	澳门	新加坡	美国华人
1965	—	108.23	104.97	—
1966	—	101.25	105.55	—
1967	—	105.63	104.19	—
1968	106.21	104.15	105.40	—
1969	106.01	107.35	107.21	—
1970	107.09	107.30	105.73	—
1971	106.21	100.23	106.70	—
1972	106.71	109.92	106.90	—
1973	106.48	103.95	107.07	—
1974	105.79	115.92	108.14	—
1975	—	—	106.77	—
1976	—	—	107.74	—
1977	—	—	107.98	—
1978	106.60	101.25	—	—
1979	—		109.28	—
1980	—		—	—
1981	—		107.72	—
1982	—		—	—

资料来源：①港、澳、新加坡资料摘自 1975、1979、1980、1982 年联合国《人口年鉴》(英文版)。②美国华人资料摘自《美国华人的历史和现状》第 113 页。

上面的资料表明，香港的出生性别比多数年份在 106.5±0.5 的范围内波动。澳门 23 年的资料有 13 年超过 107，但由于澳门人口总数很小而波动较大。新加坡的资料最齐全，多年来出生性别比一直稳定在较高水平且有缓慢上升的趋势。美籍华人的出生性别比波动较大，总的水平是偏高。

第五，人口学家和人类学家们从各民族的广泛资料中得出了人口出生性别比大致在103～107之间，但是，在大范围的地区内和足够长的时间区间内，也的确存在着人口出生性别比低于103的现象，那么，同样对于人口出生性别比长期地高于107的现象也就不足为怪了。

实际上，任何从统计中归纳出来的所谓“标准”，都具有时代和历史条件的局限，随着时间的推移和人类社会的进步，以及随着观察和研究范围的扩大，有关人类本身规律的一些准则，无疑需要得到修正与完善，人口出生性别比就具有这样一种统计规律。因而，我们必须正确对待我国高出生性别比的现象，对各种具体现象做具体分析。必要时，有针对性地予以解决，完全没有必要感到迷惑不解或恐慌。

3. 关于彻底查明我国人口性别比的几点建议

上面的分析只是就目前已掌握到的资料进行的剖析。根据1982年人口普查计算出的一个年份的出生性别比，其规模之大是人类历史上未有过的。因此应该看到，我们就我国人口性别比所作的结论是有权威性的，决不能根据外国的历史统计得出的数字来贸然断定我国出生性别比偏高有人为因素。但是我国毕竟是幅员广大，各地情况千差万别，而且我们能全面掌握的只是一个年份的资料，因此要对我国人口出生性别比作出科学的结论，还需要做很多的调查研究工作。为此我们建议：

(1)完善对人口出生性别比的统计。出生性别比的统计是人口统计中最难于精确统计的指标。在经常统计中不及时是经常的，漏报、瞒报也难于避免，在人口普查中要进行回顾性调查，也难于做到完全准确无误。出生性别统计的困难在于申报者人数很多，他们认为与个人关系不大，思想上常常不明确这是一项社会责任。因此除了加强宣传甚至制定法律，以保证父母及时申报小孩出生外，更为可行的是采取双轨制，一是由父母方申报，二是由医院或负责接生的医护人员申报。后一种申报的准确和及时的程度常常大大超过前者。为此在法律上，应规定合格接生人员的条件，并应明确及时进行出生申报是他们的责任。

(2)在我国城乡抽取一定数目的妇产医院和医院妇产科，就若干年份的婴儿出生性别比的历史记录进行调查分析。医院记录中的出生性别比是比较客观的。国外有些学者认为医院出生的可能是难产的，具有性别比的某种偏向，但未提出过有力的论据，大多数学者认为医院记录的出生性别比是真实的。迄今为止，在我国还没有发现在医院出生的性别比同医院外出生的性别比有差异的证据。因此可以从若干年医院的出生记录中统计出生性别比。这里值得提出的是，医院的抽选应是随机的或整群随机的，各个医院的记录最好是全面的或不会产生倾向性结论的记录。

(3)在中国城乡组织一次较大规模的孕妇跟踪调查。为了查清我国出生性别是否有民族特点，科学地回答国外某些学者，根据我国1982年人口普查出生性别比为108.5而断言中国溺婴23万的诬蔑；我们认为在条件成熟时在全国范围内组织一次为期3～5年的抽样调查，每年调查50万左右目前正在孕期的妇女，跟踪到出生能确定性别为止。这样可以比较有把握地查清我国这段时期的出生性别比。鉴于出生性别比可能有地域差别、民族差别等特点，抽取孕妇的样本一是随机的，二是广泛一点，不能过分集中在两三个省、市。跟踪调查务求达到“水落石出”，这项工作可以采取专门人员调查或委托地方调查。

三、从研究我国人口性别比提出的几个值得注意的社会问题

从人口性别比来看，我国同南亚国家都属于世界上最高的。南亚国家重男轻女是众所周知的，我国男女在法律上虽然是平等的，但从以下几个方面也可以看出我国存在着事实上男女不平等的问题。

1. 溺、弃女婴的现象仍未根绝

某些地方提出一些耸人听闻的数字来证明我国溺弃婴儿问题的存在，这些数字常常是局部、小范围的，可靠性有待调查。不过从客观上看，确实有些县出生性别比偏高，这些县大多又是历史上有传统溺婴习惯的地区。可以这样说，溺弃婴儿现象解放后已大大减少，但并没有根绝。从山东、安徽的一些调查看来，溺弃婴儿中女婴是主要的，这是男女不平等的传统观念在父母对出生儿女性别选择上的表现。

2. 我国人口性别比趋于平衡的时间大大晚于发达国家

从我国三次人口普查人口性别比的年龄曲线来看，在60岁前后男女人口才趋于平衡(即性别比为1)，这种情况同一些发达国家平均在20～30岁就趋于平衡，差别甚大。其原因是我国男性死亡率同女性死亡率差别不大，个别年龄的女性人口死亡率甚至高于男性人口。而现代死亡率的普遍规律是年龄别死亡率一般都是男性略高于女性，这就是男女性别比之所以能逐步缩小的原因。我国也是这样，但比发达国家晚得多，这表明我国妇女死亡率的下降同男性人口死亡率相比，相对来说慢于发达国家，这不能不说是男女在事实上不平等的一种反映。

3. 我国妇女20岁前后到45岁前，性别比提高的现象值得特别注意

从1953、1964、1982年三次人口普查的性别比可以看出，20岁前后我国的人口性别比不但不下降而且上升(这里必须把主要是男性人口的军队人数计入后计算的性别比)。1953、1964年普查时，这个年龄人口是解放前出生的人口，出现女性死亡率上升可能另有原因；而1982年人口普查时，33岁以前的人口都是解放后出生的。把军队中的男性413万和女性10.9万人口计入的性别比，明确无误地说明在解放后出生的人口中，20岁前后性别比回升，这种回升表明妇女死亡率的下降慢于男性。这个年龄正是妇女婚龄、育龄阶段，也是参加社会劳动的年龄，显然是生育与社会生产双重任务最重的阶段。这个阶段妇女死亡率的下降慢于男性是妇女的营养水平、教育水平、社会地位和生育、劳动负担等的综合反映。因此争取妇女同男子事实上的平等，合理安排妇女的社会劳动和家务劳动，对妇女的社会劳动时间采取灵活的办法，是个重大的社会政策问题。

人口性别比同婚姻的关系是人们最关心的。1982年我国人口普查表明，各个年龄组的性别比都在106～110之间，说明男多于女。男多于女是否会造成男子结婚的困难？必须承认有一定的影响，根据1982年人口普查，旧中国妇女几乎都能结婚，而男子终身未婚的占2.5%，这与旧中国人口性别比偏高有关。但婚姻问题不能完全用性别比来解释，而必须从社会经济条件来说明。旧中国劳动人民生活困难，无力结婚成家这是最主要的。因为婚配常常不是在同龄人口中进行，在一般情况下，男的初婚年龄比女的大2岁左右。因此男女结婚对象常常是婚龄男子的人数同比男子低两三岁甚至更多的女性人口相匹配，构成一幅错综复杂的图景，并不完全取决于同一年龄的性别

比。因此年龄结构对婚姻也有重复的影响。一般情况下，当人口激增时，下一个年龄组的人口往往大于前一两个年龄组，这就使婚姻适龄男性少于女性；相反的，在人口急剧减少时，情况就会相反。我国人口年龄构成不规则，人口出生各年之间相差甚大，情况就更为复杂。一般说50年代、60年代的高出生人口，结婚适龄的性别比有利于男子，在70年代后出生的人口，有利于女子。但目前一些地区大龄青年结婚难的问题，更主要是由社会因素造成的，因此要针对各地区人口性别比的不同情况，区别对待，妥善解决。

此外，从人口性别比中也发现照顾老年妇女是个必须提到日程上来的问题。我国人口从60岁以后女性人口超过男性人口，此后年龄越大，人数差别就越大。根据1982年人口普查，在60岁以上的人口中，妇女占57.3%，其中有配偶的只占41%，近60%是未婚、丧偶、离婚的。其中丧偶的人数是有配偶的40%多。妇女今后寿命越来越长，由于历史上的原因，我国多数妇女的文化程度很低，因此她们的生存能力是较低的，到了老年主要是依靠下一代的扶养。社会对这部分人口应该给予帮助，诸如宣传尊老、敬老，在法律上强调子女有扶养老人的义务和社会把部分无依无靠者的生活包下来。这些工作的对象主要是老年妇女，这个问题在今后我国人口日益老化时会更为突出。

我国有些城镇性别比很高，有些城市则较低，这是由于人口迁移造成的。因此制定适合我国情况的人口流动政策有利于调节人口性别比，从而也有利于婚姻、家庭和社会的安定团结。

《中国的出生性别比与性别偏好

——现象、原因及后果》序

刘爽教授近著的《中国的出生性别比与性别偏好——现象、原因及后果》(中国科学文献出版社，2009年，下称本书)即将出版，请我写个序。我所以欣然命笔，不仅因为我曾是刘爽这一研究的两任导师，更重要的是作为我国人口学研究的先行者之一，我至今仍在这个领域笔耕，也是浇灌的园丁。我认为有责任提醒全社会和全人类都来关注出生性别比这个重要的人口变量，因为它涉及人们对权利的选择和人类的前途命运。20世纪80年代以来，中国出现了持续的出生人口性别比持续攀高的现象，迄今尚未逆转。出生性别比失常在今后的深远影响可能超出人们的想象，必须早为之计，防患于未然。本书的论述和实证资料是发人深省的。

刘爽是我国人口学界最早从事这一专题研究的学者之一。1982年我国在联合国支持下，用现代普查技术和方法进行了一次成功的10亿人口的普查。随后，我国筹备召开一次规模庞大、规格很高的人口普查国际科学研讨会。组委会希望我承担研究中国人口性别和年龄结构这一课题。我自认为能驾轻就熟地开展研究。但在分析 1981 年出生人口性别比资料时，就碰到对部分省份出生人口性别比偏高事实进行认定和判断的难题，我认识到这一问题的重大现实意义和理论价值。那时正是我校人口学系第一届，也是全国首届人口学本科生在校的最后一年，需要撰写学士论文。系里让我给毕业班同学做了一个人口学科学研究报告并具体负责几位同学的论文写作。其中就有刘爽，她是全班学习成绩最优、最勤奋、最能独立思考的一个。我当然乐于同她研讨以便教学相长，我们共同确定她的学位论文就以中国出生人口性别比研究为题目，我深信她能做出成绩。这次我重新审阅书稿时发现，书中有些我国的历史资料和 1981 年人口普查时全国以县为单位进行的出生性别比分析在她 20 多年前的学位论文中就已打下了很好的基础。最使我感动的是，那时电脑在我国还是少有的，主要靠计算器进行研究。刘爽就是用计算器和统计图纸把大量数据整理、排列、分类、制表、制图完成她的学位论文的。她的论文比我当时指导的一些硕士学位论文质量更为优秀。

刘爽完成论文后，适逢当时国家计生委在安徽省合肥市召开出生性别比的全国研讨会，我大力推荐当时刚本科毕业的刘爽参加了这次会议，使她有机会在会上就她的研究成果进行介绍。她的研究受到当时国家计生委领导的高度评价并希望她能进入国家计生委工作并继续研究。不过那时刘爽以本科四年全优成绩毕业后已被免试录取为硕士研究生继续深造。在研究生学习期间和随后的留校工作中，她从未中断对出生性别比的关注和研究。刘爽曾经先后到莫斯科国立大学人口研究中心参加联合国举办的人口与发展国际研讨班，到印度孟买国际人口科学院参加联合国组织的一年期系统的人口学专业培训。在学习和研修期间，她先后对印度这个世界人口大国的出生性别比资料进行了收集和分析，获得了许多感性的认识；也对典型发达国家长时间的出生人口性别比资料进行了收集，掌握了大量素材。这些都对她后来从全球视野审视出生人口性别比现象很有帮助。

刘爽毕业留校工作后，又考取了人口学的博士研究生，我又一次成为她的博士生导师。我感到多年来社会上学风浮躁，很少有博士研究生在一个学术问题上能锲而不舍、一以贯之地潜心钻研多年，大多是对一个问题研究“浅尝辄止”，以获取博士学位为研究终点，因此对一些需要长期积累古今中外理论知识和实际资料的课题难以有重大成果。我认为中国出生性别比问题就是其中的一个，刘爽有条件、也有能力做这个课题的“冲刺”。我的想法和刘爽的意见不谋而合，决定以中国出生性别比问题作为她的博士论文题目继续研究。在教育部人文社科基金的资助下，刘爽开始了对中国出生人口性别比及其作为重要内在动因的生育“性别偏好”的进一步深入研究。在在职攻读博士学位期间，刘爽是公开发表学术论文最多的研究生之一，其中不少是关于出生性别比或相关问题的成果，充分体现了科学研究的“厚积薄发”。在准备博士学位论文期间，刘爽获得机会前往澳大利亚国立大学人口学系做一年的访问学者。我建议她充分利用这一机会在全球视角下研究出生性别比。她利用国外便利的科研条件，全面、系统地检索和收集了国际学术界在出生性别比和性别偏好研究领域的大量文献及研究成果，本书中所做的该领域文献述评是迄今国内最为完整、系统和全面的，为深入和准确地认识人类出生性别比的变动规律及其特点提供了坚实的基础，也为了解学术界对出生性别比长达近一个世纪的研究成果提供了一个“平台”。本书的许多立论和资料也是在国外研修期间形成和丰富的。刘爽的博士学位论文经过专家评审以全部评为“优秀”通过。本书即是在其博士论文基础上完善形成的。

这次该研究成果出版前我又一次阅读了她的书稿，这是我至少第五次阅读她的研究成果，包括20多年前的学士学位论文和现在的博士论文的初稿及定稿。但我每次阅读都有新的发现，说明她每次的研究和修改都是一次新的深入探索，做到了不断前进和提高。在阅读本次出版前的书稿时，我发现她在理论和实证结合上又有了很多新的进展，包括她近年来同实际工作密切结合获得的很多新的认识。如本书命题将出生性别比与生育“性别偏好”结合起来，表明她在制约出生性别比诸因素中概括出了这一决定性的因素。这既体现了认识的一种深化，也反映出该研究更宽广的多学科视野。既研究到孩子的价值、传统观念，也研究到个人和社会的影响因素。

本研究是从出生性别比切入的，充分说明人口学是一门不可或缺、也是无可替代的学科。作者的难能可贵之处就在于充分利用了历次全国人口普查和大型抽样调查的基础数据，并结合一些典型调查和个案研究进行了深入挖掘，提出了诸多新的研究发现和因素分析结果，对出生性别比及其影响因素进行了事实与价值判断，其中有些分析就其分组和资料规模都是少见且具有创新性的。可以说，本书既有理论创新，也有方法创新。

我认为本书对研究出生性别比并深入到社会性别平等层面具有重大的现实意义和深远的理论价值。鉴于很多人包括一些学者长期以来对出生性别比研究不够重视，现在应该是观念更新的时候了。我所以认为出生性别比研究具有重大、深远的意义，理由如下。

其一，古今中外对出生性别比的研究都不重视，是有时代局限性的：一因出生性别比只有人口学研究，它是人口学的一个变量，这个变量又很难准确统计，许多人常常把它同人口性别比混为一谈，认为无关宏旨；二因出生性别比在过去常常被视为一个常量，即或有点变化也微乎其微不被关注，更认识不到其长期失常造成的累积效应；而人类历史上又缺乏有说服力的实证。通常，人口变量在变化起始时大多都不被重视，一旦积累起来就积重难返，解决起来非常棘手，具有时滞后果及累积效应的出生性别比更是如此。

其二，传统的人口学具有数量科学的特点，且大多认为科学的任务只回答数值大小、多少、高低，即只回答是什么（What），不必分析影响数量变化的原因，即不需要回答为什么（Why），有学者认为更不需要研究发展的前景或后果及提出对策（How）。然而科学的任务不仅要认识世界，而且要承担社会责任，以推动人类社会的发展。人口学研究出生性别比，防止它对社会和个人的负面影响，是时代赋予我们的历史使命，人口学学者责无旁贷。

其三，人类历史上过去极少研究出生性别比由来已久。在科学不发达的年代，人们都认为出生性别比是“命中注定”和“神的旨意”，人类要改变它是无能为力的。在当代科学技术发达的条件下，通过避孕技术、人工流产、胎儿产前性别鉴定等，不但可以干预生育的数量，而且可以影响生育的时间，甚至孩子的性别在一定程度上也能选择。因此，出生性别比及其相关问题不能不结合人口学、社会学、经济学、伦理学、医学、法学等领域开展综合研究。这一点随着今后该现象的愈复杂，愈会受到重视。

其四，出生性别比超常，在世界少数国家、特别是一些发展中国家与地区都有过，不过我国的情况更为突出和严重，这与中国的国情、包括人口众多、生育政策和传统文化等相关联。其深刻根源在于传统的男女事实上的不平等。出生性别比失常出现在我国人口生育率迅速下降到接近更替水平和胎儿性别鉴定技术易获得的知识经济与市场经济时代，绝不是一个偶然的现象。现在少数发展中国家和地区、包括新兴的亚洲“四小龙”都先后出现过出生性别比失常的现象。目前发展中大国中似乎只有中国妇女的生育率达到了更替水平。按照联合国的预测，其他人口大国的妇女生育率在21世纪中叶前后都会先后达到更替水平，届时出生性别比失常也是有可能的。中国作为一个负责任的人口大国，深入研究出生性别比失常问题，把经验教训总结出来是对人类的一大贡献，也是一种“软实力”的体现，不必讳莫如深。

其五，出生性别比失常的深刻根源在于育龄人群的生育“性别偏好”，这是一个以传统文化为根基的观念问题，属于意识形态，它会随着人类的社会发展、时代的变化而改变。随着人类向往和享受更大的自由与全面发展，人们将有能力追求更多的选择，生育“性别偏好”这一选择也不能完全排除，哪怕只是很少数人做出的选择，也可能是人类社会又要面对的一个新的个人选择与公共利益矛盾的问题、一个发展与伦理道德矛盾的问题。对出生性别比理论和方法的研究绝不是一个无关紧要的问题。

我写这个序言主要是认为本书很值得一读，该研究力图从国内外宽广视野研究一个问题，而且知难而进、深入研究并取得了许多深刻创新的见解，在科学上是非常难能可贵的。作者利用其娴熟的人口学量化研究和从人口学、经济学、社会学、文化研究出发的综合性分析，对认识我国出生性别比的地区分布及其历史发展的轨迹具有独到见解，其中很多是创新而且是很有价值的资料与观点。

在序言中所表达的个人想法可能是杞人忧天，甚至是胡思乱想，但是积极应对我国出生性别比偏高的问题，是一个在现在和今后都不容忽视的重大、全局性的社会问题。

邬沧萍

2008年2月28日于北京世纪城小区

人口安全研究的理论意义和方法论问题

——谦论人口科学在人口安全研究中的不可代替性*

一、研究人口安全的实践意义和理论价值

在我国发展进入关键时刻，研讨人口安全是非常必要和及时的。人口安全的提出适应我国新的发展形势需要，可以说是与时俱进、思维创新。人口安全的命题本身就有国家、政治和政策的涵义。在古今中外都有人提出过，但使用不多，因为关注人口安全的都是极少数领导层人物和个别忧国忧民的有识之士。人口安全准确地讲是人类人口(Human Population)的安全，因此也有人把人类安全与人口安全并用。在原始人群中自发就有人口安全的意识，指的是生命安全，即个人和群体(人口)能否在地球上存活下来，不被灭绝并能继续繁衍。西方安全的辞义是"免除、摆脱或缓解危机"。危机原意是指疾病处于濒临死亡或能救活过来的关键时刻，必须有应急的对策。所以安全的原意是

---

* 原载《人口研究》第29卷第3期，2005年5月。

生命的安全，后来推广到政治、经济、社会等领域使用，就出现诸如国家安全、经济安全、社会安全、粮食安全、能源安全；有的则用反义词“危机”来表达不安全，如政治危机、经济危机、金融危机、社会危机等，用来表达事情到了关键时刻或严峻时刻。提出人口安全旨在说明某些人口问题的严重性，必须采取应急措施，否则积重难返，因此要居安思危防患未然。我国20世纪七八十年代党和政府、国家领导人在许多指示和报告中谈到人口问题时，常常提出要有忧患意识和危机感。这次人口安全的提出是两年前“非典”疫情突如其来对我国袭击以后，人口部门同各个公共部门一样进行反思，并提出这个命题的。

人口安全的提出很有现实意义，而且具有创新的理论价值。

其一，人口安全的提出，告诫人们对我国人口的生命安全、生存安全、生命质量安全绝不能高枕无忧。人口学传统研究最多的死亡率或存活率及其体现的人类人口的健康问题和生命安全问题必须与时俱进地加强研究，特别是跨学科的研究。

作为一门科学的人口学，起源于英国格兰特研究伦敦鼠疫等传染病数据并编制生命表开始。工业革命后很长一个时期，人口学一直研究自然灾害、饥荒、传染病、战争、城市恶劣卫生环境等造成死亡率(或存活率)高低并把这些致命因素视为死亡率的决定性因素来研究。在20世纪30年代以前人口学研究占主导地位的仍是死亡率、婴儿死亡率、生命表等，病广泛应用在医学、人寿保险、精算学(actrary)上，就是在人口学研究重点转到生育率和人口再生产研究以后，胎儿死亡率、新生儿死亡率、婴儿死亡率、净再生产率的研究也都离不开人口死亡、健康的研究，只是后来，随着20世纪生产力的发展、科学技术的进步、人类健康增进、寿命延长，特别是在世纪之交联合国秘书长安南正式宣称人类进入长寿时代和WHO宣布，人类20世纪最伟大成就之一是全世界人口平均寿命增加了30岁。随着人类开始进入老年型人口，不少人因此认为由细菌、寄生虫甚至病毒带来的外源性疾病对人类已不足为患，对人类健康的关注可以主要放在内源性、由衰老引起的慢性病上。艾滋病等的出现，“非典”疫情的突然袭击，表明我国生命安全、生存安全远未“过关”，特别是我国人口不安全、生命不安全的隐患仍很多。贫困和落后是生命不安全的最大隐患。我国公共卫生资源匮乏，基础设施差未富先老等都预示着我国人口和老年人的健康是十分脆弱的。我国出生人口能存活到60岁、80岁以上的比例只及发达国家的1/3～1/5。2002年统计我国人口是日本的10倍多，但能活到百岁的老人比日本还少。我国同龄老年人与发达国家相比，死亡率高、存活率低，特别是在农村就更差。说明我国人群健康差，人口安全中生存与发展的危机都要重视，不能盲目乐观。

其二，人口安全的提出将使更多的人认识到人口各个变量如果不能良性发展都会引发像死亡率一样的公共危机，从而加深对人口纳入公共管理体系的必要性和重要性的认识。

“非典”疫情造成的这场公共危机，是一场人类生存危机，是生命风险，是人口安全问题。人口部门提出人口安全旨在使人们认识人口其他变量都同死亡率一样，都会引发公共危机。如果人口变量之间，人口变量与非人口变量(主要指经济、社会、资源、环境)之间不协调、不相适应同样也会出现生存危机、生命质量或生活质量危机，都属于一种公共危机，直接或间接都能使大多数人利益受损。为了人口安全，规避人口危机，防患未然，就必须认识人口发展规律，把人口纳入公共管理体系，组织和运用公共资源或公共产品，建立应对人口风险造成的公共危机的系统，未雨绸缪，处乱不惊，控制公共危机的范围，避免、消除或减少损失。因此必须对人口发展作前瞻性研究。

有人强调国外都不把人口事务纳入政府管理部门，大多数国家人口都由非政府组织(NCO)来管理。由此置疑把人口安全提到公共危机和纳入公共管理的高度是小题大做，夸大人口问题的严重性是“杞人忧天”，这是极大的误解。人口事务由政府直接管理或由非政府组织管理都不能改变人口是公共事务的性质，把人口问题提到国家、社会安全和政府危机的高度，古今中外大有人在，而且都是一些大政治家、大学者和“哲人”。例如，我国春秋时期的管仲就认为，增加人口而“敬百姓，则国安矣”(见《国语·齐语》)；商鞅认为，“人众而兵强，此帝王之大资也”(《商君书·弱民》)；战国韩非则从另一角度说：“人民众而财富寡……故民争，虽倍赏累罚而不免于乱”(韩非子)。法国拿破仑(1769～1861)则因法国生育率在欧洲率先下降而担心法国将不再是欧洲人口第一大国，在他的影响下法国在欧洲国家中最早倡导对家庭进行福利补贴。20 世纪 60 年代美国一批政府官员和学者组成一个“美国人口危机委员会”(Population Crisis Committee)，对人口问题开展过很多研究并向国会递交大量研究报告和出版定期刊物，该机构至今仍在进行宣传活动。1969 年美国总统尼克松对美国国会递交一个咨文提出要警惕美国人口增加的问题并为此在国会成立了一个“人口增长和美国前景委员会”(Borris，1969)。我国领土同美国差不多，人口则是美国的 4 倍多，可见根据我国人口众多的基本国情，把人口提到国家安全的高度，强调它的公共管理性质绝不是杞人忧天、危言耸听！何况今天所讲的人口安全的广度和深度，已远远超过人口规模的多与少，涉及方方面面！

其三，人口安全的提出有助于把已经淡化了的人口忧患意识的人口教育，在新的条件下重新开展起来，并赋予以人为本的科学发展观的内容，有利于实现我国现阶段稳定低生育水平和建设社会主义和谐社会的战略决策。

我国从20世纪70年代开始，大力推行计划生育的基本国策严格控制人口增长，重要措施之一，是在全党全民中宣传人口的忧患意识人均观念和提高控制人口增长的重要性和紧迫性，并有成效地把生育率降下来。在当时我国经济水平比较低而生育率则居高不下的情况下，在70～80年代，有些产品的增长速度甚至慢于人口增长速度，使粮食等人均占有量下降。到90年代初江泽民同志也还用“中国人口众多是一个突出的国情……人口形势现在已很严重，如果不严加控制，问题会更加严重”(彭珮云主编，1997)，和要认识人口问题的重要性、紧迫性、长期性、艰巨性……(彭珮云主编，1997)到90年代初人口教育推行比较容易。现在生育率早已低于更替水平，年人口增长率已降到6‰，而经济增长率近26年来平均为9.5%，人们的忧患意识不知不觉地淡薄了，认为降低生育率“已船到码头车到站”。事实上，今天我国人口规模已经过大，人口还要继续增加二、三十年才能停止增长，我国已经超负荷并十分脆弱的自然资源和生态环境不得不继续承受人口数量增加和消费水平倍增和二者叠加起来造成的巨大压力。另一方面，在经济全球化背景下，我国人口文化教育科学素质同时代的要求差距更大。而且人口结构性矛盾日益尖锐。今天提出人口安全问题的忧患意识绝不是无的放矢，提高全民人口安全意识必将有助于稳定低生育水平的战略，如果把控制人口同人口结构协调考虑，必将有助于建设社会主义和谐社会的目标。

其四，提出人口安全最重要的是针对今后十几年我国都处于发展关键时期的实际。要求从居安思危的高度审视人口各个变量的变化，人口变量之间和人口与经济、社会、资源、环境之间相互关系的发展变化，防范各种矛盾激化到危害国家安全、社会稳定、人民生活质量提高和个人全面发展于未然，未雨绸缪使我国人口安全立于不败之地。

我国 2004 年人均 GDP 已达到1 200美元，按国际经验人均 GDP 在1 000美元至3 000美元，这一个时期各国都是各种社会矛盾堆积并激化时期，诸如失业、贫富差距扩大、治安不稳、环境恶化等可能是突发的时期。我国建设中国特色社会主义有我国的特点，不一定照抄外国经验，但我国今后十几年也是处于关键时期。在这个时期我国深化改革、扩大开放，经济转轨、社会转型、人口转变、社会主体多元化和社会分配多元化格局正在形成，失业、下岗、农村剩余劳动力突显，人口流迁和城镇化空前加快、社会人群之间利益分化、收入差距扩大、社会保障还不完善，等等。所有这些矛盾都间接或直接反映在各种人口变量上，特别是人口本身的人口老龄化加速、出生性别比偏高、独生子女户的养老等带来的人口隐患，都会造成人口或亚人口的不安全。人口安全的提出将使人们冷静反思过去片面和不协调发展造成的不可持续性，坚定地在人口领域树立以人为本的科学发展观。

二、人口安全研究的方法论问题

人口安全的研究除涉及人口学外，还涉及政治学、经济学、社会学、生态学等各门学科的知识，因为人口安全已不单纯是个人口资料的实证和描述的问题，它要有理论分析和价值判断，特别是政治和政策的评价问题。关于如何进一步开展人口安全研究，本人抛砖引玉提出下面几个问题就教于同行。

1. 人口安全的内涵与外延必须与时俱进

在人类起源和在原始社会自发就有人口安全意识，那就是生命安全，即个人与群体如何能存活下来。在采集狩猎经济时，自发就懂得抵抗自然灾害和对付洪水猛兽需要一定人数；另一方面，在生活中也懂得在一定地域可供生存的野生资源的有限性，人口也不能过多，必须迁移全部或部分人口才能生存、活得下来。为了种的繁衍和世代交替慢慢自发懂得“同姓结婚、其生不繁”，也懂得从族内婚到族外婚等等人口安全问题。到了国家出现之后，统治者和有识之士认识到人口多少直接关系国家的安危，偶尔也有个别思想家考虑人口中生产人口与依附人口的结构（如农民与非农民的比例和生之者寡、食之者众）与国家安危有关，因此人口安全的内涵从传统直接与生存、生命联系，从外延到劳动力结构的安全。随着生产力的发展，人类寿命延长，人口安全的内涵外延必然相应变化：由生存的安全拓展到发展的安全，由生命的安全扩展到生活质量的安全，由人口数量多少的安全扩展到人口质量、人口结构、人口迁移和分布引发的安全，由人口变量内部拓展到人口与经济、社会、资源、环境协调和适应带来的人口安全问题，由人口主体的安全更多涉及影响客体的安全。

今天人类已进入长寿时代，在20世纪人类寿命平均延长了30岁，人类开发自然能力空前提高，科学技术突飞猛进，经济空前增长，人类向地球索取的高消费已危及生物圈，有人把人口安全外延到与人类人口关系密切的粮食安全、能源安全、饮水安全、食物安全、生态安全等等。任何时候，生命安全、生活质量的安全、发展的安全始终是人口安全最根本的，也是最应关注的。

必须指出，人口安全外延到多远可以有不同看法，见仁见智；其实质是对人与人口看法和人口与发展关系的内涵和外延认识的不同。

2. 人口安全既需要确定事实，也要作出价值判断人口安全不同于人口变动、人口发展和人口问题，虽然它们首先都需要以人口数据为基础确定事实：但人口变动、人口发展和人口问题可以价值中立，只描述解释事实，不作价值判断。例如，对一些人口变量的发展变化或由于发展变化还处于萌芽状态，或于人类认识能力的限制还不能作出良性或恶性，有利或不利的判断，只能作为一个值得研究和有待研究的人口问题，即作为一个(Population Issue)来探讨。但人口安全则必须要求价值主体作出价值判断，判断是安全或是不安全，判断什么是危机或安全，危机多大？风险多大？后果如何？在辞义上危机(crisis)与风险(risk)有差别，风险在保险学上有个概率问题，但危机不决定于概率，而需要作出政治判断，并要不失时机采取应对措施。

人口安全一般是对公共危机或公共安全而言，它涉及对国家、社会、某一个群体或一些个人利益的损害。人口安全最少要有一条警戒线或警戒范围。当代人类安全已不会像古代那样，由于自然力量或战争带来整个人口、民族、族群被毁灭(如玛雅文化或历史上一些民族的消失等等)，利益损害也有急性发作或慢性的侵蚀，常常涉及不同人群的利益，有的遭受损害是在不知不觉中被侵蚀的，也有人不受损害，甚至有人从中受益。因此对人口安全的价值判定会由于立场、观点、价值取向和利益不同，见仁见智在所难免。这里就有一个指导思想的问题，因此马克思主义理论、邓小平理论、三个代表的重要思想和科学发展观都是指导判断人口安全的根本指导思想。

3. 人口科学在研究人口安全有不可替代的作用

人口安全是个事关综合决策和发展战略的大问题。除了要有理论指导外，人口发展规律知识和人口科学的智力支持是不可或缺的。在研究人口安全中，人口科学可以从以下几方面发挥作用。

(1)确定人口事实。人口安全评价第一性的是确立人口事实。人口学主要是一门数量科学，利用人口学各种量化研究方法，研究人口普查和各种人口调查研究资料，经过去伪存真、去粗取精，经过缜密的研究可以为人口决策提供较科学和完整的数据和事实。特别是要作出一条安全的警戒线，人口数据是必不可少的。

(2)人口预测。为了防患于未然，人口安全必然是一项前瞻性的决策，需要人口和相关的预测资料来作出价值判断。在社会科学中人口预测是用独特的方法比较细致的分年龄、分城乡，按一定的参数计算出的，不是一般作出忖猜，一般说来是比较可信的，多方案预测常常是人口安全价值判断和确定安全警戒线的重要依据之一。

(3)为人口安全价值判断提供指标体系和数据。决定人口安全或不安全需要有一套指标体系来直接和间接作出逻辑检查和综合决策。人口不安全造成的后果，也需要一套指标体系证明和论证。只有多方面资料的数据充分，才有助于作出正确判断，摆脱主观随意性。

(4)监测和制定人口安全的数量界限。人口的安全问题大多来自人口各变量规模的过多或过少、速度过快或过慢、人口分布过密或过疏、收入的差距过大或过于平均等等量的概念。人口安全与不安全之间有一个警戒线，就是事物质变的数量界限。人口变量的变动同社会经济其他现象比较常常是较小的，如人口增长差1%就是个很大的差别，在其他领域1%以下甚至可略而不计，人口微小量的差别在起始时常常不被关注，一旦量的积累到一定程度，发生质的变化时常常已积重难返，解决起来非常棘手，我国人口规模过大问题就是一例。如果我国在6亿时开始控制，问题容易解决得多。因此人口统计的作用就在于杜渐防微，监测变化，在达到人口安全警戒线前就及时作出预报。

(5)为人口安全研究提供有关的多学科知识。人口学除了提供人口各变量及其相互关系的发展规律知识和研究方法外，还能提供研究人口与经济、社会、资源、环境关系的跨学科知识如人口经济学、人口社会学、人口资源环境经济学等许多跨学科知识。

4. 人口安全研究除着眼于总人口外也要关注一些亚人口的安全，人口学的队列分析、年龄分层、地区分析等在研究亚人口安全中可以大显身手，有它的不可代替性。

人口不安全的因素既有来自总人口及其结构，也有来自人口各个变量，但更多来自一些亚人口的不安全特别是人口中的脆弱群体。他们比其他人群的健康风险、经济风险、就业风险、素质风险、动乱风险都大。我国不同时期的人口出生状况、经济状况、文化教育状况和社会经济政策差别都很大，因而造成不同代、不同出生队列人口和不同地区人口的安全隐患是不同的，必须区别情况，采取不同对策才能防患于未然。在这点上，人口统计学能深入开发人口普查和各种专门抽样调查所作的专门的队列分析、年龄分层研究、纵向跟踪调查和横向分组比较等等分析技术，都有助于掌握一些亚人口状况，防范人口风险。例如，我国三年困难时期及其后持续十几年高出生的一代人和社会上称为“老三届”和“新三届”的一代，他们出生时属于我国高出生一代，同龄人口出生时都高达 2 000 多万，经历过十年“文化大革命”的浩劫，他们发育和成长时，我们国家和家庭经济都很差，大多身体先天欠佳，后天营养不良，加上未受到良好的教育，不少人上山下乡又浪费了最宝贵的青春，大多无一技之长，在 80 年代开始的企业改革中是下岗、失业、“内退”的重点，是今天“40/50”再就业困难户，预计这批人在 2020 年前后，每年以千万计大批进入老年期，使我国老年人群在十年间从 2 亿增长到 3 亿多，其中相当一部分不在社会安全保障伞下，他们中相当一部分人将成为最脆弱的、可能被边缘化的老年群体。因此预见到我国各亚人口的不同安全隐患，现在就采取针对性防范措施已是刻不容缓，绝不能临渴掘井。这是今天提出人口安全的必要性一例。

5. 研究我国人口安全特别是研究人口、资源、环境相互关系的安全问题必须扩大视野，既要从封闭人口，也要从开放人口着眼。

长期以来，我国在理论和实际上研究人口都是把人口作为一个封闭人口来研究。例如，研究我国人口、资源、环境关系中诸如人口容量、人均耕地、人均能源、人均污染排放量等大多从国内甚至从小地域范围来研究。从封闭人口研究、人口和资源环境关系，在当代特别是全球一体化的年代是有缺陷的，因为，任何一个国家都不可能具备今天人类需要的各种自然资源。我国地大物博，人口众多，但人均资源相对不足，而且有些矿产资源属穷矿，品位较低，加上我国粗放经营，仅立足我国自然资源和生态环境，肯定有很多人口安全隐患。十一届三中全会以后，我国果敢地采取改革开放政策，充分利用“两种资源、两个市场”加快发展，这是我国发展的必然选择。我国加入WTO后扩大开放加快发展，经济融入全球化的进程加速。2004年我国进出口贸易额已高达1.15万亿美元，成为世界进出口贸易第三大国，资源的“大进”、制成品的“大出”对人口、资源、环境关系提出了新的挑战。与人口安全密切关系的粮食安全、能源安全、人口的粮食自给率、能源自给率、资源的自给率人口消费的增长、人口消费水平的提高对我国资源环境的压力，以及对进口资源的依赖问题等都是人口安全必须研究的课题。

我国被国外称为“世界工厂”，产品行销到世界各国，出口占到我国GDP总额的1/3左右。生产规模的迅速扩大，这又涉及一系列产业结构、人口就业结构的变化、就业人口素质的要求、农民工进城进厂的数量、质量、人口城镇化速度、产业升级、生产结构调整、增长方式改变和对人力资本提高等经济社会问题，其中很多都与人口安全有关；另一方面，我国能源消耗规模和结构、单位产值能耗、“三废”等环境问题，特别是污染排放对人口健康、生命安全的影响问题都是人口安全不能不考虑的。至于人口的“走出去”、“请进来”、“出国务工”、“人才外流”、“人才引进”等的人口安全问题也要提到议事日程上来。因此从开放人口来研究是十分必要的。

参考文献

1. 张维庆．坚持以人为本，全面建设小康社会．人口研究，2003；4

2. 张维庆．关注人口安全，促进协调发展．市场与人口分析，2003；5

3.《人口研究》编辑部．中国的人口，安全吗？人口研究，2005；2

4. 彭珮云主编．中国计划生育全书．北京：中国人口出版社．1997

5. 刘铮，邬沧萍等．人口学辞典．北京：人民出版社，1969

6. Borris W. D. The Growth and Contlol of World Population. Weidenfeed and Nicdson, London 1969：296

7. UN. Below Replacement Fertility，Population Bulletin，New York，2000

8. David A. Kindig. Purchasing Population Health. The University Of Michigan Press，1997

人口学在21世纪是一门方兴未艾的朝阳科学*

科学产生于实践的需要。人口学(Demography)被国际公认为一门科学可以追溯到1662年格兰特(John Graunt)发表《关于死亡表的自然的和政治的考察》一书。他被公认为人口学的鼻祖。以后欧洲不断有人进行人口问题的研究，直到1882年在日内瓦国际卫生学和人口学大会上正式确认人口学(Demography)为一个学科部门。最先使用Demography这一学名的是法国吉亚尔(A. Guille)在《人类统计或比较人口学大纲》一书中。所以Demography的学名在早期的欧洲比在英美流行得更广，在早期关心人口问题的都是统治者和一些有远见的思想家，一般人对人口问题大多是漠不关心的。法国人口学家索维在《人口通论》的前言中概括得最生动、贴切："人口学长期以来始终是一门有气无力的科学，不是没有教师就是没有学生，而目前正慢慢得到重视。但是，处在云层当中的一颗水珠不可能想象出云层的形状。同样，人们对于本身的人口问题也仍然是可悲地茫

* 原载《人口研究》第26卷第1期，2002年1月。

然无知的。”①这是时代的局限性，因为当时社会对人口学知识没有很大的需要。

中国是世界上人口最多的国家。人口学在我国的命运值得人口学界、人口工作者和政府部门领导的关注！人口众多是中国最突出的国情。即使在今后半个世纪内我国人口不再增长，但人口众多仍是一个大问题。不仅要关注人口总数，很多亚人口(如妇女、老年、迁移人口、流动人口等)、人口质量和结构等愈来愈需要研究。作为从理论上研究和指导我国人口实践的人口科学，其兴衰直接标志着社会对人口问题的关注程度。不能设想，不重视人口科学能持久重视人口问题!

目前，对中国人口学的前途和命运存在着一种隐忧。其一，人口学本科专业从1998年停止招生；其二，人口研究机构萎缩，有的人口研究机构名存实亡；其三，人口学前途命运的最大隐忧，莫过于人口问题得不到应有的重视。

人口学在我国得不到重视是个认识问题。首先，人们对人口问题的周期性、积累性和长期性认识不清。更为严重的是，社会上还有一些人包括一些有影响的学者在内，甚至认为人口问题在中国已不是个重大社会问题；其次，人口学本来是研究人口各种变量的。但由于我国人口学的发展同我国开展计划生育、控制人口增长紧密联系，所以，不少人认为人口学就是计划生育学。认为我国计划生育即将大功告成，人口学已派不上多大用场，这是极大的误解；再次，人口学知识的价值，并未深入人心。因为人口能起作用要经过几十年，多则几个世代才显示出来；此外，人口学是一门社会科学，对人口学带来重

① 索维：《人口通论》，商务印书馆，1980：3

大社会效益，以至经济效益常常视而不见。但是，冷落人口学早晚要付出沉重的代价。新中国成立以后，由于取消了社会学和人口学，不认识人口发展的规律，使我国人口盲目地增长到8亿时才不得不严格控制人口增长，使我国几代人都不得不为此失误付出沉重的代价，这是不重视人口学的“前车之鉴”。这就要求我们必须加强前瞻性研究，特别是准确、科学的量化研究。

一、正本清源重新审视人口学的定义、研究对象和科学性质

我国恢复和繁荣人口学是由于认识到人口控制的紧迫性和必须开展计划生育的实际需要，但对人口学的认识并不完全准确，现在该是正本清源、重新审视的时候了！

1. 人口学是一门独立科学

(1)任何科学都不能自封，而是产生和发展于实践的需要。人口学也是如此。

(2)任何科学都是系统的知识体系。人口学除有自己的知识体系和学科的发展史外，还有自己的方法论，诸如生命表、标准化方法、队列研究和时期研究、人口普查和生命登记等。

(3)一门独立科学必须有独特的研究对象，人口学是以人口变量为其研究对象的。

(4)一门独立(成熟)的科学必须有它的学科名称。人口学在国外普遍使用的是Demography。

从以上四点证明人口学是一门独立的科学。最近我国学科规划征求意见稿中拟把人口学作为一级学科，这是开明的、有远见的。

2. 人口学的学科名称

人口学(Demography)学名的确认，首先体现在 1882 年在日内瓦的国际会议上被确认，也体现在国际人口科学联盟组织世界各国人口学者集体编写的《多种语言人口学辞典》①得到肯定。现在美国人口学会的杂志就以 Demography 命名。

在我国讲到人口学，更多的人用 Population Research 而不用 Demography。所以如此，是对 Demography(人口学)的认识有几个误区：其一，许多人把 Demography 看成是人口统计学，这是一些辞典的误译。其二，人口学的核心内容是形式人口学(Formal Demography)或纯粹人口学(Pure Demography)。约定成俗用形式人口学容易使人误解为人口学空洞无物而不愿意把它作为人口学的学科名称。因为中国大多数人在哲学上认为形式与内容是相对应的；而且在我国形式主义是个贬义词。其三，中国在科学问题上一贯强调理论指导，如果人口学是 Demography，有人担心人口理论被抹煞，失去人口学的理论性。

3. 人口学的定义、研究对象和学科特点

根据已有的定义和国内外人口教学的实践，我国大多数人的共识②把人口学的研究对象概括如下：

“人口学是研究人口各种变量的现象和过程，研究人口诸变量之间的相互关系及其发展变化规律，研究人口变量与社会经济、生态环境等变量之间的相互关系的一门科学”。其一，这一定义没有简单地用研究人口发展，也没有用研究人口的数量、结构和发展，而用研究

① IUSSP. Multi－Lingustic Demography Dictionary(中英本)，商务印书馆，1992。

② 中国大百科全书(社会学卷). 中国大百科全书出版社，1991：248；人口学辞典．人民出版社，1986：12

人口各种变量(Variables)，这样表达就更为宽广，把人口变量作为出发点和归宿；其二，人口学研究各种变量的现象和过程指的是研究静止状态下的人口变量、人口再生产和人口迁移以及其他原因导致人口变量的动态变化；其三，研究人口诸变量之间的数量关系及其发展变化规律；其四，人口学要研究人口变量与社会、经济、生态环境等变量之间的相互关系。

4. 人口学的学科性质

首先，人口学有自己的人口理论作为学科的基础。其次，人口学从其产生之日起就作为一门社会科学出现。人口学还一直具有边缘科学的性质。到20世纪，人口学形成很多跨学科或交叉学科。再次，人口学是一门研究数量方面的数量科学、经验科学和实证科学。人口学的这个特点，几乎所有大百科全书、人口学辞典和人口学教科书都明确无误地指出来；① 最后，人口学也是一门方法论的科学。

5. 人口学的学科体系

西方国家把人口学分为纯人口学(或称形式人口学，准确应译为正规人口学)和人口研究两大部分。人口研究常常指研究人口与社会经济的相互关系。

根据我国人口学近30年的教学和研究实践，我们把人口学分为三大组成部分：人口理论、人口统计学和人口学的分支学科。(1)人口理论是人口学这门学科的指导思想，在我国就是马克思主义的人口理论。但每个人口变量的发展变化也有规律可循，也就是说有理论指导问题；(2)人口学，过去被称为人口统计学是一种误解，其实讲的

---

① The New Encyclopedia Britannica. 第5卷，Demography，1973：575
International Encyclopedia of Social Science. 第11、15卷，1972：342

是纯粹人口学，这是整个人口学的本体，它的内容超过人口统计学；(3)人口学各分支学科。作为人口学的分支学科应符合人口学的特点，应同其他社会科学各有侧重、相互补充，但不应混为一谈。现在国内外已十分成熟的有人口统计学、经济人口学、人口经济学、社会人口学、人口社会学、人口地理学、老龄化人口学、医学人口学等。

二、人口学在20世纪后半叶达到空前繁荣，是一门新兴的学科，绝不是夕阳科学

1. 二战后很快就出现人口学空前繁荣所具备的客观条件、人口学真正开始崭露头角

第二次世界大战以后，人口学出现了一个空前繁荣时期。二战后突出的特点是全球人口的空前激增，因而需要人口科学作出理论上的回答和提出解决问题的思路和实证。最先重视人口问题和人口学的是二战后新出现的世界性机构—联合国。联合国在旧金山筹建之初就决定建立6个委员会，其中一个是人口委员会，人口从此跻身于政治、经济、社会、文化、民族等大问题之列。在这一过程中联合国秘书处的人口司在推动人口学发展中起到关键性作用。

二战前，人口学的发展主要靠一批愿为人口科学献身的学者。二战后，国际许多大财团如洛克菲勒基金、福特基金、人口理事会等对人口研究给予很大资助。对人口学发展起到更大作用的是1961年联合国人口活动基金的设立(UNFPA)。

体现人类对人口学需要的推动力莫过于许多国家政府要制定人口政策。二战前，各国政府都忌讳谈控制人口增长。二战后，联合国开发署公开倡导控制人口增长。联合国在第二个十年援助计划(1960～1970)中提出，发展中国家接受援助，必须同时接受降低人口增长率

的条件。所以如此是因为国际援助的实践证明，大量经济援助都被剧增的人口所吞食。随着大多数发展中国家都先后制定了旨在降低人口增长率的人口政策和人口计划方案。各国开展的大规模的家庭计划必然引发控制人口的理论研究和对推行家庭(生育)计划的人口科学研究。

2. 二战后人口学空前繁荣体现在十个方面

(1)二战后人类开始认识到原来对自身的再生产知之甚少，意识到必须掌握自身的再生产情况，使得人口研究资料空前丰富。

根据联合国人口委员会的建议，联合国号召从1950年起每隔十年各成员国均进行一次人口普查。到20世纪70年代全球人口总数已基本摸清。生命统计是人口学研究的主要资料之一，也是最难准确掌握的资料。二战后不久，经过联合国的主导和人口学家的努力，通过抽样调查和由普查资料推算等途径已有不少改进。人口研究通过抽样调查取得了极其丰厚的资料。这是人口学价值之所在。

二战后，调查的方法和已掌握的资料之多及系统翔实程度都是人类历史上空前的。例如，70年代进行的世界生育率调查，公认为是人类有史以来最大的一项社会科学调查研究。二战后，人口学的空前繁荣也促进我国顺利地进行了1982、1990、2000年的人口普查和千分之一、千分之二生育率调查，残疾人调查，老年人调查和妇女生殖健康调查等。历次人口普查和生育率抽样调查，利用计算机技术有很广阔的开发前景，能更深入认识人口与社会经济的变化。可以说，有了可靠的人口资料，二战后人口学才有可能真正的繁荣。

(2) 二战后人口学研究的广度和深度空前拓展，大大超过人口学原来狭义的视野。

二战后人口研究比以前更多样化、复杂化和专门化了。首先是人口每一个变量都要成为一项专门研究；另一方面，二战前人口学家都是自我封闭的，二战后这种状况发生根本的改变。这是人口科学的一个突破。在1954年国际人口学会召开的国际会议闭幕时，大会主席赫斯茨(L. Heisch)明确指出："现在可以这样说，会议取得的某些实质性的成就，已经能从不同的角度显露出人口学和社会现象之间的联系，总的来说是多方面，也是千差万别的；这些成就，终于突破了纯人口学的狭义圈子和人口学在科学上的闭关自守。这两点对19世纪和20世纪早期的人口学家来说曾经引以为自豪的"①。二战后人口学的突破性发展，使人口学更加成熟。这就为20世纪人口学发展铺平了道路。

(3) 二战后的人口学在方法论和技术上有长足的进展。

二战前人口学的分析方法技术是比较简单的，二战后增添了许多二战前闻所未闻的方法技术。人口学的方法至今仍在发展。如在稳定人口的理论和模式中创新出许多对实际很有用的方法，如重新构建原来的生命统计指标(Revitalization)，利用稳定人口和半稳定人口(Quasi-Stable Population)来估计资料残缺国家的人口变量。又如，从人口普查的已生子女数和存活子女数作出生率估算等都比以前估计大大推进了。在生命表中无论编制方法和使用都有很多的创新，如模型生命表的编制、多元衰减生命表、各种类型的婚姻表和工作年龄表都是以前未想到过的。在人口预测方法上，二战后有很大的发展，用因素分析法预测人口比二战前的简单预测准确得多。而且把人口预测应用到劳动力预测和城乡人口预测等，是前所未有的。在生育率的分析上，由于实践的需要，发展最快，创新最多。例如，采用队列(Co-

① 联合国．罗马会议文件．Closing the Conference. 1955：181

hort)分析法同过去只有时期分析法就有质的差别；又如生育率分布、胎次和胎次递进比等使人们对生育的概率有更优的估算。

(4) 二战后人口学有重大的理论创新和很多知识创新。

二战后研究人口与社会经济关系的初步结论大多还只能是一种“假说”(hypothesis)。但这些假说也提高了人们的认识。例如，“阈值假说”(threshold hypothesis 或称“转析点假说”)；又例如，人口年龄结构老龄化。二战前有些国家认为寿命延长、死亡率下降是决定性的原因。二战后的人口学研究得出，人口老龄化的决定性因素是生育率下降。二战后对人口各变量变化的规律性知识，不仅是量的不同而有质的差别。

我国重视人口问题、重视人口科学首先从重视人口理论开始，以马克思主义人口理论为指导。首先，强调两种生产理论。我国在1980年前后，人口理论从实际出发，赋予新的内涵，作为我国控制人口增长的理论依据。进入90年代以后，人口学对人口、资源、环境可持续发展的关系在理论上提出许多新认识。

(5) 二战后人口研究机构大量涌现，人才辈出，一些国际大师级人物加入到人口研究中。

二战前，全球没有一个正式命名的人口研究机构。直到1936年在普林斯顿大学成立一个人口办公室(pupulation office)。二战后，美国的著名大学、美国国家科学院都建立了人口研究机构。法国成立国家人口学研究所(INED)。日本在厚生省成立了一个几十人规模的“人口问题研究所”。英刚伦敦大学和热带病研究所都有人口学教学和培训机构。

二战后，在人口学研究的学者中，大多是学术界的新秀，知名学者不多。战后，新一代人口学家大量涌现，还有赫赫有名的大学问家，如著名经济学家康茨列滋（Kuznets）、著名经济学家伊斯特林（Esterlin）、社会学家如豪瑟（Hauser）、戴维斯（Kingsley Davis）和法国的兰德里（Landry）、阿索维（A. Sauvy）等，都从事大量的人口研究。

（6）二战后人口学的教学和培训空前蓬勃发展。

二战前，很少讲授专门的人口学课程。到20世纪50年代早期，人口学只是作为人口统计学或作为经济学、社会学的辅修课程。到70年代，人口学已成为研究生攻读学位的一个主修专业。二战后人口学培训最突出的就是联合国人口司在印度、埃及、莫斯科、荷兰等设立的人口学培训中心。1985年联合国在中国设立人口学培训中心。我国的高等学校，从80年代初就开始培养各层次的人口学学位的人才。

二战后，对人口学的重视还反映在经济学、社会学中。在许多国家的著名大学都开设人口课程。二战后研究第三世界人口问题成为一个经济学的新热门。发展经济学、社会学介入人口学的研究就更多多了。

（7）二战后人口科学研究成果激增，出现学术空前繁荣。

二战前人口学只有很少的几本人口学教材，人口学论文也很少。二战后情况发生了很大的变化。国际上学术性刊物最先只有美国普林斯顿大学《人口索引》杂志，在初期索引的主题只有几个，但到1953年已增至11个，收集的书籍和文章2 236条，但到1971年索引的主题聚增至19个，二级标题达到70个之多，收集到的书籍和文章3 700多条①。国际上有名的人口学杂志，有英国的《人口研究》、法国的《人口》、美国的《人口学》和后来居上的《人口与发展评论》等等。

① UN. Determinants and Consequences of world Population Trend. 1973

二战后人口学的繁荣还表现在国际上出版了几本带有里程碑意义的著作。比如，IUSSP组织编写的《多种语言人口学词典》，联合国人口司组织编写的《人口趋势的决定性因素及其后果——人口、经济、社会因素相互作用研究的新成果》等。70年代前后出版的美国人口普查局组织编写的《人口学的资料与方法》、1956年联合国人口司资助的《人口老龄化及其社会经济后果》等书都有划时代的意义。至今仍为国内外首选的专著或参考书。

(8) 二战后频繁的人口和人口学术的国际会议，极大地促进人口学的发展。

二战前人口学交流只限于欧美发达国家；二战后由于联合国的推动，再加上二战后交通便利，使得人口问题的研讨非常频繁，很多讨论都具有国际性，为人口学迅速发展提供了良好的机遇。

值得提出的是：1954年和1965年在罗马和贝尔格莱德召开了两次世界规模的人口学会议。进入70年代联合国直接主持召开三次国际人口会议(1974年在布加勒斯特、1984年在墨西哥城、1994年在开罗召开)。除此以外，联合国及各国际机构和各国召开的国际人口讨论多得难以统计，人口学是在人口政策、人口理论与实践相结合中得到发展。

(9) 二战后电脑信息发达，大大深化了对人口问题的认识，也促进了人口学电脑软件的研究。

进入80年代后，电脑在人口分析中的应用愈来愈广泛，电脑技术的进步使人口普查和抽样调查的项目大大增加，使人口与社会、经济、资源、环境相互关系的研究拓宽了；另一方面，从调查资料中利用原始调查单位作更多的复合分组，研究许多相关关系和一些因果关系成为可能，这能加深和发现有关人口关系的新认识。电脑技术的发达也为人口预测的多方面、多样性、多方案开辟道路。电脑科学在人口学中的应用使人口电脑软件成为一个新的研究方向，甚至要成为人口学的新的分支学科。借助电脑开发利用历史上的人口普查原始资料，很可能成为人口学研究的一个新亮点。

(10) 人口学普及到群众是二战后人口学发达的一个重要标志。

人口学科普及虽不能直接提出创新知识，但当人口学知识普及到决策者用于制定人口政策方案时必然有很多新意，必然激起对人口问题的讨论，在客观上也推进人口学的发展。

三、人口学是21世纪一门实践需要的朝阳学科

人口学的发展取决于社会实践对认识各种人口变量的需求程度。从人口学发展史来看，人口发展与人口学的发展确实存在着内在的联系。这种实践与认识的关系是我们认为21世纪人口学是一门朝阳科学的客观依据。

1. 人口变化的历史轨迹与人口学发展的轨迹

在历史上由于人们认识能力的局限性，只看到总人口的变化和人口的出生、死亡和人口增加的现象，但从中也能观察到人口学的产生和发展。人口学发源于发达地区绝不是偶然的，除了由于它们生产力发达，有一部分人能从事科研以外，最重要的还因为世界人口转变是从欧洲的发达地区开始的。这点我们可以从表1看到，发达地区的人口转变要比发展中地区先行一两个世纪(见表1)。

从表1中不难看到发达地区在18世纪人口就开始加速增长，发达地区人口增长的势头一直持续到二战后一个短时期，发展中国家人口转变、增长是二战后才明显的。从表1中看到二战后发展中地区人口的激增，推进人口学的发展已不言而喻。

表1　1750～1997年发达地区和发展中地区的出生率和死亡率

人口学发展阶段	年份	发达地区		发展中地区		人口增加率	
		出生率	死亡率	出生率	死亡率	发达地区	发展中地区
(1)人口学创立和早期发展	1750～1800	38	34	41	37	4	4
	1800～1850	39	32	41	36	7	5
(2)人口学发展中关于人口过剩争论和以死亡率研究为主	1850～1900	38	29	40	38	9	2
	1900～1910	34	21	41	34	13	7
(3)人口学知识积累阶段	1910～1920	26	23	40	37	3	3
	1920～1930	28	16	41	31	12	10
(4)人口学进入现代人口学阶段以研究人口再生产和生育为主	1930～1940	22	14	41	29	8	12
	1940～1950	20	15	40	28	5	22
	1950～1960	22	10	43	22	12	21
(5)人口学空前繁荣	1960～1970	20	9	41	17	11	24
	1970～1975	17	9	37.5	14	8	24.5
	1982	15	10	33	12	5	21
	1990	15	9	31	10	6	21
	1997	11	10	27	9	1	18

资料来源：United Nations：The Population 1970，1971第3表，1970年以后根据联合国1970～1975年《部分地区和国家人口指标》和PRB Date sheet。

从表1看到人口学发展几个阶段的历史轨迹和人口转变的阶段基本上是一致吻合的，虽然认识落后于实践，但人口的出生、死亡、人口增长等变量和人口学发展的阶段确有实践和认识的关系。当然，阶段之间是有交叉的，也不可能绝对截然划分。

人口学发展的第一阶段是人口学的创立和缓慢发展，时间大体是17～18世纪，以英国格兰特、法国吉雅尔、比利时凯特莱(Ouetelete)等为代表人物。这是人口学的先驱感到要认识人类自身生产过程而创立的这门人口科学。

人口学发展的第二阶段是关于过剩人口理论的争论。时间是18世纪末和19世纪上半叶，这一阶段是马尔萨斯抛出《人口论》、《人口原理》、葛德文(1756～1836年)、孔多塞(1743～1974年)论争时期，在批判马尔萨斯主义的人口理论中产生马克思主义人口理论。马尔萨斯在人口学起到的作用是把人口学从从属于经济学中脱颖而出，并为人口学成为一个独立的科学部门，为广大公众认识人口问题起到很大作用。这一阶段的人口争论有社会经济原因，但人口在这一阶段出现人类第一次人口增长较快无疑也是重要原因之一。从表1可见，在人口争论的时期，发达地区人口增长率已接近1%，在过去看来是很高的增长。如果再看看表2，当时争论所在地的英国，人口增长率已超过1%，不难明白人口的高增长是导致当时人口学理论的论争和发展。由此不难得出，人口变量的变化是产生人口科学的源泉。

表2 英国1740～1840年人口的出生、死亡和自然增长率 ‰

	1740年	1750年	1760年	1770年	1780年	1790年	1800年	1810年	1820年	1830年	1840年
出生率	33.3	34.1	33.3	34.0	34.4	35.44	34.23	33.84	33.39	32.36	31.45
死亡率	31.7	28.2	26.7	27.9	28.8	25.65	23.14	19.98	20.33	21.65	20.80
人口自然增长率	1.6	5.9	6.6	6.1	5.6	9.79	11.09	13.86	12.96	11.71	10.65

资料来源：引自：南亮三郎．人口思想史．吉林大学人口研究室，1980.
人口自然增长率是作者计算的。

人口学发展的第三个阶段是以研究死亡率为主，人口学知识逐步积累的阶段，时间大体是19世纪后半叶到20世纪初，这一阶段发达地区死亡率开始下降，但仍高达20‰～30‰的高水平，以研究死亡率和生命表等为重点既是人口学发展的需要，也是当时工业化保险业和公共卫生行政管理的迫切需要，与死亡率、生命表密切相关的精算学(Actuary)在欧洲各国也得到发展，为人口学积累了丰富的知识和方法技术。

人口学发展的第四阶段，开始以研究生育率为主的人口再生产为重点，并逐渐形成今天近似的现代人口学，时间大致在20世纪初以后。从表2看到这一阶段发达地区出生率已明显下降。生育率在过去被认为是自然生理现象，人口学无能为力，但在生育率迅速下降特别是20年代末出现资本主义第一次经济危机后，美国等发达国家妇女生育率已达到相当低，使当时感到不安，所以人口学重点转移到研究出生率、生育率，很多认识、人口再生产指标都是在这一阶段提出来的。

人口学发展的第五阶段就是人口学得到空前繁荣，从表2看到第二次世界大战后，发展中国家的人口增长率都高达2%以上，许多国家人口不到30年就翻一番，人口这种急剧增长推动人口学空前繁荣，这一阶段发达国家开始出现人口老龄化这个新问题，其他许多新情况、新问题都已层出不穷，这就决定人口学必然是一门朝阳学科。

2. 人类社会要求深入认识人口变量是21世纪人口学是一门朝阳学科的客观依据

21世纪人口变量出现许多新情况、新问题及其对人类社会可持续发展的重大影响，是人口学必将成为一门比20世纪有更大需要的朝阳学科的客观条件。

其一，21世纪在认识人口的广度上必将大大超过以往。过去人类认识变量只是认识人口总数，而在21世纪，人口总数中各个“亚人口”(Sub-population)将成为重要的研究对象。除了人口总数以外，人口迁移、人口结构、人口素质、婚姻、家庭等问题也都会完全进入人口学视野。有的甚至要发展成为专门研究对象。

其二，对人口变量研究的广度扩大，进一步要求认识各个变量、发生、发展变化的相互关系，特别是量化的关系。这方面研究人口学有其独特优势，即利用人口普查和抽样调查的数据资料，这是其他学科无法取代的。

其三，人类社会可持续发展必将把人口学的重要性提到空前未有的高度。人口在21世纪可持续发展中的地位必将越来越重要。因为人口在可持续发展中处于中心地位，是可持续发展的起点和归宿，人口学考虑问题是从几代人甚至几个世代的生命周期着眼、是真正研究可持续发展的，至于其他很多科学所讲考察、可持续常常是几年或十几年就算长期。人口学才真正是高瞻远瞩。但目前对此依然存在着几个认识误区。误区之一，不少人把可持续发展问题只看成是个科学技术问题，没有把它看成是一个重大的社会问题；误区之二，不少人把可持续发展问题只看成是个环境保护(含资源利用)问题，有意无意地把人口从“人口、资源、环境、可持续发展”的密切联系中剥离；误区之三，有人认为，谈论人口增加对资源、环境的压力就是不认识和不相信科学技术是第一生产力的论断。其实这种认识在国外早就争论过。争论的结果认为仅靠科学技术不能解决人类的人口问题，人口问题只能由政治家和人口学者来解决。

21世纪发达地区将出现很多新人口问题需要继续深入研究，而且很多都是前所未有的，例如：①人口老龄化、高龄化及其引发的许多人口理论和方法问题；②发达国家人口规模变化及其原因和后果的研究，人口学能做到，其他还没有一门科学能代替；③婚姻、家庭、户居在19世纪很少研究。20世纪也常常作为个体行为很少注意，但21世纪面临的大量新情况、新问题，诸如单亲家庭、破损家庭的子女问题，青春期少女怀孕，高龄妇女等量变会对社会进步和发展带来挑战，它们将是人口学研究的一个新天地。

21世纪发展中地区传统人口问题有待解决，也有新出现的问题，是人口学研究最广阔的天地。发展中地区生育率下降和惯性增长将要持续半个世纪到一个世纪，在这一个时期要做到社会经济不恶性运行，就必须开展大量人口学的科学研究，防患于未然。21世纪下半叶全球增长的老年人几乎都在发展中地区。发展中地区脆弱的经济和长期滞后的基础设施和传统的养老方式将遇到空前庞大和高速增长的老年人群的严峻挑战。老龄化人口学这一分支将要发挥充分作用。

21世纪人口学在中国更加任重道远。因为中国既有发展中国家的人口问题，又有发达国家的人口问题，人口问题的复杂性和多样性将使人口学在中国有广阔的用武之地，也是中国对于世界人口作出贡献的新亮点。

参考文献

1. 人口学条目．中国大百科全书——社会学．北京：中国大百科全书出版社，1991
2. 刘铮主编．邬沧萍、李宗正副主编．人口学辞典．北京：人民出版社，1986
3. IUSSP. Multilingual Demographic Dictionary. 1982
4. UN. Determinants and Consequences of Population Trend. 1973
5. U. S. Bureau of Census. The Material and Methods of Demography. 1975
6. UN. The Aging of Population and Its Socio-economic Implications. 1956
7. The New Encyclopedia Britannica. Demography，15th edition，1974
8. International Encyclopedia of Population. Macmillian，1982
9. The International Encyclopedia of Social Sciences. Population，Macmillian，1968
10. Hauser. P. M. and Duncan O. D. The Study of Population，An Inventory and Appraisal. Univ. of Chicago Press，1964
11. Cox P. R. Demography. Cambridge University Press，1959

人口学学科体系总论*

一、人口学学科体系的意义

人口学学科体系是指人口学本体连同它的理论、历史和方法以及各分支学科或分支专题研究的总和。

科学就是人们认识客观规律的系统知识。从认识论来看，人类对客观世界的认识总是由少到多，由浅入深，经过感性认识到理性认识，经过认识、实践、再认识、再实践的一个循环反复过程。科学认识过程就是这样先由一门哲学知识逐步分化为各门自然科学和社会科学。随着知识积累的增加，从各门科学内分化出更多的分支学科，其中有些甚至成为独立学科，而到一定阶段为了更深入认识客观世界，又把各门学科综合起来成为许多交叉学科(或跨学科)。这是科学发展的规律，人口学的发展也是遵从这样的客观规律。现在随着对人口现象和人口过程认识的深化，对许多人口变量或人口问题的认识已经相当深入，人口学

* 原载邬沧萍主编，《人口学学科体系研究》，中国人民大学出版社，2006。

必须把其中一部分知识分出来作为一门门分支学科进行单独研究。如果不分化出来给以足够的发展空间，就不利于深入研究人口学中的一个个特殊方面。研究学科体系就是顺应人口学知识发展的程度，把它们提出来促进它们的研究以期获取更多的成果。

另一方面，人口学学科体系的研究也有其现实意义。

第一，加深对人口学的学科性质、研究对象和学科的历史任务的认识。了解这门学科形成的来龙去脉，有助于与时俱进继承、扬弃和发展这门学科。

第二，研究学科体系，有助于对人口学的问题按重要性、迫切性和研究的深度与广度分门别类地深入研究，有助于把理论与实践相结合解决人口学的专门问题，如生育、迁移、人口老龄化等。由于人口是个非常复杂的研究对象，要深入研究和扩展研究必须区分不同的专门研究，有分工、有合作才能加快人口学向纵深方向发展。

第三，研究人口学的学科体系有助于人口学的教学、培训，特别是培养人口学高级专业人才。人口学体系的安排有助于认识不同分支学科发展的轻重缓急，它是制定不同教学对象的教学计划、教学大纲的依据，可以避免重复和遗漏。所以世界上关心人口学体系的大多是人口学者、人口学培训中心、高等院校和出版机构等。

第四，人口学学科体系的研究有助于为与人口相关的学科提供理论框架，和向有关学科提供实证研究资料和研究方法，有利于在跨学科研究中相互促进。

第五，有助于人口学教育的普及。因为一门完整的学科常常是面面俱到，而分支学或专门研究大多根据社会实践的需要，因为实际工作常常是分头管理，一个理论结合实际的分支学科更能满足实践的需要，如人口普查分支就更符合普查工作者的需要等。

二、人口学学科体系的形成和发展

科学产生于人类认识客观世界规律性的需要，一个独立学科也会分化出许多分支学科或专门研究领域。人口学也是如此。

人口学的产生至今虽有300多年的历史，但在第二次世界大战以前人口学在科学百花园中是默默无闻的。关于人口学学科体系，在第二次世界大战前几乎没有人提出这个问题，因为当时的人口学研究在深度和广度上都不能提出这个问题。除了人口统计学和人口地理学外，谈不上有多少丰富和充实的分支学科，在17世纪以前，统计学、人口学、地理学的内容都是在国家政治课程范围讲授，科学界定不很清楚。只有在第二次世界大战后人口学才受到全球的关注。现在人口问题的多样性、复杂性和人口资料的大量涌现，已达到目不暇接的程度。参加人口研究的队伍迅速扩展，研究成果多得难以计算。这样对人口变量的研究就不能笼而统之，必须深入专门研究才能有所前进、有所创新。因此，首先，就在人口变量中形成许多专门研究，成为一个个人口学的分支，如生育率的研究、人口普查的研究、人口老龄化的研究、出生性别比的研究等；其次，人口变量与社会、经济、生态环境变量的相互关系又是错综复杂的，常常是双向的又是互为因果的。这就必然构成许多跨学科的研究。像我们所熟悉的人口经济学、人口社会学等。严格地说，所有这些知识对研究人口问题都是必要的，但它还不是人口学的分支学科而是经济学和社会学的分支学科，从学科名称就看得出来。人口学研究的是人口变量的变化，所以作为人口学的分支学科，它从人口变量出发研究同社会、经济和生态环境的变量的相互影响，也应该是具体的而不是笼统和抽象的理论关系，应该尽可能研究数量关系或提出一些实证及相关的方法论，这才符合作为一门独立的人口科学的性质，这样形成的交叉学科应该是经济人口学和社会人口学等。在这点上人口学同其他学科是有所区别的，也是人口学自己的特点所在。

到目前为止，关于人口学学科体系还没有也不可能达到国内外学术界的共识，不同国家根据各自经济、社会、文化、人口的不同情况都有各自的特点和重点，提出各自的人口学学科体系，而且人口的变量及其受制约的条件也是不断变化的，有的变量在历史上曾经很重要，发展很丰富充实，如死亡率的研究，但随着社会条件的变化退居次要地位，而另一些变量原来不受重视的，在当代的重要性又凸显出来，如生育率研究。在人口学学科体系上，即或一时取得一致了，在新的情况下，也会见仁见智有所不同。完全一致是罕见的。即使是同一个专业的教学计划，在不同学校也是有区别的。为了理顺人口学学科体系以利于促进人口学教学、培训和研究工作，有必要参考近 20 年来国内外有影响的学者的意见。

下面把几本较有影响的国外人口学著作有关人口学学科体系，其实主要是关于包括哪些分支学科或专门的研究进行比较如下：

其一，1978 年法国罗兰・普列萨主编的《人口学辞典》中提出下列分支学科，但没有很详细说明其内容：

(1)生育生物计量学 *（biométrie de la fécondité）

(2)经济人口学(démographie économique)

(3)历史人口学(démographie historique)

(4)数理人口学(démographie mathématique)

(5)医学人口学(démographie médicale)

(6)潜势(在)人口学(démographie potentielle)

(7)纯人口学(démographie pure)

(8)质量人口学(démographie qualitative)

(9)数量人口学(démographie quantitative)

(10)社会人口学(démographie social)

(11)人口计量学*(démométrie)

(12)人口遗传学*(génétique des populations)

(13)人口学遗传学*(génétique démographique)

其中(2)～(10)用人口学表明是人口作为人口学分支学科，(1)、(11)、(12)、(13)不用人口学而是用人口××学，人口是作为定语，原书行文也含糊其辞，可以认为在20世纪80年代以前这些学科是萌芽状态，可以看成是一个研究领域，隶属于哪一学科没有明确。

其二，1982年国际人口学会出版的《多种语言人口学辞典》第二版与人口有关的或分支研究有：把人口学定义为“对人口，主要是对数量、结构和发展进行科学研究的一门科学”。人口学分支学科在书上提到的有：

(1)历史人口学(Historical Demography)

(2)古人口学(Paleo-demography)

(3)表述人口学(Descriptive Demography)

(4)人口统计学(Population Statistics or Demography Statistics)

(5)理论人口学(Theoretical Demography or Pure Demography)

(6)数理人口学(Mathematical Demography)

(7)形式人口学(Formal Demography)

(8)人口研究(Population Studies)

(9)经济人口学(Economic Demography)

(10)社会人口学(Social Demography)

(11)人口素质(Population Quality)

(12)群体遗传学(Population Genetics)

(13)人类生态学(Human Ecology)

(14)人口理论(Population Theory)

这本人口学辞典在西方作为规范的人口学辞典是被国际大多数人口学家接受的。西方学者对人口学学科体系的观点基本上是一致的，大多数人把人口学分成两个部分：一部分“人口学”(或称纯人口学，Pure Demography，或正规人口学，Formal Demography)是研究传统的人口变量，即人口规模、结构、发展、分布等及各变量间相互关系；另一部分“人口研究”(Population Studies)是研究人口变量与其他非人口变量的关系，主要是经济和社会的变量。这种学科体系是美国著名学者豪瑟和邓肯(P. M. Hauser&Duncan)1959年率先提出的，其后在1973年联合国出版的《人口趋势的决定因素及其后果——人口、经济、社会因素相互作用研究的新成果》这本100多万字的人口学具有里程碑意义的著作里，就是按这一体系的思路来展开全书及各章节编写的。人口研究的方向被认为是人口学的一个突破(引自1954年罗马国际人口学术会议上赫斯茨的讲话)。西方人口学学科体系这一思路反映在图2-1中。

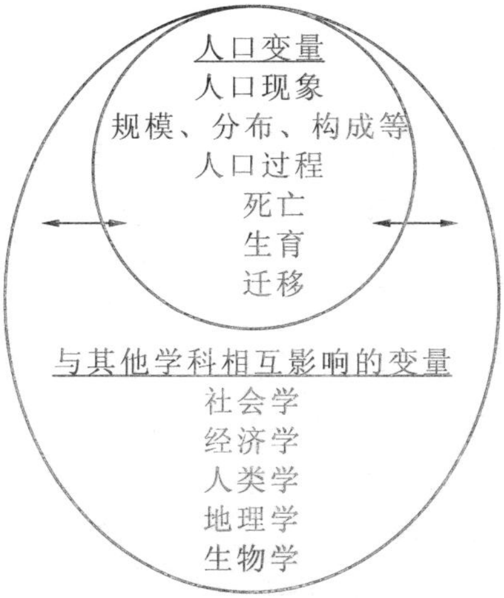

图2-1

其三，1976年苏联出版的一本由瓦连捷伊主编的《人口学体系》(中国人民大学出版社1981年出版了中文版)是专门论述人口学学科体系的。书中在两个地方列出人口学学科体系。在中译本第119页体系图中表明人口学一方面与马克思主义三个来源即三个组成部分相联系(图2-2)。

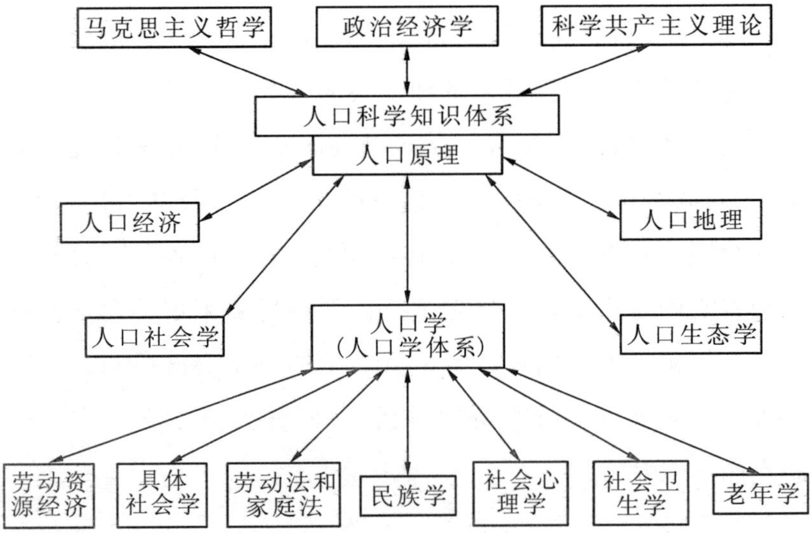

图 2-2

另一方面又同各人口学分支以及许多应用科学相互作用(即所谓正联系、倒联系)。在中译本的第175页中又列出人口学体系各分支学科如下：

人口学体系

(1)理论人口学、人口学说史、表述人口学、经济人口学、历史人口学。

(2)人口资料来源、统计方法、数学方法、社会学方法、社会人口过程模式制作、人口状况图绘制。

(3)地区人口学。

(4)应用人口研究。

(5)社会人口预测。

(6)人口政策的理论基础。

对比上面两个体系，可以看出苏联对人口学的认识是相当混乱的。如果把人口学知识体系看成是广义人口学，把人口学体系看成是侠义人口学，就类似人口研究和纯人口学。不过人口学在苏联没有多长的历史，因为长期以来在苏联社会学和人口学都是受到压制的，而且苏联在学术和实践上，都未把人口问题作为重大问题，作者瓦连捷伊的人口学体系只能是他个人一家之言。因此，人口学的分支学科得不到发展是可以理解的。至于人口学知识体系又失于过宽几乎将整个社会科学都包括在内，似乎把人口学变成“人学”，把人口等同于人，结果人口学同所有社会科学都有千丝万缕的联系。《人口学体系》一书所列出的学科知识体系层次是不清楚的，各分支学科是空洞的，并无教学或研究的实践作依据，因此很难作为分支研究的依据。

其四，日本学者南亮三郎认为，1957 年日本出版的《人口大事典》横贯经济学、社会学、生物学以及人口学四个领域，是“世界上首次做综合性人口研究的集体成就”。把人口学限定在“形式人口学”上，主要研究人口增长的规律、人口分布的规律、人口基本构成的类型理论和规律、人口自身再生产过程分析的发展、人口统计评价论的发展、观察原理的发展几个基本问题。提出为了发展形式人口学，需要有国际标准。该书认为现代形式人口学体系化的必要性和可能性越来越明显了。

三、中国人口学对学科体系认识的深化

学科体系是客观存在的，也是与时俱进的，各国、各地、不同学者之间认识不会完全相同，见仁见智在所难免，但学科体系的划分总

是有客观依据的，不能是任意的，必须言之成理、持之有故并应接受社会实践和教学实践的考验。

中国人口学起步稍晚，时值人口学在世界范围内蓬勃发展的时期，而且中国的人口国情又决定中国人口学必须迎头赶上，既有这种需要也有这种可能。中国人口学及其分支学科在20世纪80年代以来得到了迅速发展。在20世纪80年代中期，中国学者采取集体研究、集体讨论的方式取得对人口学学科体系的初步共识，这一共识，先后反映在1985年出版的《人口理论教程》、1986年出版的《人口学辞典》和1991年出版的《中国大百科全书·社会学卷》三本最有影响的人口学出版物中。例如，在《中国大百科全书·社会学卷》中概括为："中国学者将人口学体系归结为三大组成部分：人口理论、人口统计学、人口应用学科(或分支分科)组成的统一整体"，这同《人口理论教程》和《人口学辞典》是一脉相承的。在《人口学辞典》中列举的分支学科有人口社会学、人口经济学、人口生物学和人口生态学等。12年前对人口学体系的认识，经过20世纪80年代和90年代社会经济的变化和学者对人口学研究的深入，有了提高。20世纪90年代中国社会科学规划办批准要进一步研究人口学学科体系，这无疑是对人口科学发展的一个极大促进。

2000年西南财经大学吴忠观教授主编的《当代人口学学科体系研究》率先提出当代人口科学体系(图2-3)。这一体系是21世纪人口学的一项新成果，同我国过去人口学体系三大组成部分(人口理论、人口统计学、人口应用学科或分支学科)相比是一个创新。

首先，这个体系把人口学作为一个独立学科，作为一个母体，派生出其他分支学科。

其次，把人口统计学作为方法论知识的一个分支学科，明确了人口学和人口统计学是母体学科和子学科的关系，这又进了一步。

再次，人口理论不但独立出来而代之以一个学科群，称为理论的知识，包括诸如人口社会学、人口经济学、人口生物学、人口地理学、质量人口学、人口生态学、人口思想史等，把一些社会学科和自然学科的分支作为人口学理论。而人口理论在学科体系中消失了，但在第十章中又强调“人口学理论得到了迅猛发展”，这是令人费解的。

最后，在这一体系中没有看到人口学要研究的传统人口变量。这是人口学成为一门独立科学赖以存在的基础。如果分支学科不专门研究出生、死亡、迁移、分布等，就架空了人口学历史积淀下来的科学分工领域。人口学研究人口显得十分抽象和贫乏(图 2-3)。

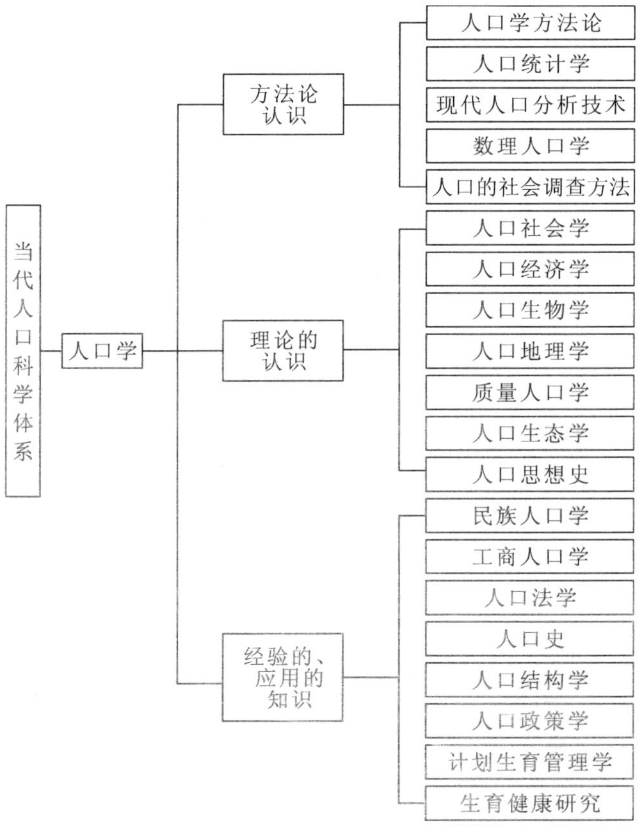

图 2-3

四、我国人口学学科体系各分支学科

人口学是一门研究人类人口发展规律的独立学科，第二次世界大战后崭露头角，并取得蓬勃的发展。人口学是一门社会科学而且是应用科学，有它的分支学科和体系。由于各国的政治、社会、经济、文化和人口情况不同，各国所处的发展阶段不同，人口学在社会实践中应用的不同，因而各个分支学科的发达程度和研究深度也不同，因此各国甚至在国内学者之间对人口学的认识也有所不同。我国人口学经过几十年的探索，特别是改革开放以来20多年的蓬勃发展，从事多年人口学教学和研究的学者完全有可能提出适合我国国情的人口学学科体系的系统看法。

20世纪后半叶，人口学才开始真正崭露头角，六七十年代以后出现空前蓬勃发展的态势，知识积累的广度和深度也是空前的。20世纪80年代后我国人口学理论和实践的空前发展，使得许多分支学科和专门研究都呼之欲出。人口学许多研究获得的知识都有创新性，许多都是人类过去一无所知的。人口学分支学科和专门研究都成为人口学的学术增长点。

第二次世界大战后人口学的迅速发展和中国人口学的教学和研究以及人口实践的要求，对人口学的分支学科主要提出下面五个方面的需要：

1. 人口理论和历史知识的需要

人口现象复杂纷纭，其规律性不容易认识，必然要求有理论指导和以史为鉴。历史知识的需要所指的是人口历史事实和对人口事实的价值判断以及人口政策实践的知识等，包括重要的人口和人口科学发展的事件、重大的调查数据、重要的科学发现。理论与历史需要结合，“论从史出”，人口学的理论如缺少客观实证就是空谈。

2. 人口学应用的方法和方法论

随着自然科学、社会科学和信息科学的进步，人口学的研究方法越来越多并日臻完善，因此需要很多方面的专门研究，特别是随着人口普查项目越来越多，对人口普查资料的开发和分析方法要求更高。

3. 对人口学变量的深入研究

人口变量是人口研究的客体，这是人口学一个最重要的增长点。目前已知的死亡率、生育率、人口迁移、人口老龄化、人口性别比等变量许多已成为一个专门研究领域，甚至超越人口学范围形成新的学科，如生育率的专门研究扩展到计划生育学和计划生育管理学等，严格来说后者已超越了人口科学的范围。科学总有一个科学分工的问题，科学研究领域不等于实际工作的范围。

4. 亚人口或分人口(Sub-population)的人口学研究

这也是当代人口学的一个重要学术增长点。在人口学发展之初，人们只关注总人口的现状和过程；随着社会经济的发展，人们对不同亚人口要作重点研究。现在国内外对女性人口、老年人口、劳动适龄人口、少数民族人口等都作专门的人口学研究，这类出版物的学术著作已很多，可以预见亚人口的研究将成为分支学科的重要内容。

5. 人口变量与非人口变量相互关系的研究，即国外人口学所说的人口研究

这是第二次世界大战后人口学分支研究的一个突破。这一分支学科领域很宽，研究问题很丰富，包括人口与经济、社会、政治、资源、环境等的相互关系，已形成的分支学科有：社会人口学、经济人口学、工商人口学(人口与市场)、人口政策、人口与资源、人口与环境等，是人类可持续发展研究不可或缺的。这一方面今后还有很宽广

的发展余地。

根据我们教学和研究近30年的实践，提出下列的人口学学科体系(图2-4)。

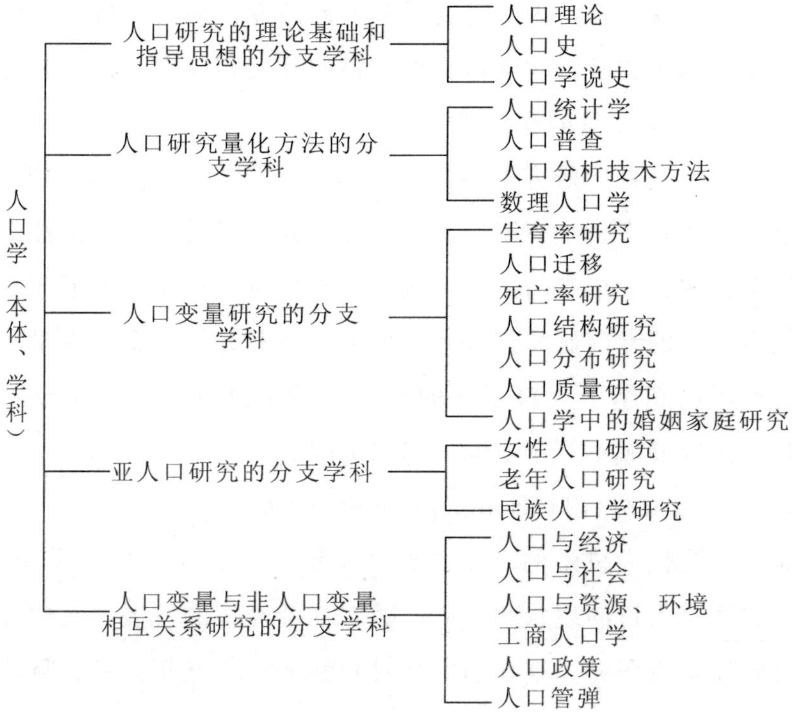

图2-4

五、有关人口学分支学科的几个问题

(一)关于分支学科的性质和学名

人口学的科学内容、科学性质、学科创新的增长点、学科发展前景等，在很大程度上体现在人口学的分支学和分支的专门研究上，它们是人口科学向广度和深度探索与取得科学成果的载体。人口学各分支学科的出现，大多是第二次世界大战后，为深入了解一些人口变量，能知其然也知其所以然，另一方面为了科学制定一些社会政策和人口政策而开展了大量的人口研究。随着研究的广度和深度的开展，把科研成果积累起来加以系统化，就成为人口学各分支学科，它们大多都是边缘学科。到现在国内外比较成熟的、已被公认的有人口统计学、经济人口学、人口经济学、社会人口学、人口社会学、人口地理学、老龄化人口学等。

1. 人口学分支学科的科学性质

人口学分支学科首先应当是一门科学，不管是二级或三级学科，因此必须具有系统的科学知识，不是人口资料汇编或论文集。其次它是从母学科——人口学派生出来的，其研究对象和科学性质同人口学是相同的或是相近的，是人口学上某部分科学内容的继承、发展、深入、提高和创新，并能在学术上自成体系的，有的甚至有自己的特殊研究方法。最后在当代知识大融合的时代，分支学科大多带有跨学科（或称交叉学科）的性质，科学创新常常要借鉴、吸收其他学科的知识，但是不能“喧宾夺主”，用其学科成果和内容来填充就作为人口学分支学科，在人口学教学上出现的课程简单重复皆源于此。

2. 人口学分支学科的认定是个科学问题

人口学分支学科纳入人口学学科体系不是任意的，不能凡是有“人口”两字、或有人口变量或亚人口冠名的，都是人口学分支学科，这就把人口学变成无所不包的“人学”了。例如，生育是个重要的人口变量，但人口学学科体系就不能把研究妇女生育的科学都包括在内，如计划生育学或计划生育管理学或妇女生殖健康等，从学科的严格定义上都不能算作人口学的分支学科；同样也不能把老年学、社会老年学作为人口学的分支学科，虽然在内容上有很多相同或相似的地方，但在科学上它们是分属不同学科。但老龄化人口学（Demography of Aging）在国外公认是人口学的分支学科，也是老年学的分支学科。不少人把人口社会学、人口经济学作为人口学分支学科，在国外所有的人口学辞典上的分支学科中都有社会人口学(Social Demography)与经济人口学(Economic Demography)。这里最重要的区别是经济人口学、社会人口学都是从人口学派生出来的，有数量科学、实证科学和方法论科学的特点，其性质同经济学和社会学在学科上有明显不同，尽管内容有很多相近或相似，甚至有些地方雷同，但在我国学科分类目录中人口经济学列在经济理论学科下，人口社会学是列在“社会学”下的。为培养人口学专业人才，在教学计划中有人口经济学、人口社会学，但它讲的不完全是人口学。在课堂讲授中，这些学科之间常常有很大重复，这并不是说这几门学科是同一回事，而是目前科学发展水平还不能突出各自的学科特点。这是目前这些跨学科的“科学贫困”，将来会显示出各自学科的特点的。

3. 人口学分支学科的学名问题

人口学的学名是 Demography。作为一个分支学科，理应也有自己专有的学名，如物理学的地球物理，化学的有机化学、生物化学等都有专门学名。但人口学是一门新兴的学科，特别是许多变量的专门研究和亚人口的人口学研究的历史都不太长，有的是最近才兴起的，有的专门研究虽然内容已很丰富充实，称得上专门研究，但常常还没有一个学名。人口学的分支学科除了那些在传统上已使用或仍在使用的分支学科诸如人口理论、人口史、人口学说史、人口统计学、数理人口学、社会人口学外，大多还没有公认的学名，有许多学名是学者个人专著上命名的，如人口生态学、人口结构学等。因此作为新兴学科的人口学分支学科学名不是必要条件。因为一个分支学科正式冠名常常需要很长一个过程，至于个人或少数人命名为“人口××学”、“××人口学”可以百家争鸣，见仁见智，但得到社会公认绝非一朝一夕能做到的，因为知识积累和系统化需要时间。

另一方面，如果要到公认分支学科才纳入学科体系，那就不切实际了，因为人口学分支学科要经过人口学者在某一分支领域长期潜心研究，分支学科不会短时期廉价取得的，因此人口学许多专门研究应该看成潜在的分支学科。至于哪些分支的专门研究是否作为一个学科取决于这一研究领域社会实践需要的程度、参与研究的人数、学术交流的广度和深度，以及取得的科研成果的应用和社会认同的程度等，特别要经得起教学实践的检验。人口学分支学科的范围必须从实际出发，并不是分支学科越多这门学科就越发达、越重要，如果“拔苗助长”，把本来不属于人口学科的其他学科的入门知识当做分支学科，其后果只能有损于人口学的科学地位。

(二)关于“人口理论”问题

在西方，人口学从产生到现在一直未把人口理论摆到重要地位，与我国主流思想看法就迥然不同。在我国，人口理论一直摆在人口学中最重要的位置上，认为是人口学这门学科的指导思想，在我国就是指马克思主义的人口理论。人口理论虽是一种观念形态的阐述，但在人口学中它也要充分体现学科的数量和实证特点，定量与定性相结合。如果没有这一个优势，就体现不出有人口学特点。人口理论的价值就在于它比其他学科能深刻认识到人口问题在发展中的重要性、长期性，因为人口研究常常考虑一两代人甚至一个生命周期乃至几个生命周期，可以说真正从可持续发展的角度出发。但在西方《多种语言人口学辞典》中对人口理论只是轻描淡写地说：“最后，还有人口理论(Population Theories)研究”，并着重提出：“不要把人口理论同理论人口学混淆起来。人口理论用于阐释或者预言人口变化同经济、社会、心理或其他因素变化之间的相互影响；它只是纯粹观念上的探讨。”我国学者则认为人口理论在人口学中占有极其重要的地位，是人口学的理论基础，是人口学各分支学科的指导思想。

结合我国恢复人口学近30年的教学和研究实践，特别是从人口学的理论和实践结合上考察人口学体系，现在我们更确认人口理论在人口学学科体系中是领头的。人口理论在人口学中作为理论基础的指导地位不可或缺。

其一，人口理论作为一个分支，首先在我国人口研究能确保马克思主义人口理论的指导地位，使人口学从古今中外复杂纷纭的社会现象中寻找并总结出人口发展的必然规律来指导人口研究和实际活动。例如，人口发展、人口转变和人口老龄化等的出现都是不以人们的意志为转移的人类人口客观规律。人口理论给人口学提供了理论认识和科学思维，使人们对人口发展纷纭复杂的现象处乱不惊，能因势利导，不走弯路或少走弯路。

其二，人口学是一门新兴的社会科学，它的蓬勃发展是在第二次世界大战后，但人类历上从未有过这样多、这样复杂的人口事件和现象，也从未掌握这样翔实的人口调查事实和资料，这就需要理论指导去伪存真、去粗取精，通过实证和理论思维理出头绪，升华为理论、规律知识或初步形成一些理论模式、理论假设和一些研究框架来指导今后人口学的研究。

其三，我国人口学起步晚于西方，必须引进、借鉴西方人口学知识，这就十分需要用马克思主义人口理论、毛泽东思想、邓小平理论和“三个代表”的重要思想，从中国实际出发来指导人口科学的发展，吸收古今中外人口学的成果的同时避免人口学全盘西化，脱离中国实际，但也反对故步自封，拒绝吸收古今中外的人口科学研究成果。

因此，我们在人口学学科体系中把理论、历史列为首要的分支。

我们把理论、历史作为指导思想的分支，是明确提升这类分支的地位。所以把历史也放在其中是因为人口理论应该是从人口历史事实、人口数据资料提炼而出的，因为“论从史出”、“史论结合”和“以史为鉴”。因此这一分支中的历史应当“厚今薄古”，然而人类认识人口变量更多是从近代开始的，特别是近半个世纪的人口实际和理论，对中国来说近二三十年的人口事件、事实和数据是作出人口理论概括的主要依据。

人口理论是人口学的一个重要组成部分，但不宜用理论人口学来命名，因为理论人口学在国际人口学会的《人口学辞典》上规范为“对从人口现象同其他现象的联系中抽取出来的人口现象中的数量关系的探讨”，人们把它等同于数理人口学。如称之为理论人口学就使人误解。

(三)关于人口学和人口统计学的关系

人口学，过去被称为人口统计学是一种误解，其实指的是纯粹人口学(Pure Demography 不是我们所讲的现代人口学)。人口学是学科的本体，它包括人口统计学。人口统计学按标准的翻译应该是 Population Statistics 或 Demographic Statistics。人口学中很多有关人口再生产的变量、人口模型和人口预测以及人口与非人口变量之间的相互关系等，而人口统计学是不涉及的。由于人口统计学沿用已久，约定俗成就不必更名，但必须清楚认识人口学并不完全等同于人口统计学。

人口统计学在人口学中的重要性是众所周知的，但长期以来困扰人口学界甚至社会科学学者的，是把人口学和人口统计学看成同义词，这是极大的误解。这一误解产生的原因是在我国有影响的汉英大辞典中，把 Demography(人口学)译为人口统计学，我国正确译为人口学的辞典也是有的，但未受到注意。把 Demography 译为人口统计学就把人口学仅限于研究数量关系，不再升华为理论假设和作出更多的实证研究。这在客观上把人口学贬低到一个分支学科的地位，这一误解对人口学发展的影响极大，现在应该是纠正过来的时候了。但也必须指出，人口统计学的出现早于人口学，人口学是从人口统计学上升发展出来的，二者有很深的"血缘"关系。

20 世纪 80 年代，中国的人口学中把人口学分成三个组成部分：人口理论、人口统计学和分支学科，在学科组成上不把人口统计学看成分支学科，就是这一误解造成的。2001 年出版的《当代人口学学科体系研究》把人口统计学作为人口学方法论知识，即作为人口学的一个分支是正确的，从而把人口学作为母学科（下称学科本体）放在一个正确的位置上。把 Demography 译作人口统计学由来已久，只有少数英汉字典译为人口学，只有韦氏、牛津大字典、世界上权威的《社会科学百科全书》视人口学为一个独立学科、一个科学部门。但最权威的应该是国际人口学会由几国的人口学家组成的委员会编写的《多种语言人口学辞典》的解释。在该辞典中 Demography 是有研究对象的"人口学"，而人口统计学（Population Statistics 或 Demography Statistics）是人口学的一个分支学科。

作为人口学各分支学科都应有其母体（或称本体或母学科，下称本体），这个本体不可能是人口统计学，只能是人口学，对它的定义表述很多，我国大多数学者有如下共识：

> 人口学是研究人口各种变量的现象和过程，研究人口诸变量之间的相互关系及其发展变化规律，研究人口变量与社会经济、生态环境等变量之间的相互关系的一门科学。

从这一定义可以看到人口学的范围远远超过人口统计学，其范围不限于正规人口学(Formal Demography)和人口研究的总和，人口学仅就正规人口学的研究就超过作为一门方法科学的人口统计学的研究范围。因为还要将变量之间的相互关系升华为理论概括，例如人口学研究出生与死亡对人口年龄结构的影响，作出人口老龄化的决定性因素是出生率(生育率)而不是死亡率的论断等，这已是人口学的很专门的研究，人口统计学无论如何不会作如此专门和深入研究的。又例如人口学研究人口变量与人口的非变量关系时，既有变量之间的相互关系和因果关系的研究，也把这些相互关系升华为理论假设、理论框架或规律性知识等，这并非人口统计学的任务，至于人口理论、人口史、人口学说等只能在人口学的框架下，成为一个独立研究专题，因此人口学学科体系必须有一个核心或本体，那就是人口学。人口学派生出各分支学科，也要把各分支学科的成果作更高的理论概括，例如人均国民生产总值要达到一定程度，妇女生育率才会自发下降的阈值假设就是一例。1973 年联合国出版了一部人口学里程碑性的著作——《人口趋势的决定性因素及其后果——人口、经济、社会因素相互作用研究的新成果》，充分体现了人口学在当时的最高成就，其中决定性因素(Determinants)与后果(Consequences)正是体现科学认识需要理论升华，该书是人口学各分支学科 20 多年研究成果的综合。因此也是人口学同其分支学科经过细分后又要在更高层次上综合的一次体现。

(四)人口数量研究与人口质量的分支研究

有人认为人口学研究的是人口变量，人口质量就很难研究，因为人口质量不能用数量来表达，这也是一种误解。西方人口学并不重视，而且在很大程度上还是回避研究人口质量。在《多种语言人口学辞典》中只轻描淡写地说："人口学也研究人口质量(Population Quality)，并认为这一术语可用于各种社会属性和个人特征。"但在整个人口学发展过程中，人口质量几乎是在人口学视野之外，有时讲到人口质量也主要指群体遗传学(Population Genetics)，群体遗传学已经不是人口科学而是生物科学了。

其实人口学中把人口质量作为一个人口变量来研究是理所当然的。

其一，任何事物都是质与量的统一，人口数量的背后存在不同人口质量；因此同样的人口数量级的人口具有的社会含义常常是迥然不同的，因为人口质量是人的自然属性和社会属性的统一，而社会属性更是千差万别的。

其二，人口作为一个群体，其质量既有单个人质量标识，如思想道德素质、文化教育科学素质和健康素质的综合或总和，也有可用各种人口素质的平均指标来表达标识，如平均受教育年限，人口的平均预期健康寿命等。虽然一些人口素质如思想道德素质目前还不能用确切量化指标表达，但其他素质还是能量化的，即使现在没有恰当数字表达的质量指标，以后随着科学发展完全有可能找到直接或间接的量化表达。正如健康素质在量化表达上已比第二次世界大战后初期进了很大一步。

其三，人口质量之所以是一个人口变量，是因为人口质量和结构一样总是在发展和变化的。作为一个群体的人口质量同单个人的质量不同，它主要通过人口的各种规模、速度、比例，特别是结构来表达的，如健康人群的比例、生活不能自理人群的比例、人口中大学教育水平人口的比例、就业人口中从事高科技人员的比例等；另一方面，也可以用人口中低素质人口的比例变化来衡量人口的质量。总之，人口质量是人口学研究的一个变量。

21世纪全球人口质量是个普遍提高的趋势，这是历史赋予人口学的一项新的历史使命，是人口学研究的一个未开垦的处女地。

我国正处在知识经济时代，在这个时代我国面临着经济转轨、社会转型、加入WTO和经济全球化的竞争局面，控制人口数量，提高人口素质从来没有像21世纪那样迫切。开展人口质量专门研究是我国21世纪的一项历史任务，至于称为人口质量研究，或质量人口学是无关宏旨的，重在能够理论创新。

参考文献

1. 刘铮主编．人口学辞典．北京：人民出版社，1986
2. [日]南亮三郎编．人口论史．北京：中国人民大学出版社，1984
3. [苏]瓦连捷伊主编．人口学体系．北京：中国人民大学出版社，1981
4. [苏]瓦连捷伊主编．马克思列宁主义人口理论．北京：商务印书馆，1978
5. 联合国国际人口学会编著．人口学辞典．北京：商务印书馆，1992
6. 吴忠观主编．当代人口学学科体系研究．成都：西南财经大学出版社，2000
7. [法]索维．人口通论．北京：商务印书馆，1983
8. 中国大百科全书·社会学卷．北京：中国大百科全书出版社，1991
9. *International Encyclopedia of Population*. New York：Macmillian，1982
10. *Cox P. R. Demography*. London：Cambridge University Press，1959
11. UN. *Determinants and Consequences of Population Trend*，New York：U. N. Press，1973
12. *The New Encyclopedia Britannica*. Vol. 5. New York：Demography，1973

人口学在我国是一门无可替代的社会科学

——亲历新中国人口学60年沧桑的再认识*

在全党全民迎接新中国成立60周年之际，我亲历了我国人口学60年发展的沧桑巨变。感慨万千。我是新中国成立后不久就回国参加革命的第一批留美“海归”，在美国研究人均国民收入时，就关心中国人口问题，在回国前就读过毛泽东的《历史唯心主义的破产》，在这篇从哲学和政治的高度立论的宏文中，认识到我国人口问题的本质。回国后，在中国人民大学统计系任教时，也接触过人口统计学。1972年起我就专门从事人口学的教学和研究；可以说我同人口学有60年的渊源。从新中国成立以来的人口学发展正反两方面的事实证明，人口学是一门不可或缺的社会科学。经过60年的教学与研究，进一步认识到像人口学这样一门社会科学的功能，能否得到充分发挥，在很大程度上还取决于政治路线和思想路线。

---

* 原载《人口研究》第33卷第5期，2009年9月。

一、改革开放前“以阶级斗争为纲”使人口学缺失，几代人都为此付出了代价

新中国成立的前30年，我国人口由不到6亿突增到近10亿，人口激增来势凶猛又未有得到有效的抑制，这是人口学的缺失，人口理论被扭曲和对人口学大批判的直接后果，而更深层次的原因是政治上“以阶级斗争为纲”和思想上的教条主义。

1. 1952年取消人口学，宣告我国人口发展不需要人口理论、人口学方法和人口专业人才等的智力支持

人口学在世界上已有二三百年的历史，有公认的科学学名，有全球的科学研究机构IUSSP，还有很多人口学教学和研究机构，有专业人口学家，全球每年有很多人口学的专著、论文和文章发表。在联合国建立的，包括安全理事会和经济社会理事会在内的六个委员会中就有一个“人口委员会”，在联合国秘书处就有一个人口司，在联合国专门机构里就有一个人口基金。可见人口问题研究和人口学在人类活动中有一定的地位。在人类人口中，中国人口一直占1/5以上。按理，中国研究人口科学应有一席之地。

在旧中国科学文化落后，人口学不够发达也无可厚非。那时只有个别大学曾有归国留学生讲授过和出版过人口学著作，比较正规和系统的是清华大学，在抗战期间办的名为国情普查的人口调查机构和几位教授在社会学系讲的人口问题。当时中国的人口学在一些大学讲授，内容是很贫乏的。1952年中国高等院校按照苏联高等教育的模式进行调整，社会学、人口学和心理学等学科都被取消了。原来从事过人口学教学研究的许多教授都改行或重新分配。从那时起人口学和社会学都一道销声匿迹，人口学被取消就意味着人口问题在人们的视野里是无足轻重的问题，更谈不上是一门科学。

在我国取消人口学期间，全球都在热议第三世界国家摆脱殖民地独立后人口激增的问题。当时的联合国概括世界有3p问题，即population，poverty，pollution(译为人口，贫困，污染)，在3p中人口又是要优先解决的。那时联合国人口委员会和IUSSP会议频繁，人口学的会议也开始从纯学术研究转向现实问题的研究。在国外，人口培训和研究机构先后纷纷成立。当时中国对国外人口形势、学术活动和世界要研究控制第三世界人口增长知之甚少。

2. 思想上的教条主义，扭曲了人口理论

由于众所周知的原因，我国建国初期，在政治上"一边倒"的政策，在许多问题上是以苏联为师，特别是马列主义理论更是以苏联的理论解释为蓝本，对人口学上影响最大的就是苏联哲学和政治经济学，特别是苏联社会科学院经济研究所编的《政治经济学教科书》，这本书是当时国家机关干部和知识界几乎必读的，是中国学者编写教材的范本，仅举书中有两处关于人口的论述，就可见书中的立论同中国人口实际的需要实际上是背道而驰的。

其一，该教科书中提出："社会主义制度下，资本主义人口规律已失去效力。社会主义的人口规律表现为：人口不断迅速增加"。

其二该教科书中认为："人口不断迅速增加……这就是社会主义人口规律的实质"(苏联社科院经济所，1955)。

把人口迅速增加视为社会主义人口规律，在理论上缺乏依据，在人类实践上也证实人口不断迅速增加是不可能，其实它只是当时苏联人口政策上的要求，而把它作为普适规律是十分错误的。例如苏联当时还鼓励多生育的妇女称她们为"英雄母亲"。在一个短时期，我国有些地方也加以仿效过，苏联地广人稀，人口增长停滞，同我国人口过剩、迅速增长的情况迥然不同，可见当时苏联人口理论和实践对我国影响之深。在教条主义肆虐的年代，主张节制生育，控制人口增长常常被扣上马尔萨斯主义或反对马克思主义的帽子。

3. “以阶级斗争为纲”把人口问题作为政治问题来批判，使人口学成为学术禁区长达20年

1954年公布我国第一次人口普查，人口总数超过6亿，大大超过当时中国人口是4.5亿的原有观点，这不能不引起有识之士的热议。旧中国从事人口学教学和研究的大多数是当时国内外享有盛名的社会学系、经济学系的教授，他们很多是当时国内的社会活动家，此外，还有包括马寅初在内的许多社会知名人士和各行各业的学者。在讨论中大多数赞同节制生育，控制人口增长。人口问题的讨论持续了一个时期，但到1957年6月上旬反右斗争开始，学术讨论的气氛被政治斗争的硝烟取代。随着反右斗争的深入，对许多参加讨论人口问题学者的批判都上纲上线，几乎所有主张控制人口的社会学者都被划为马尔萨斯主义者，甚至认为“谈的并不是什么人口问题、节制生育问题、学术问题，而是现实的阶级斗争问题”(李普，1957)。许多当时的知名学者都被划成右派分子，马寅初当时幸免，但随后对马寅初《新人口论》的批判更激烈，批判文章不下几百篇，时间持续到1959～1960年，这次大批判不但使人口研究鸦雀无声，也使当时人口学无人问津。

4. 改革开放前，人口各种失误后果，集中到一点就是失去控制人口的最佳时机

上述取消人口学，扭曲人口理论和对人口问题大批判等后果，使我国失去控制人口最佳时机。谁都知道人口增长有连续性、周期性、积累性。我国由于人口生育率高，世代间隔短，寿命延长，由于不能及早控制，势必造成庞大人口。一旦人口基数大了，再来控制就会非

常棘手，事倍功半。我国人口的大力控制是在中共中央发表公开信以后，那时第一、第二个人口高峰已经叠加，人口已近 10 亿才采取严格控制措施；而当时人口基数已经很大，第三个人口高峰已逼近，回旋余地不大。如果我国能在 1957 年前后在全国推行计划生育，那我国的人口问题会比今天主动得多，因为那时我国的人口不过 6.5 亿，1956 年后，全面开展计划生育是可能的。

首先新中国成立后，广大干部和群众已自发有节育的要求，在第一次人口普查后，全国有识之士大多都同意中国要控制人口增长。

其次，这一时期中共中央的文件(总号[55]045)就提出："我们党是赞成适当地节制生育的"(中国计划生育全书，1997)。党中央的领导人，包括毛泽东在内都有讲话和批示，倡导节制生育和计划生育如毛泽东在 1957 年 2 月就提出："要提出节育，要有计划地生育"，同年 10 月也提出："抓人口问题恐怕也要三年试点，三年推广，四年普遍实行"(中国计划生育全书，1997)。

更为重要的是，1956 年 9 月中共八大会议指出："国内的主要矛盾已经不再是工人阶级和资产阶级的矛盾……主要任务是集中力量发展生产力"①。如果坚持这条政治路线，开展计划生育，控制人口增长是顺理成章的。遗憾的是由于政治上"以阶级斗争为纲"开展反右派，十年文化大革命造成的动乱，使人口成为重灾区。直到十一届三中全会以后才得到扭转，但几代人都不得不承担这种后果。

二、改革开放后 30 年人口学发挥的社会功能与时俱进

十一届三中全会开启的改革开放的路线，在实践是检验真理唯一

---

① 参见中国共产党中央委员会《关于建国以来的若干历史问题的决议》第 15 条。

标准大讨论后，提出解放思想，实事求是的思想路线，旗帜鲜明地反对教条主义；提出废止使用“以阶级斗争为纲”的口号，明确以经济建设为中心。恢复人口学，把扭曲的人口理论拨乱反正，对人口学的错误批判纠正过来，为人口学发展开辟了最广阔的道路，人口学得到空前蓬勃发展。作为一门科学的社会功能逐步充分地发挥出来！

1. 人口学在我国控制人口增长，推行计划生育过程中发挥了人口学的认识功能、描述功能、解释功能和批判功能

改革开放后人口面临最重要难题之一，就是要迅速控制人口增长，推行计划生育，但仍遇到当时控制人口增长是马尔萨斯的命题的困扰。这是作为马克思主义人口学首先要突破的。当时的人口学者不少来自马列主义和经济学说史的教师，从马列主义经典著作中找到许多马克思有关的论述。诸如“人口压迫生产力”，“人口规律”和恩格斯给考茨基的信关于共产主义，如果需要也会控制人口等论述。经过一个时期的热烈讨论，马克思主义关于“两种生产论”即人类自身生产要同物质资料的生产相适，逐步被认为论证我国控制人口增长，推行计划生育的理论依据，这一时期的研究是认真的，按“双百”方针讨论是热烈的，但未能完全摆脱长期以来教条主义的束缚。虽然，在理论上已经突破了斯大林批判恩格斯两种生产的说法，也超过了当时实践上论述计划生育的必要性，不过，还只局限于从诸如母婴健康、妇女解放和青年成才等论述。

随着我国计划生育的深入开展，实践提出的理论问题愈来愈多，人口学掌握人口的数据越来越丰富，人口理论研究的广度和深度都大大推进，许多理论如人口国情、人均 GDP、适度人口、人口转变、人口—资源—环境的可持续发展等等的研究，由于人口学利用人口变量的数据说明我国控制人口增长的必要性、重要性和紧迫性，是最有

说服力的。在论证的过程中人口学也要发挥学科的批判功能，对不利于人口发展的理论和命题进行批判，如对社会主义人口快速增长是社会主义的人口规律，论证它不是个普遍规律；又如论证知识分子寿命比一般人短，是舆论的误导；人口控制导致人口逆淘汰的命题是不能成立的等等。

2. 发挥人口学普及功能和社会管理的功能，推进和完善我国人口实践活动和计划生育工作

我国在不到30年期间，总和生育率由5.8降到更替水平，欧洲国家由5降到2.5用了100年，被国外称为人间奇迹。这是全党全民共同努力的结果，其中人口学也功不可没。我国是个十几亿人口大国，育龄人群6亿多，开展计划生育必须得到广大干部和育龄人群的支持和理解，但是我国幅员辽阔，农村人口占绝大多数，人口教育文化(程度)很低，就是干部队伍当时的教育文化素质也不高。在这种情况下，推行计划生育必须把人口学知识普及到干部和基层育龄人群。普及人口学知识，首先要说服和教育干部。不但要在理论知识上，还要普及人口各种调查的知识，特别是生育率调查的技术方法，还要普及宣传多种多样的计划生育措施和技术方法。通过广大基层干部再普及宣传到群众。这项人口教育规模庞大，经过20多年就教育出几代干部和亿万群众，几乎做到家喻户晓。如果没有人口普及教育，靠强迫命令是不可能取得这样效果的。我国人口学工作者在开展计划生育工作中，在早期到各地基层开展人口学讲座、编写人口学教材、出版普及读物，直到下基层参加工作的事例数不胜数。我国计划生育真正体现群众掌握了理论，就变成物质力量，我国人口教育的效果比办几百所人口学校成果大得多，这就是中国创造人口奇迹的亮点之一。

3. 人口学在我国人口重大决策中，以确凿的数据和事实，发挥

认识功能和预见功能，在决策咨询中起到见多识广，多谋善断的“智库”作用

在当前我国社会经济发展变化快和利益主体多元化的格局中，关系到国计民生的人口决策，涉及几代人的利害关系，因此作出决策越来越困难。人口学由于掌握人口各个变量之间的关系，了解当今中外人类人口发展变化的经验教训，有助于权衡利害得失，常常通过调查研究、先期试点、反复比较，有助于政策的选择。如果单凭领导者少数人的智慧和很小范围的调查研究，难免有挂一漏万的失误，兼听则明，很多问题要防患于未然，多谋才能善断。改革开放后，人口很多重大决策的民主化、科学化，的确是与时俱进。例如改革开放后，人口最重大的决策就是如何控制住激增的人口，在当时体现在2000年中共中央发表的公开信上，那时人口学刚刚恢复，专门从事研究人口学的人数很少，坦率地说，水平也不很高，但学者们都对中国人口作了一定的调查研究，提出各自的研究结论和建议。中央在发出公开信前也开过多次会议，征求不同学者的意见。公开信号召提倡一对夫妇只生育一个孩子的同时也提出，“将来会出现一些新的问题，例如人口的平均年龄老化，劳动力不足，男性数目多于女性，一对青年夫妇供养的老人会增加”，这些认识充分体现人口学的认识功能和预见功能起到咨询决策的作用。

例如，在2000年《中共中央关于加强计划生育工作，稳定低生育水平的决定》就是一项非常必要和及时的决策。一方面从我国发展的全局出发，要求千方百计稳定已经达到的低生育水平不能动摇；另一方面，强调低生育要稳定，不是越低越好，其实在客观上也考虑到人口老龄化和出生性别比失衡的后果。这是人口学认识功能和预见功能对咨询决策作用的具体体现。因为，只有人口学才能深入认识人口变

量间的相互关系，有意识的防微杜渐。在老龄化和性别比初露端倪时就提出过，在当时可能被认为是忠言逆耳，但事实总是胜于雄辩，后来慢慢能倾听，从善如流，采取必要的防范措施，这是人口学预见功能所起的作用。

人口学在咨询决策作用中最突出的莫过于2005～2006年，编制国家人口发展战略时，中央和国务院的科学民主决策。参加这项研究的有300多位专家学者，其中有国家机关的领导、科学院的院士、教授、研究员等，其中人口学学者占很大的比重，也起到重大作用，因为战略的目标是人口变量的规模、速度和结构，这次战略研究，历时一年多，数十次各种形式的会议和座谈讨论，形成一些人口发展的新思路，诸如优先投资于人的全面发展，保障人口安全和促进人口大国向人力资源强国转变等。人口发展战略的现实意义是通过探索并形成中国特色，统筹解决人口思路、内涵和途径，体现在2006年12月17日中央作出的统筹解决中国人口问题的《决定》中。人口学作为“智库”之一，无论在参加人数的规模，涉及面之广，探讨的深度和作出成果的丰硕，不仅前所未有，在世界上也无先例。中国是世界人口最多的国家，人口学确凿的数据为制定人口决策服务的作用是不可或缺的，也是历史的必然要求。

4. 改革开放30年来人口学与时俱进蓬勃发展

任何科学的都是与时俱进的，人口学也一样。一方面，对人口各个变量的认识不断深化，人口学的知识、理论和研究方法总是在不断发展、创新、提高；另一方面，我国人口现象也是不断发展变化，人口学必然不断发展。人口学的发展体现在对这门学科的性质和社会功能的认识上，体现在人口理论、研究方法的发展和创新上，体现在研究成果水平的提高和认识的普及，以及人才培养的辈出。

改革开放以后，我国人口学由一门被取消的学科，在学科恢复后不久，就一度成为发展过快的社会科学之一，经过调整、巩固、提高以后，现在我国的专门人口研究机构就有70多个，中国自己培养的人口学本科、硕士、博士、博士后人才约3 000人，此外，还有学成归国的留学生和学者。从我国人口实际出发，我国人口学者进一步明确，人口学是一门研究人口学变量的社会科学，不仅研究总人口，也要研究亚人口，除了研究各个人口变量和它们之间的相互关系外，也要研究人口变量与经济、社会、资源和环境相互关系等问题。这就大大拓宽和深入人口学的认识和服务的领域，也提升了人口学在社会科学中的地位。由于我国人口情况的复杂性，我国人口学研究的生育率、出生性别比、人口老龄化、人口资源环境与经济社会的关系等，无论广度、深度和现象的复杂性都大大超过国外同行的研究，国外不少人口学者把研究中国人口问题作为研究方向和教学内容。我国人口学起步晚于国外，但有自己的特点和优点，因此也不要妄自菲薄。

三、人口学今后将是一门更为蓬勃发展的朝阳科学

人口学发展的程度取决于实践对人口学变量需要的程度。社会实践需要人口变量，在不同时空是有区别的。200多年前，由于实践需要，欧洲国家产生人口学。第二次世界大战后，发展中国家人口激增，现代人口学迅速发展起来，由于普遍关心世界生育率问题，推动现代人口学的发展。到20世纪70年代现代人口学发展达到顶峰。我国现代人口学可以说是从改革开放后恢复和发展的，比发展中国家起步晚了，但我国很快就跟上世界现代人口学的步伐，而且有很多理论和方法上的创新，因为我国对人口学研究的需要，比国外更为迫切。在一个时期我国人口学的研究绝大多数是研究生育率，其他变量的研

究很少。现在人口学的研究几乎遍及所有的变量，原来几乎无人问津人口变量，如出生性别比和人口迁移等，而今已成为重点，特别是人口老龄化和人口质量的研究要求更深、更广，人口学的研究视野也大大拓宽；同样值得注意的是，由于人口变量研究拓宽，更多的亚人口问题也受到关注，过去亚人口大多是研究育龄妇女，现在人口老龄化研究提出要研究各种老年人口，如老年妇女、空巢老人、五保老人、失能老人等。研究迁移涉及流动人口，如农民工、返乡农民、留守儿童、流动儿童等的研究都提到议事日程上来。

以人为本的科学发展观，为人口学发展开辟最广阔的道路。以人为本就是以人的全面发展为发展的根本目标，人口与人有联系，也有区别，人口是人的集合，但衡量人的生存和发展状况，必须利用人口各种变，如 HDI(人类发展指数)、PQLI(人口素质指数)等来作为衡量指标，如人均国民生产总值，预期寿命、婴幼儿死亡率、文盲率、不同年龄受教育状况等，都离不开人口变量。

科学发展观要求全面、协调、可持续发展，要求把人与人、人与物、人与自然的关系协调，这种协调在人口变量与经济、社会、资源、环境变量之间的关系体现出来。我国人口发展战略提出，要促进人口大国向人力资本强国转变；我国积极应对人口老龄化，要求发挥老年人才的作用；因此，第二次人口红利必须研究。在 21 世纪，许多发展中国家的生育率已接近更替水平，老龄化、出生性别比失衡已有苗头如越南等，现在全世界都在对人口学研究提出更高的要求。随着人口的发展，也为我国在人口学研究提供了广阔的空间，人口学是一门方兴未艾的朝阳科学，不是无的放矢的。

控制人口是我国的历史选择

人口非控制不行*

我国革命是在一个有五亿多人口的半封建、半殖民地的大国里成功的。在旧中国，由于三大敌人的残酷压迫和剥削，严重地束缚了社会生产力的发展，经济十分落后，人民生活极为贫困。人口再生产完全处于无政府状态，表现为高出生率、高死亡率、低自然增长率。

有人估计旧中国人口自然增长率约为10‰，如果从鸦片战争时期算起，人口自然增长率只有2.6‰，人口增长速度很低。解放后，我国人口增长速度比解放前大大加快。由于生产发展了，人民生活改善了，医疗卫生事业普及了，人口死亡率大幅度下降，由解放前的28‰左右下降到目前千分之六七左右。另一方面，人口出生率在70年代初以前未得到应有的控制，仍保持旧中国的水平，即30‰～40‰之间；致使人口增长速度大大加快，在相当长时期内一直在2%。人口基数大，增长速度又快，因而人口增加很多，由解放初的5亿人口猛增到现在的9亿，增加了几亿人。

* 本文由刘铮、邬沧萍合著，原载《人民日报》，1979年5月15日。

一方面是人口增长快，一方面，我国底子薄，显然，不控制人口的增长，就不能促进四个现代化的实现。

一、控制人口增长才有利于提高劳动生产率

我国现有劳动年龄人口几乎相当于第一、第二世界所有国家劳动年龄人口的总和。9亿人口是我们建设的本钱，但是也不是说劳动力愈多愈好。我国农业劳动力已由50年代的2亿增加到3亿。耕地面积却由解放初的16亿亩减到不足15亿亩，按人口平均的耕地面积由近3亩降到一亩半；按农业劳动力计算，耕地面积也只有5亩，比日本还少。日本一个人平均有七分耕地，一个农业劳动力有13亩耕地。随着农业现代化的实现，今后还可以节约出大量劳动力。

社会生产的发展历史表明，随着科学技术的发展，社会生产对劳动力的需要相对愈来愈少，在农业中已绝对减少，在其他生产部门，随着生产自动化的发展也呈现绝对减少的趋势。国民经济中其他部门，如科学、文教、卫生以及各种社会服务部门，今后会吸收相当数量的劳动力，但吸收的数量还是有限的。由于过去人口增长快，解放后出生的小孩已陆续进入劳动年龄，现在每年约有1 000万以上进入劳动年龄的人口，需要国家、集体安排升学或就业。如果增加的大量劳动年龄人口，没有相应的足够的生产资料供他们使用，就不能充分发挥劳动力的作用，不仅不能大大地提高劳动生产率，甚至会导致劳动生产率下降。我国底子薄，做到使新参加劳动的人口都有相当的装备水平有很大的困难。从我国目前的情况看，劳动力的增加已超过国民经济发展的需要。在实现四个现代化过程中，一方面要尽量使生产发展适应我国劳动力多这一特点，充分发挥劳动力的有效作用，达到生产资料和劳动力的最有效的结合。同时，大力控制人口增长比过去

更加重要、更加迫切。

二、控制人口增长才能为实现四个现代化积累更多的资金

我国社会主义建设资金只能靠我国内部积累，而积累的提高却受到人口多、人口增长快的很大限制。我国按人口平均的国民收入在世界上是属于最低之列，在第三世界中也是较低的。生产力低，积累的水平不可能高，因为国民收入用于满足人口的基本生活需要以后，剩余部分已为数不多。

光是用于抚育解放后出生人口到 16 岁成为一个普通劳动力就用去了我国国民收入中相当大的一部分；如果再加上原有人口的消费，整个国民收入中能用于积累的部分不是很大的。积累规模的大小和积累速度的快慢在相当大的程度上受到人口增长的规模和速度的限制，特别是我国生产力水平较低的情况下，更是如此。如果我国在第一个五年计划后就像 70 年代那样控制人口增长，那就可以节省出相当一部分抚育费用于积累，肯定会对发展我国生产力起到巨大促进作用。

现在我国人口基数比过去更大，而且育龄人群比过去多；如果人口控制得不力，今后每年出生的人数要比前二三十年每年出生的人数多得多，而且从现在起出生的这一代人到本世纪末，绝大多数都是被抚养人口，要消费大量社会财富，影响资金积累非常大。人口增长多了势必严重地妨碍四个现代化的进程。相反的，如果能降到1%以下，那么，由于少出生人口而可能由消费转化为积累的国民收入额将是很可观的。因此，控制人口增长对增加积累所起的作用决不能等闲视之。

三、控制人口增长才能适应科学技术现代化的需要

我国解放前科学文化就很落后。“文化大革命”前的 17 年在这方面我们做了大量的工作，同先进国家的差距有所缩小；但是，中学还未完全普及，受高等教育的人数在人口中的比例，在世界上属于最低之列，在同一个年龄人口中只占 1%。近十年来，由于林彪、“四人帮”推行反革命的“愚民政策”和法西斯的文化专制主义，我国教育科学文化事业遭到空前的浩劫，提高整个中华民族的科学文化水平任务更加迫切。我国老一代的科学文化技术水平总的来说已经比较落后，而受“四人帮”摧残的年轻一代则受害很深，在文化知识、科学技术专业知识等方面都要补课。因此，我国需要提高科学文化水平的不是个别人、少数人，而是一两代人。由于过去 20 多年来人口增长快，现在光是这一代人合计起来就数以亿计。

提高全民族的科学文化水平要耗费相当大的人力、物力和财力。我国生产力水平低、人口多，国民收入中用于满足我国庞大人口的基本生活需要和生产性积累后，能用于发展教育科学文化方面的余地已经不很大。人口增长快了，用于教育的资金，势必要受到影响。国民收入中用于教育的份额太少了，就难免“僧多粥少”，结果不是影响培养的数量，就是要影响培养的质量。

四个现代化的关键是科学技术现代化。科学技术现代化要求在本世纪内在教育普及和科学普及的基础上，培养出成千上万能掌握现代科学技术知识、能操作先进技术和能管理现代化工业、农业的工人、农民和知识分子，其中还必须拥有一批具有世界先进水平的科学家、工程技术人员和管理干部。

科学技术现代化要求的人才，在数量上是庞大的，质量上是要受

过严格的专业技术训练的，这种人才的培养费用比普及教育要高出几倍到几十倍。我国底子薄，每年教育费用有限，人口增长多了，普及教育的费用就不得不增加，因而用于培养专业人才的费用就会相应减少。按我国普及中学教育的要求，平均每年中小学在校学生人数几乎就是过去10个年份出生人数的总和(这里还未算上学前教育两三年)。由于解放后人口盲目增长，10年累计出生人数当以亿计，所需的教育费用数目很大。如果现在不大力控制人口增长，出生人数继续盲目增加，普及教育的任务更重，培养高级人才的任务更会受到妨碍。

四、控制人口增长才能适应广大人民对生活水平提高的要求

人是生产者，也是消费者。但生产者只是人口中适合劳动那一部分人口(要发挥作为生产者的作用，还必须有充足的生产资料)；但不论男女老少，所有人口都是生活资料的消费者，否则人们就不能生存下去。所以，人口增长不仅作为劳动力来源来看，要与四个现代化发展对劳动力的需要相适应，而且作为消费者，也必须与社会生产所能提供的生活资料相适应，以保证人民生活逐步有所改善。

我国的农业基础薄弱，耕地面积有限，农业生产水平很低，一个农业劳动力平均每年只生产2 000斤粮食，除自身需要外，能供养的人口很少，能供其他国民经济部门需用的粮食更少。解放后，我们粮食产量比解放初增长不少，但由于人口增长速度快，每年增加粮食中有相当一部分被新增人口吃掉了。能够用来提高全部人口的粮食消费水平和发展工业部门的部分很有限。其他如棉花、油料等农副产品的增长都满足不了人口增长的需要。

人口增长快对轻工产品需求量很大。一个几亿人口的大国，对任何

一件轻工产品，平均每人只要增加一点需要，其总量就十分惊人。解放后轻工业产品绝对量增长不算少，但由于人口增长快，平均到每个人的产品产量增长并不多。应该说，现在许多农副产品实行计划供应办法是物资不足的反映，也是人口增长过快造成对产品需要的压力的反映。

城市人口增长快，对住宅、交通、医疗机构、生活服务和文化娱乐设施等都提出日益增加的需要。而另一方面，城市住宅建设慢，交通设备增加少，服务性设施建设也少，使得人口数目和物质设施的差距愈来愈大，妨碍了人民生活的改善。

我国农村人口增长比城市更快。现在一些生产大队或生产队经过艰苦努力获得的增产成果，常常由于人口增长过快而被抵消了，平均每人实物产量或平均每人收入增长甚微，人民生活改善很慢。

以上情况的发生，主要是林彪、“四人帮”极“左”路线的干扰和破坏，使农业和轻工业受到了很大的破坏，生活资料的生产满足不了人民生活的需要。此外，多年来人口增长快，也是造成生活资料满足不了人民生活需要的一个重要原因。

社会主义要求在发展生产的基础上，逐步提高人民的物质和文化生活水平。我国按人口平均的许多基本生活资料的消费水平在世界上属于最低之列，同发达国家的差距很大。因此，除在先进技术的基础上高速度发展生产外，必须控制人口增长。

控制人口增长，绝非权宜之计，而是一项战略任务。我国《宪法》明文规定：“国家提倡和推行计划生育”。70 年代以来，我国计划生育工作取得了很大的成绩，经过短短的几年就把人口增长率降低了几乎近一半。这样的人口降低的速度在世界上是罕见的。实践证明，控制人口增长是符合我国国家、集体、家庭和个人的根本利益的，经过全党全民长期不懈的努力，这项历史任务是完全可以实现的。

对控制我国人口增长的五点建议*

一、对解放后我国人口增长状况的分析

1949年解放时我国人口有5.4亿(不包括港、澳、台和国外华侨，下同)，到1978年底为止预计达9.6亿，其中解放后出生的就有6亿，占9.6亿的63%，几乎相当于1个印度或3个美国或6个日本或两个半苏联的现有人口。29年来净增人口为4.2亿，比1949年增加了78%，年平均增长速度为2%。如果将三年困难时期和最近五年人口增长率大幅度降低除外，那么不少年份人口自然增长率都在2.5%上下，最高的年份达3.35%。1966年至1971年间人口年平均增长率高达2.6%，平均每年增加2 000万人，相当于增加1个罗马尼亚或南斯拉夫的人口。在经济技术落后的情况下，我国人口增长这样快，对国民经济带来很大的困难，主要表现在：

* 原载《人口研究》1980年第3期。此文是作者1979年3月写的内部研究报告，公开发表时个别文字做了改动。

(一)解放后人口增长过多过快，加重了国家和人民的负担

我国人民生活水平低，抚育一个孩子成长为劳动力的费用并不高，即使这样，抚养我国解放后出生的6亿儿童成为劳动力也已成为国家和各个家庭的一项沉重负担。据计算抚育1个婴儿到16岁(包括上中小学)成为1个劳动力，在农村要花1 600元，城镇要花4 800元。城市要花6 900元。根据我国城乡人口的出生比例(农村占87.2%，城镇占4.2%，城市占8.6%)，按这个标准匡算解放后出生的6亿人口，国家、集体和家庭一共负担的抚育费为1万多亿元，占解放后累计的国民收入总额30%左右。在这笔抚育费中国家和集体差不多要负担30%，家庭负担70%多一点。按此计算，国家和集体为抚育这6亿人口要支出3 960亿元，这个数字相当于我国解放后28年积累额总和约三分之一；各个家庭的支出要比这超出1倍多。这个数字是按最起码的生活标准计算的，还未包括新增劳动力参加生产时需要配备的生产资料和其他技术装备，也未包括上大学和进行技术教育的培养费用。

(二)解放后人口增长过快，安排劳动力就业相当困难

解放后除了三年困难时期外，每年出生的人口几乎都在2 000万人上下，许多年份超过2 500万，除去上学、中间死亡、残废和不工作者外，95%以上即约2 000万人要安排就业。这个数字比第一、二世界所有国家一年新增加的劳动力还多，这是一个非常沉重的就业压力。

按目前我国一个工业工人的技术装备1万元为标准来计算(这是一个很低的技术装备水平，美国一个农民装备9万美元，制造业工人4.6万美元)，在城市新安排100万人就业就要有相应的100亿元的新增固定资产。我国1952～1977年每年新增的固定资产大多在100～

200 亿之间。就算是一年有 200 多亿的新增固定资产，要有一部分用于提高原有劳动者的技术装备程度，因此，能用于安排新增劳动力的资金是有限的。多年来的实践证明：我国一年最多只能勉强安排职工 200 万左右。要解决就业问题还要大力发展集体事业。我国城镇知识青年上山下乡未回城的到 1977 年底有近千万人，在城镇待业的有几百万。这就是过去人口增长快造成就业困难的一种反映。

显然，我国每年新增的劳动力中有近 90%要在农村安排，这就遇到人口多与耕地不足和劳动力多与农业机械化的矛盾。我国 960 万平方公里土地上只有 10%是耕地，所谓“七山二水一分田”，解放初也只有耕地 16 亿亩，只有美国耕地的一半、印度耕地的三分之二，按人口平均也只有 3 亩。现在耕地已减少到不足 15 亿亩，按人口平均只有 1.55 亩；就是按农业劳动力来计算，每人平均也只能耕 5 亩地，在世界上是属于农业劳动力中耕地最少的国家。就是连人口平均只有 7 分耕地的日本，每个农业劳动力也有 13 亩地可耕，而美国一个农业劳动力有近千亩地可耕，我国与美国相比相差几乎达 200 倍。每个农业劳动力耕地少是我国农业劳动生产率低的一个重要原因。虽说我国有荒地可垦，但潜力也不大，而且需要很多投资，决非一蹴即就。如忽视人口增长，垦荒的速度肯定不能超过人口增长的速度。在我国的情况下，不能寄希望于垦荒来解决人口问题。

把每年新增的劳动力都安排在农村就面临与农业机械化的矛盾。由于有大量的可供补充的农业劳动力就不去积极搞机械化、现代化，还是用落后的手工工具去生产，这样做不利于农业劳动生产率的提高，也是与农业现代化的方向背道而驰的。

(三)人口增长过快，衣、食、住和教育都跟不上。这是我国人民物质和文化生活水平提高不快的原因之一

我国解放后到1977年底累计的消费基金中，用于抚育相当于解放后出生的6亿人口的基本生活需要就占了近一半，因而用于提高原有人口和整个人口的生活水平的数额就不能不受到很大的限制，具体表现为我国人口在吃、穿、住和文化教育方面水平都很低，提高得很慢，有些方面甚至有所下降。

解放之初我国粮食产量只有2 264亿斤，按人口平均只有428斤。1977年粮食产量达到5 700亿斤，增长了2.5倍，每年平均递增3.3%，比人口每年增长2%快。因此1977年按人口平均的粮食598斤，高于解放时40%，这是我国人民解放后生活水平提高的有力证明。但如果以1977年同1956年相比，按人口平均的粮食产量实际上是略有降低的，就是说1956年以后，人口的增长速度实际上高于粮食增长的速度。

棉花产量按人口平均比解放初提高了不少。但是如果从1956年开始计算，则到1977年这段期间基本上没有什么增长。

植物油料的情况比粮棉还差一点，70年代按人口平均计算同解放前差不多，但比1956年低不少。

由于人口增长快，住宅建得慢、建得少，住宅问题更尖锐。据1977年统计，全国190个城市平均每人居住面积仅为3.6平方米，比解放初的4.5平方米下降了0.9平方米，有的城市和某些地区按人口平均只有2平方米。

人口增长快严重地影响到提高全民族的科学文化和技术水平。解放后大量出生的人口对中小学教育造成极大的压力。入学人数一年比一年多，70年代以来，小学每年入学都在两三千万人，中学入学人数也在千万人以上。到 1977 年末，我国在校的小学生达 1 亿多，在校的中学生也有几千万。可以预见在相当长的一个时期内，小学生经常保持 1 亿多，中学生也会逐步增加到 1 亿甚至更多。我国的教育经费拨款是有限的，中小学教育经费多了，高等学校的教育经费就要减少，能培养的大学生就受到限制。我国每万人口中只有 6.5 个大学生，在世界上是属于最低的，美国每万人中有大学生 456 人，日本、苏联都有 185 人，连印度也有 37 人，比我国还高几倍。人口增长快已经妨碍提高我国科学文化和技术水平的历史任务。

上述困难主要是由于我国长期以来没有把工作重点转到社会主义建设上来，生产发展不快所造成；但是不可否认，人口增长快也是重要原因之一。如果我国从 1957 年起就大力控制人口增长，像 1971 年以来那样每年递减 1.63‰，那么 1978 年人口不超过 8.1 亿，比现在少增加 1.5 亿，困难就少得多。如果从 1964 年成立计划生育办事机构时起，就雷厉风行控制人口增长，每年也按 1.63‰递减，现在的人口是 8.8 亿，比现有人口少8 000万。按 8.1 亿计算，人口平均的耕地面积有 1.85 亩，按人口平均的粮食有 700 斤，棉花能达 5 斤，中小学在校学生比现在要少七八千万，国家和集体可以减少1 000亿元消费支出，每年少安排几百万到一千万人就业，国家和个人的经济状况比现在就好一点。

二、我国人口发展前景的几种估计

人口再生产的规模和速度受到现有人口年龄结构的影响，而人口年龄结构又决定于过去人口的再生产。因此必须承认历史形成的客观现实，遵照客观规律办事，因势利导，控制人口增长。

(一)我国人口今后增长的势头仍然很猛

我国解放后到1978年底出生存活下来的是6亿人口。这部分人从70年代初开始陆续进入婚龄，即或按每对夫妇平均生两个孩子计算，从70年代前期起到20世纪末，光是解放后出生这一代6亿人就要生育出近6亿人口，这种增长势头很猛。

1. 如果现有的9.6亿人口，按解放后到现在为止每年平均递增2%推算，到本世纪末人口就是14.8亿。如果按1966年至1971年期间每年平均递增2.6%推算，到本世纪末近17亿。

2. 如果按照目前计划生育工作开展的水平，即农村两胎以上的仍有30%，城镇仍有10%，则每年仍净增人口1 000多万，到本世纪末将接近13亿。

3. 如果做到每对夫妇只生两个小孩，那么到1980年人口自然增长率能降到1%以下，但到1985年人口仍要超过10亿(10.3亿)，到本世纪末可以控制到12亿，但21世纪初人口仍要继续增长，直到2026年人口达到13.2亿时，才能做到不增不减。这就是说从现在开始48年以后才能做到人口静止(不增不减，下同)。

(二)实现人口静止需要持续地长期不断努力

我国人口多，每年增加1%就是1 000万人，而且到90年代前期还会出现一个回升，人口按现在的生育水平每年净增率肯定要超过1%不少。即使做到了人口每年只增1%，到本世纪末我国人口又得再增加两亿多。因此有必要进一步努力再降低人口增长速度，最好能做到不增不减，不过，很难短期内做到。

要马上做到人口不增加，每年就只能出生六七百万人，而我国今后二三十年每年进入婚龄的人数平均有2 000万左右，就是说平均每年将有上千万对新婚夫妇。在这种情况下，即或已婚的夫妇一个小孩也不再生了，光是每年新婚夫妇也只能允许其中三分之二左右生一个孩子，这是无法实现的。现在世界上人口增长很慢、甚至人口有所减少的国家，如英、法等一对夫妇平均都有两个小孩。这些国家都是经历了几十年到上百年的较低出生后才出现现在的局面。日本在60年代一对夫妇平均生两个小孩，在世界上是属于最低之列，但现在人口还是每年以1%左右的速度增长，也要到21世纪20年代人口1.4亿左右时，才能静止下来。看来要人口增长得很慢或不增加决非朝夕之功。我国青少年和婚龄人口比重都很高，出生率已经从最高的40‰下降到20‰，因此，要再进一步下降到人口不增不减，不是很快就能做到的，要经历一个较长期不懈的努力，一如高速行车不能急刹车一样，只能先减速才能刹得住。

现在比较切实可行的做法是：千方百计杜绝一对夫妇生育三个和三个以上孩子(现在农村有30%、城镇有10%以上三胎)，大力提倡一对夫妇生一个孩子。然后逐年均匀地做到本世纪末城市有一半家庭只要一个孩子，农村能有四分之一家庭只要一个孩子。按这个方案计算今后十几、二十年内人口的增长率能稳定在0.9%～1%，到本世纪末增长率可以降低到0.47%，那时人口总数是11.8亿左右。如果20世纪末能做到农村有半数家庭，城市有三分之二家庭只要一个小孩，那么到2008年人口是12亿多一点时会做到不增不减。这些方案到本世纪末人口数比上述第三方案的12亿，只少2 000万左右，区别好像不大，但实现人口静止的时间能提前18年，而我国最高时人口数(静止时)则能少1.2亿，这是一个很大的差别。

按照这样的方案，我国今后二三十年，不会出现劳动力不足和兵源缺乏的问题。因为到20世纪末每年还净增劳动力1 100万，即或到21世纪后人口不增加了，但劳动力还会增加几百万。至于兵役年龄人口(指 18～22 岁男子)经常能保持人口的 5%左右，人数在5 300万以上。

杜绝三胎、大力提倡一胎，虽然是我国目前能把人口增长速度较快地降下来的一个比较可行的方案，但决不能持之过久，因为有半数家庭只有一个孩子，半数家庭也只有两个孩子，在 21 世纪初就会出现人口老化。因此在 20 世纪末以前就应根据当时的实际情况，对人口前景作通盘考虑。

三、对控制我国人口增长的五点建议

我国实现四个现代化，除资金和科学技术问题外，人口问题也是一个极重要的问题。控制人口增长已是我国当前刻不容缓的任务。我们认为要控制人口增长，必须实行政治思想教育和有效的经济措施相结合的原则，同时也要采取有力的组织措施。

(一)人口发展主要受经济因素的制约，因为决定生育的是家庭，而家庭是一个消费单位，父母主要是从目前生活水平和今后生活保证等角度来考虑生育子女数。因此控制人口的一切经济措施要能有助于家庭目前生活的改善，也要有助于无子女户、独子女户和有女无儿户克服生活上的实际困难，并应做到在长期生活中不因少子女而产生困难。为此要从经济措施上解决养儿防老和重男轻女问题。建议除了在就业、生活福利、假期享受、口粮分配、工资制度、奖金办法、医疗待遇、退休年龄、退休条例、托儿、上学等等方面有利于计划生育外，还有必要充分发挥社会主义制度的优越性，实行社会保险，保证老年人安度晚年；同时大力发展生活福利事业，给无子女户、独子女户和有女无儿户以各种照顾和优待。

(二)继续坚持和进一步开展控制人口的思想教育。用经济手段控制人口是必要的，但不是唯一的，也不是万能的。因此，对用经济手段控制人口不能过分迷信。国外人口政策的经验也证明：光靠经济措施不一定能够达到预期目标。我国能拿出来用于计划生育的资金是有限的，当物质鼓励或制裁办法对家庭生活无足轻重时，用经济手段控制人口所起的作用就不会很大。因此必须发挥我国社会主义制度的优越性，采取过去行之有效的说服教育的方法。讲清控制人口的道理，使广大群众能自觉实行计划生育。为此，建议用各种方式公开大力宣传控制人口增长的意义；同时进一步普及人口学的知识，在中学的政治课中加上人口发展规律和人口有计划发展的内容，在大学的政治经济学课程中要讲授“人口发展和经济发展的关系”专题。要普及人口学的知识，使全国人民、特别是各级领导同志都懂得：人口发展有其本身的规律，违反了规律就要受到惩罚；人口过多或过少的现象出现以后常常需要很长时间才能矫正；考虑人口问题必须高瞻远瞩，未雨绸缪，不要犯“悔之晚矣”的错误！

（三）要真正把控制人口增长纳入国民经济计划，把控制人口作为高速度发展国民经济的一个重要环节。要使各级领导懂得不能因人口增长从一年来看增长率不高、对经济影响不大，而掉以轻心，要切实认识经过 5 年、10 年人口增长积累起来对经济发展的影响是很深远的。各级计划部门不能把人口指标作为“软任务”，要认真过问。我们建议在计划的考核指标中，除人口自然增长率外，加上一些必要的人平指标，诸如按人口平均的粮食产量和商品粮，每一个农民平均的纯收入，每人平均的消费额，每人平均的居住面积，以及每人平均的国民收入（或工农业总产值、净产值）等。

（四）大力禁止三胎，提倡一对夫妇生一个孩子。降低人口自然增长率，关键在于少育，降低妇女生育率。现在多胎率约有 30%，控制住三胎就能使人口自然增长率有较大幅度下降。要大力提倡一胎，加速人口自然增长率的下降幅度。

（五）我国成立了人口办事机构以来，控制人口工作取得了很大成绩。1971 年以来每年以 1.63‰的速度下降，人口自然增长率下降了一半。这样控制人口增长的速度在人类历史上是空前的，比 50 年代的日本降低得还要快。但这项工作需要长期持续下去。目前这项工作由计划生育领导小组及其办事机构来领导，使人感到，控制人口是权宜之计。为此，我们建议成立一个常设的"人口委员会"来统筹我国人口发展，拟定人口规划，贯彻执行人口政策，开展各种有关人口问题的调查研究和总结我国人口发展的经验。

低生育研究*

——人口转变论的补充和发展

一、问题的提出：在理论和实践上要不要研究低生育现象

经过本世纪70年代的大幅度急遽下降和80年代的波动中缓慢下降之后，中国妇女的总和生育率在90年代前期又有了引人瞩目的变化：这就是，中国越来越多的省市区正在接近甚至开始低于生育的更替水平。从全国来看，综合反映妇女生育水平的总和生育率已从1990年的2.31降到1992年的2.00左右(已在更替水平2.1以下)。分地区看，1992年的妇女总和生育率低于更替水平的共有21个省市区，覆盖了总人口的81.62%，与此同时，高于更替水平的共有9个省市区，覆盖了总人口的18.38%。如附表1所示，1987年低于更替水平的仅8个省市区，覆盖了当年全国总人口的21.43%；1989年低于更替水平的省市区已达

* 原载《中国社会科学》1995年第1期，由邬沧萍和穆光宗合写。

10个，覆盖了当年全国总人口的32.85%，与1987年比较，增加了11.42个百分点。进入90年代，生育率转变有了更乐观的前景，从1992年的生育水平看，全国绝大多数地区的总和生育率已在更替水平之下，与1989年比较，处在低于更替水平的地区的人口比例增加了48.77个百分点，若与1987年比较，则增加了60.19个百分点。据此有理由推断，从全国范围看，目前中国已进入了低生育率国家的行列①。换一角度看，综合近几年的统计数字，按国际通用标准（指出生率在20‰以下），我国自1991年开始已属于低出生率国家的行列。国际上公认中国为控制人口过快增长最好的国家之一。譬如，1993年我国人口出生率继续平稳下降，人口出生率仅为18.09‰。特别是原来计划生育工作基础较好的京沪津等10省市人口出生率已低于15‰②。

值得一提的是，“人口负增长”现象正在引起大家的关注。但正如有关研究所提示的③，人口负增长并不仅限于学术界和有关政府部

---

① 关于“低生育率”的界定标准可参考联合国的一种划分。联合国在1990年曾发表《World population Monitoring 1989》，提出了生育率转变的四个阶段说，即转变前阶段(Pre-transitiondl stage)，TFR>6.5；前期转变阶段(Early transitiond stage)，6.5>TFR>4.5；后期转变阶段(Advanced transitional stage)，4.5>TFR>2.5；转变后阶段或低生育率阶段(Low fertility stage)，TFR<2.5。感谢中国人民大学人口所陈卫在文献资料上提供的帮助，并可参见陈卫：《中国生育率转变与人口老化》一文的有关论述(《人口研究》)1993年第5期，14：20)。穆光宗在《中国生育率下降及其后果研究大纲》(《上海社会科学院学术季刊》1994年第3期)一文中曾尝试将生育率下降划分为三个阶段或三个区间：(1)从高生育率到低生育率(2.5<TFR<6.0)；(2)从低生育率到更替水平(2.1<TFR<2.5)；(3)低于更替水平(TFR<2.1)。

② 可参见《人民日报》1994年3月21日第四版。

③ 张善余《近年我国一些地区人口负增长现象初析》《人口与经济》1993年第6期，3：9。

门密切关注的上海市区人口，在我国个别地区也有负增长的苗头，如江苏太仓县等。为了便于分析，本文撇开由于人口迁移造成的人口负增长不谈，只就眼下初露端倪的人口自然负增长而论，当前上海市区人口的负增长正属人口的自然负增长，这大概也是上海人口负增长备受关注的原因吧。1993 年上海市区户籍人口的出生率为 6.5‰。死亡率为 7.28‰，自然增长率为－0.78‰。据预测，这一趋势将持续很长一段时间①。当然这里有些特殊的原因，如上海在中国是开展计划生育最早的地区，是全国 60 年代以来持续开展计划生育几乎没有中断的唯一地区，上海的出生率和总和生育率长期以来是全国最低的。1982 年上海出生率已降到 16.1‰，1989 年进一步降至 12.5‰，而总和生育率在 80 年代维持在 1.3～1.4 的低水平上。这是世界上已知的各国、各地区中的最低水平。

毫无疑问，中国的人口发展显示了新的情势。那么人口低负增长的前景将如何演变？人口增长的新态势将会导致什么样的后果(这里的后果系指中性后果)？在理论上我们能未雨绸缪地作出什么样的解释？特别是，如何认识低生育这一新的人口现象？对于一个深受沉重人口压力之苦的中国来说，低生育的确是政府长久努力的一个政策目标。但由于伴随低生育时代的到来，一系列新的人口问题也开始接踵而至②。所以，对“低生育”现象就远非表达一种欣喜的情绪就够了，

① 参见《如何看待上海人口负增长现象》，《文汇报》1994 年 4 月 17 日第三版。

② 中国生育率下降后果及其对策研究组曾在“第六次全国人口科学讨论会”(北京，1994 年 1 月)上提交 4 篇系列研究报告，引起与会学者关注。a.《中国生育率下降及其后果研究大纲》(穆光宗)；b.《对中国生育率下降过程中的人口老化与老年人口问题的认识》(乔晓春)；c.《中国生育率下降及其宏观经济后果研究》(张志刚)；d.《中国生育率下降及其后果研究：以上海为个案》(朱国宏)。

而是需要高瞻远瞩和居安思危——实践在呼唤科学的理性。

有人认为：目前生育率已经够低了，世纪之交时恐怕要考虑生育政策的调整(哪怕是局部地区)；有人认为：目前的低生育只是表象，由于中国生育率下降机制是强制力主导型的(在农村尤为突出)所以生育率反弹的可能性不能排除，这样，即便从相对数(生育率、增长率)看，人口数量问题也未必已完全解决；也有人认为，在可预见的将来，中国还要受到“低生育率、高增长量”矛盾的困扰，虽然生育水平已较低，但人口形势仍不容乐观，目前每年净增人口在1 400万左右，而每年的出生人数(2 000多万)还相当于澳大利亚和新西兰两个国家人口的总和，所以，国务委员兼国家计生委主任彭珮云日前强调要树立人口“绝对数”意识①。其他的讨论则围绕低生育引发的后果来展开，从目前大的认识看：一是持续的低生育率所带来的后果既有良性的也有非良性的；二是后果从意义上似乎又可区分为直接的人口学后果和间接的社会经济后果；三是有些后果有普遍性和共同性，有些后果则可能为某些或某个国家所独有，如出生性别比升高问题并非所有国家人口转变的伴生物，但人口老化作为低生育率的必然后果却有着显而易见的普遍性，不独为某些国家或地区所有，而是全球人口转变的必然趋势。

如果说出于怕影响现行人口政策的实施而不提“低生育研究”从某种角度说还情有可原的话，那么不相信好的决策需要科学和民主、不注重理论研究的预警功能、对“持续的低生育率及其社会经济含义”这一崭新话题视而不见，就是应当坚决摒弃的思维和做法了。

---

① 据新华社北京1994年3月24日电，彭珮云在中国人口福利基金会第二届理事会上的讲话。

中国的计划生育(planned child bearing)不同于国外的家庭计划(Family planning)①,中国有一个宏观的发展目标,将家庭的生育活动纳入了国家计划和社会管理的网络中。但应当指出,中国人口控制的目标并不是简单地越少生越好,也不是生育率越低越好②。生育率下降有它自身的界标,生育率转变也有其自身的规律,从人口再生产规律来看,一时低于更替水平的生育率最终将回复到更替水平,以保证人口能得到自我更替,也就是实现代静止人口③。换言之,低生育率最终将导致人口零增长。这是人类唯一的抉择,因为从人类前景来看,人口持续不断增长或不断降低都会使人类自身消亡。

科学的功用之一就是通过超前研究以便未雨绸缪,好的理论必具预见力,而且预见力越强,理论的科学价值越高。有必要指出,认识人口高出生高增长现象比较容易,认识低出生,特别是在还未显露严重后果时的低出生则比较难,需要理性和科学,不然会悔之莫及。现在,是如实地、科学地认识这一问题的时候了。认识低生育率现象及问题,不仅有助于在新情势下抓紧抓好计划生育,而且有助手我们重新认识和做好人口的综合治理。

二、人口转变论对低生育研究的贡献和局限

在工业革命以前人类上万年的历史中只有高出生、高死亡的实践;工业革命以后,欧洲一些工业国家伴随着生产力发展,死亡率开

① 关于中国的计划生育和国外的家庭计划的异同,可参见查瑞传教授的有关论述:《计划生育和保障人权》,《人口研究》1993 年第 5 期。

② 详细讨论可参见顾宝昌、穆光宗《重新认识中国人口问题》,《人口研究》1994 年第 5 期。

③ 参见陈卫《中国生育率转变与人口老化》,《人口研究》1993 年第 5 期。

始下降，其后，人口开始缓慢增加，随之出生率也开始逐步下降。人口转变论确认人类发展前景必然是一种低生育状态，这是对人类认识其自身的巨大贡献。

经典的人口转变论描述了西方工业化国家现代化过程引致人口转变(demographic transition)的历史事实。准确地说，人口转变论是从人口统计的角度观察到了西欧发达工业化国家生命统计指标的转变过程或阶段。如人口学者所熟知的，在西方国家人口的自然演变中，这些国家的死亡率和出生率下降经过了程度不同但十分明确的几个阶段，人口转变论就是对西方人口转变史的一种系统化、理论化的经验概括。后来的事实还表明，这一理论对于认识欠发达国家早期的人口转变也有一定帮助。

人口转变论从首次提出到系统阐述已有半个多世纪①。据称法国学者兰德里(A. Landry)是试图从理论上阐明西方人口转变过程的始作俑者。1909 年，他撰文提出人口转变存在三个阶段，并认为在影响人口转变的经济因素中，决定性的是生产力。其后，汤普森(W. S. Thompson)试图将欧洲人口发展的经历纳入人口转变的理论框架中，并把世界各国按出生率和死亡率水平的快慢导致人口增长率下降、稳定和增长归为三类。1947 年，布莱克(Blacker)则把人口演变划分为五个阶段：a. 以高出生率和高死亡率为特征的高水平均衡阶段；b. 高出生率和高的但在不断下降的死亡率的早期扩展阶段；c. 出生率下降，但死亡率下降得更快的后期扩张阶段；d. 低出生率和

① UN. (1973), Determinants and Consequences of World Population Trend, 58: 63. 亦可参见顾宝昌编《社会人口学的视野》，商务印书馆 1994 年版，122: 158。

低死亡率相均衡的低水平稳定阶段；e. 伴随低死亡率、更低的出生率、死亡数超过出生数的下降阶段。在50年代中期，有关这一理论的系统阐释见于诺特斯坦(Notestein)的论述(1953)。诺特斯坦在研究现代欧洲人口增长时注意到死亡率对现代化力量的反应比生育率更快是不可避免的，据此他区分出三种人口类型或人口演变阶段。诺氏认为，从欧洲国家的人口转变抽象出来的原理对世界各国都普遍适用。1958年，科尔和胡佛(Coale and Hoover)《Population Growth and Economic Development》一书中根据当时已实现了工业化的国家的经验，总结了这些国家在经济发展过程中的人口转变。认为人口转变大致经历五个阶段：a. 原始静止阶段(Primitive Stationary)。出生率和死亡率在高水平上保持均衡，出生率基本稳定，而死亡率却上下波动。b. 前现代阶段(Premodern)。死亡率开始下降，出生率经过一段时间后也略有下降。c. 过渡阶段(Transitional)。死亡率持续下降，自然增长率在此阶段达到最大值。d. 现代阶段(Modern)。死亡率逐渐下降到较低水平，出生率也缓慢下降，人口增长趋缓。e. 现代静止阶段(Modern Stationary)。死亡率低而稳定，出生率水平与死亡率相当，且不十分稳定。1979年，豪瑟具体地给出了上述五个阶段的数量标志(参见附表2)。

人口转变论因其总的命题和一般性结论的正确性和适用性而受到了普遍推崇、确认和引用。譬如，人口转变理论认为，传统社会的生育率和死亡率都高，现代社会的生育率和死亡率都低，而人口转变存在于两者之间。在充分现代化了的社会，生育率和死亡率将以一种可预期的方式变化。虽然人口转变理论是对19世纪发生在欧洲的人口转变过程的一种描述性解释——它把出生率和死亡率的变动划分为若干“阶段”，并把人口生命统计指标的演变看作是现代化过程中经济和社会变革的产物；但它在展望发展中国家早期的人口转变时也取得了成功。本世纪40年代，西方学者运用人口转变理论展望世界大部分刚刚开始经历现代化的国家和地区人口增长前景时曾预测，随着现代化的推进，死亡率率先下降，而生育率在现代化的初始阶段却高居不下。在人口转变的这个阶段，由于两种不均衡的下降在时间上的滞后关系，从而导致一个人口转变增长时期(transitional growth stage)的到来①。

然而，随着时间的推移，各国、各地区人口转变实践的多样化以及人类认识的深化，人口转变理论的解释力和预见力开始受到挑战，譬如，人口转变论并不能清晰地告诉我们，对于面临人口增长挑战的许多迟发展型国家和地区来说，该如何理解和信任“发展是最好的避孕”或者“发展才能降低生育率”这一推论？人口转变论只告诉我们现代化是生育率下降的充分条件，却没有告诉我们导致生育率下降所必要的现代化程度——问题恰恰在于，这样的程度是相对的，是难以确定的。中外学者都曾努力探寻过使生育率下降的现代化的临界点(后来，西方学者又尝试着对临界概念加以修正，提出了地区性临界值regoinal thresholds和移动性临界值moving thresholds)。但研究证明，这样的临界值仅考虑经济发展的相对水平是不够的，世界生育率调查和对欧洲生育率变动的研究都表明，生育率变动与经济发展之间不存在简单的相关性。显然，不考虑非经济变量是不妥的，但制度、传统、文化、习俗等变量又是难以量化的。

我们感兴趣的问题主要是，传统的人口转变理论囿于历史的局

---

① 参见顾宝昌编《社会人口学的视野》一书中收录的发表于70年代的有关人口转变的两篇给人启迪的重要文献。

限，考虑到了“人口转变增长”，却没有也不可能对目下颇为关注的“人口低负增长”问题予以足够的关注，在这方面自然也就没有给我们留下什么丰富的理论遗产。特别是，如众所周知的，所谓的人口转变实质是人口生命统计指标(或称人口再生产指标，下同)的转变(demographic transition)，而人口性别、年龄的结构问题没有包纳在人口转变的理论框架中。就我们现在已观察到的，在生育率的下降过程中，人口性别结构问题表现在出生性别比的升高、偏高上，甚或也有婚姻性别比的失衡问题；而人口年龄结构问题则突出地表现在人口老龄化以及老年人口高龄化上。换言之，经典的人口转变理论没有研究人口转变和人口问题转型的关系。我们认为，每一个时代都有自己的主题、危机和挑战，人口问题也不例外，这是关于人口问题的基本哲学观。

人口转变论的提出对认识低生育是人类的发展的必然作出了重大贡献，但未能进一步深入认识诸如人口老龄化、发展中国家史无前例的人口增长和低生育下人类可能面临的新问题等。这是因为学科本身的局限和时代的局限。

其一，人口转变论创立者所处的时代是20世纪初，正是人口统计学崛起和发展的时期，它以一门独立于统计学和其他社会科学的姿态出现，没有任何学科能取代它，因而使其能作为一门学科跻身于科学之林，它也自觉或不自觉地“孤芳自赏”，只满足于数据的实证描述，这是20世纪新学科的综合研究开展不够蓬勃的时代烙印。

其二，欧洲国家人口出生率、死亡率转变是缓慢的，因而年龄结构演变也是缓慢的，人口老龄化是悄悄出现的。其实早在1801年，法国60岁以上老年人口比例已和我国今天差不多(达到8.7%)，在

1851年已超过10％；瑞典在1860年已超过8％①，但未有出现明显的后果。那时认识不到人口老龄化问题也是可以理解的。所以迟至1956年才出现第一本人口老龄化著作，这表明人类的认识有一个过程。

其三，在人口转变论先驱者所处的时代，世界人口统计资料残缺不全，他们都是根据零散材料来推断的，所以过去提不出可靠的实证。至于目前认识世界发达国家和发展中国家人口转变中的出生率和死亡率的实证资料，是直到20世纪70年代才由联合国估计出来的，而且是前期粗后期细(参见附表3)。在60年代以前人口转变论者主要集中于人口生命统计的实证研究上，没有来得及对低生育现象进行多学科研究也是可以理解的。低生育现象客观上要求人口转变论研究的继续和深入。

三、低生育研究是人口转变论的继续和深入

人口转变论似乎提示了一个“真理”：伴随着现代人口转变的实现和完成，人口问题将逐步得到解决。然而，一旦我们突破人口转变的狭隘视野，就不难发现，这是一种亟须更新的人口问题观。譬如，以中国为例，在人口转变理论规范下的“人口转变增长时期”，人口问题的焦点体现在人口数量的增长和人口规模的膨胀上；而在低生育时代到来之时，人口素质(如优生优育优教)、人口结构(不仅包括性别年龄结构，也包括人口地区分布结构)问题开始相对突出起来。伴随着生育率的下降和转变，人口问题的焦点开始从高生育率带来的挑战转

① 参见索维《人口通论》下册，《人口老化》一章，商务印书馆1983年中译本。

向人口老龄化及其他和低生育率有关的问题。世纪之交的中国正处在这样的人口问题转型期。换言之，现代人口转变的实现和完成，譬如现代静止人口目标或人口零增长目标的实现，并不表明现代人口问题就一劳永逸地解决了。这里我们将“人口问题”大致界定如下：主要由于人口变量的变化而引致的人口系统运行的失衡以及人口系统和非人口系统(社会、经济、环境大系统)在互动中的矛盾冲突。显而易见，存在着两类人口问题，一是人口统计变量所引致的原生人口问题，二是人口的诸多变化所引致的社会经济后果，亦可称次生人口问题。当然，在大多数情形下，原生问题和次生问题是互相交织的。

就中国而言，低生育率目标的不断逼近和实现至少表明我们在人口控制方面取得了很大的成就，为平抑第三次人口出生高峰和缓解未来的人口压力作出了巨大贡献。但如上所述，少生并不是一切，我们不能陶醉于现代人口转变在一个又一个地区的次第实现，我们还需要早日考虑低生育率带来的新问题和新挑战。为此我们必须保持足够清醒的头脑。或许可以说，在传统人口转变理论的预见力捉襟见肘的时候，恰恰是“持续的低生育率及其社会经济含义”的研究在国内国外兴起的一个契机①。

迟至本世纪 80 年代初，西方学术界似乎一直没有对“持续的低生

---

① 参见顾宝昌《生育率下降后果的研究方兴未艾》，《人口》1992 年第 1 期；朱国宏《生育率变动的社会经济后果》，《社会科学战线》1992 年第 1 期；顾宝昌、彭希哲《伴随生育率下降的人口态势》《人口学刊》，1993 年第 1 期，等等。英文文献可见 koren Institute for Health andcl Social Affairs(KIHASA，1992)，Impact of Fertility Decline on Population Policies and Programme Strategies. K. Davis、M. Rernstam、Ricardo-canpbell Editors(1986)，Below-Replacement Fertility in Industrial Societies：Causes：Consequences，Policies，《Population and Development Review》，A Suplement to Vo1. 12.

育率及其社会经济后果”的研究予以足够的关注。这不是没有原因的。我们知道，欧洲的人口转变是一个自发的平稳的也是缓慢的过程，从高出生率、高死亡率转变为低出生率、低死亡率大概用了一个世纪甚至更多的时间。由于人口出生、死亡的变化极缓慢，所以当时欧人对悄然出现的人口老化没有感觉。本世纪30年代才出现老年学，二战以后才兴起人口老化的研究，1956年，联合国人口司才出版了《人口老龄化及其社会经济含义》(The Aging of Population and Its Economic Social Implications)一书。西方学者认为，这是人类历史上第一本系统研究人口老龄化的研究报告。所幸的是，现在人类开始关注现代人口转变实现和完成之后的种种情势，开始有意识地将生育转变、人口结构变化、人口老化、劳力短缺、家庭规模和结构演变等问题联系起来，开始走出人口统计学狭隘的圈子，从多学科的角度展望后人口转变阶段(the Post-tranistion phase)。

从目前的认识看，实现人口零增长的现代静止人口是人口增长的全球性趋势和归宿。但发达工业化国家和迟发展型国家所走过的路是不同的。西方发达国家达到人口零增长与生育率达到更替水平以下几乎同时出现。而迟发展型国家则不同，从低生育率到人口零增长还有一段时间，有关研究曾经指出，这段时间中国大致需要半个世纪，印度和西亚、非洲等则要100年左右甚至更长的时间。这就造成各国人口转变增长的巨大差异，在发展中国家中，人口转变快的，死亡率从转变之初到达到人口零增长，人口规模膨胀到3倍左右，我国属于此类，大多膨胀到5倍左右，多的在6倍以上，非洲、西亚和南亚有的国家可能是这种后果。另一方面，这段时间同时为未来的政策选择提供了机会，国内有学者乐观地认为：为了不使我国生育率下降带来过于严重的人口老化问题，在今后生育率下降趋势中，通过完善计划生育政策又是可以对之加以调整的①。我们并不否认人类对自身的生育行为有着巨大的调节能力，特别在受中国文化影响的东方社会的制度和文化背景下这种能力表现得尤为突出，但也应当指出，最优的生育率的调节是超前有序的调节，当低生育率的不利影响(当然同时也存在着许多有利的影响)充分显现时再行调节往往已经太晚。而且，人类的生育行为也并不完全可控，生育在客观上存在着不可控性，特别是以“少生晚生优生甚至不生”为特征的现代生育文化一旦形成，它将对人们的生育意愿及其生育行为产生强烈的影响，而且也会形成一种惯性，譬如在西方，一些国家和地区担忧于持续的低生育率所产生的种种不良后果，试图采取鼓励生育的政策(pronatalist policy)来刺激生育率的回升，但大多数家庭在“要汽车还是要孩子”或者“要享受还是要孩子”的选择中，不少人选择了汽车和享受，西方人那种少育甚至不育的观念和行为在现代生育文化的理论框架中得到了很好的诠释。当然，个别国家防患于未然也有多多少少取得成效的例子。例如，法国是生育率下降最先、人口老化最早的西方国家，由于比欧洲其他国家更重视低生育率问题，长期以来采取防止生育率下降的社会经济措施，收到初步效果，近年来生育率在欧洲已不是最低的了。

如何看待中国目前的低生育率现象？我们认为，现在已到给出清醒判断的时候了。

首先，如前所述，根据目前中国的生育水平，可以断言，中国已进入符合国际规范的低生育率国家的行列。只是，对 90 年代初中国妇女总和生育率的真实水平的共识还没有达成，国外学者认为在 1.9

① 参见陈卫《中国生育率转变与人口老化》，《人口研究》1993 年第 5 期。

左右，国内学者认为在 2.1～2.3 左右①。众所周知，80 年代前中期中国的总和生育率是在波动中有所下降，90 年代初有进一步的下降。但近年来人口的变化和社会经济变化都很快，而且互相交织在一起。所以，90 年代初生育率的下降是扑朔迷离的，目前，人口学家还很难分离出各种因素(如计划生育工作、社会经济发展等)发挥作用的不同程序。但有一点似乎可以肯定，在现代人口转变的后期，“发展”的力量正变得重要。

其次，中国生育率的下降是迅速的，速度在世界是罕见的，可以与日本相提并论。但中国低生育率的实现有一定的特殊性，这与迥异于西方的东方人口转变模式有关。中国的人口转变是在社会经济发展水平不高的条件下依靠大力开展计划生育实现的。第二次世界大战后，继经典的欧洲模式，又出现了以日本、新加坡、韩国等为代表的“新兴工业化国家模式”或称“东亚模式”。两者的区别在于，前者是一个自然的平缓的人口转变过程，后者则在现代化过程中加入了人口控制的干预，这就是家庭生育计划项目的广泛开展。这样，如果在理论上我们将人口转变模式区分为自发型转变和诱导性转变这两种，那么中国无疑属于后者②。在生育率下降过程中，计划生育的作用在于引导和加速人口转变，但人口政策的实施成效以社会经济发展为前提，并受社会经济发展条件的制约。中国人口转变要趋于完成，一方面要防止在市场经济的初始成长阶段生育率出现反弹，另一方面则要积极

---

① 路磊：《近年来中国生育率变化的成因分析》(待发表论文)，1994 年。

② 参见〔美〕田心源《生育率的诱催转变——论中国人口规划和社会经济改变的影响》，《科技导报》1986 年第 1 期；邬沧萍《中国生育率下降的理论解释》，《人口研究》1986 年第 1 期；宋瑞来《试论自发性与诱导性人口转变》，《中国人口科学》1991 年第 2 期，等等。

争取现代化之于人口转变的有利影响，应当指出，中国的生育率是典型的控制生育率（controlled fertility）而不是自然生育率（natural fertility）①，所以生育率出现反弹的可能性是客观存在的，目前中国所达到的低生育水平还不够稳定。

再次，注意到生育率转变的城乡差别、地区差别是重要的。自大力推行计划生育以来，城乡二元化生育格局始终是个客观存在，从70年代到90年代，全国各地区生育率差异的基本格局也没有根本改变，一直到80年代后期，在中国广大的农村地区，生育二孩的现象十分普遍，在“老少边穷”地区多孩生育也不稀见。在90年代以前总和生育率接近了，但我们要关注全国平均水平的“低生育率”现象背后的城乡差别、地区差别。农村生育率转变以及高生育率地区的生育率转变任务都还较艰巨，这是因为：在目前条件下，生育率下降已逼近自身的极限，要期待生育率有进一步下降有待于人口控制机制的重构和有利于生育率下降的社会经济环境的营造，而这，当然不是一蹴可就的事。由上可见，中国的生育率转变不稳定、不彻底、也不同步。有的地区已初步完成，有的地区却刚刚开始，特别在农村地区，这种转变若靠自发的力量将是迟缓的。这样，我们可以获得一个结论，这就是：尽管中国已经进入了低生育率国家的行列，但生育率转变的任务远未完成，中国在90年代继至下个世纪初叶还面临着推促生育率实现二次转变、三次转变（持续地低于更替水平并最终回复到更替水平）的艰巨使命。这样的使命转化为工作上的努力其实又是双重的：一方

① 本文的定义是：自然生育率表示育龄妇女的生育行为不受节制生育的意愿及措施的影响，而控制生育率则表示某人口的生育率受到育龄人口节制生育的意愿及行为（由控制）或者社会人口控制的要求和约束的（外控制）的影响或干预。

面要巩固现有成绩，另一方面则要再创佳绩①。

最后，我们想反复强调的一点是，低生育时代的到来，现代人口转变的实现决不意味着人口问题得到了根本解决。这里我们也找到了“少生绝不是一切”的题中应有之义。在人口转变的每一阶段，都有相应的人口问题主题。这一认识恐怕是人口转变论的初创者们始料不及的。对“人口问题”的认识不断加深的时候，其实正是人口转变论更新和发展之机。目前，中国面对的“低生育率、高增长量”的矛盾其实是不少经历过“人口转变增长时期”的迟发展型国家共有的困惑。这里的“高增长”是一种人口转变增长，而这样的增长其实又有两种：其一，高出生率、低死亡率的反差所导致的直接的转变增长（transitional growth）；其二，是指间接的转变增长，或者说是指转变增长的惯性——在转变差时期出生的大量人口在低生育率时代成长为育龄人口，由于规模巨大，所以尽管生育率相对低，总的或者净的增长量依旧惊人。我们不妨称之为惯性增长（the momentum of Population growth）。如前所述，在中国，人口的过剩问题还远未解决，问题还在于，过剩人口问题因为每年巨大的人口增量而正变得严峻。譬如，广为国人所知的是。下个世纪上半叶，中国面临着总人口激增、老年人口激增、劳动适龄人口激增这三大高峰。在这个意义上，或许可以说，现代人口转变的实现与其说标志着人口问题的解决，倒不如说伴随着人口问题的转型——譬如，从增长型为主的人口问题转向了结构型为主的人口问题。

如此看来，通过对低生育率现象和问题的探讨，提示人口转变和

① 参见穆光宗《中国生育率下降及其后果研究大纲》，《上海社会科学院学术季刊》1994年第3期。

人口问题转型的关联机制．恐怕是今后值得努力的一个学术方向，这同样也是在新情势下重新认识人口转变理论继而补充和发展之的题中应有之义。

四、关于“低生育后果”值得讨论的若干问题

首先要说明，这里所说的“低生育后果”在原意上是中性的，可以分良性和非良性两种。低生育率带给中国的良性后果已有学者详细讨论过①。简单说来，在本质上就是缓解了人口增长的压力，为社会经济的现代化创造了相对良好的人口环境和人口条件。低生育率的实现不仅是中国长期努力的一个人口目标，而且是现代人口转变的一个必然。对这种“必然”我们需要保持清醒的判断和辨证的态度。

如前所述，人口生命统计指标的转变伴随着人口问题的转变。如果这一命题成立，那么，随着生育率的持续下降至接近或者低于更替水平，新人口问题的出现就带有某种历史的必然性。

那么，作为低生育率直接的负面后果出现的新人口问题能包括哪一些呢？我们认为，对此要作出准确判断为时尚早。这是因为：(1)低生育率的后果是广泛的、交叉的，如果说直接后果是人口学意义的，那么间接后果则包纳了丰富的社会经济含义，在更多的时候，两者又是紧密相连的。(2)因为人口转变模式、道路的不同和国情、区情的差异，低生育率的后果在发达工业化国家和迟发展型国家之间一定会有不太一致的表现。譬如，与低生育率紧密相关的一代独生子女问题，就为中国所独有，而“出生性别比偏高”问题也主要发生在属于

---

① 朱国宏：《生育率变动的社会经济后果》，《社会科学战线》1992年第1期。

东亚文化圈的几个国家和地区。如中国、韩国、日本，也许还有南亚一些国家，目前西方尚未出现。(3)进一步地，低生育率的后果既有一般性的、也有特殊性的。一般性后果有人口老化，老年人口高龄化，劳动力老化以及青壮年劳力相对短缺等；特殊性后果有出生性别比偏高以及独生子女问题等。

根据发达国家和我国的实际，我们认为，伴随持续的低生育而来的如下问题是值得关注的：(1)低生育与人口增长的稳定问题，(2)人口老龄化及其老年人口问题，(3)劳动力短缺问题，(4)独生子女问题，(5)出生性别比偏高问题。

(1)低生育与人口增长的稳定问题

低生育通常以达到更替水平为基准，用人口统计的术语更准确地说是净再生产率为 1，为使用方便，考虑到我国的死亡率，常常把总和生育率 2.1～2.2 作为更替水平。按我国 1993 年总和生育率为 2 计算，考虑到我国出生性别比较高和妇女存活率等因素，我国净再生产率已低于 1 的更替水平，人口内在(真正)自然增长率全国平均已是－0.01左右的负增长①，这是任何战略决策都必须考虑的。在目前所有发展中国家由于经过一个时期的转变中增长，因此达到更替水平后，人口不会随即停止增长(或说达到零增长)，至于达到更替水平后经历多久才能达到人口零增长是一个必须研究的问题，是快速式还是中速式缓慢来实现，这涉及人口增长惯性的强度和达到人口零增长时的期望值。实质上是一个考虑到需要和可能提出的人口目标和保证目标实现的生育率下降速度。而且要考虑达到人口零增长后，采取稳定

① 人口内在(真正)自然增长率(intransic or true rate of natural increase)，系指人口按此水平发展下去将要达到的人口自然增长率。

人口规模还是压缩或缓慢增长也必须提前决策，避免到时“急刹车”或“加速度”，这项研究发达国家是不十分重视的，因为它们达到更替水平时也基本上是人口接近零增长。人口增长的“惯性”(Cmomentum 或 inertia)是不可忽视的。中国妇女的总和生育率已下降到较低水平，但由于育龄妇女人口数仍十分惊人，所以目前每年的出生人口规模还十分庞大。尽管生育率还在下降(今后的生育率下降不会像过去的那么快)，但总人口特别是育龄妇女人数却居高不下。1990 年中国 15～49 岁育龄妇女在全部人口中的比例在 27%以上，到 2000 年仍将保持在这一水平。

(2)人口老龄化及其老年人口问题

人口老化是现代人口转变的必然产物，但低生育率到一定时候才会带来人口老化。人口老化与低生育率并不同步。低生育率所带来的后果很多，但核心问题是人口老化及其老年人口问题。关于低生育率和人口老化关系的研究是重要的，但目前才刚刚开始①。

我们认为，人口老化有一个内涵问题或者说结构问题，真正重要的是老龄人口高龄化问题②。高龄老人因为生物学规律的作用必然地要求较多的保障和服务，此其一。其二，老龄社会是一个更需要道德的社会，我们不仅要关注物质上的老有所养，而且要重视“精神赡养”问题——这不仅是老年人的一种需求，老年人生活质量的一种保障，也是一个健康的老龄社会的普遍的社会责任和道德要求。其三，伴随持续的低生育率和迅速的人口老化，老年人的健康问题和就业问题将

---

① 参见陈卫《中国生育率转变与人口老化》，《人口研究》1993 年第 5 期。

② 参见穆光宗《人口老化和人口自然逆淘汰》，《中国生育率下降过程中的新人口问题及其对策》学术讨论会论文，北戴河，1994 年 7 月。

日渐突出。一方面，健康的人口老化将成为21世纪人类共同的追求，"健康"将成为解决老年人口问题首要的和基本的前提；另一方面，人口老化在一定程度上将导致一场深刻的人力资源危机，老年人力资源的开发将成为未来人力资源开发的一个重点，老年人的续就业和再就业问题必将提上各级政府的议事日程。换言之，人口老化是一种共同的人口发展趋势，问题只在于，在人类智慧和能力所及的范围内，我们应该也是能够追求的是健康的老龄化，也是生产性的老龄化，这将是将人口老化的负面影响减少到最低程度的基本战略。

(3)劳动力短缺问题

从欧洲人口转变看，伴随低生育率时代的到来，"劳力短缺"(Shortage of labourforce)问题似乎是带有普遍性的。进入20世纪80年代，属于"人口转变东亚模式"的日本，以及中国的港台地区也开始受"劳力短缺"的困扰。当然，劳力短缺问题是复杂的。在理论上，劳力短缺产生的原因大致有：高速的经济增长产生了对劳力的大量需求，持续的低生育率所导致的劳动力的相对短缺甚至绝对短缺，劳动力地区分布失衡，余缺不当，或者也可能因为劳动力素质上的供求缺口而导致劳动力的结构性短缺。在中国，情形似乎较为复杂。虽然在某些发达地区(如苏南地区和珠江三角洲地区)也出现了"劳力短缺"现象，但在总体上，中国还深受过剩人口压力之苦。

在生育率下降过程中，中国也同时面临着劳动力的就业难题。在可预见的将来，劳动力数量上供大于求而质量上供不应求是中国需要着力解决的一对难题，今后10年，中国城乡需要安排的劳动力总量为2.8亿人，其中城镇6 800万人，农村2.1亿人①。从整体上看，中

① 参见劳动部部长李伯勇的讲话，1993年11月4日《中华工商时报》。

国适应社会经济快速发展的高素质劳动力仍然十分短缺。但应当看到，目前我们面临的劳动力就业高峰与低生育率现象的出现只是一种伴生现象，其间没有必然的因果性。从人口学角度看，就业高峰的到来是过去的出生高峰、生育高峰周期性复制的影响，是人口年龄结构演变的惯性所致。

不过，伴随持续的低生育率，到一定时候出现人口学意义上的劳力短缺的确是低生育率的一般性后果。这一点在许多发达的工业化国家已成为严峻的现实问题。在亚太地区，初露端倪的劳动力老化有可能进一步演化成劳动力的相对短缺，据联合国预测，2000～2020年，亚太地区15～39岁年龄组年增长率仅0.4％，总人口为0.90％，而40～64岁年龄组将达到2.5％。中国也显示出同样的情势，中国40岁及以上的劳动力人口比例在1980年为28％，估计到2000年相当于33％，到2020年达到47％①。然而，作为低生育率的一般性后果之一，同样性质的劳力短缺问题，其严重程度和解决办法却可能迥异。譬如，中国的情形就较为特殊和复杂，虽然劳动力老化势在必行且确已初露端倪，但劳动力的总体剩余毕竟是主要矛盾，况且，在可预见的将来，人口学意义上的劳力短缺(供给缩减型)不会像发达国家那么严重。特别要指出的一个国情是，中国所短缺的不是一般的人力资源(指普通劳动力)，而是特殊的人力资源(指人才)②。这样表现在对策设计上，我们认为，中国不能像发达工业化国家那样通过刺激出生的政策来缓解劳力短缺症，而可以：(1)通过人口的流动、迁移来均衡

① N.(ESCAP)，1987，Implications of Changing Age Structure for Current and Future Developmont Planning，Population Reseaech Leads No. 25.

② 参见穆光宗《从资源角度看中国人口的优势和劣势》，《人口与经济》1994年第2期。

地区间的人力配置；(2)重视老年人力资源(特别是其中的人才资源)的开发利用。

有一点应当引起大家的重视，这就是，在低生育率目标得以实现的国家和地区，一个主要的政策问题是劳动力的再培训问题，以适应竞争的需要。对现代经济增长来说，高科技和发达的教育是必需的。劳动力素质问题开始紧迫地提上议事日程。在中国，劳动力素质问题由来已久；积重难返，但并非低生育率所带来；只是，低生育率目标的实现开始使劳动力素质问题更加突出，因此人口学意义上的劳力短缺需要通过劳动力素质的提高(亦即“质量替代数量”的战略)来加以弥补。我国的苏南地区在现代人口转变实现之时，人口工作的重点就已顺应经济发展的需要转到主要提高人口素质方面来，如优生优育，如职业技术教育和培训，等等。

由上可以引申出一个结论，倘若低生育率目标的实现不能同时伴随经济的起飞，那么伴随持续的低生育率而来的新人口问题就可能得不到较好解决。因为如前所述，从产生原因看，新人口问题或多或少，直接或间接地与生育率下降有关；但从解决办法看，生育率的调整恐非上策，我们只能倚重于社会经济的发展，人口的再分布运动以及城乡的深化改革。

(4)独生子女问题

就中国而言，伴随低生育率而来的新人口问题至少还包括有目共睹的独生子女问题。因篇幅所限，这里只能大略言之。独生子女问题是个复杂的社会学问题，所谓“独生子女问题”，从现象上看，就是中国的独生子女被宠坏了，有相当一部分独生子女在社会化过程中成了生活的失败者甚至社会的反叛者。这样，狭义地说，所谓独生子女问题是指相当一部分独生子女存在着明显的个性品质问题，如自私，任性脆弱，表现为行为问题：一是外部性问题，如攻击行为，犯罪行为案；二是内部性问题，如退缩行为，强迫行为，分裂样或抑郁、焦虑样行为等。也就是独生子女素质发展出现偏差的问题，或者直截了当地说，就是独生子女的教育失当问题。但广义地看，独生子女问题至少还应包括：(1)部分独生子女家庭存在的代际冲突，严重者父子、母子间形同陌路，心灵难以沟通形成难以逾越的“代沟”。(2)独生子女父母今后的养老问题，“四・二・一”家庭结构问题目前更多的只是一种理论的推测，但独生子女父母的养老问题在将来是客观存在的，而且养老问题不仅体现在物质供养上(我们应当注意到中国许多家庭亲子间的代际取予是不平衡的，甚至是颠倒的、逆向的这一事实)，也体现在精神赡养上。(3)独生子女自身的婚姻家庭问题，这一方面很少被人们关注，但我们可以断言，相当数量的“问题儿童”一旦长大成人而又“禀性难移”，那么他们自身的婚姻家庭质量因其自身的局限而将很难保证，甚至因此损及社会质量(社会的秩序，社会的风尚)也未可知，等等。凡此种种，都值得在理论上进行探讨并在实践中作出努力。但应指出一点，独生子女社会问题虽已露头但并不具有必然性，也不能全归诸于“独生”，而是可以通过家庭教育、学校教育和创造良好的社会环境防患于未然的。

(5)出生性别比偏高问题

自80年代中后期以来，我国出生性别比升高、偏高引起了国内外人士广泛的和高度的关注。学术界对这一问题也有了许多深入的讨论和卓越的分析。本文限于篇幅，兹不赘述，仅想指出一点，我国出生性别比升高、偏高问题与生育率下降有着紧密的也是必然的联系，而不只是一种共生现象。伴随持续的低生育率，这一问题恐怕仍将存在下去，对此我们应予继续关注。

五、结语

发展总是有代价的，问题只是如何使代价最小。人口发展、人口现代化也一样。我们探讨低生育的诸多后果，正是为了更好地实现现代人口转变，更好地推进人口现代化，从而为21世纪中国社会经济的现代化创造出尽可能有利的人口环境和人口条件。当然，诚如前述，低生育的后果中也包括了许多有利的方面，譬如，低生育可能有助于保障妇婴健康、提高民族素质、提高妇女的地位和作用，低生育也可能成为人口流迁、人口城市化的一个动力。

总之，低生育研究是必要的，也是适逢其时的。低生育率时代到来之际正是“泛人口问题”揭开序幕之时，在这样的时代，人口学者是应当而且可以有所作为的。

附表1. 分地区看中国生育率转变历程：1987～1992

有关指标 / 年份	低于生育更替水平的省市区名称	低于更替水平的地区总人口占全国当年总人口比例(%)
1987	京、津、辽、吉、黑、沪、江、浙(共8省市区)	21.43
1989	京、津、内蒙古、辽、吉、黑、沪、江、浙、川(共10省市区)	32.85
1992	京、津、内蒙古、辽、吉、黑、沪、江、浙、鲁、川、冀、晋、皖、闽、赣、湘、鄂、豫、陕、甘(共21省市区)	81.62

注释：(1)1987和1989年的比例根据《中国人口数据表·1990》、《中国人口数据表·1993》以及《中国统计年鉴·1988》和《中国统计年鉴·1990》有关数据计算。

(2)1992年比例根据孙怀阳、胡英(《我国人口增长速度减缓的原因分析》《人口研究》1993年第6期，8：12)及《中国人口数据表·1993》有关数据整理而得。

附表 2. 寇尔人口转变阶段的划分及量化标准

	原始静止阶段	前现代阶段	过渡阶段	现代阶段	现代静止阶段
出生率(‰)	50.0	43.7	45.7	20.4	12.9
死亡率(‰)	50.0	33.7	15.7	10.4	12.9
自然增长率(%)	0.0	1.0	3.0	1.0	0.0

资料来源：P. M. Hauser，World Population and Developnent N. Y. 1979. p. 6.

附表 3. 发达国家和不发达国家人口转变的比较：1750～1990 (%)

日 期	发达国家			不发达国家		
	出生率	死亡率	自然增长率	出生率	死亡率	自然增长率
1750～1800	38	34	4	41	37	4
1800～1850	39	32	7	41	36	5
1850～1900	38	29	9	40	38	2
1900～1910	34	21	13	41	34	7
1910～1920	26	23	3	40	37	3
1920～1930	28	16	12	41	31	10
1930～1940	22	14	8	41	29	12
1940～1950	20	15	5	40	28	12
1950～1960	22	10	12	43	22	21
1960～1970	20	9	11	41	17	24
1970～1975	16.7	9.3	7.4	37.1	13.3	23.8
1975～1980	15.6	9.4	6.2	32.9	11.7	21.2
1980～1985	15.2	9.6	5.6	31.81	10.7	21.1
1985～1990	14.6	9.8	4.8	30.9	9.9	21

资料来源：《Determinants and Consequences of World Population trend》，UN，1973，9.10.

《World Population Prospects 1988》，UN. 1989.

关于人口政策的两个认识误区*

三十年来中国的计划生育工作成就巨大，我们使中国妇女由原来平均生 6 个孩子降到目前略低于 2 个，这一成就举世瞩目。这一成就为我国快速发展创造机遇期，怎样估计也不会过高。但遗憾的是，有的同志对此有些误解，集中表现为这样两个观点：

观点 1：认为改革开放对人口事业的影响不如对政治、经济、社会和文化领域明显。其中不少人更是认为改革开放后的严格控制人口的政策效果并不突出，还不如改革开放前，而且没有经过充分的民主讨论便匆忙实施，产生了极大的负面影响。

不得不说，这种观点粗看有理，但并不符合实际。首先没有对改革开放后我国严峻的人口形势有清醒的认识，其次对中国的人口规律缺乏了解。

事实上在改革开放之初，我国面临两个人口高峰，人口控制迫在眉睫，中央必须迅速果断地做出决策，确实没

* 原载《北京日报》，2009 年 2 月 9 日，由邬沧萍和谢楠合写。

有太多的时间进行充分的民主讨论。但在决策出台前也多次广泛征求人口理论研究者和实际工作者的意见。当时，我国生育旺盛年龄的妇女比第二个人口高峰的育龄人群多一倍，如果不提倡一对夫妇只生一个孩子，生育量将比第二个人口高峰多得多，人口增长的速度将快得多，到上世纪末人口总数就会高达 15 亿，甚至更多。那么我们的子孙后代更会埋怨我们，犹如我们现在检讨 20 世纪 50、60 年代没有适当控制人口给今天造成的被动局面一样。如果对计划生育放松一点，要求低一点，从眼前看，一年多生一二百万，不过是增加现在人口总数的千分之一二，但是二三十年积累起来就是一个很大的数目。如果每年多生几百万，还要生第二代、第三代，人口增长又不容易一下子停下来，这样对我们子孙后代影响就很大。从这个意义上说，改革开放初期提倡一对夫妇只生育一个孩子是不得已而为之，更着眼于子孙后代的长远利益。现在看来，当时做出这样的决策是非常果敢的，是权衡长期和短期的利弊所做出的正确决策。三十年来的实践也证明了当时计划生育政策是理智的。否则今天我国人口比现在多三到四亿，光是粮食、就业、住房就是更大的难题，就未必有今天的大好局面。

观点 2：有同志将今天中国面临的人口老龄化都归因于计划生育，认为是严格的人口政策造成了中国今天日益严重的人口老龄化。

看来，在人口老龄化日益加速的今天，科学认识中国人口老龄化的原因与过程十分重要。

人口老龄化指的是老年人占总人口的比重逐渐上升的过程，一般认为，当一个社会 65 岁以上的老年人在总人口的比例超过 7%(60 岁以上超过 10%)，便进入老龄社会。可见，影响人口老龄化有两个重要的因素，一是寿命延长，二是出生人口数量减少。

我国现阶段和今后一个时期老年人群庞大是历史既定的，是第

一、二次人口高峰存活下来的人口周期性地鱼贯进入老年期造成的，是高出生率和人类寿命延长的结果，这与计划生育无关。计划生育只减少出生人口数，使老年人口在总人口中的比重相对提高；而且从长期来看计划生育还有助于减少未来老年人口的数量，因为现在新出生的人在60年后就成为老年人。

从世界人口发展的历程上看，社会经济的发展是人口老龄化的决定性因素。对于我国而言，出生率、死亡率从高水平向低水平的迅速下降是引发我国人口老龄化的直接原因。其中新中国成立以来我国人口死亡率的下降特别是老年人死亡率的下降、人口平均寿命的延长，是我国人口老龄化产生、发展的前提条件，而出生率在短时期内迅速下降并达到较低的水平则是我国人口老龄化进程加快的关键性因素。

可见，人口老龄化一方面是社会经济发展的历史必然，即使没有生育政策的干预，人口老龄化也终将随着我国社会经济的迅速发展出现。

应该承认，改革开放后严格控制人口增长的政策确实在某些方面带来了一些负面影响，如人口老龄化提前到来等。但回眸改革开放之初的人口紧迫形势，人口数量的控制和加速人口老龄化之间是两难抉择，应审时度势，在两利之间取其重，两害相权取其轻，确认控制人口数量在我国是首要的，这一抉择最有利于我国社会经济发展。当时，中央在发表《公开信》时对严格控制人口的后果和可能出现的问题已经提出一些对策，说明中央的决策高瞻远瞩，既抓住了当时中国人口数量急需控制的主要矛盾，也为中国人口的未来发展做了充分谋划。

人口和生态环境*

一、人口和生态环境的平衡

(一)人口和自然环境的关系

马克思主义认为，人类周围的自然环境和人类本身一样，都不是神创造的，而是物质运动经过长期演变而成的。自然环境的这种运动永远不会停止，但它的变化速度比社会的发展变化速度要慢得多，因此对比于人类历史活动的过程来说，它可以被看成是相对固定的，它的发展变化受自然规律的制约，而不能由人们恣意决定。

地球作为太阳系的一个行星，估计已存在45亿年以上。起初地球并不存在适于生物生长的阳光、水、空气、土壤等等自然条件，经过地球长期内部运动和不断吸收太阳的热量，又经过复杂的放热、冷凝的过程，才形成一个岩石圈，即通常所说的地壳。大气和水则是由岩石圈演化出来。现代的大气是经过原始大气，还原大气的阶段而达

* 原载刘铮主编《人口理论教程》，中国人民大学出版社，1985。

到适于人类生存的氧化大气阶段。水则是在地球的熔化、冷却的演化过程中，通过蒸发、分解气体，后又凝结成水逐渐形成水圈。由于大气圈有氧的存在，才适于生物和人类的存在和生长。地球先是出现植物，继而出现动物，动植物的发生和发展形成了一个生物圈。土壤也是经过长期岩石风化和生物作用形成的，它是长年累月积累成的土层，是岩石圈的一部分。人类现在使用的化石燃料，如煤、石油，是古代生物贮存下来经过亿万年地质演变形成的。矿产资源也是经过亿万年地质年代形成的。人类是地球上出现最晚的高级动物，估计在距今 300 万年前，由猿人进化而来。

人类在一定社会生产方式下进行活动，但总是离不开外部的自然环境。“只要有人存在，自然史和人类史就彼此相互制约。”①首先，人类既然是自然环境的产物，那么，人体中各种化学元素的含量就总是与地质中各种化学元素含量相适应。例如近代科学已经认为人体血液中的化学元素的含量比例同地质也有一定的相关。“生命是蛋白体的存在方式，这个存在方式的基本因素在于和它周围的外部自然界的不断地新陈代谢”②。其次，自然环境为人类生存、发展提供了不可缺少的阳光、空气、淡水、森林、草原和江河湖海，以及生活于其中的野生动物和鱼类及其他水产品，等等。它们是人类出现后得以生存和发展的自然条件，对人口发展至今还有很大的制约作用。

更为重要的是，自然环境为人类提供了活动的场所，为人类生产提供了劳动对象，如耕地、牧地、林地等土地资源，煤、石油、天然气等化石燃料和各种矿产金属，以及通航河流、水力、风力、瀑布等

① 《马克思恩格斯全集》第 3 卷，20 页，人民出版社，1960。

② 《马克思恩格斯全集》第 20 卷，646 页，人民出版社，1971。

等。没有这些条件人类就不可能创造财富。资产阶级古典政治经济学家曾说：劳动是一切财富的源泉。恩格斯则指出："其实劳动和自然界一起才是一切财富的源泉，自然界为劳动提供材料，劳动把材料变为财富。"①

在任何生产方式下人口要生存和发展，都得进行生产劳动。劳动过程"是制造使用价值的有目的的活动，是为了人类的需要而占有自然物，是人和自然之间的物质变换的一般条件，是人类生活的永恒的自然条件，因此，它不以人类生活的任何形式为转移，倒不如说，它是人类生活的一切社会形式所共有的"②。生产活动"一边是人及其劳动，另一边是自然及其物质"③，人类的劳动和自然界是不可分的。因此，研究人口问题绝不能忽视人口的存在和发展所必需的自然环境。任何轻视或否定人口和自然环境的关系的观点都是片面的、错误的。

(二)人类的生活环境、生态环境和生态平衡

人类出现以后，同周围自然环境的关系就同动物不同。动物只能消极地、被动地适应自然环境求得生存。而人类从一开始就通过自己的生产劳动积极地、能动地改造自然环境，使它适合于自己的生存和发展。因此，人类的生活环境是人类按照一定的目的、经过长期改造过的自然环境。人类生存的条件，并不是当他刚从动物中分化出来的时候就现成地具有的，这些条件是在人类历史发展中形成的。经过人类改造的生活环境是一个比原始的自然环境更高级的、更适于人类生

① 《马克思恩格斯全集》第20卷，509页，人民出版社，1971。

② 《马克思恩格斯全集》第23卷，208～209页，人民出版社，1972。

③ 《马克思恩格斯全集》第23卷，209页，人民出版社，1972。

存和发展，而且从总的来说是越来越好的环境。因为人类的智力是按照人如何学会改变自然而发展。生活环境的好坏是人类认识自然、改造自然能力高低的一个标志。但是生活环境的改进不能离开生态环境，后者始终是前者的自然基础。

生态环境是指任何一种生物周围的有生命和无生命的总体，我们具体所指的是人类周围自然界的总体。地理学家、生物学家、生态学家把地球分成各种圈层，诸如岩石圈、土圈、水圈、大气圈，尽管不同学者在圈层划分上不尽相同，也有相互交错之处，但基本上是一致的。生态环境是几个圈的交会处，是无机界和有机界交互作用的空间，是人类生存和发展的环境。人和生态环境构成一个不可分割的整体称为生物圈，是最大的生态系统，人是生物圈中的一个最有影响的成员。随着人类向地球的进军愈来愈深入，蕴藏在岩石圈表层的矿产资源也愈来愈多地带到地球表面，对生态环境影响也愈来愈大，因此生态环境也应该包括岩石圈的矿产资源。

生态平衡是泛指生态系统中能量流动和物质交换的相对稳定状态，这里是指人类和周围自然界之间的能量流动和物质交换过程的输入量和输出量，以及生物群落的组成和各个物种的种群数量所处的相对稳定状态。人类周围的有机界和无机界都有一种相互依存、相互联系、相互制约的关系，人类任何活动都会影响有机界和无机界，有机界和无机界的任何变化都会产生连锁反应，也必然影响到人类。生态平衡是一种动态的相对平衡。任何生态系统内部都有调节能力，但这种调节能力是有一定限度的，如果超过一定限度，原来发展到成熟稳定阶段的生态平衡就会遭到破坏。马克思主义从来不歌颂自然主义，不把原来的生态平衡看成是理想的，而是主张有目的、有计划地改造自然、改造环境；但是也坚决反对有害于人类根本利益的那种盲目地掠夺自然界、挥霍自然资源、恣意破坏生态平衡的行为，因为破坏生态平衡不仅不利于生产发展和人民生活，甚至会威胁到人类的生存。

人类是生物圈的特殊成员，是最名副其实的社会动物。人类必须自觉地保持人口和生态环境的平衡，因为只有这样才能为人类创造愈来愈美好的生活环境，使可再生资源能够永续使用并能不断扩大，对非再生资源能更好地利用，并能争取时间开发、利用更多的自然资源；才能更好地提高宏观的经济效益而不是暂时的经济效益，为子孙后代造福。

（三）人类对人口和生态环境关系的认识

在人类出现以前，地球的生态环境保持着相对的稳定，通常只有出现各种自然灾害，如地震、火山爆发、海啸、冰河、陆沉、飓风等才会破坏自然生态平衡。但是人类出现以后，随着人口的增加，生产工具的改进，对自然利用的广度和深度的不断扩展，人类对生态环境的干扰也越来越大。人类对人口和生态环境相互关系的认识也经历了一个由不认识到有初步认识的逐步深化的过程，而且常常是在受到自然规律惩罚以后才有所认识。恩格斯在总结人和自然关系时说："对于每一次这样的胜利，自然界都报复了我们。每一次胜利，在第一步都确实取得了我们预期的结果，但是在第二步和第三步却有了完全不同的、出乎预料的影响，常常把第一个结果又取消了。"①历史已经证明并还将继续证明恩格斯这一论断的正确性，因为对人口和生态环境的一些相互关系，人类还在探索。

在现代工业出现以前，人口增长虽然不快，但人口和生态环境之间的相互作用是十分突出的。在采集、狩猎时期，人类完全依赖自然

---

① 《马克思恩格斯全集》第20卷，519页，人民出版社，1971。

界提供的现成生活资料来维持生活，对生态环境的影响能力小，滥采乱捕是必然的。人口常常把一个地区野果、野兽吃光以后再迁到新的地区，原来地区的动植物有的以后还能再生，有的则被灭绝，这时人类已开始破坏野生动植物资源。当时因为人口规模小，空间还辽阔，起初还感不到生态后果严重。然而天长日久也会受到报复，主要表现为野生资源不足以供应生活需要，往往有一部分人饿死，人口受到生态环境的限制。

大约在1万年前，人类进入农业和畜牧业发展阶段以后，这是人类改造生态环境的极其重要一步。人类开始利用各种生物物种、耕地、草原和水源等自然资源从事生产，人口得以迅速增加。但是为了满足人口增长的需要，人们在这一阶段虽然更好地利用了自然界，但也破坏了生态环境。这些活动包括：刀耕火种，毁林开荒，单一种植，过度集约经营，过度放牧等造成土地的破坏。恩格斯举例说："美索不达米亚、希腊、小亚细亚以及其他各地的居民，为了想得到耕地，把森林都砍完了，但是他们梦想不到，这些地方今天竟因此成为荒芜不毛之地"①。所有文明古国，如埃及的尼罗河流域，中国的黄河流域，印度的恒河两岸都有类似情况。又例如美洲落基山原先是一片大草原，保存着自己的生态系统平衡，但欧洲人迁入以后，使之变成了牛羊的大牧场，恣意破坏了那里的生态平衡，加上超载放牧，已使落基山成为大片沙漠。

进入现代工业发展阶段，特别是20世纪50年代以后，一方面，生产力提高，科学技术进步，人类开发、利用环境的工具和能力加强；另一方面，人口迅速增加，人口城市化程度越来越高，物质消费

① 《马克思恩格斯全集》第20卷，519页，人民出版社，1971。

水平大大超过了人类历史上的任何时期。这使得人口和生态环境的相互关系更加错综复杂，出现许多新特点。诸如，由于人口迅速增加和迅速城市化而出现新的环境问题；人口增长和随之而来的人均资源消费水平的提高，同时出现对自然资源的滥采和掠夺式的开发问题；生态环境的污染和破坏对人口素质和再生产的影响越来越明显地表现出来。现在许多人口生态问题已不完全局限在一个小环境的范围，常常带有全国性或全球性。但是人类对人口和生态环境关系的认识至今还较肤浅，现在人类认识到的人口环境问题，都是在受到大自然的报复以后才被迫认识的。当然，随着生产力的提高和科学技术的发达，人类对生态环境的认识会更加深入。

人类对人口和生态环境关系的认识，还受生产关系的限制。人口和生态环境关系问题涉及整个人群的利益，但在阶级社会，又必然同一部分人或某一阶级的利益有矛盾。资本主义国家在资源的开发、利用，环境的保护和治理方面，常常局限在维护大资产阶级利益的范围内，而不能正确处理。只有在社会主义制度下，在人口和生态环境上“人们第一次成为自然界的自觉的和真正的主人，因为他们已经成为自己的社会结合的主人了。”①我国社会主义制度为使人口和生态环境保持平衡开辟了广阔的前景。但由于我国人口多、耕地少、底子薄，以及科学文化技术水平低，因而对自然的认识和改造能力还很有限，有的问题就是认识了也限于人力、物力一时还不能彻底预防和治理；但是人口生态问题已经摆在党和国家的重要议事日程上。我国宪法规定：“国家推行计划生育，使人口的增长同经济和社会发展计划相适应”，“国家保护和改善生活环境和生态环境，防治污染和其他公害”，

① 《马克思恩格斯全集》第19卷，245页，人民出版社，1963。

这都是正确处理人口和生态环境关系的指导思想。我国政府先后公布了《中华人民共和国环境保护法(试行)》(1979年),《国务院关于在国民经济调整时期加强环境保护工作的决定》(1981年),《中华人民共和国森林法(试行)》(1979年),《水产资源繁殖保护条例》(1979年),《水土保持工作条例》(1982年),等等,都有助于我国人口和生态环境保持平衡关系。

(四)对人口和生态环境关系的研究

19世纪后期开始的生态研究,经历了研究自然界、某一物种、生物群落、生态系统各个过程,到本世纪60年代末进入着重研究人类生态的阶段。这是60年代世界人口和生态环境问题突出后,实践向理论提出的需要。人类生态的研究不同于作为生物学分支的生态学,这是由于人类同生态环境的关系与动植物同生态环境的关系有原则区别。人类生态学是着重研究人口同生态环境的关系,是介于人口学与生态学之间的边缘科学,从本质上说它属于社会科学的范畴。作为它的理论基础是辩证唯物主义和历史唯物主义。

研究人口和环境的关系,首先要把人类和周围的自然界看成是一个相互联系的不可分割的统一体。人口的发展就必须考虑对周围的有机界、无机界的影响以及它们对人类的反作用。恩格斯在《自然辩证法》中提出:“我们必须时时记住:我们统治自然界,决不像征服者统治异民族一样,决不像站在自然界以外的人一样,——相反地,我们连同我们的肉、血和头脑都是属于自然界,存在于自然界的;我们对自然界的整个统治,是在于我们比其他一切动物强,能够认识和正确运用自然规律。”①因此,决不能漠视自然规律。但是,人类又总是生

① 《马克思恩格斯选集》第三卷,518页,人民出版社,1972。

活在社会中的，因此把生物学规律简单地直接应用在人类或用来解释人口发展和生态环境关系，这种社会达尔文主义的观点也是错误的。

其次，应当唯物辩证地看待人口对于自然环境的影响。人类对于自然界既不是无能为力，也不是可以为所欲为的。要反对那种认为山河湖海出现以后就一成不变的形而上学观点，要把它们看成是有其形成、发展变化规律的，并在一定程度上受人的活动影响的；但又要认识人的活动对环境的作用或影响始终要遵循自然规律。只有正确地认识和运用自然规律去改造自然环境，才可以合乎规律地去影响自然环境，使它更适合于人类生活的需要。

马克思主义认为，人口和自然环境都不是社会发展的决定力量，但是能加速或延缓社会的发展，因此，既不能把人口的规模、速度、构成和分布的发展变化看作是破坏生态环境的唯一的和决定的力量，但也必须看到人口对生态环境的各种直接或间接的影响，有时影响还很大。另一方面，要充分认识生态环境对人口发展的制约作用，但也不能夸大这种作用，更不能把生态环境的自然平衡作为理想的目标，这样实际是鼓吹自然主义，排斥人类对自然环境的改进。

马克思主义认为，自然界和社会的客观规律都是可以认识的，人类的智力是按照人如何改变自然界而发展的，因此对人类认识和改造自然环境总是抱乐观主义的态度。这种乐观主义是以人能够正确地认识和运用自然规律去改造自然环境作为科学依据的。这是社会主义国家动员人民推行计划生育，使人口和生态环境保持平衡的思想基础。任何悲观的论点和无能为力的思想都不利于保持人口和生态环境的平衡。

二、人口和自然资源的关系

(一)人口与自然资源关系综论

长期以来，许多人都把自然资源只看成是地下矿藏。但随着生产力的提高和科学的发展，人们开始认识到，过去许多被人们认为取之不尽的自然力，如阳光、雨量、风力、水的流量和落差，以及潮汐等等都是一种资源。在生产力不发达时曾认为有害的自然力，在认识了以后却能为人类服务。本节着重从资源利用的角度来说明人口和自然资源的关系。自然环境的一切都属于自然资源。按自然资源的性质通常分为三类：

1. 生态资源，又称环境资源。指任何环境都具有的太阳辐射、气候、风、水源等。这类资源的多少，是人类干预不了或影响不到的。这类资源有明显的地域性，如能因地制宜合理利用，就能永续为人类使用，故又称恒定资源。有人把土地也归入这一类。

2. 生物资源。具有再生机能的动植物和微生物，如森林、草原、鸟、兽、鱼、虫、菌等，如能合理利用，科学地经营管理和培育，能按人类意志繁殖。有人称之为再生资源。

3. 矿产资源。包括各种矿石、煤、石油和天然气等。这类资源储量有限不能再生，有人称之为非再生资源。

任何自然资源都是在为人们所认识和利用以后才真正存在。人类对自然资源的认识和利用是不断扩大的，但利用的程度取决于生产力的发展水平。但是，不应把自然资源看成是一种生产力，它若未经人类劳动的开发和利用就不能成为现实的生产力；因而不能把自然资源多寡看成是生产力发展和社会进步的标志，更不能以此决定社会的发展。然而人口和自然资源较好的结合可加速社会的发展，因为丰富的资源有利于生产的发展、劳动生产率的提高和建立完整的国民经济体系，也有利于通过贸易交换其他物资和技术。

通常都是用人口和资源对比来说明人口和自然资源的关系及其变化。由于自然资源性质不同，情况各异，因而都是分别用人均某一种资源量作为衡量各国人口拥有该资源的丰富程度。由于自然资源的度量比之物质产品更难和更复杂，因此对资源的统计范围就要备加注意。由于资源的开发、利用情况各国差异极大，在研究各国人口和资源对比关系时必须考虑到各国的蕴藏情况、开发和利用的能力以及自然资源的未来前景。人口多、增长快，势必导致人均资源水平迅速降低。但是人口多并不是资源耗损的唯一原因，因为其他社会条件对自然资源的破坏与损耗常常比人口增长这个因素大得多；有时人口多甚至是开发、利用自然资源的条件。历史上一些国家和地区由于人口过少，无力充分利用和开发其自然资源。当代由于科学技术发达，大量人口并不是开发利用自然资源的前提，但是一定的人口仍然是开发利用自然资源的必要条件。

自然资源属于地理环境的范畴，不能决定社会的发展，因而也不是人口发展的决定力量。但是在一定生产力水平下，自然资源的蕴藏、开发、利用对人口的规模、增长和人口分布仍有相当大的影响。历史上形成的各地区人口的规模和分布，同自然资源有密切关系。例如，历史上耕地多、土地肥沃，水流充足的地区，形成密集的人口。矿产资源丰富和开发得充分的地区，往往吸引大量人口迁入。一个地区的资源比较丰富，对吸引人口迁入有一定的作用。

(二)人口增长和非生物资源的关系

非生物资源通常指环境资源和矿产资源，是无生命的资源，有不可再生性。但具体情况又有所不同。一类是在地球上其总量不可随意增加，但可永续使用的。恒定资源都属这类；目前同人口关系最密切的土地和水，就属于这类。另一类是矿产资源，储量固定，不能永续使用，用一点少一点，它们同人口的关系极大。

土地和水同人口的关系有几个共同的特点：(1)它们都是人类生存不可代替的资源；(2)它们总量的有限性，但有能够反复或循环使用的永续性；(3)随着生产力的发展，人均需要量都在迅速提高，因而同人口增加导致的人均资源日益缩减形成尖锐的矛盾。

土地直接关系到人口的食物供应并在很大程度上关系到穿、用、住、烧的生活需要，它的这种作用在可见的将来仍然是无法取代的。在各类土地中，目前对人类关系最直接的仍然是耕地的面积，它在可见的将来是不会有多大增加的。可是，随着人口增加，在目前的生产力水平下，却需要扩大耕地面积。在可见的将来人类扩大耕地面积也只是地球现有土地构成的变化，只是改变土地用途的问题。经过长期人口发展、人口迁移，地球上可供开垦土地的潜力已不很大，有的地区进一步垦荒还会产生破坏生态环境的后果。对人口增长来说，土地最重要的用途是作为耕地，其次是牧地，现在人类已日益认识到作为林地的重要性。但是，随着人口的发展，土地用于城镇、工厂区的建设以及交通、运输和其他用途(诸如运动场、娱乐场、停车场、旅游地)，却在日益增多。

对人均土地面积来说，虽然人口作为分母是经常起作用的，人口规模的扩大和增长较快都会导致人均土地面积减少，但是对土地的压力并不都来自人口增长这个因素。而且，人均土地面积减少并不能说明人口的社会经济状况，因为即使同样的人均土地面积，土地利用的好坏不同，对人类的效益就大不一样。最常用的反映人口的土地资源的指标是人均国土面积、人均农业用地面积和人均耕地面积或草原面积等，其中，人均耕地面积是最受重视的。

水是人类生存不可缺少的资源，现代的工农业生产也必须有足够的用水。长期以来，大部分地区都把水看成同阳光和空气一样是“取之不尽、用之不竭”的。但是近一二十年来全世界许多地区都感到淡水不足。这是因为相对于海水来说，淡水是很少的，可供人类使用的淡水只有地球水量的0.27%，而且在目前的技术条件下，只能用上很少一部分，例如像日本那样的技术水平也只能用上三分之一左右。另一方面人类对水的需要又急剧增长，因而造成在一些地区、在一定时期淡水的消费量超过补给量。

人口增长对水资源的影响，如果从生活用水的直接压力来看并不大，因为世界各国生活用水在全部用水量中一般不过10%，我国还不到10%；但是，由于人口增长所造成的间接压力却很大。现在人类用水量最大的是农业用水，一般在70%～80%，我国的比例更高。至于工业用水量的增加，同人口规模扩大和生活水平提高也有联系，因为人口多，消费的工业品也多，耗水量就相应增加。此外，人口增加也会加剧水污染，使水资源的供应减少，这也是造成淡水紧张的一个原因。

人口和水资源的对比关系，通常都是用江河人均年径流量表示。我国江河年径流总量为26 400亿立方米，在世界上居第五位，但按人口平均则居第八十四位。加上我国水量的地区和季节分布不均，因此有些地区、有些时候，淡水是比较紧张的，人口增长过快不利于这一紧张局面的缓和。

矿产资源是有限资源。20 世纪 70 年代以来，国外常提到人口、能源、资源三大问题，并把三者联系起来，主要是指人口和矿产资源的紧张关系。目前最突出的是化石燃料，特别是石油和煤，作为能源它们都是很晚才登上人类历史舞台。煤作为能源在12世纪才真正开始使用，但在19世纪以前还不占重要位置，大量使用是19世纪后期和20世纪以后。石油的发现和使用则更晚，进入20世纪后才开始大量使用，但第二次世界大战后已跃居各种能源之首。有些人认为，地球亿万年形成的化石燃料，首先是石油，经过不到一个世纪的使用已经看到“桶底”，因此对人口增长和能源、资源的消耗持续增加担心，这种担心当然是可以理解的。但有的学者由于石油(也包括煤和天然气)等在这段时期消耗很快，恰巧这段时期又是世界人口增长最快的时期，便机械地把人口增长快与能源枯竭联系起来。上述观点当然是站不住脚的。人口增长绝不是这些能源紧张的主要原因。必须看到，资本主义生产方式对石油、煤等的掠夺性开采和发达国家对能源的挥霍，比人口增长施加的压力要大得多。当然，人类在普遍使用其他能源以前，在人口对能源不断增长的需要和化石燃料的有限储量之间是有矛盾的；用一点，储量就少一点，减少消耗量就有助于争取时间。因此，控制人口增长是缓和有限资源紧张的一个因素。而且，随人口增长而来的对粮食需要的增加，也将加剧能源等资源的消耗，因为在有限的耕地上多产粮食不能不投入更多的能源。这也说明控制人口增长有助于缩减能源的消耗，但无论如何不能把人口作为当代能源紧张的决定性原因，否则必将掩盖能源紧张的真正根源在于资本主义制度本身这一事实。

现在许多人口学者、未来学者在考察人口和有限资源之间的关系时，常常计算某种资源储量能够使用的年限，通常都是按一定的人均使用量为计算基础。这样，人口规模和增长速度便同资源储量、使用年限长短有直接关系。这里，有限资源的储量是个关键问题。但是，有限资源储量的大小，常常随人类对自然界的认识而扩展，因为很多资源还处在发掘和认识的过程。

(三)人口增长和生物资源的关系

生物资源是指能再生的资源，它和人口的关系有几个特点：(1)不存在人类无限需要和资源有限的矛盾。但是各种生物资源的数量在任何一个生态系统内也要受到生物学规律的制约，否则会破坏生态平衡。当然，在保持生态平衡的范围内，在目前的自然条件和科学技术水平下，某种生物增长的余地还是很大的。(2)尽管当代人口增长之快是史无前例的，但一定时期生物资源的生长速度仍能超过人类的需要，所以人均的生物资源仍可以增加。然而，如果一定时间里人口对生物资源的需要超过生物资源的生长速度，人均资源就会不断下降，现在世界的森林和野生动物就面临这种情况。(3)生物资源和非生物资源是相互制约的。生物资源虽然有再生性，但如没有非生物资源如土地和水，就没有生长的条件。水土流失、土地沙化、水源被污染等，也必然影响到生物的生长；人口增长必然波及土地、水资源、大气等资源，最终也使生物资源受到影响。

森林资源同人口的关系愈来愈受到重视。森林的功能并不仅仅在于提供人类消费的木材，它在净化大气，涵养水分，防止水土流失，供养保护动植物等方面有更重要的功能。过去人们曾认为森林是取之不竭的。地球的原始森林曾高达 76 亿公顷，19 世纪后期还有 55 亿公顷，但现在已减至不到 25 亿公顷。森林的急剧减少除了由于天灾和滥采、乱伐外，人口增长对森林资源的压力也很大。人口增长加大了对森林作为工业原料、建筑材料的需要，特别严重的是人类为了取得生活燃料和开垦耕地而大量砍伐森林。据联合国估计，全世界有 15 亿人口靠柴薪获得热能。战后许多发展中国家由于人口急剧增长不得不毁林开荒。现在有些发达国家森林资源保存得较好，但发展中国家的森林今后仍可能继续下降。虽然，对这些发展中国家来说，生产力不发达是滥伐森林的主要原因，但人口因素也起着重要的作用。

江河湖海有极其丰富的水产资源，它提供人类以丰富的蛋白质和动物饲料。过去对人口和水产资源的关系很少注意，人们还曾认为它是个无限的资源。第二次世界大战后世界捕鱼量不到2 000万吨，到1979 年急剧增加到7 340多万吨。一般认为现在的捕鱼量已接近甚至已超过水产资源的再生能力。战后世界捕鱼量的增长虽已大大超过人口的增长，但人口增长快的发展中国家绝大多数人口是享受不到水产资源的，而发达国家特别是苏联和日本的水产资源消费量却超过世界平均水平两倍以上。因此，把水产资源的枯竭和破坏完全归之于人口增长是不正确的。当然，也应看到，一些发展中国家在近海过度捕捞同人口压力也很有关系。

野生动植物资源在满足人类食物和工业原料的需要，维持生物圈的自然平衡以及保存物种的多样性和基因库等方面，是十分重要的。但是野生动植物资源在全世界范围内都受到严重破坏，资本主义追逐利润固然是造成上述情况的重要原因，但更多的是由于森林破坏和农业大量施用农药、化肥造成的，后者在一定程度上和人口增长有关。

(四)在人口和自然资源关系上的悲观论和乐观论

在人口和自然资源的关系上从来就有着不同的观点，可概括为悲观论和乐观论。

悲观论者认为，人口增长是无限的，而自然资源是有限的，人口持续发展下去总有一天要遇到资源不足甚至枯竭的问题。这时人口的生活只能维持在极低的水平，发病率和死亡率提高，人口增长必然受到抑制。唯一的解决办法就是既抑制人口也抑制人类的消费。马尔萨斯及其后的新马尔萨斯主义者是悲观论的突出代表。

乐观论者认为，科学技术进步会解决人口对资源的需要，地球上有足够的土地和资源可供人口的消费。人口的增长会促进自然资源的开发和利用，并认为人口持续增长有利于社会经济的发展。历史上葛德文、孔多塞等都属于乐观论者。

迄今人类发展的历史已经宣告悲观论的破产。因为19世纪以后人类经历了史无前例的人口增长，但与此同时人类享受各种资源的丰富程度和生活水平提高之快也是史无前例的。现代马尔萨斯主义者在50年代曾预言人类在70年代就要在人口和资源问题上出现灾难，这类预言已以失败而告终。第二次世界大战后由于科学技术进步，在人口与生态环境关系上，一度出现过乐观情绪；但是，第二次世界大战后总的来说，悲观论确实进一步抬头，并以许多现代科学技术的大量统计数字作为论据。它的论调很多，诸如“人口爆炸”、“世界饥荒”、“资源枯竭”、“世界末日”等等，其中罗马俱乐部1972年发表的关于人类状况的预测报告《增长的极限》，更是集悲观论的“大成”。当代在人口与资源关系上的悲观论者的主要论据是：世界上只有一个地球，资源总是有限的，而人口增长和对资源的需求是无限的，长此下去，用不了多久地球总有一天支持不住的。《增长的极限》在编写过程曾经集中许多不同学科和部门的专家，确立一个“世界模型”，利用电子计算机进行系统动态分析，结论认为：如果世界人口增长、资本利用、粮食与资源消耗趋势都继续不变的话，那么，2100年以前将达到增长的极限，在此以前许多资源都已耗尽。因此，《增长的极限》要求世界尽早停止人口和工业的增长。《增长的极限》同马尔萨斯人口论是一脉相承的，只不过把资源的范围扩大，把土地扩大到更多的自然资源，分析方法更为复杂而已，所以有人称罗马俱乐部是配备了电子计算机的马尔萨斯。

马克思主义在对待人口与资源的关系上从来都是反对悲观论的，因为悲观论不符合人类改造自然界的历史规律，它看不到人类认识自然和改造自然的科学技术力量，而且它完全抛开了一定社会生产方式来考察人口与资源的关系。悲观论在实践上瓦解了人类为改善生存条件的斗争。《增长的极限》无异要求发展中国家承认同发达国家的差距，在停止人口增长的同时停止经济增长，永远处于被奴役的地位，这是第三世界国家不能接受的。

马克思主义认为人类认识自然的能力是无限的，因而认为资源的前景是光明的，一种资源少了可以有更多资源来代替，还可以提高资源的利用率，实行综合利用，变废为利等等。但是马克思主义也不赞成盲目的乐观，认为在一定时期在一定的生产力和技术水平下某些资源也是有限的。从对自然资源有科学认识到用于人类实践，要有一个过程，要经过巨大的努力，因此不能把科学的可能性看成是现实性，不能漠视一定时期资源对人口增长的限制性。所以马克思主义主张改造自然要有社会经济发展计划，人口增长也要有与资源的开发、利用水平相适应的计划。马克思主义坚信，到了共产主义社会，人类在进行计划生产和计划生育的同时，也必然能够有计划地合理地开发和利用自然资源，使之永远适合于人类生活的需要。

三、人口和环境的关系

(一)人口与环境关系综论

人口和环境关系的研究有两个方面：一是人类利用生态环境为人类社会造福；二是人类在活动过程中由于过度开发资源等原因，对环境造成破坏和污染，最终损害了人类自身的利益。本节着重谈后一方面的问题。环境污染和破坏(以下简称污染)对人类的健康和生活带来极大威胁。对于这点早在二三百年前中外有的统治者已多少有所察觉，并颁布过一些防治的法令。然而把人口和环境污染问题联系起来考察，是在工业化初期人口开始城市化的时候；把人口和环境问题联系起来作为世界性的大问题认真对待，则是 20 世纪 60 年代中期以后的事。60 年代中期以后，世界人口增长速度达到人类历史的最高峰，环境污染的严重性也愈来愈突出。环境污染，有人称之为公害，它不同于自然灾害，是由于人类活动引起的。它对于人口的身体素质、人口发展都会造成极大的危害。这种危害有的十分明显，骤然而来，引人注目。但大多数是长期潜伏、积累到一定程度才暴露出来，这种情况更为复杂，常常被人忽视。

环境污染从环境要素来区分，主要有土地污染、大气污染和水污染。就人类活动造成的污染来说，主要区分为生产污染和生活污染；生产污染又区分为工业污染、农业污染和交通污染，交通污染有一部分属于生活污染。

目前有两种观点不利于正确认识人口和环境污染的关系。一种观点认为环境污染是人口城市化的必然结果，是工业化的必然产物；并认为随着生产力的发展，环境污染问题就会随之解决，正如今天一些发达国家解决国内污染问题那样。这种观点是不能接受的。首先，在资本主义初期，由于生产力水平低下，人类对自然和社会的认识有限，出现一些环境污染是难以避免的；然而，今天人类科学技术水平已大为提高，没有必要重蹈资本主义初期的覆辙。其次，当前发达国家没有一个称得上已解决了环境污染问题，只不过是比最严重时的情况有所好转而已。再次，今天人类活动造成污染的性质和规模不但和二三百年前不同，就是和二三十年前也截然不同。今天世界人口已达 47 亿，人口城市化的程度高于城市化初期几倍到几十倍，今天生产和生活的污染源比过去大得无法比较，现在每一年从地下“呼唤”出的矿产品达4亿立方米。过去依靠环境的自净能力可以净化，现在已难于做到。最后，过去人类限于认识水平和改造自然的能力，只能走一条“先污染后治理”的曲折而代价很高的道路，现在人类应该而且只能选择控制、保护和预防的道路。

另一种观点夸大人口增长和环境污染的严重性，把人口增长和环境危机联系起来，认为战后世界人口增长快是造成世界环境危机的根源。这是典型的悲观论和人口决定论的杂拌，而且显然是错误的。首先，造成当代环境污染的原因是多方面的，有人类认识自然和改造自然能力和水平不高的原因，有工农业发展的原因，有社会制度上的原因，当然也有人口方面的原因；在一些情况下人口增长快还可能是个重要的原因，但是把环境污染都归因于人口增长快则是片面的。其次，夸大环境危机实际上是否定人类迄今为改造自然环境所作的努力。当代环境污染相当严重是事实，但决不能认为人类在自然界和环境污染面前无能为力。实践已证明，人类是能够控制自身生产并能治理和保护好生态环境的。再次，持这一观点的人在理论上以《增长的极限》的观点为基础，提出“三零”方针作为解决人口问题和环境问题的指导思想。所谓“三零”就是人口增长为零，生产增长为零，污染排放为零。这不仅在理论上是错误的，而且在实践上也是做不到的。因为生产增长为零就意味着发达国家和发展中国家永远保持目前的经济差距。这是发展中国家无法接受的。在目前技术条件下污染排放为零也是不可能实现的。至于人口增长为零在全世界范围也不是短时期内所能实现的。

(二)人口增长和土壤污染与破坏的关系

在中外的历史上都有过许多重视保护水土的事例。现在全世界对土壤污染和破坏的严重性亦已引起广泛的注意。土壤破坏的主要标志是：土地被侵蚀，失去肥力，严重的岩石裸露。它主要有四种类型：(1)土壤的植被被破坏和水土流失；(2)草原退化与土地沙漠化；(3)土地盐渍化；(4)土壤板结。土壤被破坏有自然原因，如水旱灾害、火山爆发、地震、流沙石、大风暴等，这类破坏是地球亿万年都存在的。但是，当前地球土壤遭受破坏主要是由于人类未能按照自然规律利用土地，或由于达到某一目的而产生另一种后果，如修筑水库或利用地下矿藏而引起土壤被破坏。从国内外历史来看，土壤被破坏的直接原因大都出自违反客观规律扩大耕地面积和过度从土地索取“报酬”造成的，其背后常常是人口增加对食物提出更大需要这个原因。植被被破坏和水土流失常常是在平原或山坡开荒或是盲目砍伐森林造成的。耕地退化常常是由于种植单一作物或连续耕作不作任何休耕、轮耕造成的。草原退化和沙漠化常常是由于超载放牧和开荒造成的。美国 30 年代在西部滥垦、滥牧，苏联 60 年代在中亚开荒造成一片荒漠，是众所周知的例子。还可看到，土壤盐渍化和土壤板结，大多是为了增产而长期过度灌溉和使用化肥造成的。

当然，为使土地增产人类必须施肥，而施肥又常常给农田带来污染。例如，施用人畜粪尿或污水作为肥料，就难于避免把病原菌带入土壤。第二次世界大战后人口迅速增长，为了提高农产品的单位面积产量，农田普遍使用化肥、农药(除虫、除莠)，这样就把一些有害元素带进土壤，并在土壤中残留积累成为土壤污染。此外，人口增加也加剧了把处理的垃圾、废渣、污水倾注在土壤的行为，同时，大气污染、水污染和降尘等也造成一些重金属元素对土地的污染，如汞、铅、镉等污染。土壤被破坏的直接后果一是缩小了耕地面积，二是降低了土壤的肥力。这两个方面对人口数量及其迁移都有影响。这些问题随着科学技术进步和社会生产力的提高，人类总是会在前进中不断解决的。

（三）人口增长和水污染、大气污染的关系

自从人类开始工业化和人口城市化，就越来越突出地感受到大气污染和水污染的问题。我国和一些国家历史上都有过关于防止这方面污染的法令。恩格斯在《英国工人阶级状况》中对伦敦的大气和水污染有过不少描述。但是过去只限于局部城市的小范围，而今天大气污染和水污染却扩展到很大的范围，许多污染已带有全球性。而且，过去的大气和水污染主要是生产污染，它同人口的关系似乎不那么直接。今天的大气和水污染的程度比过去更甚，人口发展在这方面影响也比过去大得多。

第二次世界大战后，人口城市化和工农业飞速发展，大量污水、废物排入水域，使水体受到污染，水质变坏。现在污染范围几乎已遍及世界所有江河湖海、水库和地下水。今天的水污染主要来源于工业的废水和农业使用化肥、农药所造成的污染渗入水体，此外生活垃圾和生活废水也仍然是重要的污染源。一般地说，工业污染比生活污染危害程度更大；但由于生产集中，能够通过立法和加强管理来限制，它比较容易控制，可以通过排污循环水等来解决。但农业污染和生活污染对水体的污染则较难控制。这种污染同人口的增长、人口密度增加和人口消费水平提高有着直接的关系。水污染的主要后果一是人口生活所需的干净、卫生用水减少，增加人的致病因素；二是水产资源减少，从而影响人类食物的来源。

大气污染有不同的类型：烟雾污染、大气粉尘、大气微生物污染、光化学烟雾等等。有的污染早就存在，只不过在第二次世界大战后大大加剧，有的则是由现代化生产造成的，过去从未出现过。当前世界最关心的大气污染，是由于燃烧化石燃料排放出的污染物，主要是大工业排放的；另一部分，则是由家庭生活需要燃烧各种燃料而加剧的大气污染。从长远来看，对大工业排放造成的大气污染可以加强控制，而家庭排放所造成的大气污染则比较难控制。大气污染与人口增长和人口密度有关。燃烧各种燃料排放的废气，有碳氧化合物（如一氧化碳）、硫氧化合物（如二氧化硫）、氧氮化合物（如二氧化氮）、碳氢化合物、氧化剂、粉尘等等。这些污染物本身已十分威胁人体健康，但更严重的是这些污染物常同空气中的一些气体起化学变化，对人体和工农业生产带来更大的危害。例如酸雨对动植物和建筑物的危害就很大，对人体的健康也有很大的损害。大气污染的另一后果是粉尘和各种元素降入土壤和水体，形成土壤污染和水污染，反复循环，使得有些有害元素富集和危害性加剧。大气污染还会破坏、改变生物群落结构，破坏生态平衡，这对人口的分布又是十分不利的。

（四）环境污染对人口素质和人口再生产的影响

在人类历史上很早就有人懂得，不同环境有不同的身体素质和不同的地方病，也懂得人口密集造成的各种传染病。历史上也发生过不少由于环境污染造成人口迁移的事例。但在过去，环境污染对人口的影响远远不如饥荒造成的威胁大，因而未受到很大重视。第二次世界大战后由于环境污染带来许多新的问题，其中一些已成为一种公害，威胁到人类群体的健康，因而受到各方面的注意。

环境污染的造成，不能都归结于人口因素。但是一旦造成环境污染以后，无论是大气污染、水污染或土壤污染，无论是物理性污染、化学性污染或生物性污染，最终都直接或间接影响人类健康，从而影响到人口迁移或人口再生产各个方面。环境污染对人口的直接影响是通过人口死亡率、发病率、平均寿命和人口的优生、遗传等方面表现出来的。污染对人口素质的影响，实际上只能反映其中直接和明显受环境污染而发病或致死的部分，其他间接的、潜伏的或和其他社会经济因素交织在一起的影响常常被缩小了。环境污染对人口的影响范围大，作用时间长，涉及不同性别和年龄的人口，有时还要波及下一代人口的素质。环境污染对人口的影响主要表现在以下几个方面：

1. 在死亡率和平均寿命方面。由环境污染导致急性中毒致死的公害，全球都时有发生。50 年代初期伦敦烟雾事件是最突出的，那次由于粉尘和二氧化硫的积聚，4 天中死亡4 000人，两个月后又有8 000人死亡。又如30 年代比利时马斯河谷事件和50 年代日本水俣病事件，都发生急性死亡，从而提高了该地区的死亡率。由于环境污染在很大程度上具有地区性，因而必然导致地区死亡率有差别。欧洲国家工业化初期城市死亡率都比乡村高，重要原因之一是劳动条件恶劣和环境污染。到目前为止，许多发达国家尽管城市医疗条件比乡村优越得多，但城市死亡率仍高于农村，这不能不在很大程度上归因于城市的环境污染。目前世界上公认的长寿区都是基本上未受污染的山区和农村，这是一个有力的证明。世界各国和我国对环境污染所作的一些调查资料，都说明环境因素导致不同年龄死亡率差别极大，许多大气污染事件造成老人和婴儿死亡率成倍地提高。

近年来我国和世界各国对人口死亡原因的研究，都发现死因的结构有很大的变化。现在许多国家的大城市都发现同环境关系较大的癌症，在各种死因中由过去不显著的地位急剧上升，甚至上升为首位。我国最近进行过的流行病调查，发现脑血管病已占到我国各种死因的第一位。脑血管病的造成同环境污染、特别是噪音关系极大。在一些地区由于某种元素提高或缺少而致死的也十分突出。这些都同环境因素有密切关系。

2. 在发病率和患病率方面。环境污染物进入人体大多不是马上出现急性危害，而是有一个潜伏时期，或导致其他一些慢性病，或触发或加剧一些慢性病。因此，环境污染严重的地区，与环境污染有关的许多疾病的发病率、患病率都很高，例如美国 1948 年多诺拉镇全部人口不到14 000人，由于大气污染而发病者5 911人，占全镇人口43%。我国一些健康调查也发现慢性鼻炎、慢性咽炎等，重污染区比轻污染区发病率高一倍到几倍。各国的卫生统计资料都表明，大气污染同呼吸系统和循环系统的慢性病，水污染、土壤污染同消化系统的慢性病都有很高的相关系数。

第二次世界大战后许多发达国家都发现，身体畸形、智力发育不全或残疾患者在一些地区人口中比例提高，也是由环境污染造成或诱发出来的。日本的水俣病和骨痛病造成的残疾和畸形的患者，都是由工业废水造成的。现在世界许多国家都发现癌症的发病率和患病率的提高，同环境污染有重要联系，主要是由于化学污染物通过工业的废气、废水、废渣进入人体逐步积累引起的。

3. 在人口优生和遗传方面。第二次世界大战后，一些发达国家出现畸形新生儿的状况，引起各方面注意对环境污染和遗传因素的研究。各种污染物进入人体后有的直接作用于人体的生殖细胞，因而对人口的下一代有各种影响：一是使正常生育机能受损甚至不能生育；二是使怀孕妇女的胎儿死亡，造成流产；三是污染物不作用于本代而作用于基因而产生畸形婴儿。这种由环境污染物通过母体影响到子体出现先天畸形或智能发育不全，是人口素质的一个重大问题。

(五)人口城市化和环境污染的关系

人口城市化出现的环境污染问题，很早以前就受到人们的注意。早在 13 世纪，我国古都长安就有过由于人口多造成水污染而发生流行病的记载。工业化国家的环境污染问题，过去和现在都突出地体现在城市。今天世界各国许多严重的环境污染事件大都出于城市和工矿区。因为城市一般都集中了大批工业和大量人口，大量工业污染源和生活污染源的污染物共同作用于城市环境，而城市的范围有限，城市环境的自然净化能力一般都不足以消除各种污染。这就使城市环境污染的性质比乡村严重得多，有时来势很猛，而且反复出现。

城市污染的种类主要是大气污染和水污染。城市的土壤污染相对来说不很突出，但是许多国家的城市郊区为了满足大量城市人口对农产品的需要，使用化肥、农药的数量和浓度都高于农村。城市由于人口密度高，还有一些特殊性质的环境污染，主要有：(1)噪声污染。这是工业和人口集中必然出现的。(2)光化学烟雾污染。这是由于城市人口密度高，大量使用汽车作为交通运输工具造成的。(3)陆地下沉。这是城市为了满足生产和生活需要过度抽取地下水造成的，现在世界上许多大城市已出现这种现象。(4)由于城市不断扩展，郊区范围日益扩大，工厂、住宅、商业服务建筑、道路、公用建筑等占用土地愈来愈多，占用的一般都是好地，迫使城市周围开垦劣等土地和过度掠夺土地肥力，造成土地的破坏和污染。此外，温室效应和热岛效应都是城市特有的环境污染。

现在世界各国人口城市化程度高的地方，其环境污染的程度一般都较为严重。大城市许多生活质量的重要指标都低于中小城市。诸如每平方公里人口数，居民平均住宅面积，居民平均绿地面积，每万人口平均的交通工具等，大城市都处于劣势。由于城市的大气污染、水污染和垃圾充斥等原因，再加上交通拥挤，许多大城市的生活环境已很恶劣。而一些人口“过度”城市化的发展中国家的特大城市的贫民区，情况更为恶劣，很大一部分人口呼吸不到新鲜空气，喝不上卫生自来水，再加上传染病流行，有的已成为世界上死亡率最高的地区。

城市污染对人口迁移和分布也有一定的影响。由于城市环境污染，一些资本主义国家的富裕阶层都纷纷迁离城市在远近郊建立优美的住宅区，于是就形成资本主义大城市几个截然不同的生活环境，富裕阶层住宅区愈益远离市中心，而广大劳动人民则愈来愈密集在环境污染严重的市中心区。另一方面，历史上已经形成的城市商业中心、金融中心都在原来市区，因而有一部分人口在市中心和郊区之间有规律地作钟摆流动，结果是人口白天流入城市，晚上流出城市，这样又进一步加剧交通污染。

四、人口容量和生态平衡

(一)人口容量的概念和意义

古代一些政治家或思想家都曾探索过一个国家或地区能容纳多少人口这个问题。但是，由于当时的认识能力有限和人类改造自然的能力还很低，提出的各种人口容量的设想一般都缺乏科学根据，总是被人口发展的历史所否定。第二次世界大战后，由于人口以史无前例的速度增长，在结合资源、环境来研究人口发展时，国外许多学者重新提出探索人口容量这个问题。有的在探索地球的人口容量，更多的是研究一个国家的人口容量，个别学者也有探索一定地区范围的人口容量。近年来我国有些学者也提出我国人口容量或类似的问题。

人口容量又称人口承载量，大多理解为一定环境下一定地区所能扶养的最多的人口数，也有称之为最大的扶养能力或负荷能力，但也有人认为指的是一定自然资源条件下最理想的人口或适度人口。定义虽然不完全一致，但基本上所指的都是一定的自然资源条件下所能容纳的一定的人口。

人口容量的探索，在马克思、恩格斯在世时人类的社会实践并没有提出这个任务，因为当时世界人口还不到十亿，地球上还有很多可耕地，可以养活更多的人口。然而，马克思、恩格斯从不认为人类可以漫无限制地增殖。在马克思看来，自然界是一个统一整体，“人作为自然的、肉体的、感性的，对象性的存在物，和动植物一样，是受动的、受制约的和受限制的存在物”①。在这个意义上说人在生物圈或在任何生态系统中的个体数同任何生物一样也受到自然环境的一定限制，否则就要破坏生态平衡。一方面，今天的人口、资源、环境都出现了许多新情况，人类的物质文明比过去有很大发展，人类的物质、文化需要比过去复杂得多；另一方面，人类对自然的认识也达到一个新的高度，可以预见到在一定技术条件下资源的利用和开发的程度。因此，在马克思主义理论指导下，研究不同生态环境的人口容量，对于社会主义国家考虑人口的长远目标和制定人口政策有一定的参考价值，也有助于指导人口再生产和安排人口再分布。但是这种研究不能脱离、代替或凌驾各个时期的社会经济分析。人类不仅生活在一定的自然环境之中，更主要是生活在一定的社会之中，因此人口的存在和发展主要受一定的社会生产条件的限制。即使从生态环境的角度来研究人口容量，归根到底也必须依据马克思主义的两种生产的理论来进行分析，才能得出科学的结论。

(二)人口容量和生态系统的食物链(网)

人的身体不断地进行新陈代谢，就和生态环境的有机界和无机界发生各种关系，其中最重要的是通过生态系统的食物链来联系。因为从人口生态学来看，在目前的科学技术水平下，制约人口数量的决定

① 《马克思恩格斯全集》第42卷，167页，人民出版社，1979。

性的因素还是食物。因此有必要先了解人在食物链中的地位及人口所受的制约。

从生态学看，一个生态系统除了有必要的空气、土壤和水等无生命环境因素外，生物群落都是由生产者、消费者和分解者组成。这里的生产者和消费者都是指生物。生产者是指能进行光合作用制造有机物的绿色植物而言。绿色植物通过光合作用，把太阳的辐射能和无机物质转化为有机物质，把太阳能转化为化学能而留存于生态系统中，这是一切生命赖以存在的源泉。消费者主要是指包括人在内的动物，其中又区分为草食动物(称第一级消费者)、肉食动物(称第二级消费者)，还有捕食肉食动物者(称第三级消费者)，等等。人是最后一级消费者，是杂食动物。各级消费者通过摄取、转化、呼吸和排泄等过程不断地消耗各种有机物。分解者是指微生物，它把动植物的残体分解，转化为无机物质，交还给环境，供植物再利用。在生态系统中生产者、消费者和分解者之间进行能量流动和物质(主要是水、碳、氮等)交换。因此生态学在一定意义上讲，是指每个生态系统中生产者、消费者、分解者，在结构上、功能上、能量和物质的输出、输入上在数量上的平衡。生态学从生态平衡的观点，把各种动物间为了摄取能量和营养而形成的各级消费者，及其形成的链条，称为食物链，把生态群落中彼此交错的食物链称为食物网，各种生物之间进行物质和能量传递的级次关系称为营养级。生物群落包括植物、动物、微生物，它们之间由食物的关系结合在一起，互相影响、互相依存，组成几个不同的营养级。通常把绿色植物、藻类等通过利用太阳能和光合作用转化为复杂的有机物，在生态学上称为生产者又称第一营养级；第一级消费者是草食动物属第二营养级；第二级消费者是以草食动物为食者属第三营养级，依次类推。最复杂的营养结构也就是五六个营养级。

地球的能量源泉是太阳能，其能量是极其丰富的，甚至可以说是无限的，可以供无数生物繁衍。然而能量在流动过程中，每一个环节都有大量的损耗，换句话说，每一个营养级食用前一个营养级只能利用前一级提供的部分能量。实际利用的能量和可能利用的能量之比，称生态效率，生态效率制约各营养级之间生物量的比例。按目前的科学水平测定，绿色植物能吸取的太阳辐射能，一般为0.1%～5%，以后依次各级的生态效率平均来说也不过10%(草食动物较高可达17%)。因此，在生物群落中营养级低的生物个体数目最多，随着营养级升高，生物个体数和生物量就依次大幅度减少，形成一个金字塔形。这样不同营养级之间的个体数不能不保持一定的比例关系，形成一个相对稳定的结构，这是生态保持基本平衡的必要条件，任何破坏都会导致生态失调。

生态系统食物链的关系应用在动物生态是完全正确的，人作为一般动物也不能违反其中一些自然规律，但把这种动物生态应用到人类社会借以研究人口容量问题就要复杂得多，而且有很多本质的差别。因为人类能自觉地有效地利用各种环境因素，提高生态效率，在不违反自然规律的前提下，提高人口容量或提高人口的生活质量都有很大的余地。

(三)研究人口容量的几个理论和方法问题

研究人口容量实质上就是探讨资源与人口的恰当比例关系问题。它在理论和方法上还有许多值得探讨的问题。

1. 人口容量的涵义。在人口学上有所谓最高人口和最低人口。最高人口是指一定环境能使人口存在下去的最高数，超过这个数目的任何人口数都会导致每人平均供应量低于生存水平而引起死亡率上升或生育率下降，终于回复到最高人口数的限度内。与此相反，最低人口就是在该环境内要保持人口存在下去的最少数目。在一个与外界隔绝的环境中，没有起码的人口数，人口再生产就无法持续进行，因为人口过少即或能生育第二代、第三代，但由于遗传因素的限制也无法继续繁衍。因此，最高和最低人口在很大程度上是生物学意义上的最高人口和最低人口。

人口容量所指的并不是生物学上的最高人口。因为人和动物不同，人的需要是多方面的，而且维持最低生存水平在不同历史条件下也不一样。因此，人口容量应该是指在一定生活水平下能供养的最高人口数。所以，一定环境的人口容量就不是一个固定数，而是随所规定的生活水平的标准而异。如果把生活水平定在一个很低的标准上，甚至是仅能维持生存的水平，人口容量就接近生物学上的最高人口；如果把生活水平定在一个较高的目标上，人口容量在某种意义上说就是经济适度人口。因此人口的容量的涵义是一个必须明确的问题。

2. 衡量人口容量的环境因素问题。各种环境因素如太阳、空气、水、土地、生物、矿藏等现在都被看成是一种自然资源，都是人类生存不可缺少的，但不同资源对决定人口容量的意义不同。有的资源如太阳、空气是极端重要的，可是目前对规定人口容量没有关系；有的资源如淡水过去只对个别干旱地区的人口容量起限制作用，现在已在越来越多的地区被看成是一种决定人口容量的重要因素。在任何一个环境，各种自然资源的充分程度是各不相同的，因而研究人口容量就面临一个问题，即以综合的资源来衡量抑或以个别或几种资源来衡量的问题。到目前为止，还找不到一个能概括某一环境全部资源的综合指标。如果按个别或几种资源来规定人口容量就有一个标准选择问题，因为“长线”与“短线”的人口容量差别很大，人口容量又成为一个不固定的量。就我国和地球总的来说，土地、能源和水，在今天应作为考虑人口容量的重要因素。

3. 封闭环境和开放环境的人口容量。人口容量是以一定生态环境作为容纳人口的基础，而且假定这一生态环境是封闭的。对动物来说，只能在某一生态环境下取得它们的物质和能量。然而人类和动物根本不同，人类取得的物质和能量远远超过所在的环境。生产力愈发达，能利用生存环境以外的资源就愈多，甚至可利用外层空间的资源。因此，人口容量也有一个考虑不考虑从其他环境取得资源的问题。

一般地说，资源丰富的地区人口容量多于资源贫乏的地区。但实际上有些资源并不丰富的国家养活着许多人口，如日本、荷兰、比利时等，这些国家土地、矿产资源都不足，可是人口密度都高达300人/km^2以上，而且享受较高的生活水平，这是因为它们利用其他国家的资源。有些地区许多种资源都很丰富，但其中一种资源很匮乏，就限制了它的人口容量。比如我国西北部的干旱地区和黄土高原，由于缺乏淡水，人口很少，一旦从其他环境引进充足的农业用水和生活用水，大力种草种树、保护植被，人口容量就能成倍甚至几倍地增长。因此人口容量也会随不同环境之间资源的交流而变动。

(四)人口容量的决定性因素

生态环境的各项因素是限制人口容量的自然条件，这是必须承认的。漠视生态环境对人口的限制，导致比例失调，结果只能把该环境的人口承载量降低或使人口的生活水平下降。但是人类有改造自然的能力，能创造适于生存的环境，提高承载能力。因此，一定环境人口容量的决定性因素归根到底是社会经济因素。

生产力的发展水平在扩大人口容量中起着最重要的作用。因为生产力发展对自然环境的开发、利用能力的增强，是扩大人口容量的决定性因素。另一方面，交通、运输、贸易活动的发达也等于扩大了环境，客观上也提高了人口的承载能力。人类从产生到现在已有二三百万年，自然环境并没有很大变化。但是，人类摆脱了蒙昧状态，特别是进入原始农业以后，人口容量却发生了很大变化，这不是别的原因，而是生产力发展的结果。生产方式每一次的进步都使人口容量大大扩展。根据现在的估计材料，处于采集和狩猎时代，平均 200 平方公里才能养活一个人。到古埃及时代的农业，每 5 平方公里就能养活一个人。在古代的伊拉克，有的农业地区每平方公里能养活十个人甚至更多。到了资本主义时代，人口的容量又进一步扩大了几倍。《共产党宣言》在谈到资本主义时代生产力的迅速发展时写道："自然力的征服，机器的采用，化学在工业和农业中的应用，轮船的行驶，铁路的通行，电报的使用，整个整个大陆的开垦，河川的通航，仿佛用法术从地下呼唤出来的大量人口"①。这正是把人口容量的扩大同生产力的迅速发展相联系。今天个别国家人口密度很高，不能用环境来解释，只能用生产力发展来说明。当然，生产力的提高，有扩大人口容量的一面，但是也有由于提高生活水平而降低人口容纳能力的相反的一面。

人类社会存在的人与人之间的社会关系，从很多方面对人口容量的大小起着巨大的决定作用。私有制的存在是限制人口容量的重要社会条件。各种私有制的社会统治阶级，对资源的掠夺性开发和通过分配关系造成贫富两极分化，一部分人穷奢极欲，一部分人贫无立锥之地，使得一个环境能供养的人口比正常的容量小。

---

① 《马克思恩格斯选集》第一卷，256 页，人民出版社，1972。

强调社会因素的作用并不否认生态环境对人口容量的限制作用。因为目前生产力水平和对自然认识、利用、改造的能力还有待提高和发展，旧的生产关系还为扩大人口容量设置种种人为的障碍。在目前的生产力水平下，人口容量受环境制约主要表现在人们目前改造不利于生存的环境的能力还不够强大，人们开发和利用资源的水平还不高，自然环境对不同地区的部门结构还起很大的决定作用，自然环境对劳动生产率高低的影响还很大等等。

(五)人口容量与现实的人口

20 世纪初适度人口论在西方国家流行以后，从 30 年代开始，英、美、法、荷等国家都有过一些学者计算自己国家的最优人口数。第二次世界大战后，"人口爆炸论"在一些西方学者中间也颇有影响。在这种形势下，地球的人口容量或承载能力也就成为乐观派和悲观派争论的一个课题。

现实人口是任何一个地区或国家的历史产物，是一定的社会经济历史条件下人口发展的结果。它是一定时期一种既定的物质条件，人们是不能随意摆布的。所以马克思说过："如果说由一定形式的生产条件的扩展能力所设定的人口限制，随生产条件而变化，……因此，在一定生产基础上产生的过剩人口，也和当时的正常人口一样，都是被决定了的。过剩人口和人口加在一起，便是一定的生产基础可能产生的人口。"①显然在生产资料私有制下，由于人口再生产的无政府状态，现实人口是不会按着模拟出的适度人口或理想人口等人口容量的目标发展的。所以各国学者计算的人口目标既不为政府所接受，也对现实缺乏指导意义，大多是计算过以后都不了了之。

① 《马克思恩格斯全集》第 46 卷下，105 页，人民出版社，1980。

在社会主义制度下，人口是有计划地发展的，因此客观上需要考虑一个人口目标。但是人口目标是不能脱离现实人口来考虑的。恰恰相反，它必须从现实人口出发。要合理地，科学地确定人口目标，应当把社会经济发展向人口提出的需要和人口发展变化的可能性结合起来，既要符合社会主义基本经济规律和人口规律的客观要求，又要从人口的现实状况出发。根据自然资源计算的人口容量只能是一个参考值。因为：(1)人口容量的计算比较困难，主要决定于不断变化的客观条件，认识还有待于不断深化，具体的指标体系还有待于确立；(2)任何环境的人口容量随着人均消费水平和人均资源耗用量的变化而有很大的弹性，高低之间差别可以很大；(3)对人类未来开发、利用自然的能力现在还只能有相对的认识，对未来的社会经济条件给予人口发展的影响也缺乏深入的研究，企图在目前的认识水平下在短期内来决定环境的人口容量，也是难以做到合乎科学要求的。

我国的人口发展战略和政策

合理控制人口是我国的必然选择*

中国仅用30多年的时间就把生育率由原来平均生6个孩子降到略低于两个，令世界惊叹。计划生育使中国累计少出生3亿多人，这有利于资源环境紧张状况的缓解，为中国经济社会的发展创造了机遇期，功不可没。当我们回顾新中国人口发展的历史、深入研究中国国情，就会发现，在当前和今后一段时期内，合理控制人口仍是我国的必然选择，这是我们在付出巨大代价后得出的深刻认识。

一、我国丧失了人口控制的最佳时机

1954年第一次人口普查显示，中国人口已逾6亿，这大大超过“四万万七千五百万”的固有观点。人口问题一下子成为社会关注的焦点。在当时相对民主的氛围中，出现了两种声音。一派以马寅初《新人口论》为代表，认为应当控制人口数量，提高人口质量；另一派以王亚南的《再论马克思主义的人口理论与中国人口问题》为代表，包括一批深

* 原载《同舟共进》2009年第4期，由邬沧萍和谢楠合写。

受苏联理论观点影响的学者，坚持认为中国无须控制人口增长。在不同思想的讨论与争鸣中，要求控制人口的声音渐渐占了上风。

那时候，中央高层领导包括毛泽东在内，有倡导节制生育和计划生育的批示和讲话。中共中央也发出了一些节制生育的文件，如1957年中共中央政治局发布的《全国农业发展纲要》，就提出过计划生育。

如果我国在城乡普遍开展计划生育早10年或更多，中国人口控制的局面会更有利，代价会更小。但中国人口控制的实践如同中国社会主义建设道路一样历尽曲折。1957年“反右扩大化”，人口问题的讨论被政治化，陈达、吴景超、李景汉等一批知名人口学家相继被打为右派。1958年“大跃进”更是让“人手论”大行其道，主观唯心论和浮夸风四处蔓延，人口控制的声音戛然而止。

然而，科学规律并不以人的意志为转移，漠视人口规律必将受到规律的惩罚。中国人口此后迅速进入了第二个增长高峰期，1962～1973年平均每年新增人口2 000多万，到1982年第三次人口普查，中国人口已达10亿。建国30年，中国的人口规模便翻了一番！此时连最坚定的“人手论”捍卫者都不得不承认必须控制人口了。而中国人口控制的最佳时机却已经失去，这就意味着几代人将不得不为此付出沉重的代价。

当时很多人对人口规律并不了解，没有认识到人口控制是一项长期、复杂的工作。一般来说，人口增长具有积累性、周期性和惯性的特征。人口增长在起始阶段都是微量增加，并不引人注意，但持续微量的增加，积累到一定时期会愈积愈大，当增量人口达到育龄期后，必然要生育第二代、第三代，形成一个接一个人口高峰，高峰一旦出现，要经过两三代人才能逐步缓解。第一代增量出现时，就要考虑对第二、第三代增量的影响，这是人的生产和物的生产不同之处，必须瞻前顾后。没有抓住 50 年代后期控制人口的最佳时机，意味着我们在 20 年后必须面对第一次人口高峰和第二次人口高峰叠加的巨大压力。

无疑，上世纪 50 年代末的“左倾”错误酿成了中国的人口悲剧。中国不得不在 80 年代采取严格的人口控制政策，这一政策带来的巨大副作用，至今中国社会还在承受着。经济技术的政策失误带来的损害，调整政策后 5 年、10 年或许就能弥补，而人口政策的失误却需要两三代人付出代价。人口问题的政策失误可能是建国以来最大的政策失误之一。

二、改革之初中央的果断决策是十分明智的

中国环境容量的大小是仁者见仁智者见智的问题，但是，上世纪六七十年代的中国，从社会经济发展、资源环境等各方面看，人口过多对资源环境已形成巨大压力、人口“相对过剩”逐渐成为几乎所有人的共识，控制人口是没有回旋余地的必然选择。许多专家坦言，如果没有计划生育政策，多出的两三亿人口将使生存环境更为恶劣。可见，我国的人口控制政策是正确、全面认识国情后的必然选择，它在一定程度上缓解了人口对资源环境的压力，为中国的现代化创造了条件。

事实上，改革开放之初我国面临两个人口高峰，人口控制迫在眉睫，中央不能不果断地作出实行计划生育的决策。

当时我国人口计生工作面临两个突出问题。首先是生育旺盛期妇女数量相当庞大，50、60 年代我国育龄夫妇每个年龄组平均五六百万对，而改革开放后每年都有1 000多万对。其次，改革开放后的生育旺盛人群大多尚未生育第一胎，而当时他们的平均生育意愿为 2.5

个小孩(《新中国人口五十年》，路遇著，中国人口出版社 2004 年版)，已接近更替水平这个临界点，此后再进一步下降非常困难。如果对计划生育放松一点，要求低一点，从短期看可能影响不大，但要是每年多生几百万，还要生第二代、第三代，人口增长又不容易一下子停下来，这样积累下来就是一个很大的数目，对子孙后代影响非常大。从这个意义上说，改革开放初期提倡一对夫妇只生育一个孩子是不得已而为之，是着眼于子孙后代的长远利益。现在看来，当时中央的决策是非常明智、果敢的，是权衡长期和短期利弊得失后作出的决定，30 年的实践也证明了这一点。否则，今天我国人口比现在多三亿到四亿，光是粮食、就业、教育、住房等就得面对更大的难题。

三、用放宽生育率应对人口老龄化是“扬汤止沸”

新时期人口形势依然严峻，面临诸如人口老龄化加剧、出生性别比失衡、流动人口管理局面复杂等一系列问题。进入新世纪，中央发布了《中共中央、国务院关于全面加强人口和计划生育工作统筹解决人口问题的决定》，强调千方百计稳定低生育水平。目前，改革开放后出生的人群逐渐进入生育旺盛期，中国面临第四次人口生育高峰。这虽然只是在低生育水平条件下的一个小高峰，但不能小看，应积极应对，防止生育率反弹，要把来之不易的低生育水平稳定住。

我们应该走出关于人口问题的认识误区。首先必须清楚，人口增长并非越少越好，而要保持适度的规模，否则未来人口老龄化程度将非常严重，过高的人口抚养比将使社会经济发展背上沉重的包袱。但面对“快速变老”的中国社会，提出以放宽生育率来缓解人口老龄化的方针也不恰当。因为增加新生人口将推迟人口总量实现相对稳定的时间，不符合中国人口发展战略；其次，增加新生人口缓解老龄化是

“远水不救近火”，于事无补；最后，现在增加出生人口，意味着扩大了60年后的老年人数量，不但无助于缓解我国长期的人口老龄化，反而造成恶性循环。另一方面，随着老年人寿命的延长，老年人长期护理问题将日益突出，仅靠老年人自身子女的支持是远远不够的，即便老年人有两个甚至更多子女，也必须依靠社会的支持。可见，用放宽生育率的方法应对人口老龄化不过是“扬汤止沸”，效果有限。

中国丰沛的劳动力资源是经济持续、高速发展的重要保证，但事物都有两重性，庞大的人口规模带来的就业问题和粮食安全问题也需要给予足够重视。这些问题在社会经济生活运行良好时并不明显，一旦出现较大波动就将暴露出来。当下蔓延全球的金融危机严重影响了中国以劳动密集型为主的出口行业，使得沿海许多地区就业机会锐减，劳动力市场供求严重失衡，大量农民工春节回城后找不到工作，这对社会秩序的稳定是个大问题。同时，由于2008年年底以来的持续干旱，北方一亿多亩小麦面临减产，这对粮食安全的影响不容低估。可见，全面综合考虑人口对社会的影响是发挥劳动力资源优势的前提，不能只强调劳动力资源丰富的长处而忽视潜在的问题。

合理控制人口是中国的必然选择，我们应当走出一条中国特色的统筹解决人口问题的道路。

我国人口发展战略目标*

党的十一届三中全会拨乱反正，批判了“以阶级斗争为纲”的错误路线，把全党工作重点转移到社会主义建设上来，并提出了建设具有中国特色的社会主义的方针。这就需要制定一个符合中国国情的发展战略。中国人口多、底子薄是中国国情的最大特点，因而在中国发展战略中，人口发展战略就不能不具有特别重要的意义。党的十二大又进一步明确提出：“在本世纪末，必须力争把我国人口控制在12亿以内”的人口发展目标，这就为研究中国人口发展战略，制定人口发展目标指明了方向。

为了研究中国人口发展战略，我们在马克思主义理论指导下，以现代人口学的方法，从1981年初就搜集和研究了过去中国人口发展的大量资料和国外发达国家人口转变的历史资料以及当代各个国家人口的现实情况、人口发展战略、方针政策，并用各参数作了两套方案十几个人口预

* 原载刘铮等著《中国人口问题研究》，1～31页，北京，中国人民大学出版社，1988。

测。在选择人口发展战略的科学性和可行性时，我们密切注视实际情况并参加有关的各种业务和学术会议，在一些会议上提出我们的想法以征求各方面的意见。我们又根据1984年我国第三次人口普查10%抽样资料作了第一套方案的预测，根据100%人口普查资料作了第二套方案的预测。

本报告首先历史地回顾了中国人口的发展战略；然后探讨制定我国人口发展战略有关的理论和方法问题；第三部分，讨论制定人口发展战略的制约因素和决定性因素，因为把各种因素都等量齐观，发展战略将无所适从；第四部分，比较可供选择的各种人口发展战略；第五部分，研究实现发展战略的政策措施；第六部分，可供参考的各种方案的人口发展目标；最后一部分是政策建议，是在认可的发展战略下提出的相应建议。

限于资料不全和对未来发展形势把握不准，我们提出的发展战略和目标可能有不切实际之处，我们希望能有更多的人口学家、经济学家、社会学家、地理学家和统计学家都来参加研究这个事关我国子孙千秋万代的大计。

一、中国人口发展战略的历史回顾

第二次世界大战后，许多发展中国家都先后制定各自国家由落后的社会经济状态转化为发达的、较为先进状态的发展战略。在战略中包括有各种战略目标和采取的目的、方针和政策，在各种战略目标中，人口发展目标被视为是一个涉及总体和各个方面的重要目标。特别是60年代联合国提出的第一个发展十年计划，呼吁第三世界国家把人口纳入发展计划，人口发展目标问题受到更大的重视。战后许多发展中国家社会经济发展取得的成就，常常被人口增长所抵消，按人口平均的收入水平同发达国家的差距不是缩小而是扩大了。60 年代中国正处在十年动乱时期，人口发展目标问题受到漠视自不待言。而且，我国对人口发展战略的认识还有我国的历史根源和认识根源。

鸦片战争以后，中国沦为半封建、半殖民地国家，中国人口的吃饭问题、就业问题、教育问题、住宅问题、医疗问题都是很严重的。中外一些学者开过一剂又一剂的药方企图来解决中国的人口问题，有的学者甚至具体地提出过中国的理想人口应为 2 亿或 3 亿。但是学者的意见，既不能成为政策目标，也没有实际效果，当然更谈不上是人口发展战略目标。

在旧中国，任何要在各方面同时发展和进步的方案，都必须以人民革命胜利、推翻三座大山的压迫为前提。在此基础上才能解放生产力、发展经济、解决人口问题。毛泽东同志在解放前夕关于革命加生产可以解决中国人口问题的论断是科学的，可以看成是当时解决人口问题的一种发展战略。

解放初期，我国用了短短的三年时间使粮食等产量恢复，并且超过了解放前最高年产量的水平，初步解决了吃饭问题(虽然是低水平的)。土地改革后，农民分得了土地，在自己的土地上耕耘生产，在落后的生产力的条件下，当时农村还未感觉到过剩人口的问题；在城市，很快地解决了国民党旧政权遗留下来的大批失业人员的就业问题。这就给一些人一个印象，似乎在社会主义制度下，人口再多也不会出现人口过剩问题，各种人口问题都能迎刃而解。另一方面，解放后我国教条地应用苏联人口理论观点，误认为人口不断迅速增长是社会主义的人口规律，同时我国解放初人口迅速增长造成的各种社会经济问题并未有充分暴露。因此，在我国很长一段时期，人口发展战略问题并没有得到应有的重视，具体体现在我国在 1978 年以前一直没有把人口各种指标纳入我国国民经济的长期或短期计划中，人口多少对社会经济发展似乎是无足轻重的。

在50年代和60年代我国也断断续续地提倡过计划生育，但多是着眼于母婴健康和青年教育成长问题，以限制人口增长为目标的战略还很不明确，马寅初先生等提出过实行计划生育的正确主张，但是并没有得到公正的对待。1958年前后以高指标、瞎指挥、浮夸风和“共产”风为标志的“左”倾错误，反映到人口问题上，出现了“人手论”和“人口越多、增长越快、越能多快好省地建设社会主义”等等片面的、错误的认识。十年动乱和“以阶级斗争为纲”的路线，更不可能正视人口发展战略这个问题。

客观规律是不能违反的，人口增长的惯性作用是不以人们的意志为转移的。原来认为中国人口到8亿再来控制也不迟，然而50年代和60年代的出生高峰已经在上学、就业、结婚、生育、住宅、商品供应、生活水平等方面“教训”了人们，人口发展是不能像物的生产那样，要增加就增加，要“停产”就能停下来的。现在的人口生产的规模和速度，是过去发展的继续和结果，实践使我们认识到对人口发展必须有战略考虑，不然，影响所及不是这一代人，而是子孙几代。经过正反两个方面的教育，在60年代后期，人们才逐步认识到有计划地控制人口增长是刻不容缓的。

但是，真正从发展战略的高度来认识人口数量发展问题是在十一届三中全会以后。十一届三中全会决定把全党工作重点转移到社会主义现代化建设上来，并提出了一条建设具有中国特色的社会主义的方针。决心经过几代人的努力，把中国由一个贫穷落后的国家建设成为一个现代化的社会主义强国。人口多，底子薄是中国最大的特点，因此，要制定一条适合中国的发展战略。人口发展战略、人口发展目标就成为这个总体战略的关键一环。

1979年中央发出提倡一对夫妇只生一个孩子的号召，赵紫阳总理指出："限制人口数量，提高人口素质就是我们的人口政策。"党的十二大政治报告强调指出："在我国经济和社会的发展中，人口问题始终是极为重要的问题。实行计划生育，是我国的一项基本国策。到本世纪末，必须力争把我国人口控制在12亿以内。"这一切都标志着我国的人口发展战略已经逐步明确，并且已制定了一个到本世纪末的人口发展目标。

综观党中央的部署，我国已比过去任何时候都更加重视人口问题，把人口问题和社会经济发展紧密联系起来，在宪法上明确人口发展必须与经济发展相协调。解决人口问题，除了必须坚持"革命加生产"外，还要加上一条实行计划生育。限制人口数量提高人口素质将是我国今后坚定不移的方针。近几年来，实际上已形成一个人口数量发展战略，这就是在人口数量上采取大力限制的战略。我国现阶段希望生育率能低于更替水平，到本世纪末力争把人口控制在12亿以内。即或要达到更替水平，在我国原来高生育率的情况下，也要严格控制才能做到。

我国近年来采取严格控制人口数量的战略，实际是对50年代，特别是对60年代盲目过高出生所采取的"急刹车"。经过十几年的努力，生育率迅速下降，这个战略取得了很大的成功，当然也产生一些新问题，但权衡利害得失，看来还是得大于失。

其一，十几年来我国以人类罕见的速度降低了出生率和生育率，我国生育率的下降速度和程度，在世界大国中只有日本可以与之相提并论。根据国家统计局公布的抽样调查结果，1984年我国出生率已降到17.5‰，总和生育率已降至1.94，这表明我国生育率已低于更替水平。一个高出生率的发展中国家，十几年里，由生育率高达5～6降到2，不能不认为是个“奇迹”。日本已被公认为生育率下降最快的国家，我国虽未达到日本目前的低生育率水平，但下降的幅度比日本还大。从1982年人口普查的结果和1982年以后的人口抽样调查都可以看到中国近十几年来出生率和生育率下降的成就，由于出生率下降，我国人口自然增长率已降到只略高于10‰。

其二，中国的生育观已发生了根本性的变化。根据我们所掌握的许多城乡生育意愿调查资料，当前农村多数农民夫妇希望生两个孩子，城市有一定比例的夫妇特别是知识分子和干部只希望生一个孩子，希望生两个以上甚至希望生三个孩子的多是边远地区的农民和少数民族。中国农民不久以前还是受封建传统影响很深的农民，多子多福曾是占统治地位的生育观，现在已愿意限制生育。大力控制人口战略的提出，特别是提倡一对夫妇只生一个孩子，在改变生育观方面起了很大作用，为今后十几年的人口控制打下了一个极好的基础。

其三，我国多年来已积累起一整套大力控制人口数量的正反两方面的经验，从政策措施、宣传教育、医疗技术、计划生育管理、群众工作、理论研究等方面保证今后人口战略得以顺利推行。

其四，建立了从事计划生育管理和医疗技术工作以及人口统计和理论研究的队伍，从组织上保证了今后人口发展战略能够有组织、有领导地进行。

我国是一个10亿人口的大国，而且农业人口占全国人口的80%，经济、文化还不发达，传统的封建思想还有很大影响，仅在十几年的时间里，妇女就从平均生育5～6个孩子降到2个，不可能没有一点缺点以至失误。诸如有的地方工作做得粗糙，宣传教育不够细致，单纯追求完成指标，有的干部不讲方式方法，有的做法不够合情合理从而影响党和群众的关系，个别地方也还有出现溺弃女婴等等现象。有的缺点是严重的，但在政策的不断完善过程中，将逐步得到改正。

二、制定我国人口发展战略的理论和方法

1. 我国制定人口长远发展战略的必要性

第一，制定人口长远发展战略是我国总体发展战略的要求。十一届三中全会以后，重新明确了社会主义生产的目的是不断满足人民日益增长的物质、文化需要，把全党的工作重点转到现代化建设上来。这就必须制定一条符合中国实际情况的发展战略，这条发展战略当然不能重蹈过去在“左”的思想干扰下，那种没有把人民物质生活摆到应有地位的失误。因此在制定经济、科技、文化、教育和社会需求的各个发展战略时，就不能不把人口发展的规模和可能实现的生活水平如温饱水平、小康水平、富裕水平等作为一个重要的出发点。因为人口多是中国的一个特点，离开这个特点，没有长远的人口发展战略，其他发展战略和整体战略将无所适从。

第二，制定人口长远发展战略是人口再生产的客观要求。人的一生要经历婴儿、幼儿、儿童、青年、成年、老年各个阶段，而每一阶段对社会发展的作用以及带来的社会经济问题都有所不同。人口再生产是有惯性作用的，一代婴儿出生的高峰到几年或十几年后必然出现受教育、就业的高峰，随之就是结婚、生育的高峰，60或65年以后，又必然会有一个老年人的高峰。一个不断降低生育率直到更替水平以下的人口，不可避免地要出现人口减少。在人类历史上，人口增长过快或生育率下降过快在刚出现时都是被忽略的，但是人口的数量增减是逐步积累的，量的积累到一定程度就变成严重问题，常常需要很长时间才能使人口惯性和周期重复性减弱。几十年甚至上百年也不能把

人口调整好。制定一个人口战略就能预见到不同时期不同的人口问题，便于因势利导。

第三，在政治上，为了保证政策的稳定性，以有利于安定团结，也要求明确宣布一项人口长远的发展战略。我国号召一对夫妇只生一个孩子，提出本世纪末力争把人口控制在12亿以内，即要求生育率低于更替水平，都是针对60年代以来高出生的一个阶段的特殊措施，这一措施得到广大育龄夫妇的谅解。但是，一对夫妇只生一个孩子，不可能不给一部分人带来现实困难，也会产生这样或那样的社会问题。像中国这样的一个发展中国家，目前要求这样低的生育率，不能不在一部分人中产生误解。1980年前后有的学者针对中国人口和自然资源、劳动力供求等方面的关系进行了各种方案预测，认为中国百年后最理想的人口是6.5亿～6.7亿，这个计算结果，当时曾得到许多学者和一些政府部门同志的赞赏，就连国外一些学者和国际组织也认为这是中国的远景人口目标。按此目标，中国将推行一条减少人口的战略，提倡一对夫妇只生一个孩子的政策将不是一代人而是几代人都要执行的政策。这既不合情也不合理。尽管这不是我国党、政领导部门的决策，但其社会心理影响很大。群众担心将来劳动力不足，抚养比增高，人口严重老龄化，人口再生产能力低将要持续几代人。国外对中国所谓“一孩政策”的误解，也是因为我们没有明确人口目标；别有用心的人攻击我国人口政策，也常常是抓住中国人口要达到6.5亿～6.7亿这一点。因此出一个安民告示，明确中国的长远人口目标，有利于执行现行的人口政策，消除国内外的误解和疑虑，进一步密切党群关系。因此制定一项长远的人口发展战略势在必行。

2. 人口发展战略和人口战略目标的涵义

人口发展战略就是以人口这个群体为对象为达到某一个要求的战

略目标所奉行的总的方针政策，它包括一组战略目标。人口发展一词在西方人口学中很少使用，在它们的人口学辞典中也没有下过定义，许多人把人口发展看成是人口增长的同义语。其实人口发展的涵义远远超过人口增长，并且也超过人口数量的范围，因此人口发展战略目标(下称人口目标)，首先应包括发展到某一个时点时，人口的规模和在一定规模下的人口的性别、年龄结构以及人口再生产的速度和各种比例关系。当然广义的人口目标还应包括人口质量的目标和人口空间分布的目标。但在这一专题中将不予包括，因为人口质量和人口迁移问题将另有专题讨论，本题涉及的只限于人口再生产方面的人口目标。在这一人口目标中具有决定性意义的是人口规模(总数)这个目标。因为(1)它反映了一定时期人口再生产的最后结果；(2)在形成一定的人口规模过程中必然带来相应的人口性别、年龄结构的变化，因此某一个人口在一定时期发展到一定规模时，就必然有相应的性别、年龄结构；(3)人口规模既通俗易懂又便于同各种方案目标比较。

人口战略目标同适度人口、最佳人口、理想人口、最高人口、最低人口或人口容量等等概念不完全相同，后者是按某一特定标准(如经济水平、营养水平、食物、某一资源和生态环境等)来衡量的人口规模，而人口目标则是根据人口的现实情况，按一定发展战略要求，在一个较长的时期可能达到的目标。它通常比计划指标要的人口数的时间要长，它是各种人口预测方案中，按照人口发展战略部署预期发展的近似的预测人口总数。因此人口目标具有长期性和方向性，考虑了需要又考虑了可能。

3. 人口发展战略和人口目标的期限

人口发展战略和人口目标都带有长远性、战略性。但是我国制定的人口发展战略的跨度多长是值得考虑的，太短了不能成为一段战略的设想，而是属于短期计划的范畴，从现在起到 2000 年的人口目标，党的十二大已作出了明确规定，因此人口发展战略目标势必涉及 2000 年以后。但如果时间跨度定得太长，客观条件的变化则难于估计。我们把我国的人口发展战略和规定的人口目标定在下世纪中以前，最远到 2050 年。根据是：

(1)从我国发展战略来看，在本世纪末力争工农业总产值翻两番，人口控制在 12 亿以内，使人民的物质、文化生活达到小康水平。在此基础上争取再经过 30～50 年的努力，达到发达国家的水平，因此到那时人口规模多大当然是个举足轻重的问题。

(2)我们的预测以 1982 年的人口普查为基础，到 2050 年是 68 年，大体上相当于我国人口的生命周期，大体是三代人的时间。50 年代、60 年代的人口出生高峰经历了第三个回合的人口生产周期，到那时，历史上出生高峰的惯性和周期性波动可能接近尾声。

(3)到 2050 年时，我国 20 世纪 50 年代、60 年代、70 年代初高出生的人口，甚至 90 年代初的出生人口，届时将全部进入老年人口行列或接近老年人口。我国人口老龄化最严重的时期即将过去，到那时中国人口有可能达到稳定化的阶段，人口规模很有可能达到最高点。在此以后，我国人口将不会大起大落，即或略有增减也是极其有限的。那时在我国 960 万平方公里的土地上，人口数对生态环境的负担将是个稳定数，这也是战略上必须考虑的问题。

(4)从 2000 年算起到 2025 年是一代人，到 2050 年将是第二代人，这两个时点易于同国际的人口资料对比。

4. 制定人口发展战略和人口目标的方法

我们认为制定人口发展战略及其目标，绝不止是个简单的计算问题或数学方法问题，作为数量的考察我们必须应用大量数据，运用社会经济统计的方法、数量统计的方法甚至一些数学方法，运用电子计算机和控制论等。但是，制定人口发展战略最根本的还是首先要对全局作出理论分析，在马克思主义理论指导下，加深对人类社会发展规律和人口发展的具体规律的认识，特别要加强对人口和社会、经济、技术以及资源生态环境的相互关系和长远协调发展的研究，才能使发展战略有正确的方向。

人口发展有许多共同的普遍规律，发达国家的人口转变虽然有早有晚，转变的速度也不一样，但所有人口最终都将走向现代静止人口的方向。我国开始人口转变比西方发达国家至少晚一百几十年，很多发达国家面临的人口问题，我国在半个世纪后也会或迟或早出现，只是表现形式可能有所不同而已。因此在制定人口发展战略时，要广泛采用比较法、历史法，考察古今中外各国人口发展的来龙去脉，以供借鉴。除了寻找各国的一般规律外，我们要更多地参考日本、瑞典和印度等国的人口情况，因为有的有共同或相近之处，有的资料齐全可作全面分析和印证。

人口预测是我们提出人口目标的基本依据，我们采用世界上最通行的要素法，在死亡率参数上，我们参照瑞典不同时期的死亡率，采取逐步迫近的办法，参考联合国、世界银行的预测和我国未来的发展作出估计。出生率采取两种方案：(1)根据我国城乡不同人口和少数民族人口生育率下降的可能性；(2)按不同地区(东部、西部和中部)生育率下降的时间顺序，按不同方案作出预测。任何人口预测都不能绝对准确，因此，人口预测绝不是一劳永逸的，人口目标也要接受时间的考验，不断修订。例如有新的普查资料，就要用来修订已计算好的人口战略目标。人口目标应该是滚动式的，使之不断接近实际。

三、制定人口发展战略与人口目标的制约因素和决定性因素

人口的发展、人口的规模当然要受到自然资源和生态环境的制约，归根结蒂要受到社会经济条件的制约。但各种因素制约到什么程度，如何制约，必须具体分析。人口规模大或小、是有利还是无利，人口数量本身是难以判断的，必须把人口规模同某一因素或某些因素结合起来，才能有个客观衡量的标准。长时期以来，人类的生活和生产活动比较简单，所以常常是用人口密度(每平方公里国土人数)或按人口平均的耕地面积来衡量人口是多了还是少了。这既粗略又不够科学，用来衡量当代的人口规模，当然是不合适的。

随着生产力的发展，科学技术的进步，人类的经济生活越来越复杂，人类对自然资源的使用越来越广泛，人类不断增长和对生态环境的不合理利用，带来的生态环境问题越来越突出。现在人们已认识到经济因素和资源、生态环境因素对人口发展的重要制约作用，同时也认识到人口作为一种社会现象，不能不受到社会因素的制约。另一方面，人们又认识到人口发展有它自身的规律，有相对的独立性，这更是制约人口规模所不能忽视的因素。

经济因素对人口发展的制约作用是很明显的，我国宪法明确指出："国家推行计划生育，使人口的增长同经济和社会发展计划相适应。"经济因素从广义来说，还包括技术因素，其内容包括经济的诸方面，如生产方式、劳动生产率水平，消费与积累、生产结构、技术结构、就业结构、消费结构以及技术政策、就业政策、生产责任制等。它们无不从这个方面或那个方面，直接或间接地使人口数量的增长和减少受到抑制，例如产业结构中农业部门人数的增减、技术结构中劳动密集型行业让位于资本或技术密集行业以及脑力劳动在就业中比重

的提高等，从长远看与人口高增长是不协调的。我国现有的劳动力人口的规模，从宏观和发展观点来看，能够满足我国经济现代化的需求，到2000年我国的劳动力人口大体等于第一、第二世界劳动力人口的总和。在可见的将来，我国不存在人口增长有利于加速经济发展的前景，因此人口缓慢增长或不增长是有利于经济发展的。

70年代以来，特别是世界环境会议以后，自然资源与生态环境的因素对人口规模的制约作用，已为越来越多的有识之士所认识。我国地大物博，但按人口平均的资源同世界人口平均水平相比则是贫乏的，我国人均草地只相当于世界人均草地的1/2，耕地只有1/3，水资源只有1/4，林地只有1/5。因此不能不从长远的角度考虑人口规模对资源和环境所施加的压力。把资源不足和生态环境的破坏都归结为人口多、增长快是没有道理的；但是，不能不承认在我国目前的经济和技术水平下，人口规模大、人口增长快对资源和环境的压力是个长期起作用的因素。人口对生态环境的压力也是逐渐的，同样具有积累性，有直接的，但更多的是间接的。例如，滥垦，超载放牧，围湖造田，毁林开荒，大量占用耕地，农业大量用水(占全部用水量的71%左右)，考虑不周、管理不善的水利工程，过量使用农药、化肥等破坏生态环境的做法，其背后大多隐蔽着人口多、增长快的因素所起的作用。人口多、增长快对资源、环境的破坏作用起初常常不受到注意，一旦认识到后果严重，要着手解决时，又碰到人口多，首先要解决现有人口的吃、穿、用、住、烧等更为“燃眉之急”的问题，不得不继续对生态环境施加压力。例如，有些乡镇工业对环境造成的污染就是这种性质。对环境做不到预防和保护，等到遭受破坏后再来治理，不但十分困难而且要付出很高的代价。我国要以世界7%的耕地，养活世界近1/4的人口，要想不继续恶化生态环境，使之得到保护并做到良性循环，我国人口必须尽可能地缓慢增长，最好是能够不再增加。

过去很少考虑社会因素对人口规律的影响，这是很不全面的。社会因素诸如社会的安定团结、阶层的结构、民族构成、人口的婚姻家庭关系、几代人之间的关系、社会家庭的抚养比、对老年人的扶养和老年人精神生活、不同民族宗教的生活方式和传统风俗习惯、社会心理等等都影响对人口发展战略和人口目标的制定。过去比较强调人口多、增长快带来就业困难、教育困难、多子女家庭生活困难等不利于社会团结的一面，但社会因素的影响还有另一个方面，当生育控制过急时，在社会心理、传统习惯、老年人的扶养、人口性别比以及党群关系方面又将出现一些新的问题，因此它也会给出生率下降规定一个限度。

人口因素是制定人口战略和人口目标的出发点，是最直接的因素。人口因素首先是指人口的现状，即人口已达到的规模、人口的性别、年龄结构，包括育龄人数同育龄妇女的规模、人口老化的程度；其次包括目前人口出生死亡达到的水平、每年出生的规模和速度、实行计划生育的程度、生育率已达到的水平等等。未来人口的发展状况、制定的发展战略和目标，在很大程度上是由现有人口基础决定的。

以上四个方面的因素，对人口发展都起到制约和影响的作用，但制约和影响作用的大小，在不同历史、地理条件下是不同的。例如，岛国或干旱地区，水资源对人口的制约作用就很大；文化、教育水平不高的民族，信奉宗教，崇尚多育，要迅速推行低生育，是要受到社会习惯势力的抵抗的。但是在四个方面的因素中，对我国目前决策起决定性作用的是人口的现状这个因素和社会经济因素。

第一，从我国的经济因素和资源、生态环境来分析，我国不存在人口少不能开发资源的问题。人口规模小一点，增长速度慢一点直到不再增长，将有利于积累资金，提高人民生活水平，加速缩短我国同发达国家的差距，有利于保持一个优美的环境和保证自然资源的继续使用。经济技术和生态环境对人口的制约，带有更为长远、更多层次的方向性作用。但是这只是从需要的角度来看，能否做到，什么时候能做到，还需看是否可能，只考虑需要不顾可能，只能事与愿违。

第二，根据经济因素或生态环境因素的某一个单项来计算理想人数，对制定人口发展战略和人口目标有重要的参考价值，但据此就来决定人口目标是片面的，也是不可行的。(1)按不同的单一因素计算的所谓“理想人口”，一般都是不同的。例如按食物计算，按淡水资源计算，按劳动力需要计算，其结果显然是不同的；如果计算结果一致，那是巧合，更可能是以人为的标准来适应的。究竟以哪一种作为衡量标准，很难有一个客观标准，其他如能源、耕地等也能作为标准，结果将是标准太多无所适从。(2)人的消费资源的标准有很大弹性，规定标准纯属人为。如淡水的消耗和能源的消耗，一个人口与另一个人口能差上几十倍，因而计算出的理想人口，必然也相差几十倍。

第三，经济因素和生态环境因素对人口规模的制约，必须通过出生率、死亡率的作用，出生率、死亡率的影响作用又取决于现在已达到的水平，不能没有限度。

第四，现有人口的状况是既定的，人们不能任意选择，也不能为所欲为，只能在现有基础上，因势利导，以达到人口的另一种质态。

第五，社会因素，特别是社会安定团结、社会心理、社会习惯势力以及老年人的赡养等因素，在很大程度上能左右生育率下降的速度。如果过了头，社会是不能接受的，结果只能事与愿违。为了保证我国社会的良性运行，必须考虑社会因素。

四、可供选择的几个人口发展战略

党的十二大已明确规定了20世纪末我国人口发展目标，对下一世纪的人口目标虽然还没有具体规定，但是“实行计划生育是我国的一项基本国策”。这就实际上已为今后人口的发展指出了方向，指明计划生育在我国绝不是权宜之计，下一世纪还要继续坚持控制人口的政策。但实行计划生育决不意味着今后总是大力控制人口的增长，总是要求生育率继续低于更替水平，更不是意味着提倡一对夫妇只生一个孩子的号召，无期限的推行下去。

在基本国策指导下，作为下一世纪以及今后人口的发展战略，可供选择的有三条：

1. 保持人口继续低度增长的战略。

2. 有计划地逐步实现人口减少的战略。

3. 逐步实现人口零增长，即在人口变动达到某一规模时，实现稳定化或实现为一个静止人口。

保持人口今后继续长期低增长的战略，绝不是放弃计划生育，而是允许生育率高于更替水平，即在我国使总和生育率保持在2.1或2.2以上。生育率高于更替水平，必然导致人口按某种速度继续增长。我国的总和生育率曾高达5～6，要降到2.5以下，需要在计划生育上下很大工夫。经过多年努力，到1982年第三次人口普查时，总和生育率仍在2.63，到1984年抽样调查时，才第一次出现低于更替水平，是否能保持住还要经过实践的考验。可见，要保持我国今后人口的低增长，必须坚持计划生育。因此这一战略不是对生育放任自流，任其盲目增长。由于人口的惯性作用，生育率即使低于更替水平，人口还会继续增长的，这种增长在人口稳定化过程中是难以避免的，这种由于惯性作用的增长是一时的，不同于今后继续低增长的人口战略。鉴于我国人口已达到10亿以上，今后由于惯性作用，至少还要增加3亿～4亿。如果采取保持人口今后继续低增长的战略，我国人口在下一世纪中将大大超过15亿，如按《人口预测和人口控制》一书的计算（总和生育率为3），则下一世纪中将接近30亿。[①] 就是按世界银行高方案估计也达16.5亿，从经济、技术、社会、生态环境来看，这种战略是不可取的。凯恩斯等的人口理论认为，保持人口低度增长能够不断地刺激需求、促进经济发展。这一理论在市场经济国家也没有被接受，在我国就更难以被接受了。

现在可供选择的只有后两种战略。实现人口逐步减少的战略，从现在起就以减少人口为目标，在大大缩小人口规模后，再来实行人口的稳定化。实现人口零增长的战略，则是在人口高增长的形势下，大力控制人口的增长，有计划地把人口增长降下来，逐步实现零增长，把人口规模稳定在一个社会可接受的新水平，但不着眼于有计划地减少人口，当然也不能完全排除达到零增长以后有轻微波动，以至有时出现下降。显然以上两个战略的目的和着眼点是不同的，因而目前和今后采取的控制人口的措施也是不同的。

在过去一个时期，鉴于人口问题的重要性和人口过多带来的严重问题，许多专家和学者都倾向于采取减少人口的战略。1979年以来有不少学者认为，100年后，我国人口目标以6.5亿～7亿为好；后

① 见宋健等：《人口预测和人口控制》，183页，北京，人民出版社，1982。

来有的学者又提出到2080年可以把人口降到9.3亿，以此作为长远人口规划的基础参考方案。但是，根据国内外人口发展的经验，把减少人口作为一种战略是值得商榷的：

第一，我国要从人口增长转变为人口减少，就必须使两三代人的生育率低于更替水平，否则是做不到的。根据我们的预测，我国生育率达到并一直保持在更替水平，人口要到半个世纪后才能稳定下来。要求人口先减少，就意味着在下一世纪相当长时间内还要继续提倡一对夫妇只生一个孩子，从社会心理、婚姻家庭是否可行，值得研究。

第二，采取人口减少的战略，就意味着生育率一再下降，这就必然加速人口老化，而且老化的程度将比今天老龄化程度最高的国家还要高出许多。根据一些学者计算，要在2080年把人口降至7亿～8亿，65岁以上的老龄系数将超过30%，并将持续四五十年。这种年龄结构造成的社会经济后果是难以承受的，迄今，世界上还没有出现过这种现象，也没有解决这一问题的好办法。

第三，人口开始减少以后就会出现人口下降的惯性，那时要停止下降，恢复到更替水平并且稳定住是十分困难的。例如，联邦德国现在正面临这种局面，他们希望把生育率稍微提高一点，但一直没有找到有效的方法，预计他们的人口可能要由现在的6 000多万下降到4 000多万。这是一种值得重视的国际经验，我们不能不慎重从事。

第四，古今中外明确地把减少人口作为战略目标，是罕见的。靠减少人口来保证更高的生活水平，未必能达到目的，迄今还未发现一个靠减少人数而兴旺发达的人口。爱尔兰在18和19世纪由于饥荒和大量人口外移，使人口大幅度减少，但并未使国家富裕起来，现在仍是西北欧中经济发展较慢的一个国家。

看来，我国今后应该采取的战略只能是人口零增长的战略，以便逐步把不断增长的人口稳定下来，这种战略至少有下列四点可取之处：

其一，同党和国家提出的“实行计划生育是我国一项基本国策”和“控制人口的数量，提高人口的素质”的指导方针一致。

其二，从人口学理论和各国人口实践来看，实现现代化的静止人口，即低出生、低死亡和人口零增长是人类发展必由之路。近年来，已经有越来越多的国家把静止人口作为今后的人口目标。我国以人口零增长为目标，体现了对人口普遍规律的认识。

其三，我国以人口零增长为目标，并不是不费气力就能做到的。以此为战略目标，我国人口老化的程度也是不低的，不过要大大低于采取减少人口战略时的人口老化程度。按我们的预测，最高时仍可能在20％左右，持续的时间要短一点，因而社会易于承受。

其四，我国人口状况包括人口年龄结构，计划生育的开展情况在地区之间、民族之间是很不平衡的，作为目标各地区最终都要实现稳定人口，但实现的速度和时间可以分别情况区别对待，不搞“一刀切”。如果全国以减少人口为目标，就很容易出现“鞭打快牛”的现象。

五、实现人口零增长战略可供选择的几种策略

人口零增长有人称之为人口稳定化，确切地说是人口达到现代静止状态，即低出生、低死亡、人口自然增长为零。所谓零增长，不能机械地理解为人口的自然增长率每年为零，年年出生率与死亡率相抵，人口一个不增一个不减。人口学家和未来学家一般都把人口自然增长率±0.2％范围内的波动视为零增长，把±0.3％范围内波动也看成为接近于零增长。

人口零增长的前提是生育率达到更替水平，生育率达到更替水平

则取决于出生率和死亡率能够达到的水平。由于人口的年龄结构不同，生育率达到更替水平并不一定达到零增长，一些发达国家生育率达到更替水平可以很快出现人口零增长。但发展中国家一般在生育率达到更替水平后，还需要经历几十年甚至上百年才能达到人口静止。见表1：

表1　几个发展中国家生育率达到更替水平后到达静止人口预计所需的时间和最终人口数　　（万人）

国　　家	1977年中人口数	预计生育率达到更替水平的年份	达到最终静止人口时的人口数	估计达到静止人口时的年份	从生育率达到更替水平到达静止人口所需年数	到达静止人口时的人口相当于1977年人口的倍数
印度	63 200	2020	164 300	2150	125	2.6
巴西	11 600	2015	34 100	2075	60	2.9
印尼	13 400	2020	35 700	2145	125	2.7
孟加拉	8 100	2035	33 400	2165	130	4.2
尼日利亚	7 900	2040	43 500	2135	95	5.5
墨西哥	6 300	2015	20 400	2075	60	3.2
泰国	4 400	2005	10 500	2095	85	2.4
埃及	3 800	2010	9 000	2105	90	2. 4

资料来源：世界银行：《1979年世界发展报告》，中国财政经济出版社，第17表。

从表1-1可以看到，发展中国家的人口生育率从达到更替水平后到人口静止状态，都要经历几十年到100多年，在这期间人口增长1.5～4.5倍。我国所需时间可能比上面几个国家要短，但生育率达到更替水平后估计最少也要经过30年以后才能达到静止人口。时间的长短主要取决于生育率下降的速度，也取决于死亡率下降的快慢。

采纳零增长的人口发展战略，实现人口零增长的目标，可以有下面四种策略：

(1)放任生育率自发下降到更替水平，然后自发实现静止人口，不考虑达到静止人口时间。

(2)比现在计划生育的要求放得更宽，甚至宽到普遍提倡一对夫妇生两个孩子，对边远地区和少数民族地区允许生三个孩子，等待生育率自发下降到更替水平再到达静止人口。

(3)严格执行一对夫妇生一个孩子，首先争取生育率早日达到并低于更替水平，然后保持低于更替水平直到出现人口静止。

(4)继续实行提倡一对夫妇只生一个孩子的政策，并合情合理地适当放宽，允许一部分育龄夫妇生育两个孩子，把现行政策继续到20世纪末，争取今后十几年内能把总和生育率降到1.7～1.8，以实现在20世纪末把人口控制在12亿左右的要求，在下一世纪普遍提倡一对夫妇生两个孩子，使生育率接近或达到更替水平。

对以上四种策略的选择应有一个客观的准则：(1)从我国人口实际情况出发，看是否可能达到；(2)达到零增长的时间多长；(3)达到零增长时我国最大的人口数是多少；(4)生育率下降水平社会能够接受的程度；(5)人口老龄化到达的程度；(6)人口的年龄结构是否比较规则，各岁数之间不至于波动太大。

首先，必须认识我国实现人口零增长最大的困难是人口增长的惯性，这个惯性来自人口的畸形年龄结构，这就是50年代特别是60年代和70年代前期人口的高出生率。这个庞大的人口高峰每20多年就周期性地重复一次，因为我国人口再生产23年左右为一代。从现在开始，这个“洪峰”即将进入生育期，最突出的是1962～1976年这15年出生的人口，即1982年第三次人口普查时5～19岁这15个年龄组的人口，每个年龄的人口数都在2 000万人以上(5岁是1 942万人)，平均每个年龄人口为2 453万人。见表2和图1的年龄资料和年龄金字塔：

表 2　第三次全国人口普查资料

（人口按年龄分组）

年　龄	人　口　合　计（人）	占人口合计的百分比(%)			性　别　比（女=100）
		合　计	男	女	
合　计	1 003 913 927	100.00	51.33	48.67	105.45
0～4 岁	94 704 361	9.43	4.88	4.55	107.14
5～9 岁	110 735 871	11.03	5.68	5.35	106.18
10～14 岁	131 810 957	13.13	6.76	6.37	106.04
15～19 岁	125 366 344	12.49	6.36	6.13	103.64
20～24 岁	74 363 020	7.41	3.77	3.63	103.83
25～29 岁	92 563 882	9.22	4.76	4.46	106.53
30～34 岁	72 958 237	7.27	3.78	3.49	108.29
35～39 岁	54 221 629	5.40	2.85	2.56	111.34
40～44 岁	48 437 943	4.82	2.57	2.25	114.23
45～49 岁	47 403 331	4.72	2.50	2.22	112.28
50～54 岁	40 815 501	4.07	2.14	1.92	111.63
55～59 岁	33 894 327	3.38	1.74	1.63	106.67
60～64 岁	27 362 204	2.73	1.37	1.36	100.41
65～69 岁	21 260 370	2.12	1.01	1.10	91.74
70～74 岁	14 348 045	1.43	0.64	0.79	81.32
75～79 岁	8 617 043	0.86	0.35	0.51	68.29
80～84 岁	3 704 605	0.37	0.13	0.23	57.39
85～89 岁	1 088 295	0.11	0.03	0.07	46.14
90～94 岁	218 046	0.02	0.01	0.02	37.60
95～99 岁	35 294	—	—	—	43.68
100 岁及以上	3 851	—	—	—	41.79
不　　详	771	—	—	—	89.43

从现在到 20 世纪末要进入生育期的人口为 3.68 亿（还应加上军

队未计入分年龄资料的人口数，估计为63万人)，这是采取实现人口零增长目标必须考虑的。

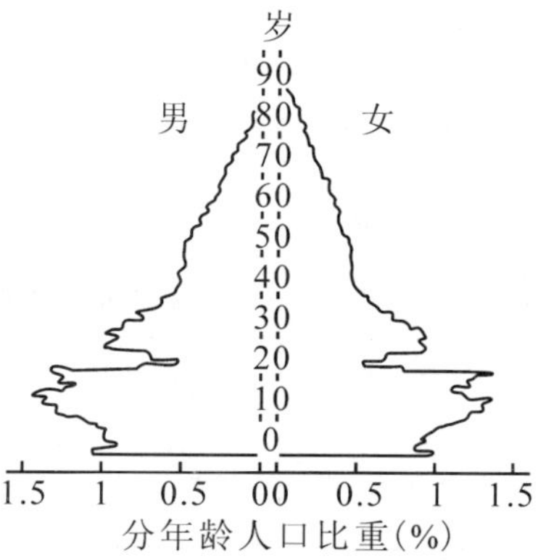

图 1

从我国情况出发，第一种策略实际是把实现零增长的期限无限期地推迟，同采取保持人口今后继续低增长的战略差别不大。即或能达到人口稳定，也要在100年以后，那时中国人口可能达到20亿以上的规模，这是不能接受的。

第三种策略，采取持续低于更替水平的办法，使人口很快达到零增长，愿望是好的，但未必可行。过去我国曾有一种愿望，希望1985年人口自然增长率下降到5‰，到2000年时人口达到零增长。实践证明这是不可行的，如果按此制定政策会事与愿违，正所谓“欲速则不达”。这一策略要求提倡一对夫妇只生一个孩子的政策要持续不止一代，从社会心理同中国现实来看，这是较难为群众所接受的。另一方面，这一策略实质上和逐步实现人口减少的战略并无很大差别，因为连续一两代人生育率低于更替水平，不可避免地会出现人口减少的惯性，因而完全有可能导致人口减少。在这种情况下，人口在达到生死相抵后必然会出现下降，在减少了人口规模以后实现的零增长，必然出现人口严重老化的局面。

现在看来，只有第二、第四种策略可供选择，这两种策略的差别主要在于在20世纪剩余的15年里，对生育率的要求和把生育率放宽到什么程度。第二种策略方案对生育率要求放得比较宽，实际上就是主张拉长生育间隔，一对夫妇生育两个孩子或提倡一对夫妇生育两个孩子，其结果必然是生育率高于更替水平，因为计划外生育不可能完全避免，少数民族地区和边远地区以及有特殊情况的还要放宽。第四种策略的方案则希望在今后15年，在群众谅解的基础上，使生育率低于更替水平。我们认为后一种策略从长远看更为明智，理由如下：

第一，从今后每年出生人数、出生率和人口自然增长率来看，生育率高于更替水平(2.3～2.5)和生育率低于更替水平，(1.7～1.8)，每年出生人数差别就很大。因为今后15年每年进入生育的人口数为2 453万(3.68亿/15)，宽紧之间出生人数一年差500万是不足为奇的。在这个特大“洪峰”的15年期间里，生育率低于更替水平，年平均出生人数有可能少于2 000万人，能降到1 800万人上下就更好，如果高于更替水平，每年出生人数平均要高于2 500万人，15年积累起来就是很可观的人数。而且我国第二个人口高峰在20世纪不可能逐步缓解，在下世纪将有第二、第三个高峰重复。

第二，从实现人口零增长的时间来看，二者差别极大。因为特大“洪峰”的人口，哪怕一对夫妇平均生育2.0～2.3个孩子，我国第二个人口高峰就要简单再生产或扩大再生产。到下一世纪20年代又要出现第二次重复，因为拉长生育间隔并不能减少生育量，只能是推迟生育。结果，我国人口在下世纪中以前肯定达不到零增长，而人口年龄结构却是很不规则的，难于出现现代静止人口那种矩形人口年龄结构。如果到下一世纪仍是不规则的年龄结构，将给社会经济带来不利的影响。

第三，从达到静止人口时的最终人口总数来看，第二种策略比第四种策略多2亿左右是可能的，因为对第二个特大人口“洪峰”采取缩小人口再生产和扩大再生产或简单再生产的不同策略，一两代的出生人数合计起来就会有很大差别。因此在到达静止人口前，采取第二种策略，人口高峰的惯性可能要多重复一次才能实现人口零增长。

第四，从社会心理来看，第二种策略放宽生育目前会受到一部分人的赞赏，但从长远来看，中国人口要继续增长更长的时间，到人口增长停下来的时候，人口总数要比第二种策略的最终人口总数多。第四种策略提倡一对夫妇只生一个孩子，只是针对这个关键的十几年，人口高峰过后，可以提倡一对夫妇生两个孩子，使生育率恢复到更替水平。只要讲清道理，适当放宽生育政策，群众是能够通情达理采取合作态度的。

第五，从人口老龄化看，第二种策略的老龄人口比低于第四种策略；但第四种策略的老龄人口比则比第三种策略低，最高可能在20%左右，这在几十年后的中国是能够承受的。

第六，从政策稳定性看，第二种策略意味着现行的提倡一对夫妇只生一个孩子大力限制人口增长的政策有所改变，如果转变得不好，失去控制不是不可能的。而第四种策略则是继续坚持目前的政策，同时进一步加以完善。

权衡以上四种策略的利弊，并考虑目前和长远的利益，第四种策略似乎更可取。

六、对中国人口前景所作的各种预测方案

人口预测是一种技术方法，谁都可以应用，预测结果能否接近实际，关键在于预测时所用的参数是否符合我国人口未来的发展趋势。国内一些同志根据自己所作的预测断言未来中国人口的规模，但对自己使用的参数特别是死亡参数假设的条件却略而不谈，这样的预测结果是否准确，还需要经过历史的检验。现在人们只能从其所假定的参数是否符合实际和计算方法是否合乎逻辑来判断其人口预测结果的科学性如何。

为了研究我国人口发展目标，我们作过很多次预测，我们所作的

预测的参数，是根据我们对我国人口发展的认识选择的。

首先，我们认为国外迁移对我国人口总数没有多大影响，因而在预测时没有考虑这一因素。在分城乡的预测中，考虑到有一部分人口从农村转移到城市，会有利于生育率的下降，对此我们作了一定的估计；同时在选择生育参数时，也考虑到农村人口转移到城镇、在生育上不可能一下子就同城市一样等因素。

第二，我们认为死亡率对我国人口的发展仍起一定的作用。我国粗死亡率虽然已降到比较低的水平，但婴儿死亡率、老年死亡率及幼儿、成年人死亡率仍有降低的潜力，所以我们在人口预测中所选定的死亡率参数是逐步下降的。做法是使 1981 年的分年龄死亡率，到 20 世纪末达到瑞典 70 年代的死亡率水平，到 21 世纪中达到瑞典现在的水平。我们采取均匀达到的办法。目前许多人口预测对死亡率参数不大重视，认为无关宏旨，我们认为这会影响预测的结果。

第三，生育率参数是人口预测的决定性因素。我们按 1981 年的生育率进行过预测，也按一对夫妇只生一个孩子预测过，但这些都是作为警告性的预测而做的，不是我们实际要做的预测。我们对生育率的预测主要是从上述战略思想出发，认为生育率虽然最终总是要稳定在更替水平上，但针对我国的特殊情况，希望在今后十几年里能低于更替水平，我们选定的生育参数就是根据这一设想假设的。下一世纪基本上都是按更替水平来预测的，差别是今后十几年生育率低于更替水平和低到什么程度。

考虑到我国幅员广大，情况千差万别，生育观的转变和生育率下降的先后和程度都会有所不同，我国对计划生育工作也是采取区别对待的政策和分类指导的原则。因此，我们在预测时，在 20 世纪内不是笼统地采用一个生育率，而是不同人口采取不同的生育率。我们进行了两套预测：

第一套预测，把我国分为沿海各省、中部地区各省和西部地区各省三大块，按生育率转变的先后(生育率是沿海各省先下降，然后扩展到中部再到西部)构成不同方案，这套预测可简称为不同地区生育率转变时间差的方案。

第二套预测，分别按城镇、农村和少数民族规定不同的生育率。城镇最低，一般按一对夫妇平均生育 1.15 个孩子计算，少数民族一般按一对夫妇生 3 个计算，至于农村我们按略低于更替水平或接近更替水平计算，并考虑到多胎生育逐步减少的情况而产生不同的预测方案。在确定城乡人口生育率差别时，考虑了乡村人口转变为城市人口这部分人生育率的变化情况。这套预测可简称为城、乡、少数民族差别生育率的方案。

表 3 是我们在第一套预测中，选出的高、中、低三种方案。

表 3　人口预测方案（1982～2050 年）

预测方案和预测指标(万人)		2000 年	2025 年	2030 年	2040 年	2050 年
高方案	人口总数	125 000	146 000	148 000	150 000	151 000
	65 岁以上人口总数	9 290	18 240	21 660	27 390	24 830
	65 岁以上人口%	7.43	12.49	14.64	18.26	14.44
中方案	人口总数	122 200	139 700	140 500	139 800	138 100
	65 岁以上人口总数	9 290	18 240	21 660	27 390	24 830
	65 岁以上人口%	7.60	13.06	15.41	19.60	17.98
低方案	人口总数	120 600	136 400	136 800	135 600	133 200
	65 岁以上人口总数	9 290	18 240	21 670	27 390	24 800
	65 岁以上人口%	7.7	13.37	15.84	20.20	18.62

七、同国内外对中国人口所作的预测方案的比较

在1982年我国进行人口普查以前，只有联合国人口司、世界银行及美国人口普查局对中国人口进行过预测。中国公布1982年人口普查资料后，他们又作了新的预测，同时许多国家如日本、美国的学者都对中国人口进行了预测。我们只能选用其中最有影响的联合国人口司和世界银行的预测作为对比的依据。

中国学者在1982年人口普查前和普查后都做过人口预测，一些政府部门如国家统计局、老龄委员会也作了一些预测。《2000年的中国》也载有对我国人口的预测，不过只预测到2000年，也可作为我们的参考，因为在我国实现人口稳定化的过程中，2000年是关键的一步。

八、我国人口零增长的时间表和我国人口发展目标的选择

任何一个国家的人口由人口转变到实现零增长，都要经过一个长过程，有的要几代人，有的甚至要一两个世纪，各国情况各不相同。从我们和国内外学者的各种预测中可以看到，人口零增长什么时候达到，达到零增长时的人口或者说最终人口数是多少，主要取决于死亡率和生育率下降的程度和幅度，或者说是平均寿命延长的状况和生育率下降的状况。

有人认为中国人口达到零增长的时间和人口规模只取决于生育率，死亡率似乎无关宏旨，这与事实不符。根据我们和国外所作的各种预测，未来寿命延长到什么程度对未来人口有很大影响，也影响到人口老年比和老少比等，因此死亡率的参数不同，情况也不同。我国平均寿命目前为68岁，如果到2000年提高到70岁或72岁，到2050

表 4　中外学者对下一世纪中国人口的预测

（亿人）

预测者	预测时间	死亡率(平均寿命)使用参数	方案	生育率使用参数(TFR)	人口数 2000 年	2025 年	2030 年	2040 年	2050 年	资料来源
1. 宋　健 田雪原 于景元 李广元	1979 年	1980～1985 年＝68.9 岁 2000～2025 年＝70.4 岁 2030～2035 年＝76.8 岁	1	TFR＝3	14.20	20.75	22.33	25.62	29.49	《人口预测和人口控制》，人民出版社，1982 年 3 月
			2	TFR＝2.3	12.86	16.18	16.87	18.05	19.13	
			3	TFR＝2	12.22	14.31	14.69	15.18	15.42	
			4	TFR＝1.5	11.30	11.78	11.77	11.50	10.87	
			5	TFR＝1	10.50	9.78	9.51	8.78	7.71	
2. 田雪原	1983 年	按现在死亡率(平均寿命)不变	高	见注(1)	12.82	14.23*	14.99	14.72	15.01	《论人口年龄构成变动和人口规划方案的选择》，载《中国社会科学》，1984 年第 2 期
			中		12.11	12.36*	12.25	11.29	10.66	
			低		11.62	11.59*	11.44	10.54	9.99	
3. 联合国人口司	1982 年	1985～1990 年＝68.8 岁 1990～1995 年＝70.0 岁 1995～2000 年＝71.0 岁 2000～2005 年＝71.9 岁 2010～2015 年＝73.5 岁 2020～2025 年＝75.0 岁	高	1985～1990 年＝2.30 1990～2025 年＝2.15	13.04	16.07				世界人口前景——1982 年所作的估计》(英文版)，联合国 1985 年
			中	1985～1990 年＝2.00 1990～2025 年＝1.90	12.56	14.60				
			低	1985～1990 年＝1.80 1990～2025 年＝1.70	12.11	13.39				
4. 世界银行	1984 年	1980～2005 年＝69.40 岁 2005～2030 年＝74.12 岁 2030～2055 年＝78.26 岁	高	1980 年＝2.3 1990 年＝2.2 2030 年以后 2.1	12.73		15.83	16.26	16.47	(1)1984 年世界人口预测 (2)《人口研究》，1985 年第 5 期
			中	1980 年＝2.1 1990 年＝1.7 2000 年 2.2 2020 年以后 2.1	11.96	14.09	14.37	14.61	14.50	
			低	1980 年＝2 1990 年＝1.5 2030 年以后 2.1	11.80		12.25	11.58	10.86	

注(1)：高位预测生育率从 1978 年 2.3 逐步减少到 2000 年 1.9 后到 2020 年恢复到 2.1 保持不变。中位预测生育率从 1978 年 2.3 逐步减少到 2000 年 1.5 后到 2070 年回升到 2.1。低位预测从 1978 年 2.3 减少到 2000 年 1.3 后到 2040 年回升到 2.1。

* 为 2020 年预测数。

年提高到 73.5 岁或接近 80 岁，不同的死亡率到 2000 年时人口规模差别并不会很大，但到下一世纪中，即使是应用同样的生育率参数，人数也要差到 1 亿以上。至于人口达到零增长的时间几乎所有预测都在 2040 年前后，有的早一点，有的晚一点。

生育率下降的影响，差别就更大。(1)如果我国总和生育率从 1982 年的 2.63 均匀地逐步下降，到 20 世纪末才能降到更替水平并一直保持在更替水平上。(2)我国总和生育率在 20 世纪末降到更替水平以下，达到今天日本的生育率水平(1.7～1.8 左右)并持续下去，到下世纪中，以上两种不同的生育率人口规模相差 2 亿多。(3)如果按照我们的战略，在 20 世纪内努力做到使生育率低于更替水平，在下世纪恢复到更替水平，也差到 1 亿之多。

我们比较了我们和国内外的各种方案以后，认为按我们选择的战略方案，我国人口完全可以在下一世纪中达到零增长。届时的人口规模，如果平均预期寿命在 74 岁以下，则人口为 14 亿左右；如平均寿命能提高到 78 岁以上，人口可高达 15 亿。这可能就是中国最终的人口数，这时中国人口基本呈一个静止的状态。这样，出生率可以降至 13‰左右，每年出生人口在1 900万上下，65 岁以上人口，平均预期寿命为 74 岁时约为 2.5 亿，如果平均预期寿命达到 78 岁，可达 3.3 亿。按前者计算老年比最高时可达 18%左右，按后者计算老年比在 22%左右。从图 2 我们预测的年龄金字塔的变化，可以看到我国人口实现人口稳定化的过程：

我们预测到的人口发展目标同世界银行的结果极为相近，世界银行预计我国人口稳定在 14.6 亿。联合国的预测是最高的，2025 年已达 14.6 亿，而且还要继续增长，估计最高人口可能要超过 16 亿。

人口预测不是预言家，而是根据人口社会经济条件的需要和可

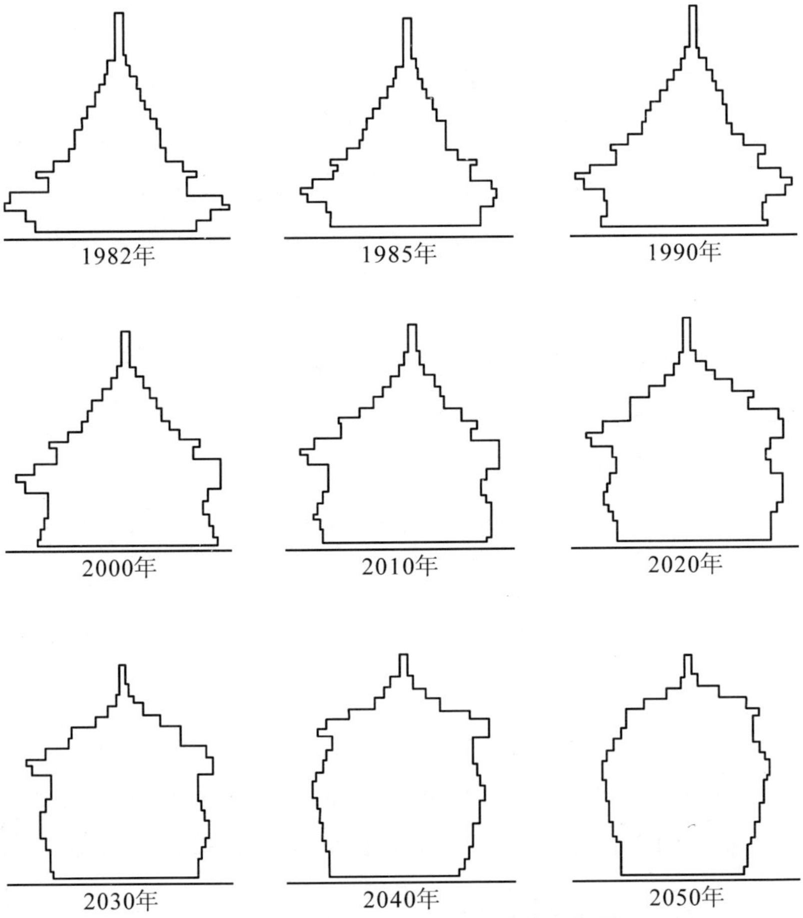

图 2　我国人口实现稳定化过程的示意图

能，在对出生率、死亡率作出估计的基础上进行的预测。但人口出生率和死亡率是社会规律和生物规律共同作用的结果，很难准确预见。因此对人口发展的目标必须根据出生率、死亡率的变化，不断地修正原来的参数和按新的人口数进行滚动式的再预测，当然时间愈远，可靠性越小，时间越近，同实际的距离就越小。因此滚动的预测应该是不断地修正，直到人口达到零增长。

九、政策建议

中国人口目前已经达到10.5亿，经历了两个出生高峰后，人口生育率急剧下降，形成了一个世界罕见的人口畸形年龄结构。经过我们的预测和同国内外人口预测对比，我们认为只要我们有计划、有领导地开展计划生育工作，对人口增长合情合理地加以控制，在半个多世纪内是能够使人口达到零增长并逐步稳定下来的。但关键的一步是要把第二个出生高峰人口的再生产规模加以控制，即在20世纪内努力使生育率能低于更替水平。如果第二个人口出生高峰不能有所收缩，它到下一世纪中就会重复出现两次、三次，人口就要比20世纪内能加以控制的方案多一两亿。而且人口的年龄结构不能在一个世纪内，由起伏不平中矫正过来。实践也证明，只要不把生育率过分降低，又不持续过久，人口老龄化的程度最高达到20%左右也是能够接受的。基于以上认识，我们对我国今后人口政策建议如下：

(1)从现在起到20世纪末是我国人口发展的关键时刻，采取什么样的政策至关重要，在20世纪内不公开声明改变提倡一对夫妇只生一个孩子的政策，而是强调贯彻中共中央1984年七号文件和1986年十三号文件的精神，继续严格控制，合情合理地放宽一对夫妇生两个孩子，但不宜普遍提倡所有一孩家庭都生两个孩子。

(2)在一胎率已很普遍，而第二次人口高峰的生育旺盛年龄人口已生育过的城市，在90年代中后期有计划地放宽第二胎生育，各个城市可以有先有后，主要根据第二次人口高峰的惯性作用是否过去和各个城市人口老龄化的程度来决定。

(3)在下一世纪，人口第二次出生高峰已完全过去时，在全国普遍提倡一对夫妇生两个孩子，但仍要千方百计杜绝第三胎生育。对现行的一对夫妇只生一个孩子的各项优惠政策不予改变。

人口因素与中国改革开放的历史性发展*

改革开放三十年来，中国取得了巨大的历史进步，经济从一度濒于崩溃的边缘发展到总量跃至世界第四位，进出口总额居世界第三位，人民生活从温饱不足发展到总体小康，农村贫困人口从两亿五千多万减少到两千多万，政治建设、文化建设、社会建设取得了举世瞩目的成就。中国的发展，不仅使中国人民稳定地走上了富裕安康之路，而且为世界经济发展和人类文明进步作出了重大贡献。对此，国内外的政治学家、经济学家、社会学家和科学家从各个方面作出了分析和论证，但从人口学方面进行解释的尚不多见。

中国是世界上人口最多的国家。根据国家人口发展战略研究报告，中国自1973年全面推行计划生育以来，在低收入条件下，用较短时间实现了人口再生产型从高出生、低死亡、高增长到低出生、低死亡、低增长的历史性转变，走完了一些发达国家数十年乃至上百年才走完的道路，为

---

* 原载《河北学刊》第28卷第6期，2008年11月，由邬沧萍、周俊山合写。

中国经济增长创造了四十年左右的"人口红利"期，人口质量的大幅度提高，人口城市化和人口流动，在改革开放中发挥了无可代替的重要作用。

一、人口与经济的高速增长

改革开放以来，按可比价格计算，国内生产总值年均增长 9.6%，从 1978 年到 1990 年，国内生产总值平均每年的增长速度是 9%；从 1990 年到 2007 年，平均每年的增长速度达到 10.5%。在将近三十年的时间里，中国的 GDP 增长了近 14 倍，国内生产总值占全球的比重由 1978 年的 1%上升到 2007 年的 5%以上。经济的高速发展，渗透着人口的巨大作用。储蓄、投资、就业以及生产率是经济发展的内在变量，人口主要是通过这些变量对经济增长和发展产生作用的。

1. 廉价劳动力吸引了外商投资，促进了出口

改革开放以来，中国吸引外商直接投资(FDI)和对外出口总额不断攀升。2002 年以来，外商直接投资已超过长期居于全球第一位的美国。截至 2007 年，中国累计实际利用外商直接投资额为7 500亿美元，居世界第二，外商在中国投资已达到相当大的规模。1994 年以后，中国的贸易顺差一直存在，进入 21 世纪后又显著扩大。2004 年，中国进出口总额突破了万亿美元，达到了1.154 7万亿美元，居世界第三。2007 年又首次超过 2 万亿美元，达到2.173 8万亿美元。其中以廉价劳动力为基础的加工业、制造业占了中国对外贸易总额的六成。中国对外贸易的快速增长得益于加工贸易的超高速增长，1996 年以来，加工贸易出口在出口总额中的比重一直保持在 50%以上①。

① 上述数据来自国家统计局 2007 年统计公报和《中国统计年鉴》(2007 年)。

长期以来，廉价的劳动力对中国经济的快速增长起到了重要作用。按照赫克歇尔—俄林的要素禀赋理论和李嘉图的比较优势理论，中国的优势产业在于劳动密集型行业，其比较优势就是中国的低劳动力成本。从横向比较来看，中国制造业的从业人数是遥遥领先的。由于中国人口数量众多，因此，中国的制造业从业人数为其他国家的几倍甚至几十倍。中国制造业工资水平从绝对数量来看是最低的，大量廉价的劳动力吸引了大量的外商投资，创造了无比丰富的物质财富。改革开放之初，农村剩余劳动力从低效率的农业生产部门转移到效率相对较高的乡镇企业和外商投资的加工业，决定了该时期中国经济的快速增长。近年来，虽然劳动力的价格有所提高，但仍低于同期经济增长的速度，而中国有效劳动力供应的增长速度与经济增长同步甚至快于经济增长，因此，我们仍能保持劳动力比较优势。

2. 社会抚养比的降低，节省了人口投资，增加了储蓄，为中国创造了一个难得的发展机遇期

一般来说，国民收入中用于投资的可分为两个部分：(1)人口投资，即用于保证新增人口生活水平不低于原有人口生活水平或者不由于新增人口增加而影响原有人口的生活水平，都要有一笔用于新生人口的投资；(2)经济投资，即为提高人均国民收入的生产性投资。投资主要来于积累，改革开放以来，中国的积累率经常保持30%～40%的高水平，中国经济的增长是靠高积累率、高投资率实现的，新生人口减少对积累作出了重大贡献。在整个改革期间，储蓄率始终在30%以上，1993年达到了最高的44%。计划生育政策的推行，加速了人口转变，少儿抚养比大幅度下降，劳动年龄人口的经济负担不断减轻，国民收入中用于消费支出的部分相对减少，用于储蓄的部分相应增加，较大地改变了国民收入中消费和储蓄分配比例，这是人口转变影响经济增长的一条重要渠道。

从人口年龄结构来看，生命周期理论认为，人们倾向于在儿童和老年时期进行负储蓄，在成年时期进行正储蓄。因此，人口年龄结构是决定一个国家居民储蓄率高低的重要因素。一个国家的未成年人抚养比率(年龄低于15岁人口占总人口的比率)和老年人抚养比率(年龄高于65岁人口占总人口的比率)越低，该国的居民储蓄率越高，反之则相反。很多跨国经验研究表明，未成年人抚养比率和老年人抚养比率与居民储蓄率之间存在负相关，且老年人抚养比率和居民储蓄率之间的负相关程度要强于未成年人抚养比率。中国从1973年开始实施计划生育政策，这项政策在过去三十多年里导致未成年人抚养比率大幅下降(同期内老年人抚养比率缓慢上升)，从而推动了中国居民储蓄的上升。在改革开放三十年中，人口负担系数由1982年的62.74％下降到2000年的45.56％，说明两个多劳动力供养一个人。以指数50作为人口负担系数高低的“门槛”，中国的“人口机会窗口”大致是从1990年开始，中国经济的增长从1990年后至今平均高于10％，也高于1978～1990年间的经济增长，这更加说明了“人口红利”的作用。

3. 人口素质的提高，增加了人力资本

人力资本是一个国家最重要的财富基础，也是一个国家发展的重要来源。在现代社会中，人们越来越强调人力资本的提高在促进国家经济长期增长中的重要作用。诺贝尔经济学奖获得者Lucas(1998)甚至认为，人力资本的提高是一个国家经济长期增长的最主要源泉。人们普遍认为，正规教育是一个国家提高其人力资本的最主要途径。

在改革开放的三十年中，中国已经从世界人口大国成长为人力资本大国，这是中国在21世纪成为世界经济强国最具优势和最重要的战略资产。对照当代中国第三次和第五次人口普查资料，在改革开放三十年间，中国总人力资本存量(指15～64岁人口与平均受教育年数乘积)翻了一番，占世界总人力资本存量的比重也由17.5％提高到25％，在八类国家战略资源中是最具竞争优势的资源；在各类受教育水平的人口中，大专以上文化程度人口增长了6.5倍，各类专业技术人员比1982年增长了1.8倍。根据世界货币基金组织2006年9月公布的《世界经济展望》，1980～2005年，中国的劳动生产率的增长速度要超过其他亚洲国家(包括日本)，特别是中国工业的劳动生产率增长遥遥领先。

这些成就从直接原因看，受惠于人口因素和发展教育投资的两大“红利”。其中，15～64岁人口增长因素为42％，平均受教育年数增长因素为54％。生育率的下降有利于促进教育投资结构的调整，为中国教育模式从当前“普及义务教育”到“大学大众化”的过渡提供了调整空间。少生育使得国民收入当中与新增人口相关的支出项的增长相对下降，为公共支出中教育投入的增长创造了条件，而中国家庭户规模的缩小及城乡居民家庭恩格尔系数的下降，使提高教育开支成为可能，生育模式的改变也为终身教育的实现提供了微观基础。

4. 人口城市化优化了资源配置

由于历史原因和人为因素，中国的城市化进程落后于工业化进程，大大低于同等收入的发展中国家的平均水平。20世纪50年代中期以后建立的城乡二元分割的社会结构，严重影响了中国的城市化进程，城市化发展进程极为缓慢。从1952年到1978年，中国的城市化率由12.4％上升为17.9％，提高了5.5个百分点。1978年改革开放以来，中国的城市化突破了长期停滞徘徊的局面，1978年以来，城市化水平从17.9％提高到2007年的43.7％，达到平均每年1个百分点的人口城市化速度，对中国经济的发展发挥了重要作用。

有关研究表明，目前中国城市化率每提高 1 个百分点，按照保守的估计，也可以带动 GDP 增长 1.5 个百分点。这种现象突出表现为农业人口向非农业人口、乡村人口向城市人口的转化与聚集所形成的“聚集效应”，使生产要素组合方式发生了变化。

此外，城市化还能优化人力资源配置和增加人力资本积累，适度城市化有利于提高劳动者素质和增加就业机会。经济发展的过程，从另一个角度看，是人力资源配置不断优化的过程，即人力资源不断地从经济效益低的产业、地区和企业向效益高的产业、地区和企业转移的过程，而城市化则有助于人力资源的流动和配置优化；加快城市化，还有利于中国将人力资源优势向人力资本优势转化，而这正是中国利用经济全球化趋势参与国际竞争，充分利用国外资源和市场的根本所在。城市由于拥有显著的聚集经济效益等优势，一方面对人才具有强大的吸引力，另一方面又是培养和造就人才的基地，因此，城市往往是一个地区的人才中心。城市人口和劳动力的综合素质大大高于农村人口和劳动力的综合素质。城市化水平的提高，增加了全社会的人才数量，而人才数量的增加又进一步促进了人才质量的提高，发挥了人才的带动和波及效应，从而提高了整体国民素质，增强了中国的综合国力。

二、人口与人民生活水平的提高

中国改革开放的第二个突出成就是人民生活水平的提高。改革开放前的二十年，中国人民的基本生活水平，基本的消费，粮、棉、布、住房、食用油在二十年中没有任何提高，而在改革开放三十年的时间里，城镇居民可支配收入和农村居民的纯收入增长了 7 倍多。这其中也有人口的功劳。

1. 充足的劳动力生产了大量产品，提高了人民的生活水平

中共十五届五中全会指出，要把不断提高城乡居民的物质和文化生活水平，作为经济发展的出发点和归宿。改善人民生活，提高人民生活水平、关键是靠经济发展。人口促进了改革开放以来经济的迅速发展，而经济的发展毋庸置疑地提高了人民的生活水平。人口是生产者和消费者的统一体，是一种生产力，是物质财富和精神财富的创造者，是生产和社会发展的主体，劳动者人数的增加则会使国民收入总量有所增加。作为生产力的人口对生活水平提高的作用是积极的，主要表现为生产力中人的因素即劳动力因素的作用。一个人创造的财富越多，生活需求就越能得到实现；一个国家创造的财富越多，人民生活水平就普遍提高。可以说，正是经济的迅速发展，为人民生活水平提高和改善民生提供了坚实的物质基础。就业是民生之本。改善人民生活，提高人民生活水平，一个最直接的途径和办法就是扩大就业和增加收入。人口就业压力的减轻，不仅促进了就业，也提高了人民的生活水平；而劳动者素质的提高，则成为提高人民生活水平的强大推动力量。

2. 人口城市化提高了人民生活水平

改革开放之前，中国在特殊的国情下选择了与众不同的工业化道路：实施的是优先发展重工业的赶超型工业化战略，这一方面使重工业超常规发展，使以工业产值比重为衡量标准的工业化水平超常规上升；另一方面使农业和农村发展的基础受到破坏，使广大农民难以积累起向城市和非农产业转移的起始资本，城市化的正常机制被破坏。与此同时，利用强制性的工农业产品价格的“剪刀差”政策对农民进行剥夺，从而为工业化积累资金，试图以此实现国家的工业化和现代化。在工业化过程中，为了防止城乡差距扩大，尽量使企业布局分

散，使之难以形成城市。凡此种种，客观上加大了城乡二元对立，形成了城市人与农村人之间的事实不公平待遇。城市化不仅意味着非农业人口比重的增加，也标志着人民生活水平的提高，是质与量相统一的过程。按照国家人口与计划生育委员会公布的数据，全国流动人口数量从 1993 年的7 000万增加到 2004 年的 1.4 亿，十年内翻了一番，超过了全国人口总数的 10％。流动人口涌进城市，给城市居民生活带来巨大方便，更为重要的是，在城市化进程中，农民的就业机会增加了，非农收入水平得到提高。据对全国 31 个省(市、自治区)6.8 万个农户的抽样调查，在 2001 年农民人均2 366.4元的纯收入中，非农业收入为1 066.4元，对农民收入增长的贡献率为 55％[1]。据农业部测算，2001 年有8 800万农村劳动力在流动就业，打工的总收入是3 000亿元，平均每个农民来自流动打工的收入是 367 元，占到 2000 年农民纯收入的 15.19％[2]。

三、人口与减贫成效

改革开放第三个突出的成就是减贫取得成效。农村最基本的生活能得到保障，贫困人口从 1978 年的 2.5 亿人减少到 2006 年的1 479万人。联合国在 2003 年发表的一个最新的减贫的统计表明，世界减贫人数的 90％是中国做到的。改革开放三十年间，由于中国减贫的历史性成就，扭转了过去五十多年来世界贫困人口一直上升的趋势，使得世界贫困人口首次呈现下降趋势。而在减贫中，少生人口，提高人口素质也是功不可没的。

一般来说，贫困的根源主要包括：(1)农村落后地区的教育问题。由于各个地区的义务教育发展水平极不平衡，广大农村与不发达地区的教育经费严重短缺，致使大量文盲半文盲人口继续存在，不利于落后地区彻底摆脱贫困。(2)贫困地区的生育问题。贫困地区人口总量已经接近或超过了资源、环境和生态承载能力的极限，同时由于生产力发展水平低，经济社会发展缓慢，社会保障能力差，婴儿和儿童死亡率偏高，人口受教育程度偏低，许多人仍然把脱贫致富的希望寄托于多生孩子、生男孩子，致使部分家庭陷入了“越穷越生，越生越穷”的恶性循环困境。

胡鞍钢认为，中国的经验表明，经济发展、人力资源开发和人力资本投入是减贫的关键因素[3]。中国在低收入条件下，用较短时间实现了人口转变，为中国经济增长带来了“人口红利”。通过三十年大规模的人力资源开发，沉重的“人口负担”正在迅速转化为“人力资源优势”，中国已成为世界上总人力资本存量最大的国家。总人力资本存量作为经济社会发展的最大财富基础，为减贫提供了更多的人力资本，所以，大力促进就业也是解决贫困的根本措施。

城市化对减少贫穷起到了重大推动作用。改革开放之后，计划生育政策在城市中实行得较为成功，与工业化同步的城镇化是降低人口增长率的重要因素。与城市化同时而来的生产方式和生活方式的变革，往往又带动了人们的生育观和生育方式的新变化，推动经济社会发展。随着高度城市化，人们的生育观念也有了质的飞跃，开始自觉限制人口增长，并带动贫困地区逐渐跳出“越穷越生，越生越穷”的困境。

总之，改革开放三十年以来，不仅提高了人口质量，减少了人口数量尤其是贫困人口数量，而且人力资源得到初步优化配置，这些都为改革开放取得的巨大成就打下了坚实的基础。

参考文献

1. 国家发改委宏观经济研究院课题组全面建设小康社会的目标和任务(下). 经济研究参考，2004(30).

2. 郭金丰，和丕禅．城市化对农村养老保障的影响分析．商业研究，2004(2).

3. 胡鞍钢等. 中国经济增长与减少贫困(1978～2004). 清华大学学报(哲学社会科学版)，2006(5).

回顾历史，展望未来，控制人口增长*

解放后，有许多年人口盲目增长，造成现有人口总数大，青少年人口比重高，人口增长势头猛，要尽快做到人口不增不减有很大困难，不经过一两代人，增长的势头还停不下来。

从解放初到70年代大力控制人口以前，人口年平均增长速度为22‰，大大高于欧洲、北美和日本。70年代以后，大力开展计划生育，人口增长率逐年下降，现在已降到12‰左右。人口高速度增长的结果，使人口总数由1949年的5.4亿猛增到1978年的9.6亿(不包括港、澳、台和华侨)。现在我国人口约占世界人口42亿的近1/4。估计其中6亿是解放后出生的，21岁以下的人口可能将近一半，他们都是本世纪内潜在的人口繁衍者。今后我国人口发展的现实基础就是如此庞大。现在即使一对夫妇只生两个小孩，但由于解放后出生的人群逐年进入育龄，到本世纪末又要出生5亿，抵消了死亡人数后，净增3亿，人口总数

* 原载《人民日报(理论宣传动态)》，1979年5月3日。

将达12亿多，想做到人口不增不减还得再过一代人的时间。

如果1957年以后就像70年代这样认真控制人口，现在我国人口估计会是8亿左右，比现在实有人口要少1.5亿左右，其中21岁以下的人口只占40%，比现在要低10%左右。如果一对夫妇只生两个小孩，很快就能做到不增不减，到本世纪末人口总数会稳定在8亿多一点。实际控制人口太晚和不尊重人口持续高速度增长以后需要很长时间才能矫正过来的客观规律，是我们必须吸取的历史教训。

多年来，政治局面不稳定也是造成人口盲目增长的重要原因。在1966～1971年间，由于林彪、“四人帮”的干扰破坏，无政府主义泛滥，人口自然增长率高达26‰，每年净增人口约2 000万，5年间就净增了近1亿。这也是一个应认真吸取的历史教训。1971年以后，在毛泽东同志、周恩来同志和华国锋同志的关怀和指导下，大抓计划生育，减轻了“四人帮”的干扰，人口自然增长率几年就降低了一半，由23.4‰降到12.05‰。这一经验说明：人口控制与不控制大不一样。

其次，再谈谈我国人口增长过快对我国国民经济的发展和人民生活水平的提高所起的阻碍作用。

首先，人口增长快，加重了国家、集体、家庭抚养青少年的负担。按我国人民的基本生活需要估算，30年来我国国民收入可能近1/3要用于抚育我国解放后出生的人口。估计我国的消费基金近一半花在这6亿人口的基本生活需要上。这就不能不严重妨碍我国生产发展和人民生活水平的提高。

其次，我国现在每年平均都要安排前16年出生的2 000万人口就业。多年的实践说明，城镇一年吸收200万已是非常吃力。我国每人平均只有耕地1.55亩，一个农业劳动力平均只有5亩地可耕，因此每年把90%的新增劳动力放在农村，人多地少的矛盾就更加突出了。

我国人口增长快加上近年来生产发展慢，使得我国许多重要生活资料如粮食、棉花、植物油等的消费水平都低于1956年，城市每人平均的居住面积甚至低于解放前。这是人口增长快对人民生活影响的具体表现。

由于过去人口增长快，从现在起到90年代，每年都面临2亿多人(即10个年份出生的人口)的普及教育任务，压力很大。

过去，对以上情况是认识不足的。现在是承认这种客观现实，尽快扭转这种状况的时候了。

多年来，人口理论成了“禁区”，束缚了理论界为控制人口大造舆论的手脚，这同20多年来人口盲目增长也有很大关系。

1957年反右以后，在一段时期中，谁主张控制人口，谁就有马尔萨斯主义之嫌，制造悲观论之嫌。在人口理论宣传上愈来愈“左”，竟得出人愈多愈能促进社会主义建设的结论。更严重的是，在人口理论问题上，动辄无限上纲，结果人口研究销声匿迹，甚至党政各级领导也噤若寒蝉，尽量回避。不承认客观规律，违反客观规律，结果受到了客观规律的惩罚。现在要大力提倡研究人口理论和人口问题，公开宣传控制人口增长的必要性和迫切性，使全党全民都注意这个问题，群策群力控制我国人口增长，为加速实现四个现代化而奋斗。

关于长期稳定低生育水平的理论思考*

《中共中央国务院关于加强人口与计划生育工作稳定低生育水平的决定》(下称《决定》)是在世纪之交对人口、计划生育工作所作出的一项重大决策，是指导我国人口、计划生育工作的一个纲领性文件。

一、《决定》在实践上和理论上都有划时代意义

《决定》之所以具有划时代意义，是因为它在我国人口、计划生育发展到了一个重大历史转折关头，即在我国“有效地控制了人口过快增长，使生育水平下降到更替水平以下，实现了人口再生产类型从高出生、低死亡、高增长到低出生、低死亡、低增长的历史性转变”的时期，人们对于中国人口的走向和政策有不同的观点、不同的猜忖和传言，党中央及时作出了这个决定，统一了思想，指明了前进的航向。

划时代意义还在于这个决定提出稳定低生育水平要在未来几十年中起作用，《决定》指出，实现人口零增长和人

* 原载《人口与经济》2000年第4期。

口缓慢的负增长都要经历一个长过程，短了是不行的，如果要求过急了，“欲速则不达”。一个决定能在未来几十年中起作用，无疑属于根本性的大政策。中国政府十分重视人口、计划生育，从 1952 年到 1995 年先后直接或涉及人口、计划生育发出过的文件不下二百余件[1]，但像这次用中共中央和国务院决定的下达方式，除 1991 年《关于加强计划生育工作严格控制人口增长的决定》之外，是绝无仅有的。因为在人口、计划生育工作方面大多采用中共中央(或国务院)批转、批示、转发、印发、通知等方式。这个《决定》的划时代意义是不言而喻的。

这个《决定》是在总结我国人口、计划生育几十年来正反两方面经验的基础上，经过深思熟虑作出的理论升华，它对我国人口科学的发展无疑也具有划时代的意义。

其一，这一《决定》在理论上提出如何解决人口惯性增长的问题。在传统的人口转变论中把人口达到低出生、低死亡、低增长视为完成人口转变。因为西方发达国家生育率达到更替水平，人口数量基本上能稳定下来，惯性增长并不明显；但发展中国家则不同，人口惯性增长需要很长的时间，有的国家可能长达一个世纪以上。《决定》从当代发展中国家的人口实际出发，丰富和发展了传统的人口转变论。

其二，《决定》旗帜鲜明地提出实现人口零增长和中国人口今后要缓慢负增长的意见，虽然传统的人口统计学、人口理论都提出过稳定人口、静止人口的概念，但作为当代世界人口第一大国，把这一概念进入实施的阶段，里面蕴藏着很多理论和方法论同实践结合的问题需要人口科学进一步探索。这些理论成果必将大大丰富人口科学。

其三，《决定》虽然只谈到稳定低生育水平，提高出生人口素质，人口总量等变量，但它势必直接决定或影响到人口的结构、分布、迁移和人口城市化、人口老龄化、人口性别和人口健康等问题；也不能不涉及自然资源、环境、经济发展、社会全面进步等。在新的历史时期如何统筹兼顾、全面安排低生育的方方面面关系都需要有新的理论思维，新的科研成果。

其四，在未来几十年稳定低生育水平，既需要巩固在人口、计划生育上实践已经证明成功的经验，扬弃过去的定势思维，更要有创新的思想和在工作制度、方法上的创新，使计划生育工作能结合时代精神进一步完善和发展。

二、必须在理论上解决“三个认识不足”的误区

《决定》指出，“目前还有相当一部分同志对人口多是我国社会主义初级阶段最基本、最重要的国情认识不足，对可持续发展战略中人口问题是关键认识不足，对社会主义市场经济条件下人口与计划生育工作的长期性、艰巨性、复杂性认识不足”。这些同志中的绝大多数都赞成我国执行的严格控制人口的政策，但是在我国计划生育取得举世瞩目的成就的今天，自觉或不自觉地冒出盲目乐观、麻痹松懈情绪也不足为奇。导致走进这些误区的认识根源主要有：

一曰：我国经济发展了

在过去经济发展很慢时，大多数人包括经济学家都接受对人口数量的严格控制的政策。现在经过改革开放的二十年，经济已达到按人口平均翻两番，有人就认为再用人均的观念为论据来严格控制人口已无多大说服力。其实，我国严格控制人口主要因为我国人口规模过大、人口绝对过剩、超过我国人口适度容量。此外，还因为人口增加，在今后一个时期每年还在1 000万上下，使得经济发展很大一部分成果被人口增长吃掉。国际人口经济学界普遍认为人口每增加1%，

就需要有4%的国民生产总值来保证。我国不应再牺牲当代人的利益抚育更多剩余的人口。

二曰：我国生育率已经够低了

我国生育率下降很快，现在已低于更替水平，只用二十多年就实现了发达国家用一百年甚至更长时间才达到的更替水平。但是必须知道西方发达国家生育率达到更替水平时，人口规模已经相对稳定了，不像我国有一个强劲的人口惯性增长，人口还要增长几十年。因此，要达到我国第三步发展战略要求的人口目标，稳定低生育水平是必然的选择。正如邓小平指出那样："即使若干年后人口不再增加，人口多的问题，在一段时间内也仍然存在"[2]。何况我国今天还存在庞大的农村人口，他们的生育观大多还未完全更新，怎能因生育率下降而松懈计划生育呢?

三曰：我国市场机制正在形成，生育率可以由市场来调节

计划生育同计划经济并无必然联系，我国逐步建立市场经济体制取代计划经济，并不影响我国推行计划生育。首先我国的市场经济是社会主义市场经济，国家有宏观调控的职能，不像资本主义制度下的市场由一只"看不见的手"来调节。其次，市场能对各种资源包括人力资源起基础性调节作用，但不能直接调节人口，因为人口不同于人力资源，即或市场调节了人力资源，但对人口的调节还有一个很长的"时间差"，而且生育行为并不是纯经济因素起作用，社会、文化、心理等因素常常起到重大的作用。因此宏观调控的人口政策和其他机制相结合才能稳定低生育水平。那种认为经济发展了加上市场机制就能自发稳定低生育水平的观点是不切实际的。即使自发调节最终能实现低生育，那也需要很长的时间并经过很多反复，这个过程首先是人口大量增加，加强了人口增长的惯性，同稳定低生育水平背道而驰。何

况历史机遇给我们的时间并不多，怎能冒前功尽弃的风险？

四曰：低生育水平妨碍扩大内需

90 年代后期亚洲出现金融危机，我国坚持人民币不贬值，采取积极的财政政策，实行通过启动内需促使我国经济持续发展的重大决策，已取得重大成功。但扩大内需仍未解决好消费品有效需求不足的问题，有学者断言人口增长慢是原因之一。人口低增长不利于增加投资和消费是 30 年代凯恩斯主义人口理论的基本论点，西方解决经济危机的学说在理论上是不可取的，特别是不适用于我国，因而在实践上是有害的。我国目前城乡居民在银行储蓄余额有近 6 万亿，说明中国人民富起来了。之所以未形成有效的消费需求，重要原因之一，是刚进入小康的广大人民对支出和收入的预期有不确定感和没有安全感。这是出于对未来就业前景、养老金、医疗改革和教育支出的担心。这些都同我国人口过多、人口增长过快的后遗症有关，而不是因为低生育率。

除上述一些论据外，妨碍对《决定》深刻认识的还有一些，诸如认为低生育已带来人口社会经济一些负面影响不宜再持续下去；认为在可持续发展中人口已不像资源环境那么重要等等。这些下面还要专门论及。

三、提高人口统计学水平，科学地掌握稳定低生育水平的数量关系和数量界限

《决定》提出加强人口与计划生育工作、稳定低生育水平的直接目的，是在我国实现第三步发展战略目标时，达到人口零增长，届时“人口总量达到峰值后（接近 16 亿）开始缓慢下降……”

人口零增长简单说来就是排除了人口迁移因素，出生的人数等于

死亡人数(或出生率等于死亡率)。出生人数、出生率、死亡人数、死亡率比较容易取得。但它们受年龄结构影响,而且死亡人数和死亡率也是一个变量,所以出生率或出生人数不是一个理想的用来长期观察监测达到零增长的指标。从长期、战略的角度来观察监测、预测达到人口零增长的时间及其可能达到的峰值,应是人口的终身生育率,但它又会遇到观察期长的困难,不具现实意义,因而在现实生活中普遍用总和生育率来观察,这里对二者可能存在的差异就不能完全置之不理,否则达到的时间和人口总数就会有出入。这是贯彻稳定低生育水平《决定》时,必须做到"心中有数"的。

正确掌握稳定低生育水平与达到零增长和人口峰值之间的关系,就要研究人口惯性(inertia momentum)增长,即生育率达到更替水平后的人口增长势能(通俗地说就像滑翔),它取决于:(1)在人口转变过程,死亡率率先下降与出生率下降的"时间差";(2)人口转变过程形成的人口转变增长(Transitional growth)(死亡率低于出生率形成的人口增长)的峰度、规模和增长的时间;(3)生育率达到更替水平的时间和速度以及已达到低于更替水平的程度;(4)死亡率或人的寿命。此外,出生性别比也能有一定的影响。一般地说,生育率下降滞后于死亡率下降的时间愈久,转变过程的人口总量增长就愈多,人口增长持续的时间就愈长,因而达到更替水平的时间愈晚,达到零增长时间相应就愈长,人口峰值也愈高。反之亦然。

另一方面,生育率达到更替水平以后,生育率低于更替水平的程度和人口的寿命长短对达到零增长的时间和峰值的规模都有关系。特别是生育率已降到大大低于更替水平时,例如TFR低于1.5,零增长就会早日到来,达到高峰时的人口规模比预计要小。但是在很低的生育水平下,人口达到零增长后,人口数就会从峰值急剧下降,因为人口减速也有一种惯性，不像物质生产那样可以随时关停并转和可以扩建、投产、增产。这里就提出另一个理论问题：稳定低生育水平要有一个数量界限问题。生育率达到更替水平以后，略低于更替水平，既有助于早点达到人口零增长，也会使人口规模缓慢地下降不至过分收缩。人为地使生育率过低和下降过快，有可能出现工作粗糙，有损群众的利益，反而出现“欲速则不达”。如果看得更远一点，生育率过低，出现的人口减少的惯性会一发不易收拾。这时人口不是缓慢下降，而是加速下降，这同《决定》提出人口缓慢下降的精神不符，因为人口迅速下降也会带来很多负效应，有的负效应的后果，人类迄今还未有明确的结论和对策。古代玛雅文化的消失和两河流域的衰败，人口迅速减少是共同特征，这也是有些发达国家有识之士对今后面临人口减少的隐忧。

为了全面贯彻《决定》，必须加强对人口统计科学的研究，深入研究有关的数量关系和数量界限。为此首先要千方百计弄准我国总和生育率究竟是多少，这是最关键的工作，可行的办法是把人口普查的结果和抽样调查、深入群众的典型调查和大量个案调查相结合，不能靠单一的渠道。其次，研究我国 TFR 的更替水平的值，即人口达到简单再生产或使净再生产率为 1 时，究竟多少才符合我国实际。如果比真实的水平定高了，虽然较容易达到更替水平，但按此标准人口还要继续增长达不到人口零增长的目的。如果比真实水平定低了，虽然可以早点实现零增长，人口总数也少一点，但这样就会要求过高过急，使得人口达到巅峰后迅速减少，也不是《决定》的精神。现在大多数人都按过去西方 70 年代前后的情况把 TFR＝2.2 作为更替水平，其后由于人口的死亡率下降又定为 2.1 左右，但现在人类进入长寿时代看来 2.1 也是偏高了，但是我国确实存在出生性别比偏高，因而真实的更替水平不大可能低于 2.1。再次，要认真研究稳定的低生育应在什么水平上。本来生育率高低的界定，不同人口、不同时空是不同的，我国的稳定是指稳定在计划生育政策不变的水平上下，还要考虑到各地法规规定夫妇双方都是独生子女，并不要求独生的规定。

加强人口统计工作是《决定》加强人口与计划生育工作的重要内容，为了理论指导实际，加强人口统计学的学习和开展研究工作是贯彻《决定》的当务之急。

四、用科学的价值观全面衡量低生育水平的利害得失

《决定》指出一部分同志对现阶段仍要稳定低生育水平认识不足，重要原因之一是对我国严格控制人口增长出现这样或那样负面影响的程度估计有偏差或夸大了。在我国这样一个经济文化落后、地区发展很不平衡的人口大国，用二十多年把高出生转变为低出生，不可能不出现这样或那样的问题。在利害得失的评价和判断正效果和负效应及其程度上，具有普遍的评价原则，那就是统筹兼顾，趋利避害，两利相权取其重，两害相衡取其轻。

我国计划生育最大最直接的效果是少生了 3 亿人口，抑制了人口增长过快的势头，节约了大量抚育新生人口的资金用于经济建设，提高人民生活水平和提高人口素质，此外也间接有利于提高妇女地位、改变婚育观念、提高妇女健康水平等。低生育政策并不是有利无弊，对低生育也要一分为二。评价稳定生育水平的利弊和应掌握的数量界限的尺度，首先是从生育直接制约的人口变量开始，诸如从人口的规模、人口增减的速度、人口性别和年龄结构、人口的素质、人口的分布和迁移、人口的就业、家庭的结构和人口老龄化及家庭养老功能等入手；然后，通过这些中间变量再影响到社会、经济、文化各个

方面。

从目前大多数人对低生育水平引发的负面影响的观点来看，主要集中在五个问题：(1)导致青壮年劳动力短缺。(2)独生子女问题。(3)加速人口老龄化，高龄化，弱化家庭养老。(4)出生性别比偏高。(5)损害妇女生殖健康。在这五个问题中，确有些同低生育有关，但有些是由于对低生育率要求高、急、过快和工作粗糙、工作有缺点造成的，同计划生育并无本质的联系。例如低生育政策并不一定造成大月份引产或人工流产次数过多，从而影响妇女的生理和心理健康。我们必须区别对待。

低生育水平会导致青壮年劳动力增长势头减弱，但并不意味着劳动力不足。在我国人口大量过剩，就业压力不断加大的情况下，稳定低生育水平主要不是弊而是利，不然的话，今天下岗、失业人数会更多！我国在今后几十年不会有全局性的劳动力短缺，每年至少有1 500～2 000万青壮年适龄劳动力进入市场。至于局部地区劳动力短缺，完全可以通过人口迁移来解决。随着我国现代化进程的加快，劳动密集型产业的缩小，资本和技术密集型产业的扩大，要求的人力资源不再是简单的数量而是有一定质量的劳动力。低生育促进人口资源开发，培养开发由普及数量转到提高素质。稳定低生育水平有利于适应我国今后劳动力数量和质量的需要。

独生子女问题在我国城市家庭中普遍出现，其中许多家庭的独生子女都被认为是娇生惯养、生存能力不强的“小皇帝”、“小公主”，不少人把这看成是低生育的后果之一。但是并非所有独生子女都是“小皇帝”，而且在现代化社会像发达国家那样，妇女只愿要一个孩子的也大有人在。因此独生子女问题并不是我国今天才有的，国外有，今后也有，对它也要一分为二，许多研究也显示出独生子女也有有利于提高素质的一面，关键是对孩子的教育(包括家庭、学校和社会的教育)。按《决定》稳定低生育水平并不是说生育愈低愈好。而且按现行大部分省市生育规定，独生子女结婚也无规定只生一个，因此独生子女问题可以逐步缓解，但今后自愿只生一个的家庭将会有不少，看来要更多靠教育政策来解决，不能完全归咎于低生育水平。

严格控制人口增长的政策在我国一些地区有导致出生性别比偏高的一面，但深层的原因是社会经济不发达和传统的重男轻女、传宗接代等传统生育观念在起作用。在深层次原因未得到根本解决的情况下，以放宽生育率来改变出生性别比的作用很有限。作为治标当前应当加强法治和加强思想政治教育，治本之策是发展经济、提高人口素质，而低生育和进一步稳定低生育有助于最终解决出生性别比偏高问题。治本重于治标，当然稳定低生育率应有一个合理的界限。

国内外对放宽生育政策议论最强烈的莫过于担心我国人口老龄化和老年人今后的养老问题，这并不奇怪。控制人口增长降低生育水平必然加速人口老龄化。国际上普遍认为这是两难抉择。我国人口老龄化进程是很快的，但在我国的具体条件下，靠放宽生育率来解决老龄问题是下策，只能导致增加人口总数，对未来养老看不到肯定效果。未见其利先见其害，因而是不明智的。

其一，中国老龄问题首要的是如何满足已经为数很多而且日益庞大的老年群体的物质、保健、精神和生活照料的需要，难就难在老年人口太多，增长很快，我国的国力、物力、财力不足。下世纪中叶以前，真正成为社会或下一代负担的人群其实都是严格控制人口出生以前就存在的人群，因而不是计划生育导致的，是过去高出生和人类寿命延长的结果。至于负担系数增加，部分原因来自年龄金字塔的底部老龄化，但生育率急速下降并不是全部原因。我国老龄化进程当然很快，但同发达国家目前和今后比还差一个数量级，还有时间作准备。低生育水平给我国提供了一个有利的准备时间。

其二，放宽生育结果首先是新生人口规模增加，但这些人口在二十年后社会劳动力供给过剩的情况下，并不利于赡养愈来愈多的老年人。而解决中国老年人的庞大需要归根到底又取决于发展经济，提高劳动生产率。而增加更多的人口却是与此背道而驰。

其三，国内外普遍担心低生育率会使将来中国家庭结构出现“四二一”“六二一”等倒金字塔年龄结构，使得家庭养老功能弱化。从城市家庭可以推论出这种家庭年龄结构，但宏观来看中国不会出现这种年龄结构，充其量是近似于柱形的结构。家庭养老功能弱化更大程度上是人类寿命延长和社会、经济和文化因素使然。从长远来看加强社会保险为核心的社会保障体系，发展老年产业，强化社区助老服务，加强法制和伦理道德教育等社会养老功能逐步取代家庭养老的功能是社会发展的必然，不能把希望寄托在多生子女上。

其四，计划生育与解决老龄人口问题是相辅相成的。计划生育既减轻了抚养少儿的负担，又抑制了几十年老年人口的规模。

综上所述，在现阶段稳定低生育导致各种人口变量发展变化是利大于弊，利多弊少。但是必须掌握好“稳定”和“低生育”的数量界限，“过犹不及”。

五、在理论上认识可持续发展战略中人口是关键

《决定》提出一部分同志对可持续发展战略中人口是关键认识不足，换句话说这部分人认为人口在可持续发展战略中的地位和作用已不很重要甚至不再重要了。不少同志甚至把可持续发展战略视同资源管理、环境保护，人口多少、增长快慢似乎无关宏旨。这种认识源于

人口增长已得到控制，而资源、环境问题却日益突出。

人口控制、资源和环境保护在我国社会经济发展中的作用、地位和重要性是逐步认识的。在我国顺序依次是：首先在1982年就把计划生育定为一项基本国策，其后明确环境保护是一项基本国策，接着把保护耕地等也定为基本国策。人口和资源环境在人类发展中的地位，在我国历史上都受到教条主义不公正对待，被称为“人口决定论”“地理环境决定论”，认为二者对发展无关宏旨，既不认识也未受到重视。实践是检验真理的标准，今天全世界都认识到人口、资源、环境对人类社会的可持续发展的基础性作用。但三者之间又是相互作用、相互制约的，它们在不同时期、不同地区的发展中突出的程度会有差别。但由于我国人口多是最基本最重要的国情，因而在社会主义初级阶段稳定低生育水平始终起到关键的作用。

其一，人口是具有一定数量和质量所组成的社会群体，既是社会经济生活的主体，也是政治生活和文化生活的主体。人口这个群体为了生存和发展必须利用各种资源首先是自然资源来进行社会生产，这时既建设了也破坏了生态环境。为了社会的持续发展必须控制人口和保护生态环境，但是资源的节约、环境的保护本身和社会可持续发展不是目的，而是为了提高人口的素质和生活质量。因此，人口是资源、环境保护和社会持续发展的出发点和归宿，否则就失去目标。

其二，人口在可持续发展中起关键作用。一方面是人口诸变量如人口规模、人口素质、性别和年龄结构等已是人类社会持续发展的因素。诸如人口过多或过少，人口过分老龄化和人口出生性别比的过分畸形等等都会使人类社会不可持续发展。此外，人口变量引发的经济、社会、政治问题诸如温饱问题，失业、贫困问题，代际公平与社会安定等都是制约社会可持续发展的重要因素。

另一方面，过大的人口群体为了生存和经济发展过度利用自然资源，破坏了环境，这构成当代人类社会可持续发展的隐患，使得资源枯竭和生态环境被污染和破坏。这成为1997年巴西国际首脑环境发展会议的主题，可持续发展的命题被普遍接受。许多现象从表现来看是资源环境问题，但其背后很大程度上是人口多的问题，例如我国水土流失、荒漠化、植被破坏是人口多造成毁林开荒、陡坡开荒、围湖造田、超载放牧、滥砍滥伐等的后果。我国大江大河水体污染很大程度上是小水泥、小五金、小电镀、小化肥、小造纸遍地开花造成的，这是为解决人口多的就业问题而引发的；又如大气污染，江湖河海渔业资源枯竭等可都是人口多，消费力大，经济落后造成的。我国资源环境问题的源头是人口过多和经济落后。

其三，在我国稳定低生育水平对可持续发展来说肯定是利大于弊：一是减轻了对资源环境和生态环境的压力，减少出生人口，有助于腾出资金增加环保投资和生态建设；二是人口增长减缓有利于提高人口素质，增强人口、资源、环境与可持续发展的社会意识和法律意识；三是提高了人口素质，更充分发挥人力资源的作用，使人口由破坏环境成为保护环境的因素。人力资源是资源中永远不会衰竭的，愈开发潜力愈大，但前提必须稳定低生育，缓解人口过多对可持续发展的负面影响。

参考文献：

[1][2]彭珮云．中国计划生育全书．北京：中国统计出版社，1997。

稳定低生育率水平是我国今后经济持续发展的一个重要前提*

我国改革开放以来的 25 年(1978～2003)经济一直保持 9.4%的速度增长。GDP 由 1 473 亿美元增长到 2003 年的 1.4 万美元①，预计 2004 年超过 15 万亿美元。过去一个时期国内外有对中国的质疑，但是，我国 2003 年出口贸易总额已达到 8 512 美元，2004 年预计达到 1 万亿美元，这是活生生的客观事实，看得见、摸得着的。现在对于中国经济的高增长国内外已经是个不争的事实。至于形成经济高增长的深层次原因是中国在一条改革开放的正确路线指导下全国人民奋发图强改变贫穷落后面貌的共同努力取得的。其中也有我国人口、计划生育的一份贡献。对这点国内外不抱偏见的有识之士都是承认的。作者在 2004 年撰写的《生育率下降为我国创造战略机遇期的作用功不可没》②和

---

* 原载谢玲丽、田雪原主编《人口与可持续发展战略国际研讨会论文集》，上海，上海社会科学院出版社，2005。

① 胡锦涛：《中国的发展　亚洲的机遇》，新华社电。

② 提交中国人口普查国际研讨会的论文，2004 年 4 月 28～30 日，中国·北京。

《中国经济高速增长中人口起到了不可替代的作用》[①]两文中发表了我们的看法。

人口多少、增长快慢对经济增长的影响，国内外在理论上从来就是一个有争议的论题。我国在20世纪60～70年代人口高速增长对经济发展的阻碍是如此明显，导致我国制定严格控制人口增长的政策。那时许多人也不得不承认计划生育对我国经济发展是必要的，能起到重大作用。但在生育率迅速下降，人口得到了有效控制，而经济又以超常迅速发展的今天，有人对我国继续控制人口的必要性和人口控制能否促进经济增长提出了这样那样的质疑。

一曰：现在人口增长率是0.6%，25年来经济增长率则平均高达9.4%，人口对人均收入影响已无足轻重；这点同过去人口增长快，经济增长相对缓慢不可同日而语。

二曰：从人类历史上看，人口增长同经济增长从来都是互相促进的。欧洲国家工业革命后人口增长最快时期也是经济增长最快时期。从中国改革开放25年来的历史也看到，经济发展最快的东部地区也是人口增长最快的地区。说明人口多、密度高并不会妨碍经济增长。

三曰：我国生育率迅速下降趋势确实使我国有一个时期人口抚养比较低，有利于经济发展的机遇期。但往后人口老龄化对老年人口负担日益加重对经济发展不是促进，而是因加重负担而延缓。按比较优势发展经济已不复存在。

四曰：实行计划生育，控制人口增长是要付出代价的，是有成本的，要投入大量人力、物力，在农村其会加重农民的负担。把这部分人力、物力和财力用于发展经济可能是更优的选择。

---

① 提交北京论坛·社会学年会的论文，2004年8月。

如此等等。这些论据有一些道理，但不全面，它不符合中国的实际。我们认为，中国人口(包括数量、结构、分布、素质)对中国今后经济增长仍有重大影响。在一个相当长时期内，稳定低生育率仍是经济增长的重要条件。下文只着重谈人口数量方面对经济仍有重大影响。本文以下所讲的控制人口和稳定低生育水平是指2000年中共中央关于《加强人口与计划生育工作，稳定低生育水平的决定》提出这一新命题的内涵和外延。

一、低生育率是经济后发国家赶超发达国家的客观要求

传统人口经济学家都认为工业革命以后许多工业化国家人口增长促进经济增长，人均收入也会随之增加并从近代许多国家经济增长中找到实证。但是第二次世界大战以后，大多数发展中国家人口增长妨碍经济增长。因为时代不同了。在 20 世纪初，全球人口不到 16 亿，当时欧洲人口略多于 4 亿。在 20 世纪以前，人口自然增长率最快的发达地区也未超过 1%①。而且当时它们还有海外殖民地可供迁移。他们从未看到有真实的人口压力。今天发展中地区人口增长率最高能达到 2.5%以上，全球人口已达 63 亿，世界人口迁移的回旋余地不大了，情况已迥然不同。

人口增长是否有利于经济的增长，在国内外虽无一致意见，但有一点绝大多数学者看法是一致的，就是发展中国家要缩小同发达国家在经济上的差距(一般以人均 GDP 来衡量)，人口增长快是处于不利地位的。即或 GDP 的增长速度前者快于后者，但由于所有发达国家都无例外地是低生育水平，发展中国家保持高生育是很难赶上的。中

① 联合国：《世界人口发展趋势和后果》，10、21 页。

国今天要全面建设小康社会、建设成现代化国家，保持低生育率是客观要求。如果考虑到我国是人均自然资源在世界上处于劣势，人口已经“超载”的国家，低生育来说是个必然的选择。

不少人以我国改革开放以来各省市由于迁入人口的激增造成人口总量膨胀，但这些地区经济增长又大大快于中部和西部地区，人均GDP都迅速提高的事实来证明：人口多，增长快，密度高并不妨碍甚至能促进经济增长。这种认识是片面的，理论上也是站不住脚的。

其一，稳定低生育水平讲的是人口自然增长同经济增长的关系。现在东部地区人口增长快与经济增长快的关系讲的是人口的流迁增长，两种人口增长的性质是完全不同的。而且人口流迁的增长首先是经济增长“拉力”的果，而不是因。

其二，东部省市经济较快增长的原因是多方面的，首先是改革开放的各种社会经济政策发挥作用，也有历史传统上的有利的经济优势、地理条件、人才资源和人文环境等方面的优势。不能简单归因于人口增加。

其三，东部省市经济增长快的重要原因是增加的流迁人口主要是素质较高的劳动年龄人口，迁入地几乎不用投入任何人口投资即能用于经济投资。而常常支付较低的工资，有的甚至在计算人均国内生产总值时，在分母上剔除流迁人口。这一事实从另一方面却证明，稳定低生育水平，节约人口投资有助于经济增长，也使人均收入水平得益。

当代除了个别诸如石油输出国等外，经济高增长与人口高增长同步的国家是很罕见的。后发经济的国家经济(用人均 GDP 为标准)赶超发达国家几乎都倾向于低生育，东亚的日本、韩国、新加坡和中国等在 20 世纪后半叶经济增长一株独秀的国家都是在 60 年代开始(日本是 50 年代开始)生育率持续下降并至今仍保持低生育率的。代表拉美发展中国家经济的巴西和墨西哥，在80年代以前一直保持较高的生育水平，80年代才开始下降。从60年代中开始到20世纪末，东亚几个国家和巴西、墨西哥的GDP和人均GDP和生育率、抚养比的比较(见下图、表)可以清楚看到，后发国家保持低生育水平在经济增长中的积极作用。

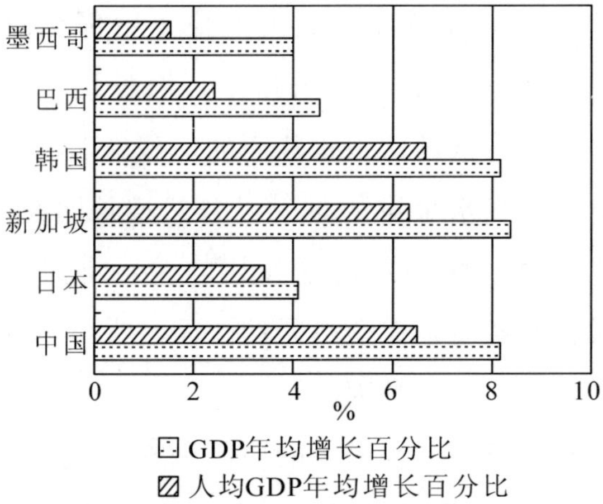

图1　国民生产总值发展趋势(1965～1999)

资料来源：邬沧萍、王琳："《生育率下降为我国创造战略机遇期的作用功不可没》"，《中国2004年人口普查国际研讨会》，2004年4月，北京。

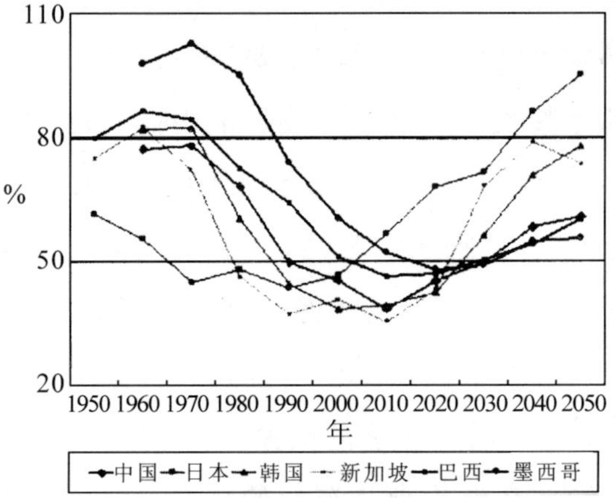

图2　部分国家抚养比(1950～2050)

资料来源：《中国2000年普查资料》，中国统计出版社2002年版。World Population Prospect Volume I. United Nation. 2001，World Population Aging 1950～2050. United Nations. 2002年资料计算。

表 1　中国、日本、韩国、新加坡、巴西和墨西哥的生育率和人口增长率

	中国	日本	韩国	新加坡	巴西	墨西哥
总和生育率(TFR)						
1950～1955	6.2	2.7	5.9	6.4	6.2	6.9
1975～1980	3.3	1.8	2.9	1.9	4.3	5.3
2000～2005	1.8	1.3	1.5	1.5	2.2	2.5
人口增长率(%)						
1950～1955	1.9	1.4	1	4.9	3.1	2.7
1975～1980	1.5	0.9	1.6	1.3	2.4	2.7
2000～2005	0.7	0.1	0.7	1.7	1.2	1.4

资料来源：联合国：《人口老龄化 1950～2050》。

二、低生育水平仍然是我国今后高投资的一个重要保证

任何产出都需要生产要素的投入。这里对我国土地和劳动两个要素整体撇开不谈，我国生产发展最缺的还是投资。投资可以来自国内和国外，但国内投资始终是主要的。在邓小平 1992 年南巡以前，国内投资占到全部投资的 95%以上，就是扩大开放以后吸引了大量外资，但国内投资仍经常保持在全部新增投资 3/4 以上。因此，我国能否保持较高的生产增长，国内积累又起决定性作用。马克思所说："积累是再生产的源泉"有普遍意义，在我国更有特殊意义。我国的生产高增长主要是靠投资拉动，这是个不争的事实，谁都明白。一年国民收入中大份额能用于积累和投资在很大程度上取决于人口的消费，即包括原有人口的消费和新增人口的消费。不言而喻，每年增加的新生人口必须有一笔投资用以保证新生人口能享有原有人口生活水平，又不因有新增人口而影响原有人口生活水平，这笔投资称为人口投资(Population Investment)。这笔投资体现在新生人口出生后的抚养、培训和生产的技

术装备等方面。

不难看出，人口高出生、高增长和人口低出生、低增长所需要的投资差别就很大。这笔投资是客观存在的，至于怎样计算是一个科学估算问题。在 20 世纪 60～70 年代，西方许多学者都认同每年西方人口投资与新增国民收入之比估计为 1∶4，即新增人口 1%需要有新增的国民收入 4%用作人口投资来保证。李鹏总理在 80 年代一个报告中估计我国新增人口每年要消费新增国民收入 1/4①。国内外许多学者估计我国生育率下降 30 年来少生 3 亿多人口②，节约的培养费用 7.4 万亿到 10 万亿以上等等。虽然对我国计划生育少生人口节约出的资金有不同估计，但降低生育率少生人口必然节约社会一笔人口投资，这笔投资是可以转用于经济投资和提高原有人口生活水平的。在客观上促进了我国生产增长。

高出生对投资有影响也可以从我国人口不同时期出生率与积累率的相关做出一定的解释。我国 50、60 年代出生率除三年困难时期外都在 30‰以上，总和生育率(TFR)为 5～6，人口自然增长率都在 2%～2.5%。在这个时期，我国的积累率(除三年困难时期和个别年份外)一般都占可支配收入 1/5～1/4。我国 70 年代以后，生育率开始有所下降，而这一时期积累率一般都在 30%以上，其中个别年份高达 35%以上(见图 3、表 2)。我国高积累率、高投资率不能全归因于低生育，但高生育对社会和家庭储蓄率和投资率有重大影响。我国现有 10.4 万亿的居民个人储蓄存款，除了居民收入提高这个因素外，家庭人口规模缩减也是重要原因。如果我国家庭都是多子女的，家庭规模扩大很难

① 李鹏 1991 年 4 月 7 日在计划生育工作会议上的讲话。

② 《人民日报》1991 年 1 月 23 日。

有较高的储蓄率。我国国内投资增长很快，形成生产能力增长很快，经济高、快速增长是顺理成章的。低生育水平功不可没。因此，我国今后要保持经济高增长，稳定低生育水平仍是一个十分有利的条件。

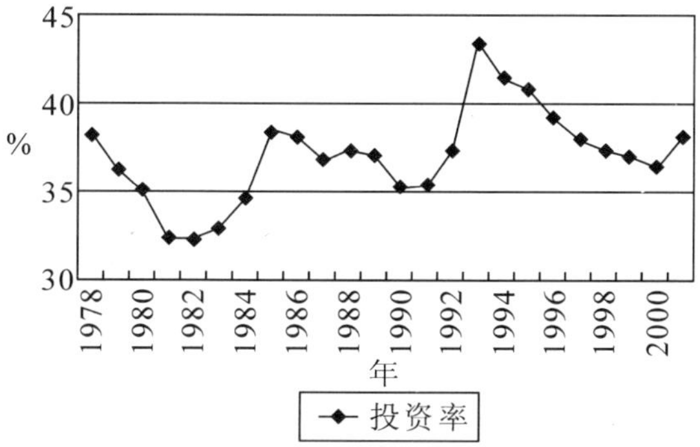

图3　中国资本形成总额占 GDP 比率

（投资率 1978～2001）

资料来源：中华人民共和国国家统计局：《中国统计年鉴 2002》，中国统计出版社 2002 年版。

表2　部分国家和地区资本形成总额占 GDP 比重（%）

国家和地区	2002 年资本形成总额占 GDP 比重	1993 年至 2002 年年均经济增长率
世 界	22.2	3.5
发达国家	22.1	3.3
发展中国家	23.2	5.4
中 国	36.2	9.5
美 国	20.7	3.3
日 本	26.0	0.9
韩 国	28.7	5.3
巴 西	20.5	3.0

资料来源：世界银行：《2000 年世界发展指标》，中国财政经济出版社 2001 年版。

三、低生育水平有利于提高人力资本、提高投资效益，为改变增长方式创造良好条件

投资增长速度高是我国经济增长的重要保证(见表 3)。但我国投资效益是比较低的。我国高投入、高消耗、低效益、低产出的状况还没有根本改变。因此，我国当务之急必须改变增长方式，提高投资效益。否则，持续增长将难以为继。

表 3　国内投资总额年平均增长率(%)

国家和地区	1980～1990	1990～1996
中 国	11.0	15.5
巴 西	0.2	3.7
日 本	5.3	0.2
韩 国	11.9	7.8
低收入国家	6.7	11.2
东亚和太平洋	8.6	13.3

资料来源：世界银行：《1998 年世界发展指标》，中国财政经济出版社 1999 年 5 月。

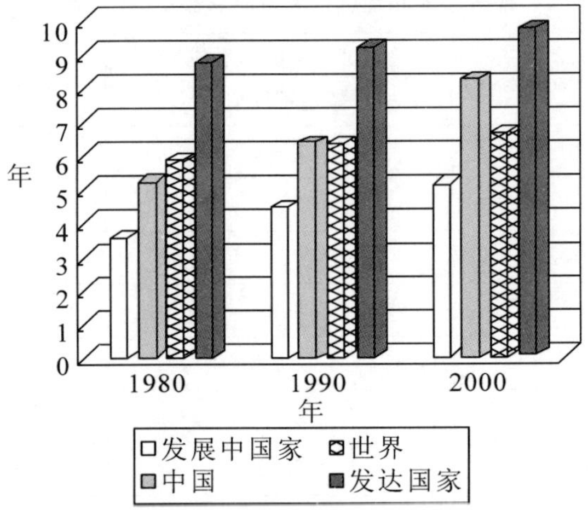

图 4　15 岁以上人均受教育年限比较(1980～2000)

资料来源：邬沧萍、王琳：《生育率下降为我国创造战略机遇期的作用功不可没》，《中国 2004 年人口普查国际研讨会》，2004 年 4 月，北京。

改变我国增长方式的重要条件之一是提高劳动者的素质，提高产出的科技含量，实现产业升级，归根结底要增加人力资本。我国经济增长的实践证明，仅有物质投资的增长而没有相应的人力资本，投资只能低层次重复，浪费资源，加剧环境污染。只有提高了人力资本，产业结构才能升级，使高科技和附加值高的企业比重提高，一些低附加值的简单劳动密集企业比重降低。同时不断提高各行各业的劳动和资本的生产率。

实践也证明在低生育水平下，父母一代和他们的子女一代能从社会和家庭得到更多的资源用于发展，用于提高健康和文化教育科学水平①。我国在20世纪90年代以后育龄人群特别是妇女自费学技术，参加成人教育和各种职业或科技培训，受教育年限普遍提高②。第五次人口普查资料证明我国育龄人群在90年代受教育年限平均提高了两年，大学入学率由不到10%提高到现在的15%，事例不胜枚举。育龄人群由于子女抚养负担较轻，能用更多的资源和更充裕的时间参加岗位培训和更能专心致志投入生产，使我国劳动者名副其实“价廉物美”，在国际上有更强的竞争能力。这一比较优势必须继续保持以保证经济持续快速增长。

四、稳定低生育水平在人口资源、环境可持续发展中起到无可替代的关键性作用

中国今后经济持续发展中，资源、环境的刚性约束愈来愈重要。预计2004年1.5万亿GDP中进出口商品估计1万亿。其中进口的原材

① 邬沧萍、王琳：《生育率下降为我国创造战略机遇期的作用功不可没》，《中国2004年人口普查国际研讨会》。

② 第5届亚太人口会议中国国家报告。

料比重愈来愈高。树立节约自然资源和保护环境观念已是我国发展的当务之急。

人类真正懂得人与自然必须和谐协调才能持续发展的道理还不到半个世纪。我国由于闭关锁国认识更晚。另一方面，在主观唯心论肆虐的年代，人口越多越能加速社会主义建设，“人手论”和“人有多大胆，地有多大产”的观点盛行。有一个时期认为对生产发展有制约作用的各种论述都被视为“人口决定论”和“地理环境命定论”，属于异端邪说。历史是无情的，违反客观规律必然受到惩罚。总结经验教训后我国在20世纪70年代初首先认识到人口非控制不行；80年代初把计划生育作为一项基本国策，随后把保护环境、保护其他资源也都作为基本国策或单项政策。在经过30多年的努力后，我国生育率已得到一定控制，但人口问题远未根本解决，但对人口重要性认识已开始淡薄了。在人口、资源、环境的可持续发展战略中人口似乎被人民遗忘了，可持续发展战略似乎是环境保护的同义语。这是个认识误区，必须从这一误区中走出来！

人口、资源、环境在经济社会可持续发展中是相互影响、相互制约的。但人类是对自然环境利用的主体，也是破坏和保护的主体。在人类出现以后它们之间的关系却是以人口数量增加为发端。伴随着生产力的发展，人类消费(需求)膨胀引发对资源、环境更大的压力。二者叠加(或乘积)构成对资源环境压力。人口数始终是个长期起作用的相对固定的因素。消费因素是随生产力发展与时俱增的因素。在不同时期、不同地区二者对资源、环境的影响是不同的。就20世纪后半叶而言，发达地区与发展中地区的人口与消费对资源、环境的压力完全不同。联合国秘书长安南在21世纪第一个人口日指出：“上世纪60年代以来世界人口增长一倍，大部分增长来自于发展中国家。自70年代以来，人类消费也增长了一倍，其中发达国家占全部消费的86%。”①可见发展中国家的资源、环境问题主要归因于人口数量问题，而发达国家主要归因于消费问题。我国二者兼而有之。这是个人口大国经济快速增长的必然趋势。但人口数量是个不能改变的沉重砝码。

人类影响资源、环境的另一个因素是经济、社会、政策、技术等各方面形成的综合因素。它代表着人类对资源、环境的开发、利用、破坏和保护的能力。这一因素可以加剧、保持或缓解对资源、环境的压力，但消除不了人口数量与人口消费需求叠加造成的对生态环境的压力。

半个世纪前，生态学家艾里奇(Paul Ehrlich)在《人口炸弹》(Population Bomb)一书中就提出人类对生态环境压力三个因素的公式：PAT(人口、富裕、技术 Population，Affluence，Technology)②。其后，罗马俱乐部和1972年世界环境会议“只有一个地球”的论证中，实际都是以此公式立论的。PAT表述出当时有识之士在人类对人口、资源、环境可持续发展的看法，不过认识还不够全面、深刻，但其立论现在从可持续发展来看是科学的、有远见的，它有助于认识我国人口在可持续发展中的不可替代的作用。PAT这一公式可以进一步完善改写为三个因素：(1)人口因素，包括人口数量、人口结构和人口素质；(2)消费因素(需求因素)，已涉及生产增长、产业结构和生产方式、消费方式的改变，引发消费、需求的变化在实质上是经济因素；(3)资源、环境的开发利用、破坏和保护能力及效率(涉及经济、政策、技术等诸因素)。这三个因素对资源、环境的影响各自独立。虽然也有相互影响的一面，

① 新华社2001年7月11日联合国电。

② Paul Ehrlich：《人口炸弹》。

但不能相互取代，不能以偏概全。

现在对我国可持续发展中人们普遍关心节约资源、保护环境是理所当然的。因为它们与人们日常生活息息相关，涉及方面很广、方面很多。科学技术十分复杂，社会经济政策十分敏感。但也不能因此对人口问题视为对资源环境无关宏旨。这样做在理论上是错误的。因为人口问题是深层次的，从现象往往认识不到，但它却是长期起作用的。特别是人类消费需求膨胀的今天，仅热衷于研究个别项目，节约资源和保护环境而轻视人口数量，就像“扬汤止沸”，而非“釜底抽薪”，不能使问题最终解决。只有重视稳定的生育水平，也重视理性和适度消费的前提下，节约资源、保护环境才能事半功倍。

不少人认为在过去人口高出生、高增长时期，一个妇女生育5～6个孩子，人口增长率在2%～2.5%的确对我国资源环境有巨大压力。今天生育率已降到更替水平以下，人口增长率是6‰，对我国资源环境的影响已不大了，可以不必过于重视，集中力量节约资源和保护环境更为现实，这是舍本逐末，没有看到人口对资源环境压力的渐进性、积累性和不可逆转性。

人口在可持续发展中的关键和首要作用在我国将是长期存在的。

其一，我国资源总量在世界上堪称资源大国，各种自然资源的丰盛程度虽不同，就是最丰富的、已位居世界前列的资源如煤等我国按人均都是稀缺、贫乏和相对不足的，这是人多造成的“瓶颈”。

其二，我国虽然达到总体小康水平，但在目前和可见的将来，人民生活基本需要对自然资源如土地、水、森林等的压力仍有增无减，因为我国国情决定我国发展的基本点只能放在主要依靠自己的力量上。

其三，已经超载的人口和人口持续增加是我国毁林开荒、陡坡开荒、围湖造田、超载放牧、滥采滥伐、竭泽而渔、过度开发地下水和陆地下沉、海水倒灌等的直接后果，是造成水土流失、土地荒漠化、盐碱化、大河断流的深层次原因。必须从人口入手解决，否则就陷入吃子孙饭，断子孙路的严重后果。

其四，由于人口众多，就业压力大，对一些资源开发不合理和污染严重的产业，诸如小煤窑、小化肥、小五金、小铸造、小水泥等造成严重的资源破坏和环境污染之所以屡禁不止，其深层次的原因仍是人口过剩、就业压力，造成两难抉择。由于涉及人多，又无广开的就业出路，管得过严要冒社会动荡的风险，因此常常是长远利益不能不迁就暂时利益，所谓“饮鸩止渴”。根子在人口。

其五，本来自然界对生物资源有再生能力，对空气和水体也有一定的自净能力，但对于人口超载的压力，地球失去了生态自我恢复的时间和能力。这是自然资源枯竭、环境退化、环境污染每况愈下的重要原因之一。我国面临各种困境，稳定低生育水平在资源、环境与可持续发展中的作用主要在于持之以恒使目前人口缓慢增长。在人口达到顶峰后使人口规模缓慢减少，但也不能操之过急，欲速则不达。如果以资源环境为由，认为生育率愈低愈好，也不切实际。

稳定低生育水平对资源、环境可持续发展的深远意义在于它有助于提高人口素质，从而在根本上增强我国可持续发展能力，这是无可替代的。一是提高人口文化教育科学水平，有利于增强人口、资源、环境可持续发展意识，人们能自觉限制生育，能自觉和理性保持适度、合理消费，减轻过度消费、超前消费造成资源环境的巨大压力；二是稳定低生育水平能提高广大劳动者素质和造就一批高科学技术人才，为节约资源、保护环境作出贡献；三是稳定低生育水平在“两种资源、两种市场”的条件下有利于增强国内外竞争能力和可持续发展能力；四是稳定低生育水平有助于缓解我国就业“瓶颈”和减少贫困人口。

稳定低生育水平

——一个惠及子孙万代的重要战略决策*

2000年3月，中共中央、国务院作出了《关于加强人口与计划生育工作稳定低生育水平的决定》(以下简称为《决定》)。这是指导当前和今后一个时期我国人口与计划生育工作的纲领性文件。1991年，党中央针对我国人口再生产类型转变过程中出现的人口高增长状况，曾作出过“严格控制人口增长”的决策。这次提出“稳定低生育水平”，是在我国人口生育水平下降到更替水平以下，人口已进入惯性增长(生育率达到更替水平后人口仍在增长)阶段作出的决策。两个决策虽然产生于人口再生产的不同阶段，但在执行计划生育这项国策和控制人口增长的大目标方面是一致的。过去严格控制人口增长的各项论据，同样适用于阐明稳定低生育水平的必要性，因为人口众多和人口过剩这个基本国情并未有改变。

然而值得注意的是，由于人口低生育阶段的到来，人民

* 原载《求是杂志》，2000年第20期。

生活水平的提高，人口老龄化、家庭核心化（指一对夫妇及其孩子构成的家庭所占比重越来越大的现象）和家庭养老功能弱化等问题的凸显，一部分人对继续严格控制人口、稳定低生育水平的必要性产生了怀疑，认为我国生育政策改变和放宽势在必行。有的领导干部、有的计生工作者认为，计划生育船到码头车到站，已无可作为了；有的人口理论研究工作者认为，人口学只是昙花一现的夕阳科学，在未来派不上什么用场了。前述种种情绪又由于国内外一些新闻媒体推波助澜有所蔓延。听任这些糊涂思想的蔓延，我国二三十年计划生育工作取得的成绩就有付诸东流的危险。因此，党中央在世纪之交这个关键时刻作出“稳定低生育水平”的重要决策，是一个必要和及时的安民告示。深刻理解、认真贯彻这一决策，对于社会主义现代化建设、对于中华民族子孙后代的生存和发展，具有重大和深远的意义。

一、稳定低生育水平是实现人口零增长的前提

《决定》提出在当前一个时期稳定低生育水平，不是一项任意的政策，它符合我国可持续发展对人口规模提出的客观要求，也符合人口发展的客观规律。降低生育水平并稳定低生育水平不是计划生育工作的直接和全部目的，作为国策的计划生育工作的最重要的目的是控制人口的增长。为此，首先要争取实现人口的零增长。在一般情况下，人口零增长时人口规模达到峰值，随后人口在零增长上下波动（绝对零增长或静止在实践中是不存在的）并开始缓慢下降。因此，只有理解生育的更替水平与人口零增长的内在关系，才能对中央的政策有深刻的了解。

生育率达到更替水平，其含义是平均一个妇女一生生育出一个女儿，由她来接替母亲的生育职能。通俗地说，就是由一个女儿更替一

个母亲。因为人类生育中男女婴比例大致相等(103～106∶100)，当一个妇女一生平均生两个孩子时，其中便有一个是女婴。考虑到个别女婴有中途夭折的可能性，所以人口学把一个妇女平均生育2.1个左右孩子定为人口生产的更替水平。这可以形象地称之为人口简单再生产。目前，我国的生育水平已达到更替水平以下。这是20多年来实行计划生育的伟大成绩。

人口零增长简单说来就是出生人数(或出生率)等于死亡人数(或死亡率)。由于死亡人数(或死亡率)是个不可控制的变量，所以在人口科学中，使用相对容易控制的生育率来观察和监测人口零增长的实现过程。在国内外都把生育率是否达到更替水平作为观察、监测人口能否达到和何时达到零增长的“标尺”。生育率达到更替水平被视为是一个真实或潜在的达到零增长的标志。

一个国家人口的生育率达到更替水平时，并不意味着人口立刻就能实现零增长。因为只有出生率进一步下降，降至与死亡率相等，人口的零增长才能最终实现。这需要经过一个相当长的时间。在这段时间内，只要人口的出生率是高于死亡率的，人口就仍然处于增长的态势。人口理论界将这种在从人口高出生、高死亡、高增长迈向低出生、低死亡、低增长的转变过程中出现的人口增长称为人口的惯性增长。在有些国家，人口惯性增长所持续的时期往往会很长。在此期间人口增长的势能也很大，有的国家人口甚至会翻一番，发展中国家大都属于这种状况。

下面的图表提供了发达地区、发展中地区人口转变过程的资料。从图表中可以看出，只有当出生率和死亡率两条曲线重合时，人口才能实现零增长。两条曲线之间的广阔地带则标志着人口惯性增长的部分。从图表中还可以看出，一些发达国家和地区在18世纪中叶死亡率就开始下降，19 世纪中叶出生率也开始下降，但到 20 世纪 90 年代前后人口才实现了零增长，历时相当长。发展中地区死亡率到 20 世纪才开始有明显下降，而出生率到 20 世纪中叶还没有明显下降，因此转变过程中的人口增长势头十分强劲，要实现人口零增长还需要走一段很长的路。就是生育率达到更替水平以后，也还要很多年时间才能实现零增长。日本生育率达到更替水平的时间在 1956 年前后，此后的半个世纪尽管一直保持很低的生育率，但目前仍未达到零增长。我国基本属于发展中地区那种人口转变类型，尽管目前已经达到更替水平，但要实现零增长绝非一朝一夕之事。据人口理论界的预测，即使在最好的情况下，我国人口生育率从更替水平过渡到零增长也大致需要半个世纪的时间。在这个阶段，人口统计和计划生育部门的工作可以说是任重道远，决非可有可无。因为一旦有所疏忽就会造成难以挽回的损失，后悔都来不及。这就是《决定》要求今后一个时期稳定低生育水平的客观依据。

1750～1997 年间发达地区与发展中地区出生率、死亡率发展趋势图

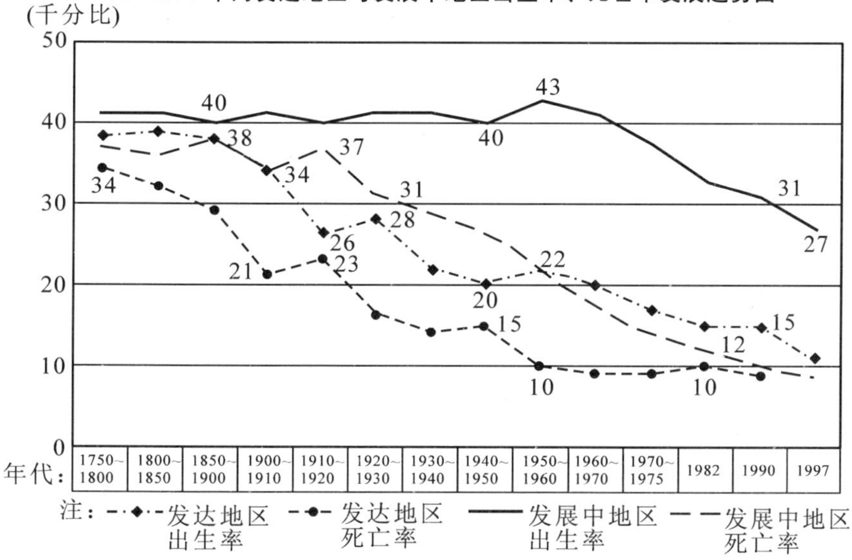

二、用科学的观点全面评价稳定低生育水平的利弊得失

有些同志对在未来的几十年内仍要稳定低生育水平之所以认识不足，重要原因之一是对我国严格控制人口增长出现的一些负面影响不能正确估价。

大多数人认为低生育水平引发的问题主要集中在六个方面：(1)青壮年劳动力短缺。(2)独生子女问题。(3)加速人口老龄化，导致家庭养老功能弱化。(4)出生性别比失调。(5)损害妇女生殖健康。(6)人口素质结构劣化。在这六个问题中，有些同低生育政策有必然联系，有些是由于我们的工作有缺点，同计划生育政策无关。例如，如果我们的工作做得细，就可以有效地防止大月份引产或人工流产次数过多对于妇女生理和心理健康的损害。因此，我们必须分别情况，区别对待，既不能回避问题，也不能以偏概全，抹煞计划生育的巨大成绩。

评价稳定低生育水平的正负效应、利弊得失，必须按照两利相权取其重、两害相权取其轻的原则。权衡时还会受到价值观的影响。对于稳定低生育水平可以从国家、社会、集体的利益和个人、家庭的利益两个不同角度来进行评价。在社会主义条件下，二者根本利益是一致的，但在一定时空条件下，也会有矛盾。当个人的生育意愿与社会和国家政策发生矛盾时，只能按照国家民族或大多数人的整体利益来取舍。另一方面，国家、社会、集体要关心个人利益，要通过说服教育启发群众的理性思维，从而使群众感到我们政策的出发点是为了人民群众的根本和长远的利益，这是在今天以人为本做好计划生育工作的一个重要体现。下面我们具体考察一下低生育的几个负效应及其影响程度。

稳定低生育水平会使青壮年劳动力增长减慢，但不会导致我国劳

动力不足。我国人口大量过剩、就业压力不断加大的情况将会持续，每年至少有1500万～2000万青壮年劳动力进入市场，今后几十年都不可能出现全局性的劳动力短缺。至于局部地区的劳动力短缺完全可以通过人口迁移来解决。随着社会主义现代化进程加快，劳动密集型产业的缩小，资本和技术密集型产业的扩大，我国对人力资源的质量要求越来越高。稳定低生育水平有利于促进人力资源的增长实现从数量到质量的转变。

独生子女问题在我国城市家庭中普遍出现。独生子女被认为是娇生惯养、生存能力较差的“小皇帝”、“小公主”，不少人把这一现象看成是低生育的后果之一。有必要指出，独生子女不是我国所特有的现象，在发达国家，妇女只愿要一个孩子的也大有人在，我国只不过是出现得快，在城市更为普遍罢了。况且，对独生子女素质也要一分为二，并非所有独生子女都是“小皇帝”、“小公主”. 许多研究显示，青少年的素质不取决于兄弟姐妹的数量，关键在于家庭、学校和社会的教育。

严格控制人口增长的政策在我国一些地区的农村有可能导致男女出生性别比失调，但产生这一现象的深层原因是社会经济不发达，是传统的重男轻女、传宗接代等观念在起作用。在深层次原因未得到根本解决的情况下，以放宽生育率来改变出生性别比的作用很有限而且有害。治标之策应当是加强法治和思想教育，治本之策则是发展经济、普及教育。低生育和进一步稳定低生育水平有助于最终解决男女出生性别比失调。治本重于治标。

人口结构劣化的问题在推行计划生育后常常有人提出，主要论点是说整体素质高的城市人口出生得少，素质低的农村人口反而出生得多，认为这是城市生育政策严，农村生育政策宽的必然后果。农村人口政策比城市宽，是因为我们必须考虑我国农村和农业生产力水平低下，许多工作需要手工劳作这一重要因素，考虑到农民的理解和承受能力。解决人口结构优化问题，不能采取在城市放宽人口政策的办法，只能通过发展教育事业来提高农村人口素质。在稳定低生育水平的长过程中，对农村教育事业和人力资源开发的投入必须加强。农村人口城镇化的过程也会有助于提高农村人口的整体素质。

因此，尽管稳定低生育水平会带来一些负面影响，我们仍然必须坚定不移地坚决贯彻，因为利大于弊。当然，对于这些负面影响，我们也必须正视，不能掉以轻心，要更多地从加强人口的综合治理、完善各项配套政策入手，使之尽可能弱化。

三、在人口控制与老龄化的两难选择中，稳定低生育水平仍是个优选方案

国内外不少专家学者认为，我国严格控制人口所带来的最大的负面效应，莫过于加速了人口老龄化的进程，加重了社会的养老负担。面对这个两难抉择，国内一些同志提出了放宽生育政策的主张。能不能这样做呢？《决定》的回答很明确，“人口过多仍是我国首要的问题”。我们制定政策当然要有利于这个首要问题的解决。的确，我国人口老龄化的进程是很快的，60 岁以上的人口已达到 1.26 亿左右，占全部人口的 10%，老龄社会来势之快始料未及。而且，一旦新中国成立后大量出生的人口进入老年期，老年人口将会成倍增加，从而出现 4 亿多老年人共存的局面。因此必须从现在起就重视老龄问题，做好各项应对准备。即便如此，靠放宽生育政策来解决老龄问题仍属下策。

首先，我们应该认识到，庞大的老年人群的存在不是计划生育政策造成的。在下世纪中叶以前进入老年、成为社会负担的人群大多都

是严格控制人口出生以前就存在的人群，是过去高出生和人类寿命延长的结果。至于劳动人口负担系数增加，生育率急速下降只是原因之一，而人口寿命普遍提高是一个更重要的原因。现在，许多西欧发达国家60岁以上的人口已占到总数的1/5到1/4。相比之下，我国老龄化的程度还不算太严重，稳定低生育水平能够为我国提供一个对付老龄化问题的准备时间，我们必须珍惜。

其二，放宽生育的最直接的后果是新生人口迅速增加，从而导致人口总数的迅速增加，导致社会对婴幼儿和青少年负担的增加，形成人口负担老少两头沉，根本起不到减轻社会养老压力的作用。这就叫做“未见其利，先见其害”，因而是不明智的。

其三，放宽生育数量并不能起到强化家庭养老功能的作用。造成家庭养老功能弱化的主要原因，是人类寿命延长和社会经济文化的发展。在生产社会化、生活方式现代化以及实行社会主义市场经济的条件下，家庭核心化和小型化、人口流动加速、人的寿命提高和代际思想隔阂等趋势只会加强而不会减弱。从长远来看，加强以社会保险为核心的社会保障体系，发展老年产业，强化社区助老服务，加强法制和伦理道德教育，以社会养老功能逐步取代家庭养老的功能是社会发展的必然。解决中国老年人的问题归根到底取决于发展社会经济，提高劳动生产率。

因此，把计划生育工作与重视老龄问题相互对立起来的观念是过时的。应该看到，重视人口老龄问题是稳定低生育水平题中应有之义，也是我们制定与计划生育相配套的社会政策时不可忽略的重要内容。建立和完善农民养老保险、社会保障更是全面贯彻《决定》的一个重要条件。

稳定低生育水平是《决定》的核心内容，也是今后一个时期全党全民的重大而艰巨的任务。在今后稳定低生育水平的长过程中，我们不能只把工作的视野局限在计划生育上，必须将其与提高出生人口和整个人口的素质，优化人口的性别、年龄结构等重大社会问题统一进行考虑，为我国创造社会主义现代化所需的良好人口环境。

人口老龄化催生我国老年学

人口老龄化是人类社会发展的必然规律*

一、人口老龄化是生产力发展的必然产物

按照马克思主义的唯物史观，生产关系一定要适合生产力发展的规律，阐明人类社会为了存在和发展必须获得物质资料，包括生产资料和生活资料，把物质资料的获得方式称为生产方式，它包括生产力和生产关系两个方面，而生产力是生产中最活跃、最具决定性的因素。生产方式的发展变化必须遵循生产关系一定适合生产力性质的规律，从而得出人类社会必然由原始公社的社会制度依次发展为奴隶制度、封建制度、资本主义制度到社会主义制度的社会发展规律，这种大方向是不以人们的意志为转移的社会发展规律。

同样，人类在进行社会物质生产和再生产的同时，也时刻进行着自身的生产和再生产。在人类自身生产和再生产过程中，出生、死亡的更替中必然形成不同的人口年龄结构，这种年龄结构也不是任意的。也是由一定生产方式

---

* 原载邬沧萍主编《社会老年学》，北京，中国人民大学出版社，1999。

制约的；它不是永恒不变的，其变化是有规律的，即由高出生、高死亡、高增长形成的一种年轻型人口结构，又经过长期的发展变化形成的老年型人口结构，即人口老龄化，这种变化也同社会制度变化一样有着合乎客观规律的发展方向并可以作出理论解释。

人类自身生产和再生产是社会生活的一部分，在唯物史观看来，物质生活的生产方式制约整个社会生活、政治生活和精神生活过程，当然也制约人口的再生产及其年龄结构类型，在这里就不难明白，人口老龄化是生产力发展到一定阶段的必然产物。

人口老龄化被定义为老年人在人口中的比例(也称老年比或老年系数)的提高过程或人口平均年龄(通常用年龄中位数来表示)不断提高的过程。老年比和平均年龄取决于人口的死亡率和出生率，这是最清楚不过的了。人类寿命的延长是人口老龄化形成的前提，如果人类都在青少年时期出现夭折也就不会有人口老龄化和老年型人口，只有死亡率持续下降才能出现老龄化。如果人类保持高出生、婴幼儿、青少年低死亡，那就会不断增加青少年人口，结果只能是人口膨胀和人口年轻化，而不会是出现老龄化，所以，出生率下降是老龄化的必要条件。那么，什么是死亡率下降和出生率下降的决定性力量呢？对此有不同的观点。有人认为是医学发达，有人用文化因素来解释，也有人用政策法令来解释，更有甚者是用反科学的迷信来迷惑人。正确的答案是生产力发展是最终的决定性因素。当然，出生率和死亡率是人口老龄化的形成、发展、速度和达到程度的两个直接因素，但出生和死亡只能说明现象，不能解释事物的本质，用生产力因素能从深层次说明人口老龄化出现的本质，因为在唯物史观看来，在众多社会条件中必须从经济条件出发来解释社会现象及其发展变化，其中生产力是决定因素。但是，马克思主义解释事物发展从不排除其他社会因素的交互影响，这就使人们对人口老龄化出现的客观规律性的认识更加全面。

对于人口老龄化是生产力发展的必然结果这一论断，已经有很多历史经验资料和国内外实证材料可以作为佐证。根据美国人口普查局统计的 1996 年全球 60 岁以上人口占全部人口比例，全世界有 20 个国家(含美国)都在 16.5%以上，除了日本和乌拉圭(老年比 17%)，其他的都是欧洲国家。日本是个发达国家，乌拉圭基本上是欧洲意大利和西班牙后裔。这一统计证实了现在老龄化程度高的基本上都是经济发达的国家。我国人口老龄化程度高的上海、北京、浙江也都是我国经济比较发达的地区。

(一) 生产力发展加速死亡率下降。导致人口老龄化

生产力又称社会生产力、物质生产力，生产力的高低表明一个社会驾驭与征服自然的能力。在历史上，人类的寿命很短，奴隶社会和封建社会人类的平均寿命只有 20～30 岁。在 19 世纪上半叶，今天的发达国家死亡率仍高达 32‰，是今天中国死亡率的 5 倍。到 1840 年，全世界最发达的几个欧洲国家和美国的麻省平均寿命也只有 41 岁。[①]那时，60 岁的老年人也还是罕见的，在那时感觉不到人口老龄化是不足为奇的。

在近代以前人类寿命短不能仅从生物、生理因素得到解释，根本的原因在于很低的生产力导致很高的死亡率，造成高死亡率的主要原因是饥饿、营养不良，吃、穿、用、住条件都很差，无力抵抗天灾人祸，一遇洪水、干旱、台风、地震、流沙石等灾害就尸横遍野，加上

① 参见 United Nations (1973) Determinants and Consequences of World Population Trend.

血流成河的战争造成大批人口死亡，当时对传染病如鼠疫、天花、霍乱、麻疹、伤寒、结核、痢疾等等细菌、病毒和寄生虫疾病是无力抵抗的。更为严重的是上述饥饿、传染病和战争几大原因交织在一起导致的高死亡率，在低生产力的条件下是无法摆脱的。其中最制约人类寿命延长的因素是饥荒和营养不良，直接原因是生产力水平低。

生产力提高的表现首先是物质生产的产量增加。在欧洲工业革命后，由于生产工具的改进，欧洲国家首先出现了农业单产的提高，满足了人民的口粮和肉类需要，提高了人们的营养水平。很多原来靠天吃饭的地区由于交通运输条件改善和贸易的发达，即或遇到饥荒也能以丰补歉，余缺调剂。

其次，工业革命强大地推动了加工业的发展，穿、用、住都普遍得到改善。在低生产力时，只有统治阶级的少数人生活得较好，即使到 18 世纪前半叶，普通老百姓的生活与中世纪的生活也没有多大区别。生产力有了提高后，大多数人都能受益，导致平均寿命普遍提高；而在只有少数人受益的情况下，人类的平均寿命是不可能提高的。

再次，生产力的提高加强了水利建设、防治水土流失，改善了城乡抵抗自然灾害的能力，减少了自然灾害的死亡人数，更大地减少了由此引发传染病所导致的死亡。

最后，生产力提高带来科学技术的发达，人类对于认识世界和改造世界的能力提高了。特别是医学科学的发达、医疗技术提高和改善公共卫生，有效地控制了很多传染病如天花、鼠疫、霍乱、伤寒等的发生。再加上普及预防保健知识和改善环境卫生等措施，使发达国家的死亡率逐步下降，平均寿命大大延长，人口老龄化逐步成为普遍现象。生产力水平高的国家能在基础医学方面有较多的投入，这也有利于高龄人口的增加。

（二）生产力的提高是出生率下降的最终决定力量

出生率下降是人口老龄化的一个必要条件。在18世纪，全世界各国毫无例外都是高出生率国家，那时欧洲国家每个妇女平均生育六个孩子，亚、非、拉国家每个妇女生育七八个孩子是很平常的事情，在那个年代人们还不知道人口老龄化为何物。欧洲在19世纪中叶时每个育龄妇女平均还生育五个子女，所以人口老龄化并不明显，直到第二次世界大战后总和生育率降到2.5个孩子并继续下降到只生一个多小孩时，人口老龄化才显现出来，受到人们的重视。

生产力的提高导致出生率下降，主要通过下列机制：

第一，过去，人类出生率普遍偏高是由于农业生产方式属于自然经济，与此相适应的大家庭制度使家庭、家族都追求高生育率来实现家庭富裕和家庭延续的目标。在中国，“多子多福”、“不孝有三，无后为大”、“养儿防老”、“重男轻女”等都是强化高出生率的封建思想和言论。工业革命使生产力的水平提高了，出现了工业化、城市化、生产社会化和现代生产方式，从根本上动摇了高出生率的经济和社会基础。

第二，生产方式的改变加速了经济结构变化，为低出生率创造了条件。大多数农民离开农村来到城市，使得从事农业的人口大量减少，工业、建筑业生产方式改变，交通、运输、商业、服务业的人口大增。原来在农业生产方式下的家庭生产职能消失，雇佣的工资制度增大了个人决定自己的生育的权利。生存的竞争使得生产者要摆脱多生育的累赘，以便能用更多的时间学技术、学文化，妇女更多地参加社会生产。上述原因的综合作用使出生率必然大大降低。

第三，以往出生率高的原因之一是死亡率高，特别是婴儿死亡率高，迫使家庭必须用高出生率来抵补高死亡率，才能使家庭延续和实现养儿防老。生产力的提高和生产方式的变化使死亡率下降，促使家庭追求子女的高素质代替追求子女数。社会保障制度使“养儿防老”变得不那么必要了。高素质的劳动者才能在竞争中取得优势，如此等等。这些条件使现代家庭愿意少生孩子，这就为出生率的下降和人口老龄化开辟了道路。

第四，少生孩子的愿望变成现实。在生产力提高以后，低出生率由意愿成为了现实。一方面，生产力的提高使广大育龄人群的教育水平普遍提高，增加了他们的生育和避孕知识；另一方面，高生产力使节育避孕的医疗技术大大提高。二者相结合的结果，使得妇女生育率的下降水到渠成。

有人认为各个人口的文化传统、风俗习惯是出生率下降的原因，也有人认为教育普及是低出生率的决定性因素，但从长远来看，没有生产力的发展就不可能有文化传统和风俗习惯的改变，也不可能有教育的普及和提高。所以，出生率下降的根本原因还在于生产力的发展。

二、世界人口老龄化的历史经验

人口老龄化既然是一个不以人们意志为转移的人类社会发展的客观规律，那么作为一个客观规律就有其客观必然性、重复性和可知性。但它的具体表现又是丰富多彩的，在不同地点、时间、条件下各有特点。人口老龄化在人类历史上出现的时间还不长，占世界人口80％的发展中国家正在开始老龄化，个别非洲国家还没有出现，就是发达国家人口老龄化进程也还远未结束，因此，还不能说已经完全认识了人口老龄化，特别是对老年人口老龄化（或说人口高龄化）还知之不多。按照目前已经有的经验数据能使我们对人口老龄化有一定的认识，对一些还不够清楚或对一些先入为主的看法如果不准确的，可以有所修正。对一时不清楚的可以继续观察，以后再作出概括。

（一）发达地区和发展中地区历史上的出生率和死亡率

为了证实人口老龄化是生产力发展的结果，可以把生产力发展体现为出生率和死亡率下降的时间和达到的水平。西方工业革命从 17 世纪中期开始，西方发达国家的死亡率从 18 世纪开始下降，而出生率的下降滞后于死亡率的下降，到 19 世纪中期才有明显的出生率下降，这时已为今天发达国家的人口老龄化准备了充分的条件。发展中国家一直到第一次世界大战后死亡率才略为下降，真正明显的下降是在第二次世界大战后；而出生率下降也滞后于死亡率的下降，直到 70 年代才有不同程度的下降。一些历史人口学家曾对 18 世纪以来发达地区和发展中地区的出生率和死亡率进行估计，我们将资料整理如下，从表 1 中可以看出两类地区出生率和死亡率下降的开始时间不同，已经降低到的程度也不同。

表 1　1750～1997 年发达地区和发展中地区的出生率和死亡率(‰)

年份	发达地区		发展中地区	
	出生率	死亡率	出生率	死亡率
1750～1800	38	34	41	37
1800～1850	39	32	41	36
1850～1900	38	29	40	38
1900～1910	34	21	41	34
1910～1920	26	23	40	37
1920～1930	28	16	41	31
1930～1940	22	14	41	29
1940～1950	20	15	40	48
1950～1960	22	10	43	22

续表

年份	发达地区		发展中地区	
	出生率	死亡率	出生率	死亡率
1960～1970	20	9	41	17
1970～1975	17	9	37.5	14
1982	15	10	33	12
1990	15	9	31	10
1997	11	10	27	9

资料来源：United Nations：The Population 1970，1971 第三表，1970 年以后根据联合国 1970～1975 年《部分地区和国家人口指标》和 PRB Data sheet。

从上面的历史资料和现实资料不难理解为什么发达地区人口老龄化要先于发展中地区一两个世纪。

（二）发达地区人口老龄化的历史经验

发达地区 40 多个国家人口老龄化开始时间不同，发展速度也不同，但都有一种趋同现象，到 21 世纪中会大同小异。至于发展中地区涵盖的是世界 80%以上的人口，主要是亚、非、拉国家，情况复杂，人口老龄化的现象和过程参差不齐。在发展中国家中，举足轻重的中国和印度又有很大差别，中国在人口老龄化方面走在许多发展中国家的前面，同西亚国家、非洲国家的老龄化进程将拉开半个世纪到一个世纪的距离。因此，发展中地区的人口老龄化存在着多样性和复杂性，从已经出现的情况看，有以下几点启示。

启示之一，在人口老龄化进程方面，许多国家常常是后来居上。

人类最先老龄化的国家出现人口老龄化的时间很早，但是老龄化进程一般相对缓慢，人口老龄化起步晚的国家，如德国、日本等，一般老龄化速度都快于先开始老龄化的国家(例如法国)，很多国家的人口老龄化程度是后来居上的。

我国即将进入老龄社会，有人觉得很严重，不知所措；其实，法国 60 岁以上老年人占总人口的比例早在 19 世纪中期就已超过了 10%，那时由于统计资料的局限和人口学知识不丰富并没引起人们的重视。瑞典、英国、德国的人口老龄化都是后来居上，从 1996 年世界上人口年龄结构最老的国家的资料看①，法国老年人口比例是 20.3%，排在世界第十位，瑞典排在第三位（21.9%），德国（20.9%）、英国（20.5%）分别排在第八、第九位。后来居上最惊人的是日本，1970 年才进入老年型人口，比法国晚了 120 年，现在 60 岁以上老年人口比重高达 21.2%，排在第七位。过去一向被认为经济相对落后的南欧，一些国家现在老龄化程度已经超过西欧，意大利、希腊和西班牙的老龄化程度排在世界第一、第二和第四位。

启示之二，人口老龄化是有极限的，它受到人类寿限的限制，也受到人类自身再生产的限制。

人口老龄化有其发生、发展和相对稳定的规律，人类社会人口老龄化实际就是由一个年轻人口向老年人口转变的过渡阶段。在人口老龄化初期，人口老龄化的快慢取决于出生率和死亡率下降的速度和程度。到一定阶段以后，老年人口增长将会变慢，人口老龄化提高到一定程度后，最终将稳定在某一水平上，届时各国人口都是老年型人口，但老龄化和高龄化程度各国是有差别的。高龄化还将会进一步发展，但人类总不能长生不老，总要受到人的寿限的限制。同时，人类还必须继续自身再生产，如果人口老龄化无休止地持续下去，人类就会消亡，这是人类不能接受的。所以，老年人口比例不可能无限制地提高下去，人口老龄化也有其发展的极限。

---

① 美国人口普查局：《21 世纪全球人口老龄化》，1997。

根据目前最新预测的发达地区 60 岁以上老年人口增长速度，从 21 世纪 20 年代开始，许多欧洲国家将增长 1%左右。至于人口老龄化程度，根据预测，60 岁及以上老年人口在人口中的比例到 2025 年不会超过全部人口的三分之一。预测表明，意大利和日本 2025 年 60 岁及以上老年人口比例均为 33%，被认为已达到人口老龄化的顶峰，预计 65 岁及以上老年人口比例将略低于全部人口的四分之一。到那时，发达地区许多国家的年龄中位数将高达 45～49 岁，这样的年龄中位数如果再提高，人类就很难维持自身的再生产，人类社会就不能延续下去，这可能已达到极限。从人口年龄结构上看，20 世纪和 21 世纪正处于人类历史上的过渡时期。

启示之三，老年人口的老龄化即人口的高龄化是发展的必然趋势，这一趋势越来越强劲。

近几十年发达国家的资料已经证实，老年人口增长快于全部人口的增长，而高龄人口(有两个口径，一个是 75 岁及以上，另一个口径是 80 岁及以上)则是全部人口中增长最快的部分，所以高龄人口的比重将进一步增长。

根据最新的统计资料①，1996 年发达国家 75 岁及以上人口在全部人口中所占比例大多在 5%～7%，最高的瑞典达到 8.5%。预计到 2025 年大部分国家将上升到 10%～12%，最高的意大利和日本分别高达 12.9%和 14.9%，年龄中位数也在大幅度上升，到 2025 年将上升到 45～48 岁，意大利甚至高达 49 岁，这是人口高龄化的有力实证。

① 美国人口普查局：《21 世纪全球人口老龄化》，1997。

（三）发展中地区人口老龄化取得的实证

发展中地区范围很广，社会文化千差万别，经济发展水平悬殊，有的新兴工业国家在经济上已接近发达国家。目前各国人口转变和老龄化处在不同阶段，但是也在遵循人口老龄化的规律发展。

第一，人口老龄化在大多数发展中国家已经开始，有的国家人口老龄化已达到一定程度并已进入老年型人口。最不发达的国家已经具备人口老龄化的前提条件，因此研究老龄化过程必须具体问题具体分析。

发展中地区人口老龄化情况不同，第一类国家人口已进入老年型人口，如乌拉圭、阿根廷、古巴和几个加勒比海岛国；第二类国家人口老龄化刚出现不久，但老龄化进程正在加快，2000年前后也将成为老年型人口，如中国、韩国、新加坡和泰国等；第三类国家目前人口还年轻，但人口死亡率和出生率已开始下降，老年人口增长势头很强劲，预计到21世纪20年代也会进入老年型人口，如印度、印尼、南非；另一类主要是非洲和西亚国家，人口还非常年轻，但死亡率正在下降，出生率也有下降的苗头，据预测人口老龄化早晚也一定要出现。

第二，发展中国家老年人口增长很快，有的国家一个时期人口老龄化的速度将会很快，大大超过发达国家过去的发展速度。

从现在已掌握的全球人口老龄化资料来看，发展中国家老年人口增长很快，其速度不但快于整个人口的增长，而且大大快于现在和历史上发达国家老年人口的增长速度，其原因可从理论和实践的结合上来说明。其一，发展中国家利用发达国家经过几百年发展出来的医疗技术和公共卫生、保健知识，较快地控制了大部分传染病和寄生虫病，使死亡率下降，人口的存活率大大提高，能活到老年期的人数大大增加；其二，发展中地区持续的高出生率使人口的基数庞大，进入老年期的人数大大超过以往，而且持续的时间很长；其三，原来人口结构中老年人人数很少，老年人基数小，所以增长速度显得很突出。根据美国人口普查局的预测，1990 年到 2025 年间，发达国家老年人口增长率在 1%左右，个别国家稍高；而发展中国家大多在 2%～3%。最高的接近 5%，如印尼年平均将增长 4.8%，35 年间老年人口将增长 4 倍多；印度年平均增长 3.5%，中国也在 3%以上。

由于情况特殊，有的发展中国家在一个时期人口老龄化的速度大大快于发达国家。例如，发达国家 65 岁及以上老年人口由 7%增长到 14%，法国经历了 115 年，瑞典 85 年，英国 45 年，日本 26 年是最快的。但发展中国家这一进程要更快，预计中国只需 25～26 年，同日本一样快，韩国和新加坡还要快一些，这是由这类国家出生率下降快，人口底部老龄化造成的。

第三，大多数发展中国家人口老龄化都要经历一个很长时期，年轻老人增加很快。

发展中国家的特点是经济上相对落后，原来的出生率和死亡率都高于发达国家，但当代发展中国家能用人类物质文明和精神文明消灭许多传染病和寄生虫病，所以寿命普遍高于过去，为出现人口老龄化创造了条件，但也带来了人口的急剧膨胀。90%的人口膨胀都发生在发展中国家，所以，在多数发展中国家都推行计划生育政策，降低生育率，这又有加快人口老龄化进程的作用。由于人口基数很大，每年新增人口数量还很庞大，所以 21 世纪中期以前人口老龄化进程不会很快，程度也不会很高。

第四，发展中地区高龄老人也是增长最快的，因此，高龄化也会出现，但高龄化程度远远不如发达国家。

当代发展中地区各国平均寿命都有所增长，但寿命长度还低于发达地区，而且发展中地区高龄老年人也是老年人口中增长最快的。以印度为例，1985 年至 2025 年的 40 年间，前 20 年 80 岁高龄老年人年增长率达 7.3%。高龄老年人口增长快并不意味着高龄老年人比重高，之所以快的原因一是由于原来高龄老年人基数小，二是持续高出生的人活到老年期的人数增多。发展中地区高龄人口比例不够高的原因，一方面是由于人口仍在不断增加，人口基数大；另一方面，老年人和高龄老年人死亡率大大高于发达地区。因为要降低高龄老年人死亡率，没有长期发达的社会经济和发达的老年预防保健、临床康复医学是做不到的，在这方面发展中地区还要做长期的努力。

人口老龄化的科学含义*

一、人口老龄化的科学含义

本书在不同的场合都提到人口老龄化，这里着重从人口老龄化这一科学概念的定义、来龙去脉和科学性质作进一步的阐述。

在科学上，人口一词有人口总数的意思，也有统计上总体(universe)的意思。科学上对地球上的其他物种也用人口一词，如动物人口等。如果不加说明，人口指的是人类人口，人口老龄化指的是人类也是不言而喻的，因为动物人口不存在老龄化，这也是人与动物本质差别的一个方面。简单说来，人口是人类个体组成的集合体，在人口学上，定义为“人口是生活在一定生产方式下，在一定时间、一定地域、由一定社会关系组织起来的、有一定数量和质量的有生命的个人所组成的不断运动的群体”①。这里，这个人口几乎等同于国民、居民的概念，失之过宽。人口老龄化

* 原载邬沧萍主编《社会老年学》，中国人民大学出版社，1999。

① 刘铮主编：《人口学辞典》，81页，北京，人民出版社，1986。

概念是老年学从人口统计学上引进来的，它必然有统计上的特点。

第一，对于人口老龄化，人口统计学是着重从数量方面来考察，而老年学是从数量增长、数量变化和年龄变化来考察的。

第二，人口是有年龄的。某一人口虽然有时泛指某一个国家或一个社会，甚至人类人口指的人类社会或全球，在人口统计上的年龄并不是指其他科学所讲的如地球的年龄、一个国家或社会建立的年龄，而是指群体中各个单个人的平均年龄，它取决于这个群体中单个人的日历年龄的高低。

第三，人口老龄化，准确的说法是人口年龄结构老龄化，是指在把人口按单个人分成老年、中年、青年，或分成老年、工作年龄人口和少儿人口的情况下，在这种年龄结构中老年人的比例越来越高。

第四，人口年龄结构变化所指的只能是单个人的日历年龄，作为一个人口、一个社会或一个国家没有衰老的含义，因此，个人的生理老化或心理老化不能应用在人口上。说人口衰老、社会衰老或国家衰老绝不是人口统计学上老龄化的意思，人口统计上讲的只是人口中老年人比重的提高或平均年龄提高，仅此而已。

第五，作为人口统计学的一个概念，人口老龄化是指人群或人的集合体，这时已经将个人的许多特点抽象掉，关注的是日历年龄特征的数量变化。

由以上分析可以得出，人口老龄化同个体老龄化的直接关系是个体的日历年龄的平均化、典型化，而不直接与个体的生理老化和心理老化相联系。因此，人口老龄化与个体老龄化有着明显的不同。个体日历年龄老龄化(即增龄)必然伴随有生理老化和心理老化；但人口老龄化则不能对生理老化和心理老化平均化和典型化。以生理老化为例，人的各个器官衰老速度并不一致，例如肾功能衰退明显快于皮肤，人与人之间的差异也很大；心理上的记忆和解决问题能力衰退进程也因人而异，所以无法平均化和典型化。

人口老龄化是现代社会出现的人口现象，是随着死亡水平和生育水平下降而必然出现的人口年龄结构的变动趋势。

十几年以前，有关人口老龄化的名词还很让人陌生，或认为这只是发达国家才有的人口问题，而现在中国人口老龄化趋势已经引起全社会的关注了。这是因为过去一方面人口寿命较低，只有较少的人能活到老年，“人生七十古来稀”就是生动的写照；另一方面，由于生育水平较高，少儿人口在总人口中占很大比例，老年人口在总人口中所占比重很低，少儿人口数量远远超过老年人口数，老年人的社会福利制度只在较小的范围存在，因此社会关注的焦点是大量少儿人口的抚养问题，而不是老年人口的赡养问题。现在情况不同了，老年人生活上的问题、政府的福利计划等都要建立在对人口老龄化和老年人口的正确分析上。

在广义的人类老龄化研究中，“老龄化”(Ageing)一词有两种含义：一种是每个人个体的老化，另一种是指整个人口群体的老化，在分析人口老龄化过程中区别这两种不同性质的老龄化是十分必要的。

按照联合国人口委员会人口学辞典编写委员会《多种文字人口学词典》中对人口老龄化的定义：“当老年人在人口中的比例增大时，我们称之为人口老龄化”①。

老龄化是指动态的变化。在涉及人类个体的研究中，个体的老龄化是指个人年龄的增长变化，每个人年龄的增大就是个体的老龄化。

---

① 联合国人口委员会人口学辞典编写委员会：《多种文字人口学词典》，41页，北京，商务印书馆，1992。

因此，对每个人来说，个体的老龄化过程从一出生就已开始，人从童年、少年、青年、中年到老年的生命过程就是个体的不断老龄化过程。

然而我们这里所要用的人口老龄化这一概念则是整个人口年龄结构的变化，而不是个体的老龄化。一般而言，人口老龄化是指总人口中年轻人口数量减少、年长人口数量的增加而导致的老年人口比例相应增长的动态过程。

人们常常用“似水流年”来形容岁月的流逝，可见，对于每个人来说，年龄的增大是不可避免的。因此，个人的老化是单向的、不可逆转的。而人口老龄化则是老年人口在总人口中相对比例的变化，在一定条件下是可以逆转的。当人口增长率提高时，低年龄组的比重将逐渐上升，相应的，在高年龄组的比重仍在上升或出现下降的情况下，整个人口可能会变得更加年轻，即人口年轻化。

由于人口老龄化的定义往往是指老年人口比例的上升，所以可以说人口年轻化就是指这一比例的下降，但是总人口是由少儿、成年和老年人口组成的，也可以说少儿人口比例的增长会使人口年轻化。由此可以看出在特殊条件下可能出现的矛盾现象，即如欧洲二次大战后出现的情况，一方面老年人口比例仍在增长，另一方面少儿人口比例也在增加，人口老龄化与人口年轻化趋势同时并存，究竟人口在老龄化还是在年轻化呢？联合国在 1956 年的研究报告中已经注意到这一矛盾。在以后的研究中，一些学者对人口老龄化的定义提出了进一步完善的建议，如在这种情况下应看人口年龄中位数的变化，如果年龄中位数下降则人口年轻化，反之则人口老龄化。

从实际的人口发展看，欧洲在第二次世界大战后经历的“婴儿出生高峰”使其人口在老年人口比例上升的同时，少儿人口比例也大幅度提高，人口年龄中位数在50年代则不断下降，出现了短时期的人口年轻化。以美国为例，1950年到1965年60岁及以上的老年人口比例从12.1%增长到13.4%，0～14岁少儿人口比例也从26.9%上升为30.5%，出现了老年人口和少儿人口比例同时提高的情况，如果按老年人口比例仍在上升为着眼点，则会以为人口在老龄化，但从人口年龄中位数看，同期年龄中位数从30.2岁下降到28.2岁，称这样的人口为年轻化应当是更为恰当。虽然上述例子说明用老年人口比例和少儿人口比例测度人口动态变化有时会出现矛盾，但这种情况并不普遍，只是特殊时期的特殊现象，在绝大多数情况下，老年人口比例与少儿人口比例的变动是反向的，而老年人口比例与人口年龄中位数变动是同向的。例如，我国1953年到1964年间，少儿人口比例从36.28%增长到40.69%，65岁及以上老年人口比例从4.41%下降到3.56%，人口年龄中位数从21.7岁减少到20.2岁，无论用哪个指标衡量，人口都在年轻化。

在人口急剧转变的情况下，在一个人口内部可能同时存在着人口老龄化和人口年轻化的趋势。但是，从我国的实际情况看，在今后一定时期内这种人口年轻化的现象一般是不会出现的。一方面，促使人口年轻化的直接原因是生育率的提高，而我国正在大力推行控制人口的政策，人口出生率和自然增长率处于不断下降的趋势，在一定时期里人口年龄结构的变动可能会使出生率出现波动，但在生育水平不断降低的情况下这种波动是会递减的，因此，年轻人口一般不会有大幅度的增加。另一方面，人口老龄化是社会经济发展的必然结果，死亡率在较低水平的进一步下降和平均预期寿命的延长都有利于老年人口数和老年人口比例的增长。因此，在较长时期内，我国的人口老龄化是不可逆转的。此外，尽管通过调整生育水平可以在一定程度上减缓我国未来人口老龄化的程度和速度，但是，我国老年人口绝对数量的增长是巨大的，我们不可能幻想用提高人口生育水平、增加年轻人口来掩盖老年人口急剧增长的事实，只能从如何更好地帮助老年人出发，认识中国人口老龄化的特点，及早采取有利于社会经济持续发展的对策。

二、人口老龄化与个体老龄化的联系与区别

人类很早就对个体老龄化现象有所认识，对于人口老龄化则是到了现代社会有了人口统计以后，经过一段时间才逐步认识的。真正从理论上揭示人口老龄化的历史距今不过半个世纪。

从严格意义上说，老年人规模的扩大不等于老年人口比例的增大，所以，不能视为人口老龄化。但在总人口规模变化不大时，老年人口规模增大，老年人所占比例也会随之增大，即出现人口老龄化。

显然，人口老龄化的前提和基础是个体老龄化，没有越来越多的人成为老年人就谈不上人口老龄化。但是，人口老龄化与个体老龄化是有区别的，或者说人口老龄化有自己的特点。

第一，人类个体老龄化是用日历年龄来表达的，它直接决定于时间推移，时间向前推进一年，每个人的年龄就增加一岁。而人口老龄化不是以日历年龄来表示，而是以老年人口的比例增大或平均年龄来表示的，时间推移与人口老龄化程度的提高并不一定同步。

第二，个体老龄化用日历年龄表示，但其参照系数是生理年龄和心理年龄，随着日历年龄的增长，个体的生理年龄和心理年龄也向衰老(老化)发展，所以，在个体老化过程中，生理年龄老化是必然随之发生的，虽然过程有快有慢，但总是渐进的、单向的、不可逆转的。而人口老龄化没有参照系，它的发展取决于社会经济发展的水平，因

此，人口老龄化不是单向的，可以向进一步老龄化发展，但在一定条件下也可以逆转为人口年轻化。

第三，个体老龄化是由生物学规律制约的，老龄化过程是出生、发育、成长、衰老直至死亡的变化过程。而人口老龄化不是由生物规律直接制约的，生物学规律通过一定环境下的个人增龄过程起间接作用，但人口老龄化不会伴随个人衰老过程死亡或消失。社会是人口的共同体，社会只会发展而不会衰亡，如果有衰亡也只是某一种社会形态而不是社会。个体老龄化可以用个体老化表明个体衰老过程是客观过程，而人口老龄化却不宜说成是人口老化，也不能说成是社会老龄化，因为这样会引起误解；人口老龄化只是总人口中老年人口比例的增大或平均年龄的增加，但不是人口或社会的衰老。所以，用人口老龄化不会引起误解，它只是在指老年人口比例的提高或平均年龄的增加。

虽然老年人口比例的提高和平均年龄的增加的根源之一都是个体的增龄，但人口老龄化反映的是全体人口年龄结构的变化。

三、顶部人口老龄化和底部人口老龄化

在人口老龄化的趋势下，还要区别顶部人口老龄化和底部人口老龄化。人口老龄化是人口年龄结构的变动形成的，少儿人口比例的下降和老年人口比例的增长都会使人口老龄化，在分析时一般将少儿人口比例下降（金字塔底部人口的减少）形成的人口老龄化称为底部人口老龄化（Aging from the base），而将老年人口比例上升（金字塔顶部人口的增长）形成的人口老龄化称为顶部人口老龄化（Aging at the apex）。生育率和死亡率对人口顶部老龄化和底部老龄化所起的作用是不一样的，影响的程度在不同的历史阶段也有差别。

人口老龄化过程一般是从底部人口老龄化向顶部人口老龄化发展。我国 60 年代以来的人口老龄化主要是底部人口的老龄化，但随着生育率和死亡率降低到较低水平，今后的人口老龄化将以顶部人口老龄化为主。

四、老年人口的划分标准

那么，什么年龄的人口才算是老年人口呢？人的年龄可分为三种：生理年龄、心理年龄和日历年龄。少年、青年和老年人口的划分是按日历年龄划分的，而实际上，在不同的历史阶段，老年的概念并不一致。在不同的寿命水平下，老年人口的年龄起点有很大差异。在古代或现代某些低寿命国家，45 岁甚至更低年龄可能就已算是进入老年了。我国不同朝代老年人口的起点年龄也不相同，根据我国《文献通考·户口考》的记载："晋以六十六岁以上为老，隋以六十岁为老，唐以五十五岁为老，宋以六十岁为老"。总的来看，随着人类社会的不断进步，老年人口的年龄起点逐渐提高。现在，在发达国家和大多数发展中国家一般将 65 岁或 60 岁以上的人口规定为是老年人口。当然，随着人口平均预期寿命的进一步增长，老年人口的年龄界限仍有可能后移。

老年人口年龄起点并不是随意确定的，因为现代社会老年人口越来越多是由社会负担，被认定为老年人口同许多社会经济利益联系在一起。老年人口所享受的社会福利对经济发展有一定影响，以 60 岁和 65 岁作为老年人口起点年龄的影响是大不一样的。

老年人口的划分问题是同对人口年龄结构变化研究的深化联系在一起的。通常讲的老年人口往往从老年人的心理、生理和日历年龄三个方面去衡量。若以前两个年龄划分标准经常会因人而异，更多的涉及老年人的身体状况和心理状况，所以不能作为人口统计上划分老年人口的标准。因此，作为社会中的人口群体来说，老年人口的起始年龄只能以日历年龄来衡量，当然这其中也考虑了上述两个因素在内。

在19世纪末期，一些推行社会保障的国家，如德国，已经确定以65岁为领取保障金的起始年龄，但由于当时保障涉及的范围较小，其规定并没有广泛的定义老年人口的意义。

最早从年龄结构研究出发定义的老年人口起点为50岁，那时对老年人口的划分主要着眼于能否生育，始见于瑞典学者桑德巴(Sundbarg)1900年发表的《人口类型和死亡率研究》一文。他根据对年龄结构与人口增长率实际联系的分析，将人口年龄结构分成三种类型：增长型、静止型和减少型。

第二次世界大战以后，人口老龄化和老年人口问题在西方国家开始引起重视。伴随着西方国家经济的高度发展和福利国家政策的推行，人们迫切需要认识人口老龄化将会造成的社会经济影响并制定相应的对策。在这种背景下，联合国委托法国人口学者撰写并于1956年出版了《人口老龄化及其社会经济后果》(The Aging of Population and Its Economic and Social Implications)一书，这是联合国出版的第一本关于人口老龄化的研究报告。该报告以65岁作为老年人的起点年龄，谈到老年人口划分的内容如下："如果人口可以被硬性地分为年轻型、成年型和老年型人口的话，则年轻型是指比如说64岁以上人口在总人口中低于4%的比例，成年型指这一比例在4%～7%之间，老年型指这一比例超过7%的人口"。

在此书出版后的20多年里，世界人口经历了急剧的变化，死亡率和生育率在发达国家已降到很低的水平；发展中国家随着医疗卫生状况的改善、人民生活水平的提高、人口平均预期寿命的延长及计划生育政策的推行，人口生育率和死亡率也不断下降，人口老龄化变成了全球的趋势。在此背景下，联合国于1982年在维也纳召开了“老龄问题世界大会”(World Assembly on Aging)。会议文件中涉及老年人口划分标准的内容如下：“另一种硬性的却比较方便的办法是把60岁和60岁以上的人统一划为年长人。联合国采用了此一定义，本文件亦用之”，“人口的老龄化是以不同的指标来衡量的，如按规定已为老年人——60岁和60岁以上或65岁和65岁以上——的人在人口中所占比例”，“在本文件中，所用主要指标是人口中60岁和60岁以上的人口”。

以上列举了对老年人口划分有重大影响的三种划分方法的来源，从中可以看出，20世纪以来，老年人口的年龄起点在不同时期的报告中是不一致的。联合国1982年采用的老年人口年龄起点比1956年还降低了5岁，而在此期间全球人口的平均预期寿命从50.4上升到62.1岁。为什么在活到老年的人口增长的情况下，所用的老年人口年龄起点反而降低了呢？这是由于80年代和50年代人口老龄化研究对象的不同需要造成的。

首先，50年代初对人口老龄化的研究主要限于西方工业化国家。这些国家经过半个多世纪的人口转变，老年人口中60岁及以上人口1950年时已占到11.4％，1955年进一步上升到11.9％，65岁及以上人口所占比例分别为7.6％和8.1％。而当时广大发展中国家仍处于人口转变的初期，生育率维持在高水平上，死亡率的下降主要发生在婴儿和低年龄人口死亡率上，两者作用的结果使本已很低的老年人口比例进一步下降。1950年发展中国家人口中60岁及以上人口占6.3％，65岁及以上人口占3.8％，1955年上述比例分别为6.2％和3.8％。在两种截然不同的人口年龄结构变化趋势下，许多人认为人口老龄化和老年人口问题是发达国家特有的，而不是全球或发展中国家关心的问题。因此，当时的人口老龄化主要是以发达国家为研究对象。

从联合国1956年研究报告中可以看出，划分年轻型、成年型和老年型人口的老年人口比例与当时发达国家和发展中国家实际的老年人口比例是相联系在一起的。例如，1950年时，发达国家65岁及以上人口占7.9％，因而是老年型人口；发展中国家65岁及以上人口占3.9％，低于4％，因而是年轻型人口。从当时的划分方法看，几乎所有工业化国家都是老年型人口，而绝大多数发展中国家都是年轻型人口。

50年代以后，发展中国家也普遍经历了人口转变，许多国家老年人口比例有了明显的提高，人口老龄化成了全球性的趋势。所以，从全球人口而不只是发达国家的人口老龄化研究出发，联合国1982年采用的是按60岁及以上老年人口比例来衡量人口老化，这是有助于全球性老年人口研究的措施。因为一些发展中国家60岁及以上人口比例还较低，65岁及以上人口比例更低，以60岁为起点来划分老年人口更能反映发展中国家以至全球的人口老龄化情况。

其次，确定老年人口的起点年龄并非只是出于统计目的，它还有深刻的社会经济意义。西方发达国家自50年代至今一直普遍采用65岁作为老年人口起点，是因为这一年龄既是老年人的退休年龄，也是他们开始领取养老金的年龄，是许多有关老年人的社会经济政策的年龄基础。例如，美国在1935年制定的《社会保险法案》中就规定65岁以上者可领取社会保障津贴，其他发达国家也都有类似的规定。而在广大发展中国家上述年龄为60岁或更低。由于这一差异的存在，所有国家都采用同一年龄标准划分老年人口所包含的社会经济意义是不会相同的。发达国家60岁及以上老年人口比例或发展中国家65岁及以上人口比例虽然具有统计意义，但都反映不出两类国家老年人口对社会经济的真实影响。前者会夸大，而后者会缩小老年人口对社会经济的压力。

中国属于发展中国家，社会经济发展水平较低，老年人口的死亡率仍高于发达国家。我国平均期望寿命尽管增长迅速，但仍比发达国家一般水平低5岁左右，此外，男60岁、女50岁是我国政府规定的退休年龄，因而我们认为把我国老年人口的起点定在60岁更符合中国的实际情况。1982年维也纳“老龄问题世界大会”以60岁作为老年人口的年龄起点，《中华人民共和国老年人权益保障法》也以60岁作为老年人口的起点。所以，本书将在大多数情况下都以60岁作为老年人口的起始年龄，有时因为国际比较的需要或者限于资料，以60岁和65岁作为老年人口年龄起点的两种口径。

依据这种划分，可得知我国的老年人口数量即为总人口中60岁及以上人口的总和。老年人口比例为60岁及以上人口在总人口中所占的比例，这个比例的逐步上升的动态过程就可称为中国人口老龄化。

五、人口老龄化与老年人问题

在分析人口老龄化时必须要区别老年人问题和人口老龄化问题，因为两者有很大的区别。

老年人口问题是各个国家在不同时期普遍存在的人口问题和社会问题，它在不同国家或不同时期的差别只是严重程度的不同，而不是有无的问题。所以，老年人问题的存在不受人口老龄化与否的限制。但是人口老龄化的程度和速度对老年人问题的严重程度有很大的影响?

人口老龄化是动态的人口年龄结构变化，它出现的时间并不长。人口老龄化被认为是20世纪下半叶才引起广泛重视的现象，只存在于发达国家和少数发展中国家，在许多发展中国家人口不是在老龄化，而恰恰是正在年轻化。

所以，人口老龄化问题肯定不如老年人问题那样普遍，出现的时间也晚；老年人口问题主要受人口数量的影响，而人口老龄化主要受人口年龄结构变动的影响。虽然都与老年人口有关，但一个重数量，一个重结构。

以中国老年人口之众，在人口老龄化开始之前，老年人问题就已经十分严重，例如老年人口的生活问题、养老问题、医疗问题等已引起社会的关注。预计随着人口老龄化的发展，人口老龄化过程与老年人问题将同时并存。而调整生育水平只能改变人口结构使人口老龄化有所缓解，老年人口数量并不因此而有任何变化，老年人问题是始终存在的。

人口老龄化与老年人问题的联系在于，在人口不断增长的情况下，人口老龄化的过程通常也是老年人口不断增加的过程，因此，人口老龄化有可能使本已存在的老年人问题更为突出。例如，老年人口的养老问题，在人口老龄化的趋势下就会引起更大的重视，而且人口老龄化以后的老年人问题还会有与老龄化之前不同的特点。

许多人经常谈到人口老龄化问题，似乎人口老龄化这种动态变化就构成了问题。我们认为人口老龄化本身并不一定就是问题，人口老龄化问题是人口老龄化这一人口年龄结构的动态变化发展到一定阶段后才形成的，而且它主要是通过老年人问题的加剧表现出来的。

老年人问题只有严重与否的区别，而没有有无的区别。与此不同的是，人口老龄化与人口老龄化问题有着量和质的区别。人口老龄化本意是指人口年龄结构的变动，尤其是老年人口比例不断提高的过程；而这一过程一旦发展成为人口老龄化问题则表明将会给社会经济带来不利的影响。

人口转变过程中人口出现老龄化是必然的，随着生育率和死亡率的下降而出现的人口老龄化在初期是有利于社会经济发展的。伴随着这一过程的是人口增长放慢、总人口抚养比和少儿人口抚养比的急剧下降、人口年龄结构趋于稳定，这样的人口老龄化并不是问题。在这种背景下，实行计划生育、降低人口生育水平和人口老龄化(后者是前者的结果)所起的作用是积极的，不但不矛盾，反而可以说是相辅相成的。

人口老龄化是否构成了人口问题要看它的发展程度和速度对社会经济造成的影响而定。因此，人口老龄化是利是弊都要区分不同阶段来看；在此基础上的所谓加速或延缓人口老龄化才能成为合理地选择，当然这里还有一个是否必要和如何加速或延缓的问题。

关于人口老龄化是不是问题国外的人口学者也有一个认识过程，有过长期的争论。在50年代初期，诺特斯坦(F. W. Notestein)就曾经提出："从总体上看，'人口老龄化问题'根本就不算是个问题……而是对人类文明所取得的巨大胜利的悲观看法"。当时人口老龄化程度还较低，对西方社会远没有现在这样大的影响，而现在人口已经高度老龄化的西方社会里，其造成的问题已经日益明显。虽然人口老龄化是人类在调节人口发展和延长寿命上的胜利，但与此同时，在人口老龄化达到较高程度后无疑对社会也构成了问题。

对中国人口老龄化趋势和特点的新认识及对战略对策的新思考*

一、对中国人口老龄化趋势的重新估计

早在80年代初，国内外学者就对中国未来人口老龄化趋势作了种种预测。人们普遍认为，中国未来人口老龄化的特点是发展快、程度高；相当多的人认为，在下一世纪中期，中国人口老龄化程度将超过大多数发达国家，仅次于日本。根据近年来人口发展的实际情况，中国的人口老龄化趋势需要重新估计。

人口老化的理论和实证资料都证明，人口老龄化的速度和程度主要决定于出生，因此出生是人口预测的重要参数。基于70年代及80年代初我国人口出生率迅速下降的事实，当初人们进行预测时，普遍倾向于中国人口出生率会急剧下降的乐观估计，估计到90年代或2000年，我国的总和生育率可降至1.8，甚至达到1.5的水平。很普遍的一种预测方案假定：总和生育率从1981年的2.63到2000

---

* 原载《中国人口科学》1990年第2期，由邬沧萍、徐勤合写。

年逐步降至1.8，随后稳定不变，直到2050年；人口平均预期寿命从1981年的67.88岁上升到2050年的80.20岁。按这一方案，65岁以上人口在2000年将达到1.35亿，占总人口(12.5亿)的7.45%，2050年达到4.9亿，占总人口(14.0亿)的23.64%。

事实上，近几年来，生育率并未沿着70年代末的趋势继续大幅度下降，而是出现波动。1985年，我国的总和生育率估计为2.20，1986年上升到2.42，1987年继续上升到2.59。据2‰生育节育抽样调查，1988年总和生育率估计为2.61①。从这几年的情况看，到2000年我国总和生育降至1.8的低水平仍是困难的。

现在发表的许多预测只有一个结果，很少明确给出出生、死亡的参数，使人难于使用。1985年，中日学者小川直宏、齐滕康颜、么树本、徐勤合作做的10种预测中，有一个较高出生、较低寿命的方案，同6年来人口的发展非常吻合。依此方案，总和生育率在2000年降至更替水平——2.1，尔后保持到2050年；人口年均预期寿命到2050年增长到73.65岁。据国家统计局的测算，1988年中国人口平均预期寿命已达到男67.64、女70.59岁，接近此方案的同期值——男67.07、女70.10岁。因此，这一方案的结果可能与中国未来人口的老龄化发展趋势较为吻合。预测的主要数据见表1。

二、中国人口老龄化特点

(一)中国未来人口老龄化程度并非名列世界前茅。不少文章曾断言中国人口老龄化的程度将是世界最高的，这是一种误解。因为人口老龄化的程度取决于生育率和死亡率的水平。从全国平均来说，中国

① 《科技导报》1989年，第4期。

的生育率和死亡率下降不大可能达到发达国家最低的水平。预计到2000年中国65岁以上人口比重达到7%，按65岁以上人口达到或超过7%为老龄化标准，届时中国将进入老龄化社会。中国老年人口比重在2040～2050年达到高峰(2040年为17.0%)，相当于20世纪80年代末90年代初世界的最高水平，超过许多发展中国家但仍低于那时许多发达国家。据联合国预测①，到2050年英、法，西德几个发达国家65岁以上人口将占全部人口的18.5%～20%，大多是在19%上下，美国为16%，瑞典为21%，日本为22%。

表1　1985～2050年中国人口及老年人口变化趋势

年份	人口规模(万人)					占总人口比重(%)				P0～14+P65⁺	
	P_T	P0～14	P15～64	$P60^+$	$P65^+$	P0～14	P15～64	$P60^+$	$P65^+$	P15～64
1985	104 946	30 619	68 765	8 612	5 562	29.2	65.5	8.2	5.3	52.6
1990	111 849	28 802	76 477	10 020	6 570	25.8	68.4	9.0	5.9	46.3
1995	119 726	30 949	81 120	11 598	7 657	25.9	67.8	9.7	6.4	47.6
2000	127 010	33 084	85 043	12 934	8 883	26.1	57.0	10.2	7.0	49.4
2005	132 793	33 126	89 815	14 154	9 852	24.9	67.6	10.7	7.4	47.9
2010	137 350	31 159	95 487	16 258	10 704	22.7	69.5	11.8	7.8	43.8
2015	141 631	29 724	99 528	19 854	12 379	21.0	70.3	14.0	8.7	42.3
2020	145 995	30 098	100 519	22 203	15 378	20.6	68.9	15.2	10.5	45.2
2025	149 844	31 271	101 453	26 413	17 120	20.9	67.7	17.6	11.4	47.8
2030	152 509	31 823	100 191	31 149	20 495	20.9	65.7	20.4	13.4	52.2
2035	153 872	31 204	98 444	34 156	24 224	20.3	64.0	22.2	15.7	56.3
2040	154 400	30 321	97 793	34 102	26 280	19.6	63.3	22.1	17.0	57.9
2045	154 618	30 127	98 883	33 282	25 608	19.5	64.0	21.5	16.5	56.4
2050	154 718	30 618	99 632	33 080	24 468	19.8	64.4	21.4	15.8	55.3

资料来源：小川直宏、齐滕康颜、么树本、徐勤：《中国人口预测》，中日老龄化比较研究国际会议文件，1988年，东京。

① 据联合国《世界人口前景》1984年估计。

(二)中国老年人口有40年的高速增长期。中国未来老年人口增长比发达国家快得多，但并非最快。因为老年人口今后增长的程度取决于50年代后的婴儿激增程度和死亡率下降的程度。据美国人口普查局的推测，1985～2025年期间、新加坡、墨西哥、菲律宾、印尼、巴西等国老年人口的增长速度都可能快于中国，印度同中国不相上下①，不过中国老年人口增长大大快于总人口的增长。据预测，1982～2030年间，除个别年份外，65岁以上人口平均每年以2.9%～3.8%的速度增长，2030～2040年间稍降至2.5%，2040～2050年才转为负增长。老年人口的高速增长与年自然增长率已降至1.5%以下，并继续下降的总人口增长呈鲜明对照(见表2)。

表2　中国65岁以上人口平均增长速度变化趋势

期间	1982～1990	1990～2000	2000～2010	2010～2020	2020～2030	2030～2040	2040～2050
平均增长速度(%)	3.8	3.0	1.9	3.7	2.9	2.5	-0.7

(三)人口老龄化速度将超过一些发达国家。65岁以上人口比重从7%增长到14%，法国用了115年(1865～1980)，瑞典用了85年(1890～1975)，美国预计要用了75年(1945～2020)，西德和英国用了45年(1930～1975)，预计中国只需要30多年，超过许多发达国家，仅次于日本的26年(1970～1996)。中国人口老龄化速度在发展中国家是属于最快的，但还不是世界上最快的。

(四)2030年以前是我国劳动人口低抚养比时期。日本在老年人口高峰到来之前的40年左右是抚养比最低，劳动人口负担最轻的时期，1965～1995年，15～64岁人口比重高达67%～70%，1965～

① 美国人口普查局《老化的世界》。

2000年总抚养比低于50%，是许多发达国家人口老龄化进程中未曾出现的局面。这是因为日本生育率转变快，少年儿童比例急剧下降，高出生时造成的劳动年龄人口比例迅速膨胀的结果。中国生育率转变快，所以出现同样情况。中国15～64岁的人口比重从1990年到2025年也超过67%，2015年达到峰值70.3%，1990～2025年总抚养比低于50%。这样，中国有40年左右的低抚养比时期，应借鉴日本经验，充分利用劳动人口抚养比低的有利时机，大力发展经济，为高度老龄化社会奠定坚实的物质基础。

（五）中国人口转变快，但人口增长尚未得到完全控制。中国基本上属于封闭人口，国际间迁移极少，人口老龄化主要受出生和死亡两因素影响，人口转变是常规的，即死亡率下降先于出生率下降。人口转变初期，死亡率下降主要发生在低年龄组，人口不是老龄化，而是年轻化。在人口转变中期，中国经历了一个出生率急剧下降的时期，1969～1979年间，出生率从34.11‰降至17.82‰。西欧国家实现这一变化一般需50～100年。中国人口出生率在10年内下降一半，可与日本1947～1957年的情况媲美，为世界少有。但是，1957年以后，日本的出生率持续下降，到1984年降至12.5‰，自然增长率降至6.3‰。中国人口出生率在降至20‰或总和生育率降至2.4左右后未再进一步下降，1988年出生率反而回升到20.78‰，总和生育率回升到2.6，在更替水平以上，1988年人口自然增长率在14‰以上，仍保持增长势头。中国人口增长尚未得到完全控制前，人口老龄化又将到来。下世纪中国既要控制人口，又要应付人口老龄化，解决问题的难度比发达国家大，任务更艰巨。

（六）中国各地区进入老龄化的时间先后相距二三十年。中国幅员广大，又是一个多民族的国家，各地区的自然、社会，经济条件不同，人口转变及人口老龄化过程差别显著。东部沿海地区进入老龄化的时间早，1988 年上海、北京、天津、江苏、浙江等地已率先进入老龄化社会，而边疆少数民族地区的人口尚年轻，进入老龄化的时间要迟于全国一般水平。在发达国家城市化过程中，普遍发生大量青年从农村涌入城市，造成城市老龄化程度低于农村的现象。中国在过去较长时期内采取了控制大城市的方针，加之计划生育政策在大城市取得成效，致使中国大城市的人口出生率下降快，人口老龄化发生早、程度高。京、津、沪三市的总和生育率现已降至 1.3～1.4，低于日本目前 1.7～1.8 的水平。因而，在中国老龄化速度比全国超前十多年的这部分地区的人口老龄化速度和程度都将可能超过日本。

（七）中国人口老龄化是在经济不发达背景下发生的。日本于二次世界大战后经济起飞，1970 年进入老龄化时，人均国民生产总值已超过2 500美元。而中国于 2000 年进入老龄化时，人均国民生产总值预计达到 800～1 000美元。中国经济至少要再过 40～50 年才能赶上中等发达国家。在还未达到中等发达国家水平前，老龄化继续向顶峰发展，使社会面临重大考验。

（八）中国老年人口素质差，适应老龄化能力低。1982 年，中国 60 岁以上人口中文盲率高达 80%，妇女文盲率竟高达 95%以上。1987 年的抽样调查表明，60 岁以上老年人口平均受教育的年限约 2 年。日本 1980 年 60 岁以上人口中受过初等以上教育的人口超过 98%，受过中等及高等教育者占 24%。中国老年人口文化素质低的情况严重地影响了老年人口的生活质量。文化水平不同将导致对待个体衰老和人口老化认识、参与社会能力、对物质赡养依赖程度、精神生活的自我调节能力和健康状况自我调理的能力的差别等等。

（九）中国人口老龄化进程受人口政策的影响甚大。发达国家人口出生率的下降是社会经济发展的产物。日本战后出现的生育高峰是补偿性的特殊情况，生育率的下降伴随着经济发展早已开始，人口政策未起多大作用。中国积极推行的计划生育政策缩短了出生率下降的历史进程，从而促使人口老龄化提前到来。从这个意义上说，中国的人口老龄化受到人口政策特别是生育政策的影响较大。因此生育政策的宽严程度，执行生育政策好坏的差别，在很大程度上影响到老龄化的进程。

三、对人口老龄化战略的新思考

人口老龄化不是一个暂时现象。今天它作为一个新问题向人类提出挑战，过一两个世纪后人们将习以为常。老龄化不仅仅是老年人自身的问题，各年龄组都有联系，因此必须从人类社会发展的高度来对待它。

（一）科学的认识人口老龄化，采取正确态度。人口老龄化是人口转变的必然结果，世界各国人口或迟或早均会发生老龄化。经济的发展，社会和科学技术进步促使人口死亡率下降，平均寿命延长，继而出现人口出生率下降，从而导致人口老龄化。人口老龄化一方面标志人类在物质生产方面对自然力的胜利，另一方面标志人类在自身生产方面对自然力的胜利。人口老龄化是社会经济发展的象征，也是必然要出现的现象。

有人主张“要加速人口老龄化”，这种观点倒果为因，是一种误解。人口老龄化是人口出生率降低、人口平均寿命延长的客观结果，既不是人们追求的目的，也不是人们可以直接作用的，只能因势利导，而不能任意选择老龄化进程。

人口老龄化是人口年龄结构的整体性变化，势必牵动经济活动、社会生活、意识形态各个领域，社会需要调节原有的各种社会经济关系与之相适应。人口老龄化要经历一段时期才能形成，这就使社会有一定的时间做好各种调节工作。为此，各个国家和地区对人类社会不可避免的人口老龄化都应予以足够的重视，超前研究，未雨绸缪，及早制定相应对策。在社会主义制度下，应付人口老龄化有许多有利条件，任何悲观失望，无所作为或盲目乐观，掉以轻心的观点和态度都将妨碍社会经济的发展。中国50年代漠视人口盲目增长的后果是一个深刻的教训，在人口老龄化问题上，我们不容再犯忽视人口惯性的错误了。

人口老龄化进程受出生和死亡两个因素的影响。死亡率下降导致老年人口增加，但老龄化的速度主要取决于出生率下降的速度，发展中国家都是如此。只有当出生率下降并稳定在低水平时，人口老龄化进程受死亡率下降的影响才会加强。现在一些发达国家，如日本、瑞典等已出现这种迹象。中国人口老龄化主要受出生率影响，这一点在制定政策时必须注意，要与生育政策协调。

(二)对老龄化问题要高瞻远瞩，从长计议。人口过程具有强大的惯性，一个时期的出生率高峰、出生率骤然下跌或死亡率的急剧变化都会在随后的几代人中发生惯性和周期性作用。人口老龄化从形成、发展到稳定，一般要经历几十年到上百年时间，一旦形成就难以逆转。

应付人口老龄化，社会要做好各种准备，从经济基础到上层建筑都要定出相应对策。在人口老龄化形成初期就应提高全社会，特别是各级领导对人口老龄化的科学认识，高瞻远瞩，把老龄问题列入社会发展规划和政府工作议事日程，不断加强应付人口老龄化的能力。

(三)控制人口增长与应付人口老龄化并行不悖，不可偏废。中国和大多数发展中国家一样，人口转变过程不同于发达国家。首先是50年代中期死亡率急剧下降及连续出现出生高峰，因而出现的人口转变增长(Transitional Growth)和老年人口增长都大大快于历史上的发达国家。其次是近年来中国和许多国家提倡控制人口，加速了生育率的下降，也必然加速人口老龄化进程。发达国家的人口老龄化是在人口出生率降到低水平，人口增长减缓甚至趋于稳定情况下才突出的；而发展中国家在几十年内老年人口增长及老年人口比重提高将仍伴随较高的出生率、较快的人口增长出现。因此，中国和许多发展中国家一方面要继续控制人口增长，另一方面又要应付人口老龄化的挑战，要“两面作战”。

总体来说，发展中国家应把控制人口作为首要任务优先解决，但就控制人口与解决人口老龄化而言，二者是并行不悖、互相促进的。控制出生，就是控制60年后老年人口的规模，同时有利于当前发展经济和做好应付人口老龄化的物质准备，物质生产力水平的提高，将增强社会养老能力；另一方面，现阶段老有所养问题的妥善解决又会使育龄夫妇消除对晚年的后顾之忧，更自觉地实行计划生育，促进人口增长率进一步下降。

(四)提高劳动生产率，加速经济发展是应付人口老龄化的根本保证。中国和发展中国家首先要着眼于社会生产的发展，应付人口老龄化的能力必须建立在强大的物质基础之上。老年人生活条件的改善有赖于社会财富的不断增加，归根结底取决于劳动生产率的提高。片面追求老年人福利的做法不符合老年人的根本利益。只顾老年人眼前利益，不考虑生产发展，实际上是牺牲社会的整体利益，削弱对付老龄化的物质基础。只有当社会财富，从而社会承受老龄化的能力不断增强时，老年人的生活质量才能相应不断提高，也才谈得上老年人享受社会发展的成果。

（五）提高人口素质，增强老年人自身的适应能力。随着人类寿命不断延长，老年人继续参与社会发展、再就业和参加社会公益事业成为社会发展的必然趋势，老龄化政策的目标不仅是增加老年人的社会福利，提高老年人的生活质量，还要创造条件充分发挥老年人的作用，使他们对社会和家庭有所作为，进一步实现人生的价值。

发展中国家老年人口的普遍特点是：身体素质和文化素质低，适应老龄化能力差。老年人口的素质影响到老年人晚年生活的内容与质量。老年人身心的健康是老年人适应老龄化的自然基础。身体健康、文化教育水平高的老人生活充实，自我适应能力强，参与社会发展的途径多，时间长，既减轻了社会和家庭对老年人的经济负担，降低医疗保健费用开支，又减少了他们对生活帮助、医护服务、精神照料的依赖。

提高人口素质也应看作是应付人口老龄化的一个战略组成部分。国家应通过财政拨款和其他渠道发展医疗卫生和教育事业（包括老年教育）。今天的青年是明天的老年，要从应付老龄化的高度来看待人口素质的提高，把它贯穿到人生的各个阶段。

（六）从国情出发、量力而行，避免盲目照抄西方养老模式。目前发达国家的社会保障制度建立在强大的物质基础之上，发展中国家的经济水平本身要求各国从实际情况出发，量力而行。推行社会养老保险制度要循序渐进，在老年人基本生活得到保障之后，才可根据生产力水平提高的程度，相应提高老年人的福利水平。

发达国家的经济表明，在工业化、城市化、现代化过程中，家庭趋于小型化、核心化，家庭养老功能削弱。当生产力水平不高，社会保障制度尚未普遍建立之际，家庭养老功能一旦遭到破坏，老年人的生活将受到严重影响，从而最终波及社会的安定；在经济发展尚未达到足够高水平的条件下，继续保持和发挥家庭和社区养老功能是应付人口老龄化的重要途径之一。我们认为，在一个相当长的历史时期内，国家、社会、家庭都要分担一部分扶养老人的责任。就是将来经济水平提高以后，家庭某些养老职能也不能弃之不顾。

中国的经济发展水平、社会制度和文化传统与西方发达国家完全不同，人口老龄化的形成与发展有自己的特点，应付人口老龄化，必须从本国的实际出发。经验已经证明，在养老问题上，“全盘西化”的做法只能事与愿违，根本行不通。可以借鉴的只能是西方发达国家先进的技术与适用的做法。中国地区之间、城乡之间、职业行业之间老龄化进程及其发生的社会经济背景不同，因此，中国在制定人口政策、老龄化对策及具体措施时必须考虑这些差别，区别对待。

（七）统筹兼顾，综合处理各种关系。解决老年人口问题必须站在社会发展的立场，统筹兼顾，处理好老龄化带来的各种矛盾。老龄的人道主义与发展问题要同时兼顾。解决老年人自身问题的同时，必须注意解决人口年龄结构变化引起的生产、消费、分配、就业及社会活力和伦理道德观念的变化。社会财富要合理分配，社会各年龄层、各阶层的利益要兼顾、协调好。

老年人的当前利益与长远利益要同时兼顾，既要提高他们的福利水平，切实改善他们现实的生活条件，又要从长远考虑，增强老年人口乃至整个人口对付老龄化的能力。

满足老年人的单项需求与总需要同时兼顾。老年人的需求是多样的，赡养老人不仅包括物质帮助，还包括生活照料与精神安慰。健康老人还有参与社会发展的强烈愿望。中国的做法是：依靠社会各方面力量，使老年人老有所养、老有所医、老有所为、老有所学、老有所乐，从整体上提高老年人的生活质量。

老年人就业和全社会的就业问题要同时兼顾，人口老龄化使老年人就业问题越来越突出。在就业岗位短缺情况下，安排老年人就业有一定困难。但也要看到，老年人经验丰富、技术熟练、吃苦耐劳，有许多青年不愿干或干不了的岗位适合健康老人干。只要安排得当，老年人就业既满足了自身的需要，也有利于社会发展，甚至有利于就业机会的扩大。

(八)树立尊老爱幼、代际和谐的社会风尚和伦理道德风范。发达国家在人口老龄化过程中遇到的最难解决的困难是：老年人脱离社会生活、精神空虚、有孤独失落感，社会地位和社会价值下降。中国的物质文明建设水平还不高，因此加强精神文明建设，树立一种人际关系和谐的、老人受到尊重的社会风尚，是对付人口老龄化的重要方面。中国除鼓励引导国家、社会、家庭三结合养老外，还必须十分注重保持和发扬中华民族尊老、敬老的优良传统。

(九)建立一个综合管理和协调老龄工作的专职部门，以监督和协调各项工作。老龄问题牵涉到财政、就业、民政、公安、保健、立法、司法、文化、教育等部门，如果各部门各自解决就不能很好地衔接，甚至会出现矛盾。因此要应付日益加深的人口老龄化，在政府或社会团体中建立一个专门的老龄机构以便解决眼前和预见未来的老龄问题是必要和明智的。这一机构可以起到如下一些作用：经常提醒各级领导和社会认识人口老龄化挑战的意义，宣传尊老、敬老的优良传统，促进并参与制定老年立法和维护老年人合法权益的活动，动员社会力量推动老年福利事业和老年服务业的发展，为老年人再就业和参与社会沟通信息、疏通渠道，兴办老年教育，进行老龄工作的国际活动，组织各种老年人活动等等。

（十）开展老年科学研究。任何科学都产生于社会实践需要。由于人口老龄化的历史还短，有的后果还未充分暴露，人们对老龄化带来问题的科学认识还很肤浅，因此超前研究是十分需要的。老年学是门交叉学科，又是一个学科群，需要各方面的专门知识，这就需要许多专业共同探讨，老年学真正成熟还需时间。对待人口老龄化需要有老年医学、老年生物学、老年心理学、老年人口学，老年社会学和老年经济学的知识和人才。

对中国人口老龄化趋势的再认识*

中国是世界上总人口和老年人口最多的国家。1990 年第四次全国人口普查数据表明，全国人口已达 11.6 亿人；1991 年末，60 岁及以上人口数已超过 1 亿。

在过去的 10 年中，随着中国人口的老龄化，人们对未来人口老龄化趋势及其可能产生的问题越来越关注，学者们还对中国人口老龄化的趋势和特点进行了一些分析。第四次人口普查数据的发表使我们可以对中国的人口老龄化的进程有进一步的认识，并重新审视中国人口老龄化的发展趋势。

本文主要依据中国 1990 年第四次全国人口普查数据和以第四次人口普查为基础所作的人口预测，对中国人口老龄化的变动趋势进行分析。

---

* 原载《中国人口科学》1992 年第 3 期，由邬沧萍、杜鹏合写。

一、重视人口老龄化的指标和老年人口的划分标准

研究人口老龄化趋势首先要确定什么是老年人口和衡量人口老龄化程度的标准。随着中国人口的老龄化，学术界对中国人口老龄化和老年人口的研究也日益增强，但是从研究内容看，还存在着一些值得讨论的问题。如在老年人口研究中，很多人引用65岁及以上人口占总人口的比例超过7%作为进入老年型人口的标准；但也有一些研究中常以60岁为老年起点，并且相应的将老年型人口标准换算为10%。实际上，以这两种比例衡量人口年龄结构的老化程度得到的结果并不总是一致的。例如，以65岁及以上人口占总人口的7%的标准来衡量，1990年全国只有上海是老年型人口，但若以60岁及以上人口占10%来衡量，则北京、天津、上海、江苏和浙江都属老年型人口。这说明按不同年龄标准划分的各地区人口老龄化程度是不一样的。因此在研究中国人口老龄化时，首先要确定老年人口的起点年龄和老龄化程度的衡量指标。

联合国有关人口老龄化的文件中曾经使用过65岁和60岁为老年人的年龄起点，这是由于研究目的及范围的不同而形成的。我们应当结合研究的需要确定老年人口的起点年龄，尽可能使老年人口的划分既有其社会经济意义，又有可比性。

在许多文章中，常常将中国老年人口起点年龄定义为65岁，进而认为中国老年人负担很小，相当长时期内不会给社会经济发展带来阻力等等。其实这种划分方法并没有反映中国老年人负担的真实情况。中国在业人口的退休年龄大都在60岁以前，男女工人分别为55岁和50岁；干部分别为60岁和55岁。可见，以60岁划分老年人就已经掩盖了一部分社会对老年人口的经济负担；若再以65岁来划分，大批已经退休的老年人口势必仍被当做是生产人口，并由此低估老年

人口变化对社会经济的影响。所以我们认为，以 60 岁作为老年人口的年龄起点比较合理。

在衡量人口老龄化的程度方面，联合国文献中曾提出 65 岁及以上人口比例占 7%以上时称为老年型人口，但并没有提出 60 岁及以上人口比例达到多少时才算是老年型人口。所以，衡量一个人口是否已进入老年型只能采取两种方法：一是以人口中 65 岁及以上人口比例直接与这一标准比较；二是当没有 60 岁以上分年龄人口资料而不能从中分离出 65 岁及以上人口比例，只能以 60 岁及以上人口比例进行比较时，就需要将 65 岁及以上人口占 7%的标准换算成 60 岁及以上人口的相应比例。

有人曾将这一比例换算为 10%。但是以这一标准同 65 岁及以上人口占 7%的标准衡量同一人口时，则出现了本文开始时提到的情况。即按 60 岁计算已进入老年型人口，而按 65 岁计算仍是成年型人口。问题可能出在这种比例转换是依据人口发展比较平稳的年龄结构计算出来的，而近 40 年来中国人口发展是在急剧变化中进行的，进入 60 岁和 65 岁的人口队列规模并不是平稳变化的，从而影响了两者的一致性。

为了估计中国各省、市、区人口老龄化趋势，并将 65 岁及以上人口占 7%的比例换算成反映各地区达到这一比例时预期的 60 岁及以上人口所占的比例，本文将 1990 年全国人口普查中得到的 30 个省、自治区、直辖市的 60 岁和 65 岁及以上人口比例进行回归分析。将 65 岁及以上人口占 7%代入回归方程后，得到 60 岁及以上人口比例为 10.68%；如果对 1982、1987 和 1990 年三个年度的上述资料(1987 年为 1%人口抽样调查资料)进行回归分析，则 65 岁及以上人口占 7%时，60 岁及以上人口为 10.67%。

由此可见，以前将65岁及以上人口比例占7%换算为60岁及以上人口比例占10%的情况，与中国各地区人口的实际状况出入较大。从过去10年中国老年人口比例变化趋势看，各省、市、区进入老年型人口时60岁及以上人口所占比例平均为10.67%左右。那么，10%的60岁及以上人口相当于65岁及以上人口的多大比例呢？应用上述资料回归分析的结果表明，只相当于65岁及以上人口的6.5%，与7%的老年型标准尚有一定差距。

与此类似，在使用人口年龄中位数、老少比等指标衡量人口老龄化程度时，有时也会出现矛盾现象。因此，在分析中应注意综合各项指标进行全面考察。

二、对中国未来人口老龄化趋势的估计

中国人口基本上属于封闭人口，国际间迁移极少，人口年龄结构变化主要受出生和死亡两大因素的影响。中国人口转变的过程同绝大多数国家的模式相同，即死亡率下降先于生育率下降。在中国人口转变初期，死亡率的下降主要发生在低年龄组，人口年龄结构不是老龄化，而是年轻化了。在人口转变中期，中国经历了一个生育率急剧下降的时期。1969～1979年间，人口出生率从34.11‰降到了17.82‰，降低了约一半。西方工业化国家完成这一转变一般需要50～100年，而中国只用了10年时间，与日本在1947～1957年间的下降幅度相类似。所不同的是，日本的人口出生率在1957年后继续大幅度下降，到1984年降至12.5‰，自然增长率降至6.3‰；而中国的人口出生率在进入80年代以后的一段时期里徘徊在20‰左右的水平上，总和生育率在2.3左右徘徊，下降速度放慢，1990年中国人口自然增长率为14.70‰，仍保持着增长的势头。

对人口年龄结构变化影响因素的分析表明，中国人口年龄结构的变化仍主要取决于生育水平。因此，生育水平是人口预测的重要参数。

按照国民经济发展规划中对人口发展的要求和生育率、死亡率的变动趋势，本文的预测中假设中国总和生育率到 2000 年时下降到 2.1，2010 年下降到 1.9，此后保持不变；人口平均预期寿命将由 1990 年的男 67.58 岁、女 70.91 岁增长到 2050 年时的男 76 岁，女 80 岁，相当于目前发达国家的水平。这一方案的结果可能与中国未来人口的年龄结构变化趋势较为吻合。

按照这一预测方案，2000 年末中国总人口为 13 亿，60 岁及以上老年人口数将达到 1.28 亿，占总人口的 9.84%；65 岁及以上的老年人口数将达到 0.87 亿，占总人口的 6.7%；总人口在 2035 年前后达到最高值 15.32 亿。届时 60 岁及以上老年人口比例为 24%左右，65 岁及以上的老年人口所占比例约为 18%(见表 1)。

表 1　中国未来人口发展预测

年份	各年龄组人口数(亿人)					各年龄人口占总人口比例(%)			
	总人口	0～14	15～59	60+	65+	0～14	15～59	60+	65+
1991	11.61	3.20	7.40	1.02	0.66	27.55	63.70	8.75	5.69
1995	12.31	3.42	7.74	1.15	0.75	27.78	62.92	9.30	6.11
2000	13.04	3.53	8.22	1.28	0.87	27.08	63.08	9.84	6.71
2005	13.57	3.33	8.83	1.41	0.98	24.51	65.07	10.42	7.21
2010	14.00	3.00	9.35	1.65	1.08	21.40	66.82	11.77	7.71
2015	14.42	2.81	9.57	2.04	1.28	19.51	66.37	14.12	8.84
2020	14.83	2.82	9.70	2.31	1.61	19.04	65.41	15.55	10.85
2025	15.13	2.85	9.49	2.80	1.82	18.83	62.70	18.47	12.06
2030	15.29	2.76	9.18	3.35	2.24	18.04	60.03	21.93	14.64
2035	15.32	2.58	9.01	3.73	2.70	16.84	58.79	24.37	17.63
2040	15.28	2.46	8.99	3.84	2.99	16.07	58.81	25.11	19.57
2045	15.19	2.42	8.84	3.93	3.03	15.94	58.19	25.87	19.97
2050	15.02	2.40	8.49	4.12	3.07	16.01	56.56	27.43	20.43

这一方案中对1990年以后的人口预测的基本设想如下：

中国目前人口政策的目标是力争在20世纪末把人口控制在13亿左右。为了实现这一人口目标，到20世纪末总和生育率必须降至更替水平。虽然1985年以后中国生育率出现回升，到1988年总和生育率回升至2.61，接近1982年2.63的水平，但是1990年又下降到2.31。按照这种趋势，预测方案将2000年总和生育率定在2.1，2010年进一步下降到1.8。本预测方案使用的人口预测基数是1990年第四次全国人口普查数据。

三、中国人口老龄化的趋势

衡量人口年龄结构有多种方法。其中之一就是将人口年龄结构划分为年轻型、成年型和老年型(见表2)。

表2　人口年龄结构类型

年龄结构类型	年轻型	成年型	老年型
0～14岁人口	40%以上	30%～40%	30%以下
65岁以上人口	5%以下	5%～10%	10%以上
老少比	15%以下	15%～30%	30%以上
年龄中位数	20岁以下	20～30岁	30%以上

资料来源：《人口学辞典》，人民出版社，1986年。

按照上述划分方法，中国历次人口普查时各年龄组在总人口中所占比例如表3。

从表3数据可以看出，中国的人口老龄化始于60年代中期。1964年全国第二次人口普查时，中国人口年龄中位数是20.2岁，低于1953年的年龄中位数，人口年龄结构更为年轻；1982年第三次全国人口普查时，上升到22.91岁；到1990年全国第四次人口普查时，已达到25.25岁。相应的，65岁及以上老年人口占总人口的比例也从1964年的3.56%上升到1982年的4.91%和1990年的5.57%。从年龄结构类型看，中国人口年龄结构到1990年时已完全成为成年型人口。

表3　中国人口年龄结构

年龄结构指标	1953年	1964年	1982年	1990年
0～14岁人口(%)	36.28	40.69	33.59	27.62
65岁及以上人口(%)	4.41	3.56	4.91	5.57
老少比(%)	12.15	8.74	14.61	20.16
年龄中位数(岁)	21.7	20.2	22.91	25.25

资料来源：《中国人口年鉴》1985，中国社会科学出版社。

《中国第四次人口普查10%抽样资料》1990，国务院人口普查办公室、国家统计局人口司编。

根据第四次人口普查数据所作的人口预测的结果表明，中国人口年龄结构在迅速老龄化。在未来30年内，年龄结构类型由成年型向老年型转变，但在各个时期人口老龄化的速度有很大差异。

从表1的数据看，中国未来人口老龄化过程可以分为三个阶段：

第一阶段为1990～2003年，人口由成年型向老年型转变。这一阶段老年人口人数和比例都在增加；少儿人口数在2000年前后达到最高值，在此之前，其在总人口中所占比例已开始下降。60岁及以上人口比例从1990年的8.6%，上升到2003年的10.15%；15～59岁人口在经历短时间的下降后也从63.81%上升到64.29%，这两部分人口变动幅度不大；0～14岁人口从27.6%下降到25.6%。从人口内部结构变化速度看，这一时期是缓慢老化阶段。

到2003年，中国65岁及以上老年人口在总人口中所占比例将达到7%。如果按联合国1956年划分老年型人口的方法，中国人口年龄结构类型已是老年型人口了。而按表2中的年轻型、成年型和老年型人口划分方法，到2003年时，中国少儿人口比例虽已降到30%以下，年龄中位数超过了30岁，但65岁及以上老年人口比例仍未达到10%，老少比也只有27.5%，不到30%。说明中国人口还未完全进入老年型，但已明显由成年型向老年型转变。

第二阶段为2003～2020年，成为典型的老年型人口。在这17年时间里，中国人口年龄结构变化速度很快。60岁及以上老年人口比例从10.15%上升到15.55%；65岁及以上老年人口比例从7.03%增长到10.85%；0～14岁人口比例从25.6%下降到19.04%；老少比高达57%；年龄中位数为35.67岁。中国人口的年龄结构已成为典型的老年型人口，完成了从成年型向老年型人口的转变。

第三阶段为2020～2050年，人口老龄化程度急剧提高。在这30年时间里，60岁及以上老年人口比重上升到27.43%；少年儿童人口比例下降到16%。到2050年时，老年人口、少儿人口和劳动年龄人口比例都逐步稳定下来，65岁及以上老年人口比例达到20.43%，老少比达到127.6%，年龄中位数高达43.7岁，人口年龄结构已经高度老龄化。

四、对中国人口老龄化水平与趋势的估计

在中国人口生育水平不断下降的情况下，未来中国人口老龄化会达到何种程度，一直是人们关注的问题。曾经有一些文章认为，中国人口老龄化程度将会是世界上最高的。但从人口发展趋势看，这种情况是不会出现的。

1990年人口普查结果表明，中国60岁及以上人口占总人口的比

例为 8.6%，65 岁及以上人口占总人口的 5.6%。

从发达国家人口老龄化的现状看，1991 年有 9 个国家 60 岁及以上人口占总人口的比例超过了 20%，其中老化最严重的瑞典已高达 22.8%。老年人口占总人口比例超过 17%的有 20 个国家。中国人口老龄化程度是比较低的，仍处于人口老龄化的初始阶段。

人口老龄化的程度取决于生育和死亡水平。从未来人口发展看，中国人口的生育和死亡水平不大可能达到发达国家最低的水平。预计到 21 世纪初，65 岁及以上人口占总人口的比例将超过 7%，从而进入老年型社会。此后老年人口比例不断增长，到 21 世纪中期，60 岁及以上老年人口比例将达到 27.4%；65 岁及以上老年人口比例将达到 20.4%，相当于发达国家 2025 年时的老龄化水平。根据联合国 1990 年的预测，到 2025 年时，英国 60 岁和 65 岁及以上老年人口分别占其总人口的 26.8%和 19.4%，法国为 27.2%和 20.8%，日本为 29.9%和 23.9%，瑞典为 29.0%和 22.4%。可见在 60 年以后，尽管中国人口老龄化将很严重，但比发达国家的老化水平仍然要低。如果以同期数字相比，2025 年中国 60 岁和 65 岁及以上人口比例分别为 18.5%和 12.1%，差距更为明显。

中国未来老年人口数量增长最快的时期将是 2010～2035 年。这一时期，20 世纪五六十年代出生高峰期出生的人口陆续进入老年，成为中国老年人口比例上升最快的时期。2020～2035 年，60 岁及以上的老年人口比例平均每年上升 0.6 个百分点。2035 年以后，老年人口的增长逐渐平稳，不会有数量上大的波动。这一时期，中国生育水平已降到低水平。在这样的背景下，中国人口老龄化程度也只能达到 20.8%左右。这一预测表明，中国未来人口老龄化迅速，与发达国家在老化程度上的差距在日益缩小；同时也说明中国人口老龄化程度将不会是世界上最为严重的。

尽管现阶段中国人口老龄化水平不高，但中国人口老龄化发展速度之快令人瞩目。因为中国有世界上最庞大的人口和老年人口，人口老龄化的速度在发展中国家里是最快的，但还不能肯定说是世界上最快的。

与发达国家相比，中国65岁及以上老年人口比例从5%增加到7%所用时间预计将与世界上人口老龄化速度最快的日本所用的时间相同(20年)。65岁以上人口比重从7%增长到14%，法国用了115年(1865～1980年)；瑞典用了85年(1890～1975年)；美国预计要用70年(1945～2015年)；德国和英国用了45年(1930～1975)；中国预计只要26年(2003～2029年)，超过许多发达国家，与日本相同(1970～1996年)。日本65岁及以上人口比例从10%增长到20%也将是世界上最快的，只用25年(1985～2010年)；中国预计要用27年(2019～2046年)。由此可以看出，中国人口老龄化的速度从某些指标的比较来看，与老龄化最快的日本非常接近，但同样不能就此断定中国人口老龄化的速度会是世界上最快的。

任何一个国家人口老龄化的速度都不是匀速的，某一时期可能快些，而有的时期相对慢些。所以，比较指标或比较时期的不同可能会影响到结论。中国在2010年到2035年老年人口增长速度最迅速，这一时期老年人口比例上升最快，所以从一定比例增长到另一比例的时间与日本相近(并不比日本更快)。但是在65岁及以上人口比例从10%增长到20%所跨越的年份里，中国老年人口的增长速度已经大大减低，比例增长所用的时间也比日本长，以这一段衡量，中国人口老龄化速度略慢于日本。

日本65岁及以上老年人口比例现在已经超过12%，所以从5%

增长到7%已经实现，从7%增长到14%也即将实现，其所用的年数(人口老龄化的速度)基本上不会有大的变化。而中国未来人口老龄化的速度取决于今后生育率和死亡率的变化，有很大的不确定性。1990年中国65岁及以上人口比例只占5.6%，十几年后才能达到7%，达到14%和20%的年代更远在四五十年之后。因此，所有上述中国和日本人口老龄化速度的比较结果都取决于未来中国人口发展是否会像预测的那样变化。如果预测能够实现，则中国有可能与日本一起成为这一时期人口老龄化速度最快的国家之一。否则，中国将不会是人口老龄化最快的国家。

中国特色的人口老龄化过程、前景和对策*

低生育率是导致人口老龄化的决定性因素。战后发展中国家人口转变过程中都要面临人口高增长和人口老龄化的两难抉择。中国做出严格控制人口增长的抉择是艰难的，也是科学的，对此所带来的人口老龄化后果是有一定认识和准备的。存在决定意识。老龄政策的制定应建立在对中国老龄化过程、前景的科学认识之上，而中国人口老龄化的特点决定于中国的基本国情。中国人口多、底子薄、资源不足、地区经济文化差异大的国情决定了人口老龄化过程和形成特点集中表现为：老年人数多、老龄化速度快、未富先老和老龄化地区差别大。在中国跨入老龄化国家行列之际，我们有必要重新审视中国人口老龄化过程，对其特点进行更准确的再认识。

---

* 原载《人口研究》2004 年第 1 期，由邬沧萍、王琳、苗瑞凤合写。

一、老年人多的特点引发的政策思考

（一）老年人多的特点

老年人多是由中国“人口众多”这一突出国情决定的。2000 年中国人口约占世界人口的 1/5，预计到 20 世纪中期占世界份额降为1/7。届时印度将取代中国成为世界第一人口大国。但是，由于人口增长的惯性、周期性以及中国人口预期寿命增长较快，这就决定了中国在 20 世纪内是世界上老龄人数最多的国家。60 岁以上老年人数将从现在的 1.3 亿逐渐增加到 4 亿以上，大大超过印度老年人口。

笼统地讲中国老年人最多，容易引起误解，以为我国人口健康长寿。首先，中国老年人规模大，但老年人比例低。与整个发达地区相比，无论老年人绝对规模还是相对规模都不算大。即使到 2050 年，也只是在总人口数超出发达地区较多的情况下，老年人数略高于这些地区。而老年人占总人口比例远低于发达国家。可见，中国人口的健康长寿不如发达地区。

表 1　中国、发达地区总人口和老年人口

年份	总人口（亿人）			60^+（亿人）			65^+（亿人）			60^+占总人口比例（%）		65^+占总人口比例（%）	
	中国	发达地区	倍数	中国	发达地区	倍数	中国	发达地区	倍数	中国	发达地区	中国	发达地区
2000	12.67	11.91	1.06	1.30	2.31	0.56	0.88	1.70	0.52	10.3	19.4	7.0	14.3
2025	14.84	12.18	1.22	2.83	3.43	0.82	1.87	2.59	0.72	19.1	28.2	12.6	21.3
2050	14.85	11.81	1.26	4.35	3.95	1.10	3.22	3.16	1.02	29.3	33.5	21.7	26.8

注：计算倍数时以发达地区人数为 1

资料来源：根据 United Nations(2002)，World Population Aging 1950～2050，Department of Economic and Social Affairs，Population Division。

其次，中国老年人规模大主要表现为低龄老人比例大。分年龄段来考察，2000 年，中国人口总量略高于发达地区，但老年人占发达地区比例随年龄升高而下降。例如，60 岁以上老人相当于整个发达地区老年人数的 60%，65 岁以上老人相当于发达地区的 55%，80 岁以上高龄老人相当于发达地区的 32%，百岁老人大大低于发达地区。类似情况在中国与日本、美国等其他发达国家比较中同样存在。例如，我国 2000 年百岁老人为 17877 人，只有日本百岁老人的一半。日本 2003 年正式公布百岁老人已超过两万，而日本人口只是中国的 1/10。由此可见，中国老年人死亡率高、存活率低，健康水平同发达国家有很大差距。

其三，中国老年人规模大主要源于高出生人群多。老年人的规模主要取决于两个方面：一是死亡率，特别是老年人死亡率的下降；二是进入老年的人口队列。在老龄化进程中，发达地区已完成了从生育率下降为主导向以老年人死亡率下降为主的过渡。而中国现阶段老年人数的变化仍主要是人口队列的作用。中国老年人特别是高龄老人存活率与发达地区差距很大。老年人死亡率的下降还有很大空间。

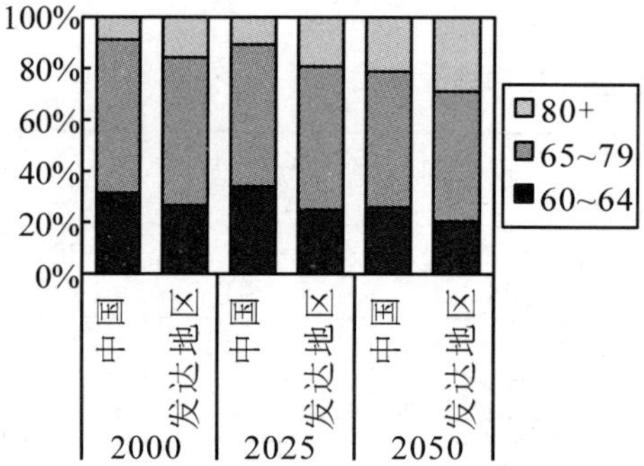

图 1　中国、发达地区老年人口结构

资料来源：同表 1。

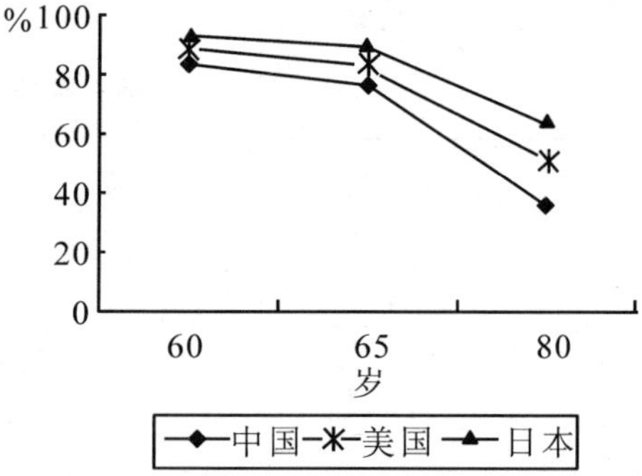

图 2　中国、美国、日本老年人存活率(2002)

资料来源：同表 1。

（二）老年人多的政策含义

1．中国人的健康长寿仍需努力

20 世纪全世界平均寿命提高了 30 岁。中国从 1930～2000 年平均寿命提高了 38 岁。2000 年，中国人口预期寿命达到 71.4 岁，但与发达国家(75.6 岁)间还有很大差距。老年人寿命的延长主要是人口基数大，存活人数也多。老年人平均寿命不仅与发达地区有差距，而且低于世界平均水平，仅略高于发展中地区。如果再与日本、瑞典等世界长寿国家相比，则差距更大。在医疗卫生条件大大改善的今天，我们不仅要看到预期寿命的延长，更应着眼于老年人预期健康寿命的延长。

表 2　老年人平均余寿的国际比较(2000)

国家与地区	出生时	60 岁	65 岁	80 岁
中国	71.4	18.4	14.7	6.4
发达地区	75.6	20.8	17.1	8.2
日本	81.5	24.4	20.2	9.7
瑞典	80.1	22.8	18.7	8.6

资料来源：同表 1。

2．老龄政策中老年人健康问题作为重点

对老年人来说，没有健康，就没有一切。所以，中国老龄政策要把老年人健康作为优先考虑，提倡健康老龄化，以预防为主。通过开展健康教育提高人们的卫生保健知识，指导科学的生活方式。立足于预防疾病，有病早发现、早治疗。其次，要树立终身健康观念。要引导人们将青少年、中年、老年看成是一个健康的连续过程。其三，把健康贴近基层老年人。加强社区医疗卫生设施和医疗队伍建设，建立社区医生、护士制度。其四，提高卫生保健效率。发扬中国传统医学所长，中西医结合。由单一的生物医学模式转向生物医学、心理、社会医学模式。其五，提倡积极老龄化，追求身心健康。形成科学的社会方式，乐观的人生态度，积极参与社会发展。

3. 建立有中国特色的城镇有别的医疗保障

由于中国老年人多，在经济上二元结构决定了医疗保障要城乡有别。在城镇构建多层次的医疗保障体系。在农村建立以大病统筹为主的新型农村合作医疗制度；建立健全农村卫生服务体系。

二、人口老龄化速度快的特点引发的政策思考

人口老龄化速度快并不是我国独特的现象，但在现阶段作为率先老龄化的发展中大国与发达国家相比，老龄化速度快是独特的①。

（一）我国人口老龄化快特点的几个表现

1. 我国的老龄化速度是阶段性的快

老龄化一般是受进入老年的人数和原有老年人寿命延长的影响。我国主要是前者，不是因为寿命提高得快，是由原来出生高峰期的那些队列进入老年引起的阶段性的快（从2000～2030年），这一点说明人口出生多会加大以后的老年人规模。从长远来看，由于我国生育率已经降到了比较低的水平，出生人口少，从而后续老人就少，所以过了出生高峰期后，陆续进入老年的队列就相对减少，因此从2030年之后我国的人口老龄化速度就会相对减慢（见图3）。

① 本部分数据是根据 The Ageing Population and its Economic and Social Implications. New York. 1956；World Population Ageing 1950～2050. New York, 2002 计算。

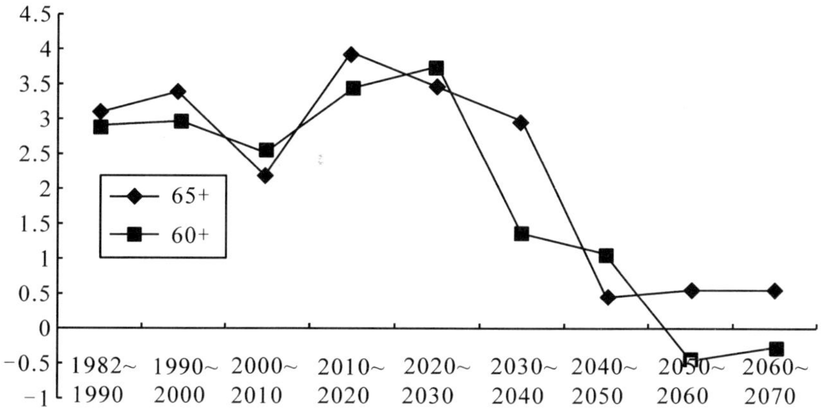

图 3　中国人口老龄化速度示意图

资料来源：1982 年、1990 年为“三普”、“四普”数据；2000～2070 年来自杜鹏《中国人口老龄化国际比较研究课题》预算数据

从图 3 不难明白，为什么众所周知的中国 60 岁以上人口由 10%上升到 20%，65 岁以上人口由 7%上升到 14%预计用 26～27 年，比法国的 115 年，瑞典的 85 年快得多。中国人口老龄化快主要就是指这一阶段。

2. 我国人口老龄化是底部老龄化为主

我国由于 70 年代以来有成效地实施人口政策，使人口出生率急剧下降，少儿人口比重迅速降低，发达地区的出生率从 38‰(1750 年)降到 16‰(1980 年)用了约 230 年的时间，我国仅用了 50 年就从 37‰(1950 年)降到 16.3‰(2000 年)①，所以出生率的下降是我国人口老龄化的决定因素。

从下图历次普查人口年龄金字塔可以清楚地看出我国人口老龄化主要是由于金字塔的底部收缩、出生人口减少造成的。

---

① China Statistical Yearbook，1995；《中国 2000 年人口普查资料》. 北京，中国统计出版社，2002。

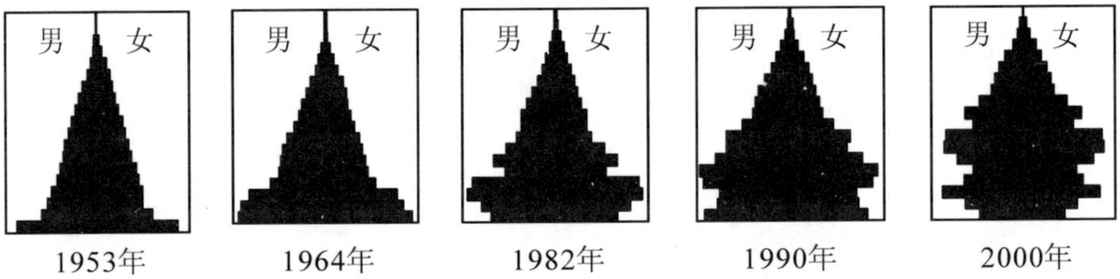

图 4 中国历次人口普查年龄金字塔

中国人口出生率下降同等比例所需时间大大少于法国、瑞典等发达国家。这也说明我国主要是少儿人口比重减少快，从而老年人口比重相对提高，是底部老龄化。

表 3 出生率下降同等比例所需时间比较 年

	30‰	20‰	所需年限
法国	1832	1909	77
瑞典	1880	1922	42
中国	1972	1991	19

资料来源：从老龄化到高龄化：基于人口学视角的一项探索性研究，罗淳著，中国社会科学出版社，2001，75 页。

（二）老龄化速度快的政策含义

存在决定意识，中国老龄化速度的上述特点决定了我国必须采取如下对策：

1. 利用机遇发展经济、做好应对老龄化的各种准备

实行计划生育后，我国的生育率迅速下降，而人口老龄化才初露端倪，形成了劳动年龄人口比重高、青少年及老年人口比重相对较低的难得机遇，即所谓的“生之者众，食之者寡”。在这一时期，一方面，由于劳动力人口供给充足，价格比较便宜，如果能够充分就业，会创造更多的社会财富；另一方面，用于老人和青少年的教育、福利、保险、医疗等支出减少，有利于社会财富的积累、储蓄和投资。

十六大报告也指出："综观全局，21 世纪头 20 年，对我国来说，是一个必须紧紧抓住并且可以大有作为的重要战略机遇期"。人口给发展创造的这个机遇只有一次，随着老年人口比重的提高而消失。我国人口创造的机遇也是历史上仅有的，"千载难逢"。像东亚日本、韩国、新加坡、中国台湾等后发的新兴工业国家和地区，二战后出生率迅速下降和老龄化起始阶段相对缓慢创造的"时间差"，为这些国家和地区提供了经济腾飞的机遇，历史事实表明它们的经济高速增长的时期也是总人口负担系数快速下降的时期，正是充分利用了人口转变带来的发展机遇。我国人口创造的这个机遇虽比日本、韩国晚到了 20 年，但未来 20 年我国的人口负担远低于日本，与韩国相当，可以说是得天独厚。这是中国历史上人口年龄结构为 21 世纪前期发展创造的最好机遇，是空前的。一定要抓住这难得的机遇期，加快经济发展，为解决老龄问题做好准备。我国进入老年型社会发出的一个警示是：在未富的情况下先老，全社会必须从现在起就重视老龄问题，不失时机做好应对人口老龄化的各种物质、精神、理论、法律、伦理道德、制度创新、科学知识和人才等准备。"有备才能无患"，否则就要重蹈人口失误的覆辙。

2. 改变当前的稳定低生育水平政策的建议需从长计议

在关于我国养老问题讨论中，许多人提出要放宽生育政策。其实改变人口政策来解决人口老龄化"远水不解近渴"，根本不能解决当代的养老问题，只能加大 21 世纪后半叶老年人口规模，其结果一方面给我国的养老工作带来更大的难题，既要养老又增加抚育更多新生儿的负担。另一方面会动摇计划生育工作成果。所以中共中央、国务院审时度势，于世纪之交做出了《关于加强人口与计划生育工作稳定低生育水平的决定》，这是有远见的果敢决定。其实稳定低生育水平、一对夫妇一个孩子只是一代人的政策，最早出生的那批独生子女很快就要进入婚龄，按照政策规定，夫妇双方都是独生子女的家庭可以生两个孩子。因此权衡利弊得失，用调整政策来解决人口老龄化并不是上策。

(3)要有对实行计划生育户养老的优惠政策

我国经济文化落后，农业社会传统的"养子防老"和家庭养老在很多地区仍是老年人的主要依靠。我国一对夫妇只生一个孩子是由政府根据全民利益倡导的，同一部分公民的眼前利益有一定的矛盾，一些家庭接受只生一个孩子的政策是出于维护国家和公众利益而牺牲小家利益，这是高尚的爱国主义行为，理应受到尊敬并享受一定政策的照顾和优惠，而且这也是政府明文许诺过的，对他们的困难应认真研究，对他们应给予政策上的优惠，使他们早日脱贫、老年生活能够有保障，从而使他们的牺牲能够得到补偿。而要达到这个目标，不能仅仅靠物质补助等"输血"的办法，而是要"造血"，即解决他们的能力贫困问题。解决能力贫困的关键是教育，要通过一系列的政策倾斜使他们父母和子女两代人能够得到较好的教育机会，教育水平提高了，其他方面的能力也就具备了，从父母一代来讲能够提高自身的能力和更好的养育子女、提高子女的能力，保障了自己的老有所养；从子女一代来讲能够更好的赡养老人，并能更好地为自己将来的老年进行各种准备。事实上，很多调查都反映出农村比较富裕的都是父母重视教育、子女受教育水平比较高的家庭。解决计划生育家庭的养老困难是老龄政策必须考虑到的。

三、未富先老和老年人地区差异大引发的政策思考

(一)未富先老和老年人地区差异大

1. 未富先老的特点

从发达国家人口老龄化的历程看，经济增长和老龄化是同步的。

但中国老龄化进程超前于社会经济的发展。中国是目前唯一以较低收入进入老年型人口的人口大国。

2000年中国人均国内生产总值为840美元，只相当于世界平均水平的16.25%，在世界排名109位。而中国60岁以上老年人比例高于发展中地区，与世界平均水平持平。如果按购买力平价计算，中国人均国内生产总值大大提高(为3976美元)，约占世界平均水平的53.62%。但同目前老龄化水平相近的韩国、新加坡、智利、巴西等国相比，中国的人均GDP水平明显偏低。即使在2020年实现GDP翻两番的目标，中国人均收入仍属于现在中下收入国家水平。但届时中国人口老龄化程度已接近今天发达地区水平，仍是老年型人口中的穷国。从以下两图可以看到我国未富先老的情况：

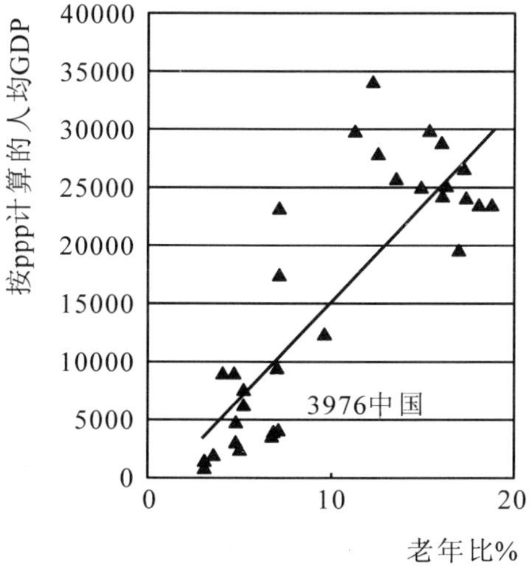

图5 部分国家人均GDP(PPP)与老年比(2000)

注：图中3976为中国

资料来源：联合国开发计划署2002年人类发展报告；中国财政经济出版社，2002北京，美国人口咨询局编，2002世界人口数据表

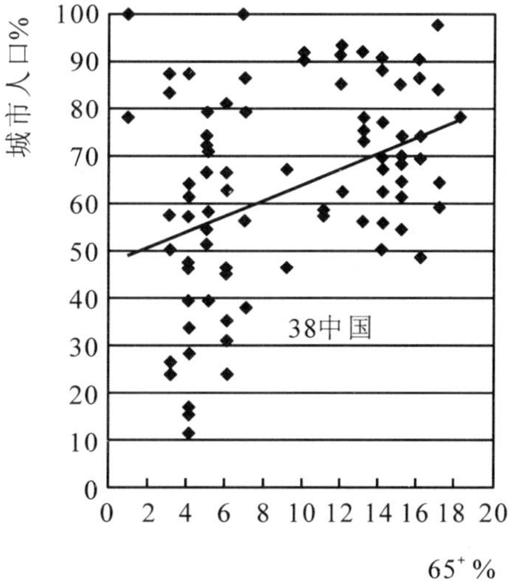

图6 部分国家城市化水平与老年比(2000)

注：图中38为中国

资料来源：同图5

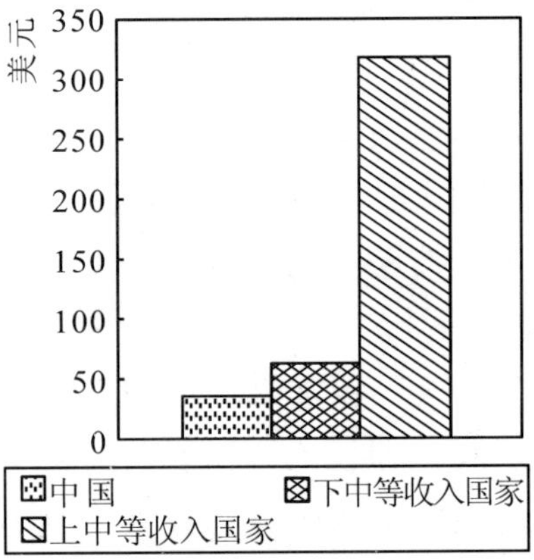

图 7　人均卫生保健支出比较

资料来源：2001 世界发展指标

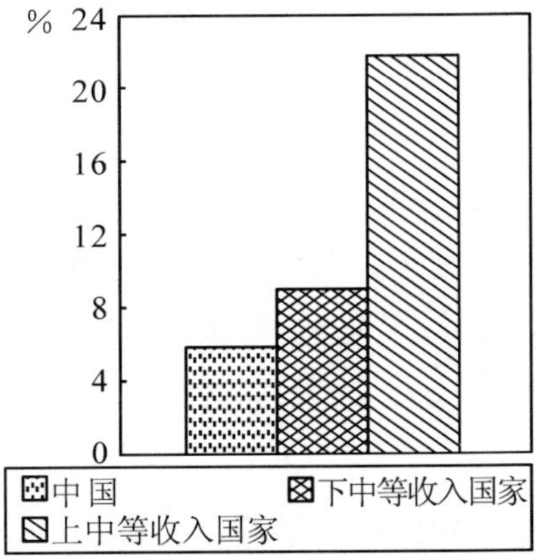

图 8　大学粗入学率比较

资料来源：联合国开发计划署 2002 年人类发展报告，中国财政经济出版社，2002 北京

中国的"未富"是全方位的。不仅人均 GDP 低，在其他方面诸如人口城市化、文化教育、卫生水平、产业结构、老年人收入结构、地区差别、城乡差别等方面都有所表现。历史积淀的二元结构及巨大的人口规模决定了中国的发展道路是漫长而艰辛的，是不可能一蹴而就的。故，未富先老的特点一直会持续到 21 世纪中叶。

(二) 老年人地区差异大

二元结构在各方面表现突出，是中国经济落后的另一种表现。

总体上，中国各地区老龄化程度与经济发展水平具有一致性，自西向东呈阶梯上升，但地区间差距较大。东部沿海地区 65 岁以上老年人口比例已超过 8%，其中上海达到 11.46%，早在 1982 年既已进入老年型社会。而西部地区老年人口比例均在 5%以下，部分地区仍是典型的年轻型人口结构。与此同时，各地区老年人中的大部分分布于经济水平较落后的农村。2000 年中国8 827.4万 65 岁以上老年人中 65.8%分布于农村，农村老龄化程度达到 10.89%，超出全国平均水平及城市。

改革开放以来，伴随社会整体收入水平的稳步提高，地区间、城乡间的收入差距不断拉大，且收入水平越低的地区城乡收入差距越大，并直接影响着老年人的收入水平及其构成。城镇居民人均可支配收入与农民人均纯收入之比从1990年的2.20∶1提高到2001年的2.90∶1。而2001年东、西部农民人均纯收入之比亦从上年的1.92∶1提升到1.94∶1。如果将2001年城镇居民中人均可支配收入最高的上海(12 883.46元)与农民人均纯收入最低的西藏(1 404.04元)相比，差距更为可观(9.18∶1)。通常，老年人收入低于其在业时水平。即使有一部分老年人再就业，其收入也仅相当于在业人员平均水平的63%左右。将收入的地区、城乡及年龄差距综合，可得出这样的结论：中国老年人收入存在着较大的差距。城市老年人的收入主要来自退休金(58.05%)，农村老年人收入主要来自于家庭其他成员的供养。我国老年人收入的结构也反映了经济上的低水平。

受社会经济差异影响，老年人能够享有的医疗保健服务和受教育水平亦城乡有别。目前，中国乡镇每千人拥有的医疗、卫生院床位数和卫生人员数仅相当于全国平均水平的1/3。城镇60岁以上老年人受教育年限为5.26年，农村仅为2.3年。

(三) 未富先老和老年人地区差异大引发的政策思考

1. 老龄政策必须与经济社会发展水平相适应

老龄政策所涉及的问题实质是社会代际关系问题，是全社会的利益分配问题。一国的老龄政策深深地根植于本国的文化、政治和经济条件，必须与社会经济发展水平相适应。中国要借鉴国际上有益的经验，但决不能照搬。近年来，国际社会在制定老龄政策的理念上出现了两个不可逆转的发展趋势。一个是“从需要到权利”，另一个是“从保障到福利”。中国在社会主义初级阶段经济尚不发达时就面对人口老龄化，将有限的财富即要用于经济建设和提高人民生活水平，还要顾及老年人生活质量的提高，困难重重。“未富先老”的国情决定了中国不可能照搬福利国家的模式，老年人的福利水平和支持体系要在优先发展经济的前提下加以照顾，这是老年人长远根本利益所系。只有大力发展经济，国家才能有更多的资源投放到老年保障及福利事业上，现在的年轻一代及准老年一代才会有更大的能力投入当前和未来社会的养老准备，家庭养老能力才能进一步增强，从而缓解社会养老压力。优先发展经济还有助于形成尊老爱幼的社会风尚，提高社会伦理道德和文明程度，所谓“衣食足，知礼仪”。

2. 老龄政策城乡有别，因地制宜，在发展的基础上逐步协调

在中国目前“二元经济”体制下，经济发展和收入水平的不平衡使老龄政策不能不城乡有别。中国东中西部地区差别大，又必须因地制宜。在发展经济的基础上逐步缩小城乡差别、地区差别，坚持家庭养老与社会养老相结合。

由于经济和历史原因，在完善城镇养老保障体系过程中应遵循“低水平，广覆盖”的原则，处理好国家、企业、个人三者的关系。目前，中国养老保险制度正从单位保险转向社会保险，从现付制转向社会统筹与个人账户相结合的模式。这在世界上是创新的，也就决定了它不可能一蹴而就。社会统筹和个人积累合理比例的划分及巨额的转轨成本是中国城镇基本养老保险制度改革过程中面临的强有力的挑战。经济发展的优先性决定了相当时期内政府用于养老金的支出占GDP的比例不会很快提高。故，要扩大征缴覆盖面，推进基金多元化，规范基金管理，确保基金安全。鼓励有条件的企业建立补充保险。进一步完善和落实“两个确保”、“三条保障线”制度。

制度化的、稳定的社会养老保障体系的建立是解决中国农村老年人养老问题的内在要求及发展趋势。但在现有经济条件下，农村养老保障应坚持以家庭为主，同社区保障、国家救济相结合。有条件的地方探索建立农村最低生活保障制度。统筹城乡发展，通过加速城镇化建设和加强农村教育等手段提高农业生产现代化水平，增强农民收入，改善农村面貌，使农村老年人同城镇人民一起共同富裕，是解决目前和未来农村养老问题的根本之道。

3. 在未富先老的条件下，养老问题必须道德与法律双管齐下

我国农村在相当长一段时期内，家庭养老仍是老年人实现“老有所养、老有所医、老有所教、老有所学、老有所为、老有所乐”的主要模式。因此，既要有法律保障同样要有家庭伦理道德规范，双管齐下。

中华民族自古就有敬老尊老的优良传统，孝道是中华民族两大基本传统道德行为准则之一。在今天老年人不断增多，社会物质财富还不能充分满足人们的需要，社会养老保障体系还不健全，家庭养老仍肩负着历史重任的中国社会，弘扬尊老敬老优良传统尤显重要。加强伦理道德教育，倡导敬老助老社会风气同切实落实老年法律法规、维护老年人合法权益是相辅相成的。同时要加强老年法律制度建设和老年法律的宣传工作，提高老年人法律意识。老年人要学法、懂法、用法、运用法律武器主动维护自己的合法权益。相关部门要严格执法，对虐待、遗弃、侵犯老年人合法权益的严重违法行为给予法律制裁，使老年人权益真正得到维护。

4. 在未富先老的条件下，老年人提高生活质量必须政府主导、社会参与、群众支持

政府要在发展经济的基础上进一步完善社会养老保障体系、法律

支持体系，加强为老服务体系。发挥非政府机构、社区、家庭和民间组织作用，特别是老年群众组织的作用。重视发挥非老年人的作用，推进全社会成员增强老龄意识、养老意识。在提倡独立、参与的国际老年人原则下，对老年人而言，当前要强调自我养老意识和终身健康意识。

主要参考文献：

1. *The Aging of Population And Its Economic And Social Implications*. United Nations Department of Economic and Social Affairs，New York，1956
2. *Aging in the Third World*. U. S. Department of Commerce，BUREAU OF THE CENSUS，1988
3. *An Aging World II*. U. S. Department of Commerce，Economic and Statistics Administration，BUREAU OF THE CENSUS，1993
4. *An Aging World*：2001. U. S. Department of Commerce，Economic and Statistics Administration，U. S. CENSUS BUREAU，2001
5. *Building a Society for All Ages*，Second World Assembly on Aging，2002
6. *World Population Prospects*，*The* 2000 *Revision Volume I*：*Comprehensive Tables*. United Nations，New York，2001
7. *World Population Aging* 1950～2050. United Nations，New York，2002
8. 彭珮云主编．中国计划生育全书．北京：中国人口出版社，1997
9. 全国老龄工作委员会办公室．老龄工作干部读本．北京：华龄出版社，2003
10. 邬沧萍．社会老年学．北京：中国人民大学出版社，1999
11. 国务院人口普查办公室国家统计局人口和社会科技统计司．2000 年第五次全国人口普查主要数据，北京：中国统计出版社，2001

老龄问题和我们的对策*

一、从现在起就应该重视老龄问题

老龄问题，是当今世界普遍关注的问题。老龄问题主要有两个方面：一是由于老年人生理、心理和生活特点提出的物质和精神需要和老年人各种特有的问题；二是老年人口和社会经济发展相互关系问题，实质上就是人口老化问题。两个问题既有联系又有区别。

就全国人口平均状况来说，目前谈论老化似乎为时尚早。但要注意到我国老年人数及其在人口中的比重的增长速度是属于人类历史上最快的。我国目前城乡老年人口60岁以上的近8 000万，65岁以上的5 000万，是世界上老年人数最多的国家，几乎等于美苏两国老年人数的总和。从第二次人口普查到第三次人口普查的18年间，60岁以上和65岁以上人口分别增长82%和100%，年平均增长率是3.4%和3.9%，大大超过人口的增长速度。就个别地区来

* 原载《人民日报》，1984年8月20日。

说，有的省、市现在已经是或已接近于老年型人口。

在国外，老龄问题一般在发达地区突出，那里人口老化过程经历了一个多世纪，是逐步加剧的。我国人口老化的速度大大超过它们。在一个经济落后的大国里，如何应付老龄问题的挑战，没有多少经验可以借鉴。我们必须积累自己的实践经验，从现在起就重视老龄问题。

二、科学地认识老龄问题

老龄人口的迅速增加和人口老化是不是社会发展的一种阻力？如何认识我国人口老化的问题？只有从社会发展规律来认识，才能得到科学的说明。

首先，要辩证地看待人口的年龄。随着生产力的发展，社会、经济、文化和医疗卫生体育事业的进步，老年人不仅寿命延长，身体素质也有极大的改进。一个人进入老年不过是就一生的生命期而言，但人的生理年龄和年代年龄并不是同步增长的。发达国家和我国都已看到，今天许多六七十岁老人的健康指标同过去四五十岁的人差不多，甚至有所超过。今天许多国家和国际机构把65岁作为划分老龄的界限，表明人类在生理上的进步。至于各国在不同时期规定的退休年龄，不纯粹出于生理年龄的考虑，还涉及许多社会经济因素，如就业、工资、负担系数、工作效率，等等。

其次，要历史地看待老年人的作用。老年人是社会的财富和资源，而不单纯是消费者，更不是社会的负担。因为老年人以其丰富的知识、经验和专门技能包括他们的成功经验和失败教训来教育后代、启发人类，保证了社会的存在和顺利发展。

再次，养老是一种社会义务，也是年轻一代人的责任。撇开家庭、社会和道义的角度不谈，仅从经济观点来说，现在工作人口从事的物质生产和精神生产是在老年人过去创造的物质财富、精神财富和专门技能的基础上的继续和发展。对老年人的抚养实际上是对他们过去劳动成果和社会事业奠基工作的延期支付，同时也是对他们过去抚养年轻一代的一种“偿还”。

最后，老年人对社会的发展要继续承担责任。随着健康的增进，老年人在退休后还要在社会生活很长一段时间。在这段期间，社会要使老年人感到生活有意义，老年人应该自觉地通过不同方式参与社会生活，促进社会发展。另一方面，老年人还要体谅年轻一代承担一个人口日趋老化社会的困难。解决老龄问题的方案，既不能超越社会发展的可能，也要取得年轻一代人的谅解，才能持久地推行。

三、人口老化对社会发展提出的挑战

人口日趋老化是当代人类面临的新问题，它对人类社会发展的影响还未充分暴露。但已在下面几个方面提出了新的挑战。

1. 对劳动生产率、经济发展速度和新科学技术应用的挑战。人口老化有可能使这个人口趋于保守，接受新的科学技术迟钝。人口老化必然出现劳动力老化，这就有可能带来劳动生产率的下降。

2. 对人口的就业比例和负担系数提出新的问题。人口趋于老化，工作年龄人口负担老年人口就加重，这就不能不提出与劳动就业有关的一系列问题，诸如，就业的最高、最低年龄界限，退休后再就业方式，工作周、工作日以及职工培训、成人教育、老人教育等一系列问题。

3. 对国民收入的分配和使用以及相应的管理体制也会提出一系列新的问题。社会承担养老的责任，不论采取什么形式，如退休金、劳动保险、公费医疗、集体医疗、社会福利、社会救济或提供生活服务等，其来源都是国民收入。随着老年人口的增加，这部分支出占国民收入的份额就越来越大，如果份额过大就会影响到扩大再生产和其他人口的生活改善。这个问题涉及消费与积累及其内部比例，如财政资金分配，财政体制，集体所有制的公益金、公积金的分配和使用，公费医疗办法以及企业各种基金的分配和使用，等等。

4. 老年人的消费结构将对生产结构和经济结构提出新的要求。由于生理和生活特点，老年人的许多需要不同于其他人口，例如老年人的吃、穿、用、住的要求不同于年轻人和少年儿童；老年人对医疗保健和生活服务有更特殊的需要。当老年人在人口中的比重越来越高时，他们的消费结构必然要影响到产品结构、产业结构和就业结构。

此外，人口老化也会产生一系列新的社会问题，诸如老人独居、寡居的人数和家庭数及其比重的增加，社会和年轻一代需要照顾更多的老人，在家庭关系上老年人与年轻一代关系更为复杂，在满足社会需要过程中不同年龄人口在需求上的矛盾，等等。

四、控制人口增长与预防人口过分老化

人口老化的程度取决于人口的死亡率和出生率(本文撇开人口迁移的影响不谈)。死亡率下降、人口寿命延长会导致人口老化，但这并不是主要的。因为一般死亡率下降首先是婴幼儿死亡率下降，其结果使得婴幼儿、青少年存活更多，不但不会使人口老化，而且常常使人口年轻化。只有较高年龄组的死亡率下降，才会直接导致老龄人口绝对数增加和比重提高。发达国家一个多世纪来人口发展的实践证明：出生率下降是加速人口老化的决定性因素。生育率下降必然导致人口老化。我国目前大力控制人口增长也会加速人口老化。因此控制

人口增长要考虑和预防未来人口过分老化问题。

有人过分强调人口老化的严重性，言外之意是要求现在就放松对人口数量的控制。这是很不恰当的。第一，我国1982年60岁以上人口占全部人口7.64%，低于1788年的法国、1860年的瑞典、1910年的英国，说明目前我国人口还很年轻。第二，目前放松计划生育就意味着不再力争实现在20世纪末人口不超过12亿的目标，这是不符合中华民族根本利益的。第三，现在放松计划生育对缓和老化并不能起多大作用，也不能阻止我国在20世纪末开始进入老年型人口。当然，只考虑控制人口数量、忽视人口老化问题也是片面的。

根据我国的实际，目前首先要考虑控制人口的数量，同时也应当考虑避免人口过分老化的问题。要找出一个人口数量和人口老化程度都能接受的数量界限。

五、提高劳动生产率是解决我国老龄问题的关键

人口老化和个人老化不同。个人老化是受生物学规律的制约，是不能返老还童的。人口老化受人口学规律制约，可以通过提高出生率，逐步增加婴幼儿、青少年的比重使人口年轻化。但是，人口年轻化绝不是解决我国老龄问题的途径，因为增加青少年人数及其比例并不能减轻社会对老年人的负担，但却随即加重抚养青少年的负担，形成“两头沉”的局面。

人们对人口老化最担心的是工作年龄人口对老年人的负担不断加重。在老年人数已确定时，减轻负担的办法，一是提高工作年龄人口的就业率(或称扩大就业面)；二是老年人继续参加工作。而更根本和更积极的途径是使在业人口的劳动生产率极大地提高。当就业人口能生产出超过个人需要几倍到几十倍的剩余产品时，即或负担系数增加

一两倍，工作年龄人口的负担也会轻松得多。

同时，只有劳动生产率提高了，社会才能对老年人提供各种特殊需要的产品和服务。老人对医疗、保健、护理以及生活服务的需要超过其他人口，一个劳动生产率很低，只能勉强维持温饱的人口，对老人的物质需要和生活服务、医疗服务等是难以满足的。

发展生产、提高劳动生产率为解决老龄问题创造了物质条件，这是重要的，但还不够。一般说来，婴幼儿、青少年更多是依靠家庭来抚养，而老年人的需要则越来越依靠于社会，因此，解决我国老龄问题，还要充分发挥社会主义制度的优越性。

老年学在我国是一门有现实需要的科学*

人类对自身年龄、寿命、衰老和老年观等的探索可追溯到我国古代、希伯来、希腊和罗马。我国《内经》上讲的“生、长、老、壮、已”就是对人的生命周期的概括；古希腊“医学之父”Hippocrates(公元前460～377)，就专门论述过老年期的生理和病理特性；罗马著名政治家、哲学家Cicero(公元前106～43年)的长篇著作《论老年》对老年的价值观、人生观、幸福观、生死观等做了系统论述。但是现代意义的老年科学，只能到19世纪以后，各种科学诸如生物、解剖、细胞、药物学等逐渐成熟以后，才能产生和发展。一般认为，1909年Nasher用Geriatrics(老年学)作为这门学科的正式命名，以及1919年Thewlis代写的《照顾老人(老年医学)》，概括了这门学科的任务，才开始出现现代意义上的老年科学。随着人口老年化在西方发达国家相继出现及由此导致的各种社会经济问题，促使欧美国家重视老年科学问题的研究，1930年代提出了人口Aging(老

* 原载《老年学杂志》1988年第8期。

化)这一科学概念。在1940年代正式使用Gerontology(老年学)作为这门科学的学名，这时，老年科学已成为名副其实的一门有自己的学名，有明确研究对象的新学科。在1950年代，从心理学、社会科学，行为科学研究老年问题已显得日益重要，老年心理学和社会老年学(Social-gerontology)又得到确立和发展。到目前，老年科学作为一门综合学科，包括老年医学、老年生物学、老年心理学、老年人口学、老年经济学、老年社会学的一个学科群已跻身于科学之林。迄今，这门学科在全世界出版了大量的学术著作并有庞大的科学研究队伍和遍布各地的研究机构，全世界有数以十计的学术期刊和学术团体。1950年在比利时列日正式成立国际老年学会，标志着这门科学在世界上已经成熟到一定程度。目前在许多国家的高等学校开设系列课程并授予学士、硕士到博士学位。未来学家预言，21世纪老年学将是一门最发达的科学之一。

一、老年科学在我国的发展是历史的必然

老年科学在国外勃兴的时期，在我国却没有得到相应的发展。这是我国的历史条件所决定的。从社会需要来看，我国长期以来社会、经济落后，生产、生活的社会化程度不高，因而把老年问题看成是个人的家庭问题，而不是个社会问题；另一方面我国人口老化还未提到议事日程上来，因而社会实践没有对老年科学提出需要。从老年学发展的条件来看，我国过去与老年科学相关的科学，如自然科学的生物学、医学、解剖学还不够发达，专业还分得不细，社会科学中与老年学关系最密切的社会学、人口学、社会心理学等都在相当长一个时期被忽视，因而未能促进老年科学的开展。同时，在科学上，长期闭关锁国、经验主义泛滥、不尊重知识、不尊重人才，妨碍了老年科学的

发展。1956 年我国医学界曾提出开展老年医学的研究，但未受到应有的重视。

今天的历史条件和过去已迥然不同。有计划的商品经济促使我国生产，生活的社会化，老年社会保障和老年人社会化等问题提到议事日程上来；另一方面，我国人口老年化要求老年科学提供决策的依据。对外开放和国际学术交流促进老年学的交往，科学上的百家争鸣和尊重知识，尊重人才的社会环境，为老年科学研究的健康发展创造了良好的条件。今天我国老年学研究和出版空前繁荣，老年科学在中国得到发展是历史的必然。

二、老年学是一门什么样的科学

长期以来，大多数人把老年学看成是一门“研究长寿的科学”或视为一门“研究衰老的科学”。这是由于老年学萌发于人们追求“返老还童”和“长生不老”。迄今，在国内外仍有一些人持老年学就是长寿科学、衰老科学的看法。社会生活环境对人类衰老和长寿起着决定性作用，也感觉到长寿绝不是人类追求的唯一目标，至少“健康”和“追求更高的生活质量”不比长寿次要，仅仅健康长寿也不够，还要求过一个有意义的晚年。另一方面，随着人口老年化的出现，人们开始懂得个体老化和群体老化既有联系又有区别，人口老年化出现的问题是受社会规律制约的，仅为一门衰老科学或长寿科学，还不能全面概括老年学的性质、任务和研究对象。

国内外也有不少人把老年学看成是“研究老年人的科学”，或是“研究老年人问题”，甚至有人把老年学看成是“研究老年福利科学”，这都不是全面准确地概括了老年学。老年学绝不仅仅是一门老年人关心的科学和仅从老年人立场、观点进行研究问题的科学。老年学是对个人衰老的认识和从社会发展的角度研究人类老化产生各种问题的科学，是同整个社会和各年龄层都有密切关系的学科。其一，任何人都不能逃脱人类衰老的规律，衰老的出现和延缓衰老的努力从成年、中年就已开始；另一方面，人口老年化主要取决于人口的出生，因而同育龄人群的生育行为和全社会都息息相关。其二，老年人口的社会保障和储蓄保险，总是从人的一生来考虑，在每个人就业后，就自觉或不自觉开始参与。其三，人类知识、文化、文明的社会继承和世代交替，是社会发展、人类进步的必要条件，是在老年人和年轻一代之间进行的，绝不局限于老年人。其四，对老年人的社会价值观、代际关系和老年人合法权益的维护等都必须从整个社会的安定团结和发展、进步来衡量，而不能从某一个年龄层的利益来考虑，因为任何有年龄偏见的看法都不可能是科学的。因此全社会和各年龄层人口对老年学都应该有所认识，绝不是与己无关。

老年学是研究人类老化规律的科学，即研究人类个体老化和群体老化的现象和过程中产生各种问题的科学。而是一个学科群，包括许多已经能相对独立的分支学科，有理论老年学、应用老年学的广泛内容。

三、我国迫切需要一门老年学为社会实践服务

1. 老年科学是我国庞大老年人口健康长寿和提高生活质量、过一个有意义的晚年的需要。

延年益寿是多少世纪以来人类的共同愿望，把它作为人类追求的目标虽然是不全面的，但要求人的晚年能健康长寿、生活充实、并能日益提高生活质量，则是现代社会应能做到的。人们对老年医学、老年生物学、老年心理学和社会老年学寄予厚望。

老年人在生命余年中继续过充实而有意义的生活，需要社会老年学从社会发展的角度论证老年的社会价值，老年继续参与社会、保护老年合法社会权益和老年人分享社会成果等的理论和实际问题。

2. 老年科学是我国代际间实现最优社会继承和世代交替的需要。人类物质财富和精神文明的社会继承能否顺利进行，取决于代际间对老年价值观的认识、老年人继续参与社会的广度和深度、代际间相互抚养的方式和渠道、代际间文化传统的交流和传递的结合方式，所有这些都要求有科学和理论来指导，以期达到最优的结合和最有效的社会继承。

3. 老年科学是我国制定人口老年化对策和方法的需要。人口老化是人类社会发展的一个必然过程。我国人口老化过程加速已经十分明显，本来老年学在人类认识人口老年化以前就已产生，但人口老年化使社会对这门科学的需要更加迫切。人口老化过程中，不可避免地出现劳动力队伍的老年化和劳动年龄人口对老年人口抚养比的增加；医疗保健和对老年生活服务需求的急剧增加；相应地家庭结构也发生变化，家庭需要照顾的老人增多等等。所有这些都直接或间接地妨碍社会经济的良性运行。因此在宏观决策上有必要在萌芽的状态认真研究，做好各种准备，选择最优方案，使良性运行受到的干扰减到最小限度，不致积重难返。因此，老年学是决策科学化所必需的。

人口老年化可避免地涉及人口发展战略、国民收入分配的方针、劳动就业和工资，社会保障、住宅，医疗保健、人才培养计划，等等。在解决这些问题时，老年人口和其他老龄层人口的看法并不常常是一致的。有时老年人认为可行，但在整个社会和国民经济难于做到；或者从其他人口认为可行，但却损害老人的合法权益及老人分享社会发展的成果。这就要求老年科学从多学科的角度作出可行性论证，寻找包括老年人在内的符合社会利益的最优方案。

老年化的对策须用法律形式固定下来，其中科学理论的指导是十分必要的。

4. 老年科学是探索一条有中国特色的老年工作道路的需要。我国人口多、底子薄，老年人数多，人口老年化速度快；另一方面，我国是在社会主义初级阶段迎来人口老龄化的，是达到同样老年化程度的国家中经济上最落后的。我国缺乏老年社会保障的经验，只有家庭养老的传统。

我国的条件决定我们不能照搬西方福利国家的养老模式；随着社会经济的发展，也不可能完全保持过去家庭养老的传统。因此，探索中国特有的养老方式，走出一条中国特色的老龄工作道路势在必行。

四、老年学的社会职能

老年学不同于老年工作，不能直接解决现实问题。但它是作为一门科学来发挥作用并能产生巨大的社会效益。

1. 老年科学的认识作用和理论作用。老年科学不管是从自然科学，还是从社会科学和心理学来研究，其首要任务都是认识人类生老病死和人口老年化的客观规律，在认识客观规律的基础上，把科学研究成果用于实践造福于社会。恩格斯说过：一个民族要站在科学的最高峰就一刻也不能没有理论思维。老年科学的作用就在于能把实践提升为理论，使老年工作在正确理论指导下进行。这种效益是无法估量的。

2. 宣传教育的作用。把老年科学的成果和规律性认识，通过各种途径向老年人和全国人民进行宣传教育，提高全体人民的认识，必然产生巨大的社会效果。

首先，使人们认识人口老年化的客观必然性。第二，使人们能科学地理解不同年龄的人的生理、心理和社会的特点和不同年龄在社会中扮演不同的角色，从而提高人们对自己角色变换的自觉性。第三，在全社会树立科学的老年价值观，提高人们对养老的社会责任感。第四，提高对人类社会的文化知识实现社会主义的认识。第五，提高老年人与社会发展关系的认识，增强老年人参与社会的自觉性，使他们正确处理个人的权利、义务和在家庭和社会中的责任。

3. 科学探索的任务。老年科学是新兴的学科。历史最久的老年医学和生物学对衰老机理和许多老年人特有常见病也未能做出令人满意的科学解释和有效治疗。中国许多传统老年医学知识和养生之道还有待总结。在人口老年化规律方面，由于世界人口老年化时间还很短，许多问题还没有充分暴露。迄今，我国对老年问题还缺乏系统周密的材料，对老年人情况仍若明若暗，各种解决老年的方案还有待科学论证，许多根本性的理论问题尚待回答，老年学的分支学科有待建立、丰富和发展。至于说建立有中国特色的老年科学体系的探索，任务就更繁重了。

4. 培养老年学人才的任务。我国老年学界目前的一个重要任务就是大力培养不同层次老年学人才，当前首先要大力培养老年临床医护人员和从事老年工作的管理干部。

五、共同努力，促进我国老年科学的发展

1. 国家领导和广大老年科学工作者的积极性相结合。我国老年科学起步比世界晚了三四十年，必须在国家领导下，把从事老年科学研究的工作者组织起来迎头赶上。1986 年 4 月成立的中国老年学学会，是老年科学发展的一个重要里程碑。

2. 老年学的理论和老年工作的经验相结合。在全国范围的老年工作的实践活动已经广泛开展，总结实践经验，把它上升为理论，是我国老年科学取之不尽、用之不竭的源泉。

3. 国外老年科学的知识和我国实际相结合。国外老年学积累的丰富知识和经验，是人类共同的财富，我们应该从中汲取营养。拒绝吸收国外先进科学是愚昧的表现，但是，吸收国外科学成果时一刻也不能忘记中国与外国情况的不同，绝不可生搬硬套。

4. 自然科学和社会科学的密切结合。老年科学要全面深入认识老年的个体或群体的老化，必须从多学科来探讨，自然科学与社会科学缺一不可。因此，从事老年科学的自然科学和社会科学工作者，应该相互学习，取长补短，互相渗透。

人口老龄化与我国老年学研究的开展*

一、老年学是一门什么样的科学

长期以来，大多数人把老年学看成是一门研究长寿或衰老的科学。随着人类社会文明的发展，越来越多的人日益感到长寿绝不是老年人追求的唯一目标，至少“健康”和“更高的生活质量”不比长寿次要；对老年人来说，仅仅健康长寿也不够，还要求过一个有意义的晚年。另一方面，随着人口老龄化出现，人们开始懂得个体老化和群体老化既有联系又有区别，仅仅研究衰老或长寿，还不能全面概括老年学的研究对象。

国内外也有不少人把老年学看成是“研究老年人问题”（诸如“老有所养”、“老有所为”等）的科学，有人甚至把老年学看成是研究“老年福利”的科学。这些说法都不全面、准确。虽然老年学比任何其他学科都更多地研究老年人的问题，但是老年学绝不仅仅是一门老年人关心的科学和仅

* 原载《人民日报》，1988 年 10 月 3 日。

从老年人的立场、观点进行研究问题的科学。老年学是从社会发展的角度研究人口老化的产生及其各种问题的科学，是同整个社会和各年龄层都有密切关系的学科。其一，任何人都会成为老年人，衰老的出现和延缓衰老的努力从成年、中年就已开始。另一方面，人口老龄化主要取决于人口的出生，因而同育龄人群的生育行为息息相关。其二，老年人口的晚年社会保险或私人储蓄保险，总是从人的一生来考虑，在每个人就业以后，就自觉或不自觉地开始参与。其三，人类文明的社会继承和世代交替，是在老年人和年轻一代之间进行的，绝不局限于老年人。其四，对老年人的社会价值观、代际关系和老年人合法权益的维护等都必须从整个社会而不能从某一个年龄层的利益来考虑，任何有年龄偏见的看法都不是科学的。因此全社会和各年龄层人口对老年学都应该有所认识，绝不是与己无关。

老年学是研究人类老化规律的科学，即研究人类个体老化和群体老化的各种问题的科学。老年学研究的广泛性和复杂性，决定这门科学必须从多学科的角度来研究。它是一门包括自然科学和社会科学的综合学科。它是一个学科群，包括许多相对独立的分支学科。老年学及其分支有理论老年学的内容，也有应用老年学的内容。如果不进行多学科的研究，就很难全面、深刻认识人类老化的规律性。

二、老年学是人口老龄化的迫切需要

(一)老年学是我国庞大老年人口健康长寿和提高生活质量、过一个有意义的晚年的需要

1982 年，我国 60 岁以上的老年人就有 7 664 万，如果加上妇女按 55 岁退休计算为老年人，是 9 303 万，现在已超过 1 亿人，其平均余年 15.7～22.7 年(1981 年资料估计)。在这个较长的岁月中，如何

过一个健康、愉快、充实、有意义的晚年是老年人和所有人都关注的，也是人们期望老年科学回答的问题。延年益寿是多少世纪以来人类的共同愿望，把它作为人类追求的目标虽然不够全面，但要求人的晚年能健康长寿、生活充实，则是现代社会应能做到的。在这方面，人们对老年医学、老年生物学、老年心理学和社会老年学寄予厚望。

我国人民的平均寿命从解放前的35岁提高到现在接近70岁，这无疑是一个巨大的成就。但是，我国老年人的寿命和健康状况同发达国家相比仍有很大的距离。因此，老年科学在探索延缓我国人口衰老的奥秘，总结我国行之有效的养生之道，增进老年人的生理卫生和精神生活，提高老年病的医疗水平，改善老年人的健康状况等方面，还有许多工作要做。同时，老年人在生命余年中继续过充实而有意义的生活，也需要老年学从社会发展的角度论证老年的社会价值，老年继续参与社会、保护老年合法权益等理论和实际问题。

(二)老年学是我国人口代际间实现最优的社会继承和世代交替的需要

人类与动物的一个重大差别，就是有社会继承和世代交替。一方面是人类能把物质财富的创造在代际间转移和继承，即参与劳动的一代从事物质生产并承担抚养新生和年轻一代；而被抚养的一代成长后又能继承老一代的物质财富和生产经验，创造出更多的物质财富用以抚养下一代和已退出劳动的老一代。另一方面是人类能够把世代积累下来的各种知识、经验和文化、艺术等精神遗产，一代代地传下去，不断发扬光大，使社会一代比一代进步和更加文明。物质财富和精神文明的社会继承能否顺利进行，也取决于代际间对老年价值观的认识，老年人继续参与社会的广度和深度，代际间相互抚养的方式和渠道，代际间文化传统的交流和传递的结合方式，所有这些都要求有科学和理论来指导。

(三)老年学是我国制定人口老龄化对策和立法的需要

人口老化已在发达国家普遍出现，我国人口老化过程加速也十分明显。本来老年学在人类认识人口老龄化以前就已产生，但人口老龄化使社会对这门科学的需要更加迫切，对这门科学的广度和深度有更高的要求。从发达国家和我国部分地区出现的问题来看，在人口老化过程中，不可避免地出现劳动力队伍的老龄化和劳动年龄人口对老年人口抚养比的增加。人口老龄化必然带来社会需求结构的变化，医疗保健和对老年生活服务需求急剧增加，相应地家庭结构也发生变化，家庭需要照顾的老人增多，等等。所有这些都直接或间接地妨碍社会经济的良性运行。因此在宏观决策上有必要在萌芽的状态时就认真研究，做好各种准备，选择最优方案，使良性运行受到的干扰减到最低限度。

人口老龄化涉及人口发展战略、国民收入分配、劳动就业和工资、社会保障、住宅、医疗保健、人才培养等问题。在解决这些问题时，老年人口和其他年龄层人口的看法并不常常一致。有时老年人认为可行，在整个社会难于做到；或者其他年龄层人口认为可行，却损害老人的合法权益。这就要求老年学作出可行性论证，寻找包括老年人在内的符合全社会利益的最优方案。

老龄化的对策十分需要用法律的形式固定下来。要制定各项老年人立法，科学理论的指导是十分必要的。

(四)老年学是探索一条符合中国实际情况的老龄工作道路的需要

我国人口多，底子薄，老年人数多，人口老龄化速度快；另一方面，我国是在社会主义初级阶段迎来人口老龄化的，是人口老龄化国家中经济上最落后的。我国缺乏老年社会保障的经验，只有家庭养老的传统。但是我国是社会主义国家，我们不能照搬西方福利国家的养老模式；随着社会经济的发展，也不能完全保持家庭养老的传统。因此，探索中国特有的养老方式，走出一条符合中国实际情况的老龄工作道路十分必要。多年来，我国老龄工作的实践提出“老有所养”、“老有所医”、“老有所为”、“老有所学”、“老有所乐”的要求，在这几个方面也创造出了许多宝贵的经验。我国当前的改革、开放政策和各种经济成分同时存在的局面，使得老年社会保险也具有多样性和复杂性的特点。要找到一个能得到中、老年人和年轻一代的一致拥护和支持的最佳方案，需要有老年科学的指导，把已有的经验理论化，并对国内外各种经验的可行性加以比较。这些无疑都需要老年学。

三、积极开展我国老年学的研究

做好这项工作，首先要重视老年学的理论作用。

老年学不管是从医学、生物学等自然科学，还是从社会科学和心理学来研究，其首要任务都是认识老年问题的客观过程和规律性。人类生老病死和人口老龄化是不能避免的；但在认识客观规律的基础上，可以把科学研究成果用于实践造福于社会。例如，老年生物学、老年病理学、老年医学，对衰老机理和老年多发病、常见病的认识和老年心理学、老年人卫生、老年精神病学的研究成果应用于临床和康复，会提高老年的健康水平，减轻社会的负担。又如把人口老龄化规律和社会老年学的各种规律性的知识用于宏观决策，会使老年工作更加科学化。老年科学的作用就在于能把实践提升为理论，使老龄工作在正确理论指导下进行，在工作上少出偏差或不出偏差。

第二，要做好老年学的宣传工作。

在老年人和年轻一代中普及和宣传社会老年学知识，具有十分重要的意义。首先，可使人们认识人口老龄化的客观必然性，用科学的态度来对待，既不惊慌失措，又不掉以轻心，在人口老龄化到来之前，及早做好各种准备工作。其次，使人们能科学地理解不同年龄的人的生理、心理和社会的特点以及不同年龄在社会中扮演不同的角色，从而提高人们对自己角色变换的自觉性。再次，在全社会树立科学的老年价值观，有助于正确处理代际关系和解决各种老年人的社会问题。然后，可以提高人们对养老的社会责任感和对人类社会的文化知识实现社会继承意义的认识。最后，可以提高老年人对社会发展关系的认识，增强老年人参与社会的自觉性，使他们正确处理个人的权利、义务和在家庭与社会中的责任。

第三，要加强老年问题的科学探索。

老年学是新兴的学科，正处在发展时期，在我国可以说是处于幼年时期。就是历史最久的老年医学、生物学和病理学等，对衰老机理和许多老年人特有常见病也未能做出令人满意的科学解释和有效的临床治疗，中国许多传统的老年医学知识和养生之道还有待总结。在人口老龄化规律方面，由于世界人口老龄化时间不长，许多问题没有充分暴露，还有许多“必然王国”有待认识。迄今我国对老龄问题还缺乏系统周密的材料，对老年人的情况尚若明若暗，各种解决老年工作的方案还有待科学论证，许多理论问题尚未作出科学的回答，老年学的分支学科有待建立、丰富和发展。至于说建立符合中国实际情况的老年科学体系的探索，任务就更繁重了。

第四，要培养和建立老年学的研究队伍。

目前我国从事老年医疗、护理和康复工作、老龄工作管理、老年社会服务和老年科学研究的人员很少，而且大多是没有受过专门培训的。这远远不能满足我国目前有 1 亿多老年人口的需要，更不能适应我国人口老龄化发展趋势的需要。因此，当前的一个重要任务就是大力培养各种老年学人才，首先要大力培养老年临床的医护人员和从事老年工作的管理干部。培养从事老年学教学和研究人才，编写适应不同层次需要的教材工作也要抓紧进行。建立相应的老年科学的研究和管理机构，也应当加以考虑。

创建有中国特点的老年学*

一、中国的老年学应有自己的特点

老年学作为一门科学在20世纪40年代产生于西方发达国家，当时我国的社会条件，社会实践和科学知识发达的程度没有能为老年学准备条件。解放前我国生产和生活的社会化程度不高，老年人口问题只被看成是个家庭问题，而不是个社会问题。我国虽然很早就出现了很有见解的老人观，也有一些具有朴素唯物主义的老年医学和养生之道，但是由于长期的封建统治，使我国没有能像西方19世纪自然科学那样，出现把科学研究成果和实证材料提升为科学。而且我国过去没有感到人口老化问题的迫切性，因而也提不出对老年学的需要，就是在70年代，也很少人认识到需要老年学。现在，我国的社会实践需要老年科学来指导，我们必须借鉴西方已经发展起来的现代老年学，汲取它们的有益的研究成果为我国服务，科学是没有国界的，任何

* 原载《中国人民大学学报》1988年第11期。

拒绝引进、学习和借鉴国外的老年学知识的观点，都会固步自封妨碍科学发展。但是，不加分析全盘照搬也是错误的，因为我国建立、发展和应用老年学的社会经济条件，人口家庭状况和社会文化传统与西方发达国家都有许多不同的地方，所以必须从我国的实际出发，建立和发展一门有中国特色的老年学，我认为最少从以下五个方面体现出来：

1. 以马克思主义辩证唯物论和历史唯物论为指导思想

西方老年学的发展过程表明：老年学从古代起逐步形成为一门科学的过程中，经过观察和实验，使用了归纳方法和实证方法，这在不同程度符合辩证唯物论。正因如此，才能使得这门科学从老年医学，老年生物学开始发展起来。但这是自发的而不是自觉运用辩证唯物论的结果，因此在这一过程中还有机械唯物论和形而上学甚至唯心论影响的痕迹，特别是从老年医学发展为老年学，涉及很多社会观点时，唯心论和形而上学就常常明显地表现出来，最明显的就是以生物，心理来解释一切。显然，必须以辩证唯物主义和历史唯物论这个科学的世界观和方法论，作为我国老年学的指导思想，我国的老年生物学和老年医学才会取得更大的成果，社会老年学才能真正成为一门科学。

2. 重视理论老年学的研究

西方老年学虽有四十多年的历史，但是老年学的理论研究比起应用研究来说是相对薄弱的，一方面西方学者有意无意地回避对老年学的理论探讨，因为这个问题的深入不能不涉及社会阶级的利益这一根本问题；另一方面，西方老年学的建立和发展的头一天起，都是忙于对付一个又一个的老年问题，因此大量的研究偏重于解决老龄实际问题，常常就事论事，很少从宏观上把各种问题联系起来提到理论的高度。我国是社会主义国家，一切国家大事和社会问题都得做到家喻户晓才能推行，因此一贯重视理论的研究，认为只能在理论上阐明科学的道理才能有正确的行动。老年学的理论研究绝不是为理论而理论，而是把它作为老年学多学科的应用研究的理论前提，这样，国家在老龄问题的决策才能做到科学化和民主化。

3. 体现我国老年人口多和人口老化的特点

西方老年学是在人口个体老化和群众老化相对缓慢变化的条件下产生的，因此社会和家庭可以逐步适应。法国是世界上人口最先老化的国家，1861 年 65 岁以上老年人口占全部人口的 6.9%，已属老年型人口。19 世纪后期和 20 世纪初期，各国人口老化进程也还是相对缓慢的。从个体老化来说，西欧六个发达国家和美国麻省就是在 19 世纪后期，平均寿命由 1840 年的 41 岁提高到 1900 年的 50.5 岁，平均每年只提高 0.15 岁，个体衰老过程变化不大。西方的经验显然不能完全适应我国的情况。

第一，我国尽管老化程度不高，但老年人口的绝对数无论现在还是将来都是世界老年人口最多的，解决如此庞大的老年人群的问题必须有我们自己的独特办法，西方是无可借鉴的。

第二，我国个体老化同西方的过程不同，我国平均寿命解放以来到 1982 年为止平均每年提高 1 岁左右。这个速度在世界上是空前的，根本不同于西方。

第三，我国人口老化过程很快，国内外估计我国和日本是世界人口老化最快的国家，达到同样老化程度所需的时间是欧洲国家的一半或 1/3。就是说西方需要 50 年所达到的老化程度，我国 20 年左右就能出现。

我国人口的特点就决定我国老年学既要重视个体老化问题，更要重视人口老化的问题。在我国人口老化今天还不严重，但我国目前 60

岁以上人口在8 000万以上，按退休年龄计算已达到1亿人口，仅这个庞大绝对数的群体就应受到重视。老年学特别是老年医学的研究，应更多注意广大群众的多发病，常见病和群众性老年保健，不能像西方把很大一部分精力用在解决少数人的特殊病例上。我国人口老化进程中，由于50年代和60年代两次出生高峰，70年代开展大力控制人口增长和80年代以来提倡一对夫妇只生一个孩子都有很多独特的地方，都会造成我国老年学有许多特点。

4. 要体现出我国这一发展中社会主义国家人口老化的特点

西方发达国家是在经济已经比较发达，现代化、工业化、城市化已达到较高水平后出现人口老化的，老年学也是在这样的条件下才出现的；另一方面，西方老年学的立论和提出解决老龄问题的办法都是从生产资料私有制出发，这同我国就有根本差别。人口多，底子薄是我国最大的特点，但是我国目前人口中80%居住在农村，从事农业劳动的集体和个体劳动者占全部劳动者的2/3。联合国1956年提出65岁以上人口占全部人口的7%被称为老年人口。我国预计20世纪末进入老年人口，那时我国的经济只能达小康水平。我国人口老化和现代化是同步进行，同西方“先富后老”不同，这就决定我国的老年学在理论观点和对问题的解释等许多方面同西方不同。我国人口老化是在生产资料公有制下出现的，因而解决“老有所医”，“老有所养”，“老有所用”等同西方也有本质上的区别。西方国家用工业社会，工业后社会和福利经济的理论观点和方法对付人口老化问题，我国是无法照搬照抄的。西方国家贫富两极分化在老年人群中是最为突出的，同我国按社会主义走共同富裕的道路也根本不同。至于老年人口的就业，退休制度和退休后继续对社会作贡献等问题，在老年学上也必然体现出是有我国的特点。

5. 特点要体现出我国文化传统

西方国家在资本主义确立近三百年以后，经历了一系列家庭、婚姻和社会变革，资本主义生产社会化和雇佣关系的发展已形成一套社会保险制度，小家庭(核心家庭)已占绝大多数，在这些条件下产生的老年学，总结老年人口在西方社会和家庭的处境而形成各种观点和解释。西方某些对老年人的经验对我国有可供借鉴的地方，但绝不能全部移植，因为我国的社会条件和文化传统同西方有很大差别。

我国有几千年的古老文化，有尊老、敬老的优良传统，"养儿防老"，家庭养老和以孝为中心的人际关系在我国根深蒂固。我国对老年人和青少年及不同年龄群体有很多传统的社会伦理道德规范，如"老者安之"、"少者怀之"以及"老吾老以及人之老"等等，因此我国的老年学在汲取现代老年学科学成就的同时，也要体现出我国尊老敬老的传统。体现出我国传统家庭养老和我国对老年人的伦理道德规范。此外，关于修身养性、保持健康达到延年益寿等方面，我国也有不少论著、经验和传统方法。实践证明，我国古代的许多防止衰老；老年保健的方法都是符合科学道理和适合我国情况的，并且是行之有效的，必须作为宝贵的遗产继承下来，我国的老年医学要体现西方的现代老年医学和我国传统医学相结合。

二、老年学需要回答的几个根本性理论问题

老年学形成的四十多年来，研究个体老化多，研究人口老化少，在宏观方面忙于应付一系列具体问题，诸如社会对老年人负担问题，老年人的社会保险、社会保障、老年人医疗护理、老年人再就业以及在社会上和家庭内的代际关系和合法权益等一系列社会经济问题，使得理论研究落后于应用研究。由于未能从理论的高度来说明，使得许

多老龄问题的解决常常采取实用主义的办法，头痛医头、脚痛治脚，不能从根本上解决老龄问题。今天我国要求老年学提供正确的理论来指导实践，要求对老年学上的一些重大理论问题作出马克思主义的解释。我国有着世界上 1/5 的老年人口，是世界上老年人最多的国家，有着人类老化的最丰富的实践经验和很长的历史，为研究老年学提供了良好的条件。在辩证唯物论和历史唯物论科学的世界观和方法论的指导下，可以广泛地去粗取精地吸收外国的经验、教训和先进的科学成果，更重要的是老龄工作在我国今天日益受到重视。综上所述，可见我国开展老年学的理论研究具有一定的优势，应能作出较大的贡献。当前应研究的理论课题很多，限于篇幅，列举以下十个问题：

1. 老年学的终极目的的论证

历史上许多学者总是把老年学，特别是其中的老年医学、老年生物学等作为一门延缓衰老，延长人类寿命的科学。在当代，这个观点受到怀疑和挑战。美利坚大百科全书就明确认为老年学绝不是以延长寿命为目的。因为现代科学可以用生物工程和药物可以或长或短地延长已经衰老或机体受损伤的人的生命，但是不能返老还童和恢复原来的健康。究竟长寿是不是人类追求的目标或老年学要实现的目标？现代许多学者认为老年学追求的首先是提高包括老年人在内的生活质量，它的意义不亚于长寿。有人认为让那些受病魔和痛苦折磨的人长寿还不如安乐死去(无痛而死)更为人道。这类问题从来就有争议，涉及世界观、人生观、幸福观、生死观、人道主义等一系列哲理问题，在古代哲学家中就有不同观点，现代更涉及不同意识形态和宗教观点。对这个争论不休的问题，我国老年学应在马克思主义关于人类进步立场上，作出理论上的说明。

2. 人类个体老化规律的理论说明

历史上和现代的生物学家、医学家和统计学家对人的自然寿命(或者寿命的极限)，曾从人类和动物的生长期长短、性成熟期长短和胚胎细胞的分裂次数等角度进行过不少的比较探索。对个人衰老的标志进行了很多的研究，对人的肌体，智力和意识的衰老都做过探索，有过不少的假说，但迄今仍未找到一个满意的科学解释。许多这方面的探索仍限于从生物学的角度进行。而现代人的生存条件与动物的生存条件根本不同，因此有待于从生物学与社会科学相互交叉的角度，对个体衰老的规律、衰老的标志作出理论上的说明。

3. 制约人类个体老化的遗传因素和环境因素的论证

人类来源于动物界，这就决定人永远不能摆脱遗传的因素，只是摆脱多少的程度问题。同样人同动物一样也永远不能不受自然生态环境的影响。但是人毕竟是社会动物，它受到社会生活环境越来越多的影响和制约。可见制约人类个体老化的现象和过程是错综复杂的，迄今还不能对许多老化现象作出科学的理论说明，更谈不上从定量上回答影响的程度。例如世界上百岁老人最多的并不是经济最发达，人的生活环境最好的欧洲、北美，而是在海拔较高的玻利维亚和相对干旱的中、亚高加索地区。在我国百岁老人比例最高的是新疆、海南岛等经济并不是发达的地区。七十年代以来欧洲一些国家如匈牙利、捷克、丹麦等都出现死亡率回升和平均寿命相对下降。这是带规律性的现象还是偶然现象？这一事实提出现代化生活对人类老化有无影响？有多大影响？我国现代化后会不会出现这种现象等问题，所有这些都有待论证。

4. 人口老化的规律性问题

过去人类不认识有人口老化问题，现在普遍认为这是人类发展的一个必然出现的阶段，同社会发展史上不同社会形态依次出现一样。但是对人口老化规律性，迄今的论证还不完整，对人口老化的原因及制约人口老化的各个因素在不同社会发展阶段的作用，还未作出满意的科学解释。对于人口老化的必然趋势还有不同的估计，如认为人口老化到一定程度必然趋于稳定静止。但也有人认为人口将是不断老化的过程。至于人类可以接受的老化程度的数量界限，还有待作出科学的论证。

5. 老年人的社会价值观

这是老年学的一个核心问题，关系到在“老有所养”、“老有所医”、“老有所用”和“老有所学”问题上对待老年人的根本态度。历史上从狩猎采集经济过渡到农业经济、老年人的地位曾达到顶峰，农业社会封建家长统治，老人常常成为家族或宗族的头人。古代常常把老叟看成是智慧的化身，受到普遍尊敬。进入工业社会后，普遍情况是，老年人的社会地位不如农业社会。老年人究竟是社会发展的动力还是负担或阻力，是个有争议的问题。怎样看待老年人的社会价值，有不同的观点和不同的观察方法，不同年龄人的也有不同的立场。用现在老年人对社会的贡献和老年人过去对社会作过的贡献来评价，未必一样。在理论上回答老年人的社会价值问题、对于社会发展、对社会的安定团结和发挥老年人的作用和保证对老年人的公正待遇都关系极大。

6. 社会对老年人的负担和两代人之间“谁养活谁”的理论解释

这是老年经济学的核心问题，也是社会普遍关心的问题。人们对人口老化最担心的莫过于老年抚养比(劳动年龄人口同老年人口的比率)的不断提高。当前在经济改革中试行统筹养老基金时，在业的劳动者有的抱怨对退休人员负担过重，影响到现在职工的工资水平。另一方面，退休老人对退休金的标准，保持退休金的购买力和退休后能否继续分享社会发展成果等感到关切，认为社会对他们不够公平，如此等等。这里需要从理论上回答的是：从整个再生产运动来看，退休老人是靠退休前提供的积累养活自己还是现在在业的劳动人口养活退休老人？这里涉及一个复杂的社会产品再生产和社会财富的分配和积累问题。过去我们的经济学对此研究得太少了。“七五”计划提出社会保障，表明已经把这个问题提到了议事日程。老年学很有必要用马克思主义观点在理论上阐明：不同所有制下代际间的抚养关系，老年人退休基金的来源，老年人养老基金在国民收入使用中积累和消费的分配关系，老人养老金如何通过财政分配和再分配的形成过程。对这些问题从理论阐明，将有助于消除代际间的误解，有利于加强代际间的和谐。

7. 人口老化与社会经济发展的关系

人口老化会对人类社会带来什么样的后果？人类至今还没有足够的实践来回答，马克思主义也没有现成的答案。老年学所能做到的，只是根据人口已经老化的西方国家近几十年所暴露出来的事实作为分析的依据。现在能肯定的是：人口老化过程中，劳动力是首先老化的，劳动力老化会因此给社会劳动生产率和技术进步带来什么问题；人口老化对社会和家庭负担又带来什么新的问题；人口老化导致对商品需求的变化，从而通过投资又影响到产品的部门结构和职业结构（如以医疗保证为中心的一系列第三产业的需求的扩大等）。此外，人口老化带来一系列社会问题，如代际关系、老年人婚姻家庭问题，老年人物质生活和精神生活的满足问题。人口老化是否会延缓社会的发展以及如何对付这种挑战，所有这些都需要有理论的分析，以便做好各种必要的准备。

8. 社会主义条件下社会养老的理论问题

在资本主义条件下，适应生产社会化的需要，对雇佣的职工，护理保险一般不实行某种程度的社会保险的方式。在退休职工晚年给以一定的退休金，这在19世纪就已经开始了。但生产资料的私人占有又决定了这种养老制度必须服从资本主义的客观规律。在社会主义条件下，养老社会化的程度从理论上说在广度和深度上都应超过资本主义。对不同所有制下养老社会化程度上的差别问题，要作出理论解释。此外，在当前以打破“大锅饭”和“铁饭碗”，实行农业生产责任制和进行城市劳动体制改革，这同社会养老之间具有什么样关系，都需要在理论上加以阐明。

9. 现代化过程中，对我国尊老、敬老和家庭养老方式传统是予以维护还是加速或听任它的瓦解，各自利弊应作出理论解释

尊老、敬老长期以来是中华民族的传统美德，以孝道的伦理道德为中心的养子防老和家庭养老，在我国是根深蒂固的。这固然有好的一面，但也存在某种封建的因素。西欧产业革命后随着工业化、城市化、现代化的出现，家庭逐渐向核心家庭过渡，那里不少老人晚境凄凉，十分孤独，西方不少人对中国的家庭养老传统十分羡慕。但是我国现代化建设过程中，过去尊老敬老的传统和家庭养老能否继续保持下去？如果继续保持对社会化进程将带来什么得失？对这些问题不作出科学的分析，就很难做到社会应提倡什么，反对什么？在实现“四化”过程中，我国提倡一对夫妇只生一个孩子，而另一方面，随着人口的平均寿命提高，在家庭里三代同堂、四代同堂将不是罕见的，这些都使家庭养老面临新的困难，因而从社会取得帮助和依靠社会养老是必不可少的。所有这些问题都需要联系实际从理论上说明其规律性，客观地阐明利害得失，以便科学地指导实践。

10．老年人口对社会作贡献的经济效益和社会效益问题

我国党和政府一再强调老年人是宝贵的社会财富，是智力资源，应该为社会作出贡献，并形象地称为“发挥余热”，但这个问题还不能认为已取得了一致的认识。有人认为老年人发挥“余热”对社会来说是得不偿失，有人认为老年人发挥“余热”是同青年人“争工作”，“争饭碗”，不利于年轻人成长，有的认为老年人发挥“余热”会扩大两代人收入的差距，只会使“代沟”加深，如此等等。对这个问题需要从宏观效益来考虑，辩证地说明老年人发挥“余热”的经济效益和社会效益。

老年学的研究对象*

一、关于老年学研究对象的几种误解

关于老年学的研究对象有很多定义，这些定义都有一定道理，但都只考虑到老年学作为一门学科出现的部分需要。的确，任何一门科学都产生于实践的需要，但是，如果只从一个局部需要出发确定其研究对象，很容易失去其全面性。概括起来这些定义有以下几种：

1.“老年学是一门研究衰老的科学”，也有的说是“研究长寿的科学”。这样的界定对研究人类个体来说无疑是正确的，在老年学形成的初期，人们对人类群体老龄化的了解不多，对人类群体老龄化与社会发展的相互关系知之甚少，这种定义是可以理解的。但是，如果老年学只局限于研究人类衰老和人类长寿实际上是生命科学、生物学的任务，老年学是没有必要独立存在的。

2.“老年学是一门研究老年人或说研究老年人问题的

* 原载邬沧萍主编《社会老年学》，中国人民大学出版社，1999。

科学。”这一定义也有一定的道理，因为老年学中确有大量的内容是讲老年人的问题，但是，研究老年人的什么问题并未明确，因此失于笼统，可能是老年人的生理问题、心理问题或社会问题，甚至是思维问题等等。许多所谓老年人特有的问题在进入老年以前就已经存在，而且老人的问题自有人类历史以来就已存在，为什么到现在才作为一门科学的研究对象，其原因显然与现在进入人口老龄化时代有关。如果只谈老年人问题而不突出人口老龄化问题就是“只见树木，不见森林”。这种定义没有看到老年人同社会经济的联系，因而是不全面的。

3. “老年学是一门研究老年工作或老年事业单位或老年产业管理的科学，它是在老龄社会中如何做好老年福利工作和管理好老龄产业问题”。这一定义同研究老年人问题一样，什么是老年工作也不明确，至于老年福利事业和产业的管理，同任何产业管理一样也都构不成一门独特科学的研究对象。

4. “老年学是各门社会科学研究老年人口问题的总和。”这种定义是老年学各分支学科的简单堆砌，没有突出老年学特有的研究对象。

老年学有自己的研究对象，这就是人类个体和群体的老龄化。另一方面，老年学又有其独特的研究方法，它要从科学各分支学科的不同角度对老龄问题进行综合的研究，这是其他学科单独研究所无法得出的。

二、老龄化是老年学研究的客体

自 1939 年美国寇德利发表一本《老龄问题研究》后，老年学的研究对象或说客体就逐步明确了，老龄化是老年学特有的研究对象。在此以前由于老年学鲜为人知，因此其研究对象也未得到确认，到 40 年代和 50 年代，国际上所有权威的百科全书和大辞典都设有老年学的条目，给老年学下了许多大同小异的定义，我们可以举出其中主要的定义：

1. 美国《韦氏大字典》的定义为：老年学是“对老龄化过程和对老年人问题的科学研究”。

2. 英国《新版牛津小字典》的定义为：老年学是“对老龄和老龄化过程以及老年人特有的问题的科学研究”。

3. 美国《美利坚大百科全书》的定义为：老年学“研究与老龄化有关的各种现象”。

4. 美国著名老年学家、杜克大学校长 E. W. 布斯(E. W. Busse)给老年学下的定义为：“从生物学、心理学、社会学等不同方面研究老龄化就称为老年科学”。

80 年代以来出版的老年学、社会老年学专著和教科书，几乎都是把老龄化或老龄化的现象和过程作为老年学的研究对象。

老龄化一词译自英语的 Aging(或 Ageing)，过去和现在国内都有人将其简译为“老化”，这也是无可厚非的，因为 Aging 的外延的确有“使衰老”、“使老化”、“使成熟”、“使变陈旧”和“衰老”之意，在现实生活中也常用“老化”一词，诸如队伍老化、领导班子老化、知识老化等等。但作为一门科学的研究对象用“老龄化”比“老化”更达意，更准确。

其一，Ageing 一词的原意是年龄或“岁”，可作为名词或作为动词的现在进行时，也可作为名词使用。① Ageing 一词作为名词是日历年龄的变动或增龄，这是原意。生理年龄、心理年龄、功能年龄或社

① Ageing 一词，是英国传统的拼写，美国简化为 Aging。1998 年联合国建议用 Ageing。

会年龄的老化和衰老已经是一种引申。增龄是客观存在的，最容易界定，作为生理老化、心理老化、功能老化等则很难有一个统一公认的客观标准，学者之间对老化的认识也是见仁见智。

其二，Ageing一词在人类认识人口有老龄化现象以前很少使用，现在在国际上和科学上使用的频率很高，这是由于人们认识到人群也有老龄化。社会就是人群的共同体，人口、人群或人类社会的成员具有年龄构成，其平均年龄可以提高或降低，但群体年龄结构的变化，尤其是平均年龄的增长并不意味这个群体或其组成的社会老化或衰老。说一个社会老化或衰老则更是不可理解。用老龄化表达人类群体的年龄构成的变化才更为准确。

其三，有人认为，老龄化用于说明群体是准确的，优于用“老化”，但对说明个体或个人用“老化”似乎比用“老龄化”更好。其实，“老化”讲的是生理年龄和心理年龄；用“老化”来表达增龄现象是建立在一个人的年龄增长必然伴随生理功能衰退或心理状况有这样或那样衰老表现的基础上。的确，随着年龄的增长，一个人的身心都会发生衰老，但不同个体衰老的速度并不同步。有人正常衰老，有人未老先衰，也有些人衰老缓慢，有人衰老以后经过康复治疗肌体局部甚至会有所改进。如果由于年龄增长而认为人老了必然衰老而且普遍同步老化，容易引起误解。日历年龄是第一性的，年龄增长了必然伴随相应的正常老化(衰老)，这是不言而喻的。从人类学的意义来说，今天人类寿命普遍提高，同过去比较，人类的衰老(老化)不是推迟了吗？因此，对个体来说，用老龄化更清楚。

其四，老龄(Ageing)一词源于国际会议文件的翻译。1982年，我国参加联合国“老龄问题世界大会”时，中文作为官方语言，联合国在发表的中文会议名称和会议文件中都将Ageing译作“老龄”。日本一直采用音译和汉译两种，汉译为“高龄化”。我国从维也纳会议后出版的会议文件到成立老龄问题委员会以及1995年国务院成立中国老龄协会，都一直沿用“老龄”一词，已经约定俗成，表明“老龄”一词已为大多数人所接受。

其五，也许最重要的，就是“老龄”一词保持了“年龄”、“增龄”、“岁数”和“日历年龄”这个第一性的含义。如果反映个人和人口的年龄结构变化，仍使用老化反映不出老年学对群体的研究。从社会的角度研究群体的老龄化现象，是老年学发展的一个飞跃。如果只考虑“老化”就会同老年学最初的萌芽时期的研究内容相混淆，当时人们大多只懂得研究个体现象，研究领域也局限于生物学和医学，这就很不利于老年学的发展，而且现代生物、医学模式也有社会心理、社会行为的含义。

在实践中，许多人谈到个体老龄化现象时，常常是指生理上和心理上的衰老现象，认为用老化更达意，因此，本书在一些章节中也会使用老化一词。

三、老年学研究对象的定义、内涵和外延

在明确了“老龄化”与“老化”在含义上的微妙差别之后，对老年学可作如下定义：“老年学研究人类老龄化的现状和过程，研究人类个体老龄化和群体老龄化的规律性，研究人类老龄化与人类生活的社会环境与生态环境之间的本质联系以及人类社会和个人如何适应老龄化。”这一定义包含以下五层含义：

第一层意思是，老年学研究人类老龄化的现象和过程。首先，老年学以老龄化为其研究领域。迄今为止，自然科学和社会科学都还没有一个专门以老龄化为研究对象的学科，特有的研究对象使老年学能

区别于其他学科而独立出来。其次，老年学研究的老龄化有别于其他生物的老龄化。动物、植物都有年龄，也有老龄化，老年学研究个体老龄化时也会借助一些生物科学知识来考察老龄化，但老年学着眼点是人而不是其他生物。第三，人口老龄化是一个过程，在这个过程中由量变到质变，因此不同时期各有特点，要研究在人口老龄化的各个过程和不同阶段的各种老年人问题。

第二层意思是，研究人类老龄化不能笼而统之，必须区分为研究个体的老龄化和研究群体的老龄化两个方面。因为人类的个体和群体的老龄化过程既有联系又有区别。个体老龄化的结果必然是人的死亡。人类群体的老龄化即人口老龄化不会导致人类的灭亡，它是伴随着人类的发展、进步而出现的现象。个体老龄化是一往直前，不会返老还童，而群体的老龄化则是可以继续老龄化，也可以年轻化。个体老龄化主要受生物规律的制约，而人口老龄化虽然是同个体老龄化有关，但人口老龄化主要是受社会规律的制约。研究人类老龄化，两者缺一不可，这是近年来人类科学知识进步，认识到群体老龄化这个现象后才明确的。在20世纪中期以前，老年学的研究几乎都局限于研究个体，现代的老年学拓展到研究人口老龄化。这一特点也是这门科学发展的必然。1980年剑桥大学出版社出版的一本关于老年经济学的书就取名为《个体老龄化和群体老龄化经济学》(The Economics of Individual and Population Aging)，也表明了这个思想。

第三层意思是，任何一门科学都是研究客观规律的，老年学也必然要探索客观规律。首先是要求认识个体老龄化和群体老龄化的规律，即研究人类个体从出生、成长、成熟到衰老，最后到死亡的过程中，各种身体器官和心理所表现出的必然的、不断重复的现象和变化过程。人口老龄化现象的出现也是一个必然的客观规律，它是人类社会发展和进步过程中必然出现的现象，不以人们的意志为转移。如果说过去人们认为只有发达国家才有人口老龄化问题，那么今天人们已经认识到发展中国家也同样要经历这一过程。发展中国家人口老龄化将会步发达国家的后尘，到 2025 年其老龄化程度将大体相当于发达国家 50 年代的水平，而且还会继续发展，个别国家会达到甚至赶上发达国家今天已达到的或将要达到的人口老龄化水平。如中国、新加坡和一些岛屿国家是发展中国家中人口首先老龄化的国家。人类群体老龄化的规律在老年学研究中将越来越居于重要地位，这一点在维也纳会议的文件中多次强调，提醒人们注意：如果不认识整个人口的老龄化规律，及早采取对策，有朝一日就会措手不及。根据人类老龄化的经验，老龄化人口会继续老龄化，就是高龄人口的人数和比例也会不断增多和提高，这些都是人们过去所意想不到的，如果不认识到这一点，人类将是非常被动的。

第四层意思是，人类的个体或群体的老龄化无疑是以人的生物性为基础的，生物性这种人的自然属性对人类的衰老过程、老龄化的速度和程度仍有决定性的影响，它是内因，是变化的根据。但是，“人是最名副其实的政治动物，不仅是一种合群的动物，而且是只有在社会中才能独立的动物。”①人口老龄化受人的生物规律制约，但更大程度上受社会规律制约。人不同于其他动物。“人类社会和动物社会的本质区别在于，动物最多是搜集，而人则能从事生产。”②生产力的发展是决定人类长寿和延缓衰老并最终影响人口老龄化的决定性力量。人口老龄化也会反过来影响社会生活，包括影响经济、社会、政治、

① 《马克思恩格斯选集》，第 2 卷，2 页，北京，人民出版社，1995。

② 《马克思恩格斯全集》，第 34 卷，163 页，北京，人民出版社，1972。

法律等各个方面。人口老龄化同社会生活的相互关系是广泛和多方面的，老年学是深入认识其中普遍性的、稳固的、不断重复出现的本质联系，以取得有规律性的知识。另一方面，人口老龄化虽然以人的生物性为基础，而且还不能完全摆脱周围自然界的制约，但人类的社会制度、生活方式、行为方式直到法律和伦理道德等等都会从不同方面、不同程度影响老龄化，也会制约个体和群体适应老龄化的程度。

第五层意思是，老年学必须研究人类对付老龄化的对策。由于人口老龄化是人类在一定历史时期必然要出现的现象，不能回避。人类能够做到的是因势利导，调整我们的行为方式和改革社会各种制度、体制以适应老龄化的来临，把不利的影响减少到最低限度，充分发挥老龄化的优势，这就是老龄化的对策。研究人口老龄化的对策是我国以马克思主义为理论指导的老年学的重要组成部分。

四、社会老年学的性质和它在老年学中的地位

老年学的产生和发展过程以及老年学要认识人类个体和群体老龄化规律的目的，决定了老年学是一门包括自然科学和社会科学在内的综合学科。

老年学的萌芽是从以一些朴素的哲学思想来认识个体老龄化和衰老开始的。但随着科学的发展，现代科学中出现医学和生物学后，老年学主要是从自然科学角度来研究衰老的。只有到了人口老龄化现象出现并被普遍认识后，从人文社会科学角度来研究老龄化才使老年学研究趋于成熟；另一方面，医学的发展从医学、生物学模式演进到医学、生物、心理和社会模式，进一步促进了社会老年学的研究。随着人口老龄化的发展，在客观上要求国家、社会提出对策，也要求个体在心理和社会行为方面作出反应，这些都离不开社会科学(包括社会

心理学等）。社会老年学的出现最终使老年学成为一门独立科学。如果没有社会老年学，衰老生物学、老年医学、老年心理学在很大程度上会被看做生物学、医学和心理学的一个分支或组成部分。从生物、医学到心理学和社会学认识人的增寿问题的顺序是合乎科学的演变与分化规律的；从认识个体老龄化到认识群体老龄化的转变决定了社会老年学最终使老年学成为一个完整的学科体系。

国外有的文献认为，凡是从不同的科学角度或方法研究老龄问题的成果都属于老年学，这些科学研究都算老年学的分支。① 这就失之过滥，低估了老年科学的分支。作为老年学的分支，其本身已经具备一门系统的知识，有自己的框架和概念范畴。目前国外文献认为，具备老年学分支学科条件的主要是衰老生物学、老年医学、老年心理学（或行为科学）和社会老年学，至于老龄化人口学、老龄化经济学和老龄化社会学已经具备相对独立的条件，并出版了专门著作，而其他学科目前还只能称为潜科学，随着研究的深化，今后有可能出现更多的分支。

社会老年学被认为是老年学的一个分支，主要是研究老龄化非生理方面的问题，但绝不是说社会老年学不具有多学科性质。因为生理老化是影响个人行为和功能以及社会功能、结构的终极原因，社会老年学者无论是研究个体的老龄化还是研究群体的老龄化问题，都必须首先了解生理老龄化和心理老龄化过程，并要具备一定的老年医学知识，否则将无法认识老龄化现象与社会经济和个人行为之间的相互联系。

---

① Robert C. Atchley Social Forces and Aging，Wadworth Publishing Company，U. S. A. 1985.

社会老年学研究的指导思想和方法*

任何一门科学都有其特有的研究对象和方法。与其他社会科学一样，社会老年学的方法在很大程度上更偏重于社会科学方面。

一、马克思主义是社会老年学的指导思想

（一）马克思主义是社会老年学的理论基础

社会老年学的指导思想和原则、评价事物的标准、这门科学的世界观、应有的立场和应该掌握的观点在社会老年学方法体系中处于最高的层次。

我们认为，在指导社会科学诸多指导思想中，只有唯物史观的方法论是唯一可以阐明人口老龄化的来龙去脉，并提出解决我国人口老龄化的路线、方针和策略的依凭。因此，马克思主义的唯物史观、自然观以及其他科学论点所构建的马克思主义哲学，即辩证唯物主义和历史唯物主义，就成为老年学方法论无可争辩的基础。

* 原载邬沧萍主编《社会老年学》，北京，中国人民大学出版社，1999。

历史唯物主义是关于社会发展一般规律的科学，它对包括社会老年学在内的社会科学中最一般、最根本的理论问题和方法论问题提供了唯一正确和科学的答案。这样就使人口老龄化和整个社会生活、各个年龄群体和个人的相互关系以及发展趋势得到科学的说明，使表面看起来杂乱无章的老龄化现象和各种老龄问题呈现出规律性。

辩证唯物主义和历史唯物主义的产生是人类认识自然、社会和人类自身的一个最伟大的革命。首先，辩证唯物主义赋予自然界一个如实的、客观的说明。自然规律是客观存在的，既不能人为创造也不能刻意违反，但能被人认识和利用。运用辩证唯物主义原理，人们可以认识到个体衰老是一种符合生命周期规律的现象。正确认识和利用其发展变化的规律，既可以延缓衰老的过程，也能减轻衰老带来的后果，从而证明人类对衰老并不是无能为力的。这种情况同时说明，辩证唯物主义给予社会老年学的是一个带有革命性的方法论。其次，更为重大的成就是马克思和恩格斯把辩证唯物主义的原理应用于认识社会，创立了历史唯物主义。这样就可以用历史唯物主义的原理研究个体和群体老龄化与社会物质生活条件的内在联系及其相互制约性，研究老龄化发展变化和解决的途径，研究人类社会如何在老龄化的条件下向更美好的社会形态发展，人类在一代一代的世代更替中继承人类文明和优秀的文化遗产并发扬光大。

把辩证唯物主义和历史唯物主义作为社会老年学方法论的基础会提出一个问题，这就是，马克思、恩格斯在世时，人类还不知道人口老龄化为何物，更谈不上有现代老龄科学，人类真正意识到老龄化的时间最早是在20世纪中叶，因此马克思、恩格斯的著作中也很难找到关于老龄问题的论述，那么辩证唯物主义和历史唯物主义又如何能成为社会老年学的理论基础？这种看法是对辩证唯物主义和历史唯物主义的极大误解。

首先，马克思主义哲学不是创立一种宗教教义而是一种科学学说，它是人类历史经验的总结，它在产生的过程中吸收了人类历史上一切文明成果，是基于人类对自然界的科学认识和人类历史经验的总结，并被当时和以后的社会实践一再证明其原理是颠扑不破的。恩格斯曾经指出："马克思的整个世界观不是教义，而是方法。它提供的不是现成的教条，而是进一步研究的出发点和供这种研究使用的方法。"①众所周知，存在决定意识，社会存在决定社会意识，生产力发展是社会发展的决定性的力量，人类老龄化的终极原因只能从人类生产力发展中寻找，等等，都是放之四海而皆准的理论观点。又如，把自然界的事物、人类社会的进步和人类思维的发展看成是运动的、变化的观点，对于认识老年人的健康、物质和精神生活以及观察老龄化社会，都是具有普遍意义和永远适用的。

其次，把辩证唯物主义和历史唯物主义作为社会老年学方法论的基础，不是把马克思主义作为一种指导社会老年学的教条，而是作为"伟大的认识工具"。马克思和恩格斯之所以能够在同论敌争论时无往而不胜，关键在于马克思主义能够洞察一切，抓住问题的本质，对社会生活作出科学的解释。马克思主义在认识社会时，都把生产力作为决定性的因素。在生产力之上又将建立与之相适应的人与人之间的关系。其中突出的是生产关系。生产关系的总和是经济基础，经济基础之上是包括政治、法律、道德和社会意识等的上层建筑。认识社会现象要从经济条件出发，但又不把经济因素作为唯一的决定性因素，同时也要考虑其他社会文化因素的作用。通过生产力与生产关系、经济

① 《马克思恩格斯全集》，第39卷，406页，北京，人民出版社，1974。

基础与上层建筑的相互关系认识老龄社会，才能得出科学的认识。实践已经证明并将继续证明马克思主义是认识人类老龄化的最有力的认识工具。

第三，马克思主义作为社会老年学的理论基础，还因为马克思主义是发展的理论而不是僵死的教条。正如恩格斯所说，“认为人们可以到马克思的著作中去找一些不变的、现成的、永远适用的定义”①，是一种误解。发展的马克思主义强调从具体的历史和现实条件出发，不断吸收新的经验和新的认识，推动马克思主义的发展。社会老年学是一门研究社会问题的科学，它需要以发展的马克思主义为指导。具体到今天，具体到中国，要建立中国的社会老年学，必须以当代的马克思主义作为指导，那就是以将马克思主义普遍真理与中国具体实践相结合的毛泽东思想和邓小平理论作为指导思想。

（二）毛泽东思想和邓小平理论对我国社会老年学的指导意义

世界在变化，事物在发展，认识没有止境。因此，马克思主义总是向前发展的，它是一种发展的理论。毛泽东思想、邓小平理论是对马克思主义的继承和发展。有人认为，毛泽东、邓小平是历史伟人和革命导师，他们的丰功伟绩彪炳史册，但他们都来不及对人口老龄化进行研究，没有留下多少这方面的论述，所以，以毛泽东思想和邓小平理论作为社会老年学的指导思想是否有以政治代替学术的倾向？这是一种必须排除的误解。

正如江泽民同志在十五大报告中所指出的：“马克思主义是科学，始终严格地以客观事实为根据。而实际生活总是处在不停顿的变动中”。我们现在研究的老龄问题，是在中国大地上出现的，它同中国

① 《马克思恩格斯全集》，第25卷，17页，北京，人民出版社，1974。

的社会经济环境密切相关。毛泽东、邓小平都是用马克思主义的立场、观点和方法研究和解决中国的现实问题，在这一过程中所形成的理论观点对于解决中国人口老龄化问题具有重要的指导意义。这种指导意义不仅表现在学术研究之中，也表现在决策过程之中。

毛泽东思想在很多方面丰富和发展了马克思主义，贯穿其立场、观点和方法，体现在三个基本方面，这就是实事求是、群众路线和独立自主。这三个基本方面对社会老年学自始至终都有指导意义。人口老龄化首先在发达国家出现，有关人类老龄化发展和应对的理论、特征和系统科学知识（包括老年学、社会老年学等）也先在发达国家形成。我国人口老龄化出现以后，有一个从中国实际出发学习和借鉴国外老龄化研究成果的问题。从独立自主的角度来说，我们一方面要吸收国外先进的研究成果，同时也要创造有中国特色的社会老年学。我国有自己的特殊社会条件，有世界五分之一的老年人口，有几千年文化传统，这就决定我们对国外的经验要有分析，有鉴别，不能亦步亦趋。

毛泽东同志在运用马克思、列宁主义分析中国问题时，写了大量有关中国革命的战略和策略的文章，也写了很多彻底贯彻唯物论和辩证法的马克思主义哲学著作，当然，这些著作的论点和思维方法也是社会老年学必须采纳的。

邓小平理论是马克思主义同当代中国实践和时代特征相结合的理论，是对毛泽东思想的继承和发展，是当代中国的马克思主义，是马克思主义在中国发展的新阶段，是把建设有中国特色社会主义事业全面推向21世纪的旗帜。

21世纪不仅是人类老龄化最突出的世纪，也是中国在人口老龄化条件下把中国建成一个健康的老龄社会的时期。健康的老龄社会是建设有中国特色社会主义，建设一个富裕、民主、文明的现代化国家的题中应有之义。这个关系到中华民族前途和命运的大事只有在邓小平理论指引下才能取得成功。

当前，用邓小平理论分析老龄化问题和对策已经显示出理论的正确性和科学性，并将继续显示出其旺盛的生命力。

在 1982 年以前，对我国来说，老龄问题完全是一个陌生的概念。但改革开放推动了我国对老龄问题的认识。1982 年，我国派出代表团参加了在维也纳召开的"老龄问题世界大会"。会后，我国即成立了中国老龄问题委员会。我国能在没有很大阻力的情况下认识和接受老龄问题，是同邓小平的废除领导干部终身制和促进新老班子交替的思想分不开的。邓小平指出了新老交替实现社会继承的客观规律，干部老龄化是人口老龄化的一个最集中的表现，对干部老龄化的认识为我国认识人口老龄化开辟了道路。

邓小平从中国实际出发，作出了我国还处于社会主义初级阶段的科学论断，为我国认识人口老龄化的形成、特点、对策和养老方式等提供了科学指导。

邓小平总结我国历史经验教训后所提出的以经济建设为中心，社会主义阶段就是发展生产力的论断，为我们迎接老龄化的挑战指出了明确的方向。这个论断也有利于克服对人口老龄化的担忧和悲观的情绪。

邓小平关于社会主义的本质是"解放生产力，发展生产力，消灭剥削，消除两极分化，最终达到共同富裕"的论断，是对日益增长的老龄群体的"安民告示"。这个安民告示指出了社会主义的任务之一就是应当极力避免老年人成为一个相对贫困的社会群体，同时它也指出了老年人分享社会发展成果的合理性和必然性。

邓小平一再告诫我们，物质文明建设和精神文明建设都要抓，两手都要硬。这一方面要求培养有理想、有道德、有文化、有纪律的公民，提高全民族的思想道德素质，加强法制建设，实行依法治国。另一方面又要以经济建设为中心，促进社会主义建设持续、稳定、健康地发展。生产力提高了，法制健全了，精神文明建设好了，才能使越来越多的老年人生活在一个有安全感、有保障和受到尊重的社会中。

二、社会老年学要立足于科学的世界观

(一) 社会老年学为什么需要强调科学的世界观

世界观是一个人或一门学科对自然、社会和人与人之间根本关系的看法。科学的世界观就是辩证唯物主义和历史唯物主义，它是人类智慧的结晶，其结论是正确的，问题在于我们能否自觉地运用它。

社会老年学的科学性的关键是，我们能否事事处处体现出一种科学的世界观。科学世界观对老年学和社会老年学者来说至关重要。

首先，当今时代是以和平与发展为主题的时代。人类历史处于转折时期，我国处于社会主义初级阶段同时又是整个社会转型时期，人们的价值观、人生观和生活方式都在发生急剧的变化，特别是人口老龄化的出现也牵动了社会生活的各个方面，甚至连国际瞩目的西方七国首脑会议也不得不讨论如何应对人口老龄化的问题。面对新出现的社会现象，人们要以科学的世界观审视周围的大小环境，因势利导，以适应形势的变化，避免悲观论，克服盲目乐观或无所作为的观点。

其次，社会老年学是一门系统的知识，它涉及个体老龄化和群体老龄化以及与社会经济条件之间的相互关系以及国家、社会、家庭与个人如何适应人口老龄化变化等各方面知识。这些知识包括自然观、历史观、社会观、幸福观、道德观和人生观，等等。科学的世界观是

总揽社会老年学各方面的全局性问题，能在所有问题上构成体系，相互衔接补充，而不是各方面内容支离破碎和简单的组合。

第三，社会老年学作为一门科学，不仅要认识世界，更要改造世界，那就是制定人口老龄化的对策并付诸实施。其中重要一步是向广大群众普及老年学的科学知识。普及对象应该包括政策制定者和执行者、老年福利和护理机构的管理人员和服务人员、社区工作人员、老年人及赡养和照顾老年人的家庭成员以及社会志愿人员等。普及的目的是使从事老年工作的人员在老龄事业上具有正确的世界观、价值观和人生观。这三者是统一的、相互联系的，而起决定作用的是世界观。

（二）社会老年学要体现出正确的价值观

价值观是指对事物评价好坏、善恶、美丑、对错的标准，是最重要的、最值得追求的人生取向。在社会老年学中讲的是对老年人在家庭或社会中的价值以及人们对生命、健康、长寿、富裕、愉快、尊严等价值判断。有人认为社会老年学只应回答是什么和为什么，价值判断不是其科学研究的任务。我们认为不是这样，任何社会科学都有一个价值取向的问题，只不过有的公开，有的不公开而已。

有人认为，我国目前是社会主义初级阶段，实行社会主义公有制为主体和多种所有制经济共同发展的经济制度，这样就会存在不同的利益集团，不同的利益集团会有不同的甚至相反的价值观。因此，价值观只能是多元的。这种观点是对我国是个社会主义国家，实行的是社会主义制度缺乏深刻的了解。

在当前社会存在两种截然不同的价值观。一种是集体主义价值观，一种是个人主义价值观。其区别在于是按个人利益还是按国家、社会或集体利益来取舍。我国是社会主义国家，我国经济是社会主义市场经济，因此我们必然要以社会主义集体主义作为价值取向。当然，这并不是说只能有集体利益而不能有个人利益。在社会主义初级阶段，个人利益、集体利益和国家利益是辩证的统一。一方面，每个人考虑个人利益时，要考虑国家、社会、集体和大多数人的利益；另一方面，国家、社会、集体要关心个人利益，努力帮助和促进个人价值的实现。例如，社会保险的缴费率、替代率的制定，老年人再就业和老有所为等都会遇到价值判断问题。

（三）社会老年学中的人生观问题

社会老年学不是伦理学，不直接给人以人生观的教育，但社会老年学涵盖的诸多研究内容，如近年来我国老年学者提出的“第二个春天”论，“六十而立”论以及国外提出的“第三年龄”论等，还有“给生命以岁月，给岁月以生命”等都是含有哲理的、积极的人生观。在老年心理学方面，老年人对待疾病与健康、生活幸福、发挥余热和家庭关系等都有人生观问题。社区和社会福利事业机构中，为老年人服务的管理人员、服务人员、医务工作者和志愿者以及老龄问题的决策者，如何看待老年人等都自觉或不自觉地反映出一种人生观的色彩。

其实，世界观、价值观、人生观既有区别又有联系。世界观是价值观和人生观的统帅，人生观是一种人生态度的理想，决定着一个人的人生追求和现实生活的价值选择。在某种意义上，人生观也是一种价值观，它不过限于对人生意义和价值的判断和取舍，但它又是非常具体的，它落实到每个人的行动上。如果一个人是用正确的态度对待人生，就能用正确的价值观来规范行为。在我国，社会主义市场经济是同社会主义基本制度相联系的，因此集体主义是价值观的主旋律，是社会主义价值观的基本原则。当个人利益与国家利益、集体利益和长远利益有矛盾时，前者应当服从后者。在社会老年学中许多问题，如退休年龄的规定、基本养老保险制度的制定、老年人分享社会成果的规定等，都贯穿老年人和中青年的个人利益与国家、社会、集体利益的矛盾冲突。如果仅仅从个人主义角度去考虑这些问题，这些问题是很难妥善解决的。社会老年学在用科学原理阐述问题时，实际上已贯穿了世界观、价值观和人生观的导向教育。

三、社会老年学的立场

立场问题是反映社会上不同的人或不同的社会集团在各自利益的驱动下认识事物和解决问题所持的不同观点、不同的价值评价标准、不同的态度和不同的方法。社会集团可以依政治的、经济的、社会的或其他的标准划分，但其立场则集中表现为经济利益。人口老龄化的过程和发展趋势对不同社会集团特别是不同年龄群体有不同的影响。养老基金的形成过程和再分配过程也会涉及不同代际间的利益。退休老年人再就业的各项规定也可能在代际间产生利益方面的矛盾。因此，在社会老年学中，时时事事处处都有站在什么立场来论述的问题。

(一)社会老年学立足于社会全面发展

立场问题就是为什么人的问题。社会老年学研究人口老龄化，似乎应该站在为老年人谋利益的立场上。因为在老龄化过程中，老年人的利益常常受到漠视或不公正的对待，甚至受到歧视，逐渐沦为脆弱的群体。社会老年学密切关注老年人利益，这是这门科学的重要任务之一。但是笼统地说社会老年学是站在老年人的立场上又有失偏颇，很不全面，也会造成对这门科学的误解，认为老年学只是为老年人谋福利的知识。果真如此，老年学将失去作为全社会所需要的科学的意义。

首先，老年群体中的老年人具有共性，如生理上日趋衰老(正常衰老或病理性衰老)，脱离社会生产，收入相对下降，经济上或生活上需要不同程度的帮助等。但老年群体中还有亚群体，他们社会经济地位不同，存在着诸多差别。例如，我国老年人中就有离休、退休和无退休金之别。这些老年人对经济和生活帮助的需求是不同的。因此，站在不同亚群体的立场，对问题的看法和要求也不同。我国对不同的老年人群体实行不同的管理体制，如老干部属老干部局，退休老人属退休办，残疾老人属民政部等。从不同管理部门的立场看老龄问题，会形成不同的观点。虽然大前提是一致的，均属于人民内部矛盾，但确实存在着某种程度的内部差别。

其次，把社会老年学局限在老年人的立场上，在理论上是错误的，在实践上是有害的。这会使中青年误认为人口老龄化只是老年人的事情，甚至认为站在老年人的立场上有损于其他年龄段人的利益，从而导致中青年不关心社会老年学研究和老龄问题。从现实情况看，社会老年学涉及的老年人赡养是中青年人的责任，涉及的老龄事业、老龄产业、老龄工作的管理、护理以及老龄政策的制定等很大一部分责任都落在中青年身上。更为重要的是，作为人口老龄化战略对策的健康老龄化、社会养老保险和创建一个健康的老龄社会都要从青少年做起。只有青少年的健康水平提高了，全民的健康水平提高了，健康老龄化才有可能实现。老年社会保险也应从参加工作开始交纳。创建一个健康老龄社会需要精神文明建设，特别是伦理道德和法制建设都不单单是老年人的事情，而在很大程度上也是中青年乃至青少年的事情。因此，准确地说，社会老年学应该站在全体人民利益的立场上。当然，随着我国进入老龄社会，更多地关注老年人的利益也是客观要求。

全体人民利益的立场是抽象的。因为全体人民就是整个社会，而全体人民或社会是以人口群体划分的。人口群体有年龄、性别之分，更有不同利益集团之分。此外，还有先进和落后之分，富裕和贫困之分，健康和残疾、生活不能自理之分，等等。这样就会造成对老龄问题在认识和解决途径上的差异，甚至大相径庭。因此，概括地说，社会老年学应该站在社会进步和全面发展的立场上。只有这个立场才能代表最大多数人长远的、最根本的利益，也才能反映时代的要求。

(二) 现阶段我国社会老年学研究的出发点

社会老年学站在我国社会进步和社会全面发展的立场上论述人口老龄化的发生、发展和前景，论述老龄化与社会的相互关系以及社会对策，就是站在马克思主义世界观的立场上。马克思从他所处的时代和代表社会发展方向的先进的工人阶级的立场上观察社会，同其用唯物史观进行科学解释是完全一致的。毛泽东的全心全意为人民服务与站在社会进步和社会全面发展的立场，为中国绝大多数人服务是一脉相承的。然而，由于未能亲身经历人类人口老龄化，马克思和毛泽东都不可能就人口老龄化提出具体的指导思想。

作为中国当代马克思主义的邓小平理论，在其构建和发展的过程中，已对人口老龄化形成了重要的指导性的思想观点。

邓小平多次指出我国人口多、底子薄、人均资源相对不足的国情。他一贯有力地支持我国实行计划生育、控制人口增长的国策。邓小平关于控制人口增长是为了促进中国的经济建设的论述，从国家民族发展的高度，在理论上回答了我国人口老龄化形成的客观必然性。

人口老龄化是好事还是坏事，到目前为止的人类历史尚不足以作出肯定的回答。邓小平提出判断工作是非得失的三条标准，即是否有利于发展社会主义社会的生产力，是否有利于增强社会主义国家的综合国力，是否有利于提高人民的生活水平，也是评价老龄化产生的问题和我们的对策措施的标准。

我国现在处于并将长期处于社会主义初级阶段，社会老年学论述的各种问题必须从这个实际出发，就是要与社会主义初级阶段有中国特色的社会主义经济、政治和文化发展的方向相一致。

首先，要使人口老龄化的发展有利于贯彻保持团结、深化改革、促进发展的方针，不能使人口老龄化妨碍社会安定团结和社会生产力的发展。只有生产力发展了，特别是劳动生产率提高了，才能最终解决为数众多的老年人的经济保障问题。

其次，社会主义初级阶段就是不发达的阶段，要改变这种状态需要很长的时间。在这个长期过程中，国家鼓励一部分人先富起来，逐步走向共同富裕。由于老年群体是社会中相对贫困的群体，所以在国民经济持续、快速、健康发展的前提下，老年人应与其他人口群体一样共享经济繁荣成果。老年人分享社会发展成果的程度体现了人口在分配上多数和少数、锦上添花和雪中送炭的关系。

第三，社会全面发展的核心是人的全面发展。在老龄社会要特别重视老年人的发展。首先是使老年人的绝大多数能在晚年保持身心健康，即实现健康老龄化，在此基础上继续实现人生价值，让老年人能生活在一个有尊严、有保障的社会之中。最后，社会的全面发展是社会主义社会的本质特征。共同富裕是社会全面发展的基本要求和体现。为此，社会全面发展除确立以经济建设为中心外，还有建设高度民主和高度文明的内容，即包括社会主义民主法制建设和社会主义精神文明建设。在老龄社会就必须建立起一套有利于消除不公正现象，保护老年人合法权益和福利的法律体系，同时有一套社会公德、职业道德、家庭美德规范，使尊老爱幼的社会风尚深入人心，形成协调的代际关系，促进社会进步。

（三）站在大多数人的立场与站在老年人立场的辩证统一

站在大多数人的立场上与站在老年人的立场上并不是对立的，在大多数情况下，是一致的。而且没有老年人的福利，社会大多数人的福利也不巩固。其原因是老年人的生活条件同社会多数人差距过大，不利于社会安定团结。在一个生产力水平很低，剩余产品很少的社会、一个对老年人歧视的社会或分配不公、老年人成为贫困人口的社会中，老年人与社会大多数人生活质量的差距就会扩大，这样的社会不是一个全面发展的社会。所以，老年人生活质量是衡量社会发展和文明程度的一个标志。

站在大多数人或社会全面发展的立场，就是以集体主义价值观评价事物。一般来说，个人利益反映了少数人的、局部的和眼前的利益，社会利益反映了大多数人的长远利益。其间关系应该是前者服从后者，后者尽可能照顾前者。如果只考虑社会利益而忽视老年人的合法利益，也不能认为是站在了正确的科学立场。

我国以往在宣传和行动上，常常出现片面强调社会利益而忽视个人利益和个人价值的情况。在人口老龄化过程中，忽视老年人特别是农村老年人利益的情况也是存在的。其实，站在社会发展和全面进步的立场，并不排斥个人，而是恰恰相反，要求最大限度发挥每个社会成员(包括老年人在内)的主动性、积极性和创造性。国家和社会要为老年人发挥自己的才能和实现自己的价值创造条件。为此，首先要认识和承认老年人仍然具有潜能。

站在社会进步和全面发展的立场也要防止另一种倾向，即完全站在老年人个人立场上，不考虑国家和集体的利益，过分强调老年人的需要。如果把利益的追求变成以老年人自我为中心，对国家、集体、中青年群体以及其他老年人群体也没有好处。当老年人个人站在社会进步和全面发展的立场，就会自尊、自重、自爱，正确看待社会，正确对待自己。

当前我国处于社会主义初级阶段，物质财富还不丰富，要使整个社会接受以社会进步和全面发展立场看待人口老龄化尚需时日，社会老年学需要对此在理论上加以论述。

四、社会老年学的几个基本观点

社会老年学作为一门以辩证唯物主义和历史唯物主义为指导思想的科学，其基本观点有以下几个方面：

(一) 实践的观点

我们现在要研究的社会老年学是在中国大地上产生和应用的，因此，也必须有中国特色。中国是一个发展中的大国，在人口老龄化上有很多不同于发达国家的国情和发展特点。我国老年人口占世界的五分之一，我们有几千年养老文化的传统，因此不能完全照搬照抄外国的模式和经验。但是我们又要坚持对外开放，学习外国的先进经验，吸收人类一切文明成果。从中国实际出发，以我为主，外为中用；另一方面认真汲取和利用经过实践证明已经是普遍真理的外国经验，使我们少走弯路。

实践出真知，一切知识来源于实践。实事求是不是就事论事，而是对大量实践经验进行分析总结，使之条理化、理性化，再经过实践的检验而成为知识和理论。我国人口老龄化过程中的新情况层出不穷，需要我们认识和加以解决。

从实际出发就是要以实践作为检验真理的标准。对于过时或不适合中国国情的理论知识应该废弃并在理论上加以说明，对于符合客观实际的理论知识要敢于大胆创新。例如，西方对养老采取的高福利政策，在理论上一度受到赞扬，现在已经证明走入死胡同。社会老年学就应该在理论上阐明我国老年社会保障政策的理论根据和改革方向。

（二）群众的观点

作为老龄政策的各级制定者首先要有群众的观点，只有对老年群体有深厚感情，从老年人的根本利益出发，才能制定出恰当的政策。老年人在社会上是一个脆弱的群体，需要社会的关心和同情。正确的决策能够直接体现全社会的关心，决策者处于关键地位，他们的言行和决策在很大程度上关系着老年人生活质量。毛泽东思想一贯主张将全心全意为人民服务作为根本宗旨。早在第二次国内革命战争时期，毛泽东在《关心群众生活，注意工作方法》一文中就提出："解决群众的穿衣问题，吃饭问题，住房问题，柴米油盐问题，疾病卫生问题，婚姻问题。总之，一切群众的实际生活问题，都是我们应当注意的问题。"①虽然时间已过了半个多世纪，但这些指示对于我国今天的老年人特别是农村老年人仍有现实意义。所以，在社会老年学谈论老龄对策时，要自始至终贯彻群众观点这条主线。

随着老龄化的发展，老龄管理、老龄福利事业、老龄产业与老年医疗护理人员的数量不断增加，这些人员的服务质量对老年群体的生活质量至关重要。他们的工作态度和业务水平在很大程度上取决于为人民服务的思想和敬业精神，关键又在于是否有群众观点，即对人民群众的态度问题和同人民群众的关系问题。

此外，还要尊重广大群众的首创精神。我国许多好的社会保险方式和社区为老年人生活服务的方法、老年人实现健康老龄化的途径都

---

① 《毛泽东选集》，第一卷，136～137 页，北京，人民出版社，1991。

来自群众，只要善于总结经验，就可以使之成为全社会的财富。

（三）发展的观点

我国和世界其他国家人口老龄化都出现了很多新特点、新趋势，超出了大多数人过去的认识。例如，原来经济发展落后于西欧的国家，如意大利、希腊、西班牙等，其老龄化程度现在已经高于最先老龄化的西欧国家。拉丁美洲部分国家的老年人口增长速度达到世界之最。又如对老年人的观念需要更新，多种材料表明，活到 80 岁的老年人人数和比例都很高，人的预期寿命超出近代人的想象，老年期可能是人生中最长的阶段，老年期的健康状况比从前大大增进了，因此，我们对老年人与社会的关系要重新审视。现在老年人的社会价值、老年人的形象都同以往有很大不同。观念要更新，理论认识也要随之发展。社会老年学的内容也要不断发展。

发展的观点要求社会老年学在论述所有问题时都要有具体的、历史的观点，对具体问题作具体分析。同一问题在不同时间、地点、条件下有不同表现形式。例如，在人类历史上，在低生产力水平下，几乎毫无例外都是靠家庭养老。但在现代化条件下，家庭养老的功能同过去有了很大不同。发达国家的家庭养老与发展中国家有差异，西方文化国家的家庭养老与东方文化国家有差异，即使在一个像我国这样的有着尊老养老传统的国家，城市家庭养老与农村家庭养老也有明显不同。这说明，社会老年学对任何问题的分析都必须有发展的观点。

发展的观点要求社会老年学的论述要有预见性，能够对新的发展趋势有所准备。在人口老龄化过程中，老年人口的人数和比例都像滚雪球一样由小到大。如果没有预见性，一旦老年人数量达到一定程度时再制定对策，就会临渴掘井，为时已晚。社会老年学的预见性不仅要预见到老年人数的变化，更要预见到老龄化对社会、经济、文化和家庭的影响。

（四）全面的观点

以马克思主义为指导的社会老年学必须是全面地而不是局部地、普遍联系地而不是孤立地认识问题。

1. 研究和阐述对象和内容的全面性。

社会老年学的一个突出特点是既研究个体也研究群体的老龄化规律及其与社会生活的相互关系，这种相互关系遍及国家、社会、家庭和个人。既要研究老年人问题，也要研究人口老龄化问题；既研究人道主义问题，也研究发展问题；既从微观方面研究，也要从宏观方面研究。总之，各方面都不能偏废。

2. 认识人口老龄化现象和过程必须贯彻普遍联系的原则，但又必须抓住主要矛盾，不能舍本逐末。

人口老龄化的现象与过程同自然现象、社会的各个方面甚至人的思维都有联系。这种联系体现了社会老年学的多学科性质。按唯物史观的原理，社会老年学的研究应将经济作为基础，但又不能把经济因素看成唯一的因素，还应注意社会和文化因素的作用。需要指出的是，如果不按唯物史观的原理，将文化、心理、政治问题作为主要矛盾，对人口老龄化就很难作出全面分析。

3. 坚持“一分为二”看问题，防止绝对化和片面性。

人口老龄化是人类社会的新现象，对这个现象本身及其后果、对策的认识呈现出见仁见智的形态，悲观论和乐观论、正效应论和负效应论并存，尚未达成一种共识。因为人口老龄化涉及各个年龄段群体、不同利益的社会集团，也涉及个人家庭和社会集团两类思考角度，也有不同学科间的不同视点和角度，等等。社会老年学必须坚持马克思主义的世界观、价值观，分析基本矛盾，区别主要矛盾和矛盾的主要方面。

4. 研究老年人群体既要注意老年群体的普遍性，也要注意老年群体的特殊性和差异性。

作为一个群体，老年人有其共性的一面。如生理衰老、脱离工作角色、收入减少、性别比低、寡居独居比例高，等等。同时，老年人群体内部也有差异性的一面，其差异性特征远远大于其他年龄群体。例如，青少年群体基本上都是学龄人口，而老年人则有的已退休，有的未退休，有的退休后又就业；年龄差距跨度大，从 60 岁到 90 岁甚至百岁以上；家庭和婚姻状况有明显不同；健康状况也有很大差别，有的健康，有的患病，有的能自理，有的需要帮助；文化教育程度和社会地位的差异也很大；最大的差异还是心理状况和心理素质，因为老年人从青少年到成年的经历各不相同，因而对事物的看法、对老年期的需求、对老年生活的满意度以及对老龄对策措施的反映也都不同。比如，对老有所为的认识和愿望就有很大差别。因此，社会老年学在分析老年群体时应该区别对待，不能“一刀切”，力求做到既照顾大多数，又不忽略少数，既要雪中送炭，又不能忘记锦上添花，充分调动社会各个群体的积极性。

五、社会老年学研究的特点和类型

（一）社会老年学开展研究的必要性和重要性

社会老年学在本质上属于人文社会科学的范畴。同任何社会科学一样，要根据社会实践的变化，不断研究实际情况，因此，科学研究活动是片刻也不能停止的。与其他社会科学相比，科学研究对于社会老年学具有更重要的意义。

首先，社会老年学是一门新兴的学科，未认识的必然王国比其他传统的社会科学要多得多。人类对老龄化的认识时间还不长，很多问题还有待进一步展开，这就要求人们进行更多的探索。许多原来正确的结论为实践所否定，需要重新认识。例如，对老年人的社会价值，过去都认为老年人年老体衰，不能再为社会继续作贡献。但社会生产力的发展和人类认识自身健康能力的增进，现代大多数老年人的健康状况都比过去有了明显改进。从体质、生理年龄和心理年龄方面来说，现代老年人的健康水平大大超过了 20 世纪中叶的老年人，自理能力也提高很多。第 15 届国际老年学大会发表的报告也认为，现在欧美许多人 75～80 岁时生理功能同 75 岁以前相比没有多大变化，因此，对老年人的看法和行为也应有所改变。这些都需要用科学研究来证实并指导老龄工作。又如对人口高龄化程度的估计也大大超过过去的科学预测，因此对老年人的界定，对老龄社会的界定，对退休年龄和老年人就业的灵活政策等，都要有所考虑。1997 年西方七国丹佛首脑会议已经提出，老年人需要依赖别人的陈旧观念必须剔除。随着社会的发展，这些变化将会层出不穷，从而促进全球社会老年学研究的蓬勃开展。

其次，老龄问题在我国是一个新问题。它是全球面临一系列新问题诸如控制人口问题、环境问题、疾病蔓延问题之外的又一个新问题。国外已经开展了多年研究，已经取得成果并提出了许多为国际认同的共同行动计划。但这些对于我国来说还是新的，由此提出了加强研究的必要性。我国在人口问题上的失误导致后来不得不采取严格控制人口的政策并因此加速人口老龄化的现实，原因之一就是轻视科学、轻视科学研究。如果 50 年代就开始研究引进和普及人口学的基本知识，我国人口问题不至于积重难返，使得今天几代人都受到人口问题上违反客观规律的“惩罚”。我国历史悠久，积累了丰富的实践经验，但光凭自己的经验是不够的，要吸收国外的科学知识和技术，这同样需要大量的研究工作。

再次，我国是世界上人口最多，也是老年人最多的国家。我国人口老龄化和老年人问题不仅包括了世界上各种各样的老龄问题类型，而且拥有独特的尊老、敬老和养老的文化传统，这就使得我国老龄问题有自己的特色。另一方面，我国人口老龄化正是处于中国经济社会快速发展和转型时期，政治、经济、社会各方面都逐步进入深化改革的阶段，各种新情况、新问题不断出现。对于各种新情况、新问题绝不能采取懒汉的思想和形式主义的态度"以不变应万变"；而必须正视问题、研究问题，趋利避害，积极主动地推动改革的健康发展，使各项老龄事业蓬勃开展，使老年人生活质量在改革和发展中逐步提高。社会老年学全方位地开展研究，正是这种形势的要求。

最后，从我国社会老年学的研究现状来看，加强方法论的研究也是一项重要任务。我国没有研究社会老年学的传统，因而缺乏系统的资料。可幸的是我国进行过多次质量较高的人口普查和人口变动抽样调查，能为社会老年学研究提供总人口、分年龄人口、婚姻、家庭、迁移、居住方式、文化程度等方面的数据，这是最可信赖的数据。但迄今为止，开发使用人口普查资料同实际需要仍有很大距离，这是必须加强的一个方面；人口普查资料缺少有关经济、健康、社会生活和心理等方面的资料，这是必须加强的另一个方面。

我国 80 年代和 90 年代进行过多次老龄问题的调查研究，但这些调查研究大多只能反映一时一地的情况而无法推论到全国。1987 年中国社会科学院进行的老年人调查和 1992 年中国老龄科研中心所作的抽样调查都不能说是严格按随机原则抽选样本，因而不能将其结论轻易推论到全国。研究全国老龄问题还是以人口普查资料和有全国代表性的随机抽样为妥。在中国当前社会经济状况瞬息万变的条件下，许多资料在事过境迁之后，无法解释新情况和新问题，所以，迫切需要开展新的调查研究。

近年来，我国各地老龄机构、研究机构为满足各自需要均做过很多老年学的调查。由于调查研究不够规范，难于进行去伪存真、去粗取精的比较分析，从而影响到这些资料的开发和利用。我国幅员广阔，进行全国调查或抽样调查很不容易，因而，应该采取各种可能的办法收集老龄资料。

（二）社会老年学研究的特点

社会老年学研究属于社会科学研究的范畴，但同其他社会科学相比较，有三个特殊的方面，即研究的广泛性、多学科性和不间断性。此外，还有一个独特之处就是所有学科都不研究的、专门以年龄为研究变量。

1. 研究的广泛性。社会老年学研究老龄化，既研究个体也研究群体，当然也研究群体的老龄化；既研究老年人问题、人道主义方面的问题，也研究人口老龄化问题、发展问题。因此，可以从宏观来研究，也可以从微观方面研究，更多的是从后者进行研究。既有定量的研究，也有定性的研究。总之，研究的范围是很广泛的。

2. 研究的多学科性。社会老年学从社会方面着手研究，社会又起人类的共同体，因此研究必须以人为本，由此涉及从各种学科来研究的问题。虽然社会老年学是从非生理方面研究，但不能不涉及人的生理、病理和心理，因为这是老龄化的基础。至于从人口、社会、经济、政治、法律、教育等方面研究也是必然的，而且要从多学科开展综合研究。

3. 研究的不间断性。老龄化是一个过程。无论是中国还是外国，这个过程都没有完结。已经老龄化的发达国家正向高龄化发展。我国人口老龄化在规模、速度、比例上都处于不断变化之中，对变化的过程要进行不间断的、及时的研究。其次，在我国社会经济迅速转型时期，老年人的状况是不断变化的。例如，10 年前调查时，老年人月收入 100 元以上的被视为高收入，而今天还不到最低生活标准，用过去的数据无法评估当前老年人生活状况。第三，中国地区之间差别明显，各地在贯彻全国统一的老龄方针政策时必须研究和结合当地的具体情况。第四，在我国老龄问题资料中，只有人口普查及全国抽样统计资料具有全国的代表性，其他资料只是对一时一地情况的反映，因此作决策时一定要从各地的具体情况出发。

除了上述三个特点外，社会老年学把年龄作为一个变量来研究，这是区别于其他社会科学最突出之处。以年龄作为变量是老年学的特点，衰老生物学、老年医学和老年心理学等主要研究不同年龄或年龄增进的衰老过程、发病特点和心理差异，而社会老年学则研究不同年龄的个人或群体在各种社会现象(诸如文化教育程度、婚姻状况、家居状况、就业、收入、社会地位等等)中的差别和不同表现。由于这些现象受到诸多社会因素的影响，所以，社会因素的影响要比衰老生物学、老年医学和老年心理学研究年龄差异大得多并更为直接。例如，不同年龄群体生理变化(如血压、肺活量、记忆力等)的差别也会受到社会因素的影响，但远不如不同年龄人群在就业、收入等方面受到的影响大。

作为一门科学，社会老年学应该尽可能地解释社会因素对各个年龄群体差异的影响程度。由于比较的对象是不同年龄群体的差异，所以除了现实社会因素的影响之外，还有历史因素造成的影响。例如，不同年龄的老年人与成年人在收入方面的差异会受到下列因素的影响：

第一，年龄差别的影响。在收入上，同一时期老年人和成年人不同，退休的和在职的不同，在老年人中又有低龄老人和高龄老人的差别，成年人中也有青年人和中年人之别。

第二，时期的影响，即调查时期的经济形势和劳动工资政策等的影响。在调查的时期退休年龄的规定、退休后允许再就业与否的规定、对不同年龄退休金替代的规定；未达到退休年龄也有就业机遇上的差别，如下岗人数、就业者收入上差距大小，等等，都对老年人的收入有影响。

第三，代际(或称队列)差异的影响，即所处历史时期不同所带来的影响。如计划经济时期以公有制为主，实行低工资政策；而在市场经济条件下是受市场因素调节的不同经济成分的工资，老年人受教育程度对工资的影响，在工资改革前后退休者的不同工资制度，等等。

在实际研究时，多种因素掺杂在一起，很难区分。为此，社会老年学采用了一些方法。如，(1)分组法，把不同情况加以区别以便比较；(2)横向调查，对同一时期不同年龄进行比较；(3)纵向代际(队列)跟踪调查，消除代际上的差异进行观察。这些方法将在下一节阐述。

(三)社会老年学研究的类型

所有社会科学研究或社会调查研究的目的都在于发现问题、回答问题、提出应研究的问题、提出解决问题的办法，评估解决问题各种方案的可行性和科学预测事物发展的趋势。此外，有的研究则是为了对迷惑不解的问题进行科学的解释，等等。

社会老年学将研究区分成不同研究类型，这些区分无非是为了使研究的目的性更加明确，使研究的程序更加合乎规范要求，收集资料和整理资料更加有的放矢。社会老年学对研究类型划分，从理论与实际结合区分为基本理论研究和应用研究或对策研究，按研究的阶段性分为历史问题的研究、现实问题的研究和前瞻性问题研究，按研究角度从数字来说明或仅从理论上阐释区分为定量研究或定性研究。对各种类型的划分也不应绝对化，有的研究常常兼有多种目的。

西方社会学者常常把研究的深入程度分成三种类型：(1)探索性研究；(2)描述性研究；(3)解释性研究。

探索性研究的目的在于发现问题、提出问题。这类研究是在对现象不甚了解的情况下开始的，为了发现问题和进一步的研究，首先提出一些假设。从表面上看，这类研究似乎是比较浮浅的，但有些探索性研究提出的问题是从未有人提出过的，而且如果再进一步证明是重要问题就很有价值。例如，深入开发人口普查资料发现我国出生性别比偏高，其原因之一可能是出生时漏报女婴所致。提出这个问题就很有价值，如能证实，则其科学价值就更大。

描述性研究是目前社会老年学最常见的研究类型。这种研究都是根据统计调查时取得的数据，把现状和过程详细地描绘出来。如根据人口普查、抽样调查等，将我国人口老龄化和老年人口各方面状况用统计数字表列出来或加以叙述。许多调查只能说明一时一地的情况，但人们常常把它推论并描述为全国情况，这是不够科学的。描述性研究比一般了解情况更系统、更周密、更有说服力，因其以一定方式(主要是统计调查)提出的数据为佐证。描述性研究大多是回答“是什么”，而没有进一步回答“为什么”。“为什么”的研究要归入解释性研究。

解释性研究是比探索性研究和描述性研究更深一层的研究。它常常在前两项研究的基础上，进一步对已发现的相关关系或因果关系作出理论说明。它要回答“为什么”，这正是科学的任务。对很多社会老年学的问题是知其然而不知其所以然，这就需要研究者作出规律性说明，作为决策的参考。我国社会老年学中很多问题都在发展变化，有些命题或假设还不清楚。例如，在我国推行计划生育和走向市场经济时期，老年人与子女同居的家庭增加或减少，常常有来自相互矛盾的材料，这就需要调查研究作证实或证伪。中国之大，全国性的答案一时不易作出，但一时一地经过系统调查研究后应该作出实证性和理论上的回答。

以上是按研究的层次和深度来区分研究的类型。国外学者认为，社会科学研究的任务就是回答“是什么”和“为什么”，对策问题(“应如何”)不属于科学的任务。在马克思主义看来，任何科学都不但要认识世界、解释世界，更要改造世界。这就是说，科学研究的任务在于解决实际问题，强调理论联系实际。没有理论和科学知识指导的实践常常是盲目的行动，没有实践的理论是空洞的理论，为科学而科学是没有意义的。因此，实际工作中把社会老年学的研究区分为基础理论研究、对策问题研究和前瞻性研究。

基础理论研究就是把古今中外人类研究老龄问题的文明成果加以系统化，用来阐释和指导老龄工作。其中既包括总结我国的经验，弘扬民族优秀文化传统，也包括总结外国的经验，即借鉴和吸收人类文明的优秀成果。历史的经验不容忽视，但重点应是总结现实经验。

对策问题研究是指科学研究要为决策提供咨询。这也是一项需要独立思考的研究工作。提出对策是一件严肃的事情，要经过大量调查研究。对不同对策的评估研究、对策的可行性研究，都需要大量调查研究，特别需要政策试点的调查研究。经过不断修正，才能形成较为完善的对策。

前瞻性研究对社会老年学具有特别重要的意义。因为人口老龄化是一个急剧变化的过程，而我国社会经济又正处在一个迅速转型时期，一方面研究要随形势发展而加深，另一方面，也是更重要的是要提出科学预见，指明发展趋势，早做准备，避免临渴掘井。前瞻性研究立足现在，进行科学预测。一般地说，人口数量、老龄化过程预测是比较成熟的，但经济、社会和人们的思想变化是难以预测的，研究的作用就在于尽可能地切合发展的实际。

（四）社会老年学研究的程序

社会老年学的研究程序同所有社会科学类似，大体包括五个步骤：确定课题和建立假设；制定研究方案；搜集资料；整理与分析资料；解释结果与提出研究报告。

1. 确定课题和建立假设。任何研究首先都要明确课题，课题体现研究的目的、任务、研究范围和研究要求。现在的研究课题大多是从现实生活中提出的，少数是学科的基础理论。建立假设就是指对所研究问题的相互关系的初步设想。这种设想是在一定理论指导下或从现实生活观察的。设想总的可能是对的，但可能不够具体，也可能是错的。需要经过调查研究后才能肯定或否定。有了设想，就有了思路，收集资料也就较有成效，但切忌以肯定假设来收集资料，这就不是科学研究，而是为主观臆断找证据。

2. 制定研究方案。根据研究任务确定研究的类型。社会老年学大多是对现实问题进行研究，一般采取统计研究方法。包括制订调查方案、设计问卷，等等。

3. 搜集资料。不同类型的研究要求搜集不同的资料，采用不同的调查方法。社会老年学研究搜集的资料很广泛，包括文献资料、业务报表、实验报告、调查报告等，但大量的是统计调查，如普查、抽样调查、典型调查等。

4. 整理与分析资料。这是对搜集到的资料进行加工整理，主要有两类：一类是理论分析，另一类是统计分析。前者常常被称做定性分析，后者被作为定量分析。整理与分析就是把大量杂乱无章的原始材料系统化和精细化。

5. 整理分析结果，提出报告，完成整个研究。

老年学为应对人口老龄化提供智力支持

人口政策与历史机遇期*

十六大报告指出："21 世纪头 20 年，对我国来说，是一个必须紧紧抓住并且可以大有作为的重要战略机遇期"。从我国的人口环境来看，这一时期，由于出生人口急剧减少，正是开发资源、积累财富的最为有利时机。这一机遇期的出现绝非偶然，是过去二三十年中，党中央始终把人口问题作为"制约我国经济社会发展的关键因素"，对人口控制常抓不懈的结果。人口数量和年龄结构变化所带来的这种发展机遇在日本、韩国、新加坡和我国的香港、台湾都出现过，至今仍未完全过去。在我国，这一机遇期在本世纪初到来，并会持续一段时间。我们千万要抓住，决不能坐失良机，因为人口众多是我国的基本国情，而人口数量和年龄结构变化所创造的机遇是短暂的、相对的。应当指出，对于我国人口政策所创造的这一历史机遇，一些同志尚缺乏明确的认识。究其原因，主要是对人口问题的战略性、基础性缺乏认识。因此，有必要把这一历史机遇期

* 原载《求是》杂志，2003 年第 18 期，由邬沧萍，孙鹃娟合写。

的不可替代性和时效性提出来，以唤醒人们充分利用这一历史机遇期，实现全面建设小康社会的宏伟目标。

一、控制人口数量对我国人均GDP提高的作用不能低估

无论在邓小平关于我国社会主义现代化建设“三步走”的战略目标中，还是在党的十六大关于总体达到小康和全面建设小康社会的判断中，按人口平均的国内生产总值(人均GDP)都是一个无可替代的硬指标。人均GDP水平既取决于作为分子的国内生产总值的规模和速度，也取决于作为分母的人口的规模和速度。作为“分母”的人口数量过大，一直是制约我国人均GDP指标提高的因素之一。特别是当“分子”(国内生产总值)的增长不明显而人口增长较快时，人口的分母效应就会显得很突出。例如，我国的国内生产总值按世界银行最新公布的数字，已跃居世界第六位，如果按照购买力比价计算，我国国内生产总值的排行更加靠前；但若按人口平均计算，我国的人均国内生产总值在全球排名120位之后，同中等收入国家还有不小差距。

控制人口增长有利于减弱人口的分母效应。我国实行计划生育以来少生了3亿人口。如果不是少生3亿人口，或者少生的不是3亿而是2亿，那么，按2000年我国GDP总量10000亿美元来计算，我国的人均GDP根本达不到800美元，也就谈不上在总体上实现小康。

控制人口增长有利于作为“分子”的我国国内生产总值的加速增长。从理论上讲，为了在人口增加的情况下不影响原有人口的生活水平和经济发展，国家在总投资中必须留有一笔人口投资。控制人口增长就可以减少人口投资。人口投资在总投资中所占的比重缩小，意味着用于生产性投资的增加，有利于经济增长。我国少生了3亿人节省

出的人口投资是十分可观的。

控制人口有利于缩小我国同世界各国的人均GDP差距。在经济全球化的过程中，许多大国包括一些发展中人口大国都将是我国经济上的重要伙伴和竞争对手。我国由于控制人口取得成效，生育率率先达到更替水平，21世纪30年代后人口将实现零增长。而此后，印度、巴西、墨西哥、印尼等发展中国家的人口还将有几十年的惯性增长。到21世纪中叶，印度将取代我国成为世界第一人口大国。届时我国的人均GDP水平不仅由于经济的发展而且由于人口零增长而提高，不仅同这些国家而且同发达国家的差距都将缩小。

改革开放以后我国经济迅速发展，十三届四中全会到十六大期间的13年平均增长9.3%，进入21世纪以后仍在7%以上。相对于经济发展的高速度，这一时期1%左右的人口年平均自然增长率在提高我图人均GDP水平方面的作用往往被人们忽视。许多人由此认为严格控制人口增长无关宏旨，这是十分危险的。继续严格控制人口，稳定低生育水平，尽可能减少分母过大对人均收入快速增长的抑制作用，对于21世纪前期我国国际地位和国际竞争力的提高，具有十分重要的意义。

二、控制人口数量与提高人口素质存在天然的联系

控制人口数量必然提高人口健康素质。实行计划生育后，不论社会还是家庭对妇幼保健都比多子女时代更为关心，能够把“少生、优生、优育”有机地联系起来，婴幼儿、产妇死亡率大幅度下降，新生人口及其父母一代的健康素质得到空前提高。

控制人口数量与人口科学文化素质的提高也存在天然联系。人们常常认为，人口科学文化素质的提高主要依赖于文化部门、教育部

门、科学部门的努力。这是只知其一，不知其二。

从宏观的角度说，出生人数减少为提高人口科学文化素质创造了最有利的条件。教育需要投入。公共财政教育经费人均投入的多寡，直接受制于受教育人口的规模和增长速度。在人口高出生的情况下，用于青少年普及义务教育的经费尚且“捉襟见肘”，用于提高的经费当然会受到限制。人口出生水平持续下降，公共教育经费在使用上就能够较好地兼顾教育的普及与提高。

从微观的角度来看，人口素质提高的主要受惠者是实行计划生育的父母一代和计划生育后出生的子女一代，年龄大体在50岁以下。在中国的经济和教育还不发达的情况下，由于开展计划生育而导致的家庭规模小型化，使育龄夫妇能摆脱较重的经济负担和繁重的家务拖累，把较多资源用于自身及子女的教育支出，有较充裕的时间和精力参加各种类型的教育培训、学习，这就为我国普及九年义务教育、扩大和普及高中教育以及实现高等教育大众化提供了一个庞大的平台。1990年我国人口平均受教育年限为8.2年，2000年提高到11年。其中计划生育功不可没。如果是在开展计划生育以前，每年出生人口超过2500万的条件下，依我国的经济实力，很难如此迅速地提高人口的科学文化素质。

三、生育率迅速下降使我国劳动力比重高、负担轻，在国际上有竞争的优势

实行计划生育后，我国的生育率迅速下降，人口老龄化初露端倪。到2000年第五次人口普查时，我国0～14岁青少年人口不到3亿；65岁以上老年人口0.88亿；15～65岁劳动年龄人口8.88亿，占总人口的70%以上，超过所有发达国家劳动年龄人口的总和；人口

负担系数低至43，出现了人类历史上罕见的低抚养比。这一时期，劳动年龄人口比重高、青少年及老年人口比重相对较低，正所谓“生之者众，食之者寡”，是最有利于经济社会发展的黄金时期。在这一时期，一方面，由于劳动人口供给充足，价格比较便宜，如果能够充分就业，会创造更多的社会财富；另一方面，用于老人和青少年的教育、福利、保险、医疗等支出减少，有利于社会财富的积累、储蓄和投资。

人口给发展创造的这个机遇对一个国家、民族来说只有一次，它会随着老年人口比重的提高而逐渐消失。欧美发达国家19世纪下半叶以后的发展得益于低抚养比和劳动力充裕。二战以后，日本、韩国、新加坡、中国台湾等新兴工业国家和地区的经济高速增长时期也是总人口负担系数快速下降的时期。上述国家和地区都充分利用人口转变带来的机遇，为国家的发展奠定了坚实的人力、物力基础。相反的例子也有。自然条件和经济底子都比东亚优越的拉丁美洲，战后一个时期由于人口增长较快，未能形成一个持续、明显的低抚养比时期，经济增长就比日本、东亚“四小龙”慢得多。

我国进入21世纪后，抚养比低的局面还将持续一段时间，到2010年左右达到最低点。此后虽然略有上升，但会维持在一个较低的水平上，直到2030年以后开始有所上升，前后总共将持续近40年时间。这个机遇期的出现虽然比日本、韩国晚了20年，但未来20年中我国的人口负担远低于日本，与韩国相当，仍然具有得天独厚的优势。我们应充分利用这一时期我国劳动力资源丰富、人口抚养负担小、劳动力成本低、劳动力素质高的优势，积极参与国际竞争，为实现全面小康和未来经济发展做好准备。

四、控制人口增长为提高我国可持续发展能力创造了机遇

控制人口增长、节约和利用自然资源、保护生态环境是我国长期坚持的三项基本国策，是我国国民经济和社会可持续发展的根本保证。在人口高速增长势头得到有效遏制、生育率达到更替水平之后，有些同志认为，应该把可持续发展的关注点更多地集中到资源和环境的节约、利用及保护上来，人口对可持续发展的影响已经无关宏旨。这一认识在理论上是错误的，在实践上是危险的，因为人口始终是可持续发展的核心问题，正是人口的膨胀和需求导致了资源、环境的破坏。而人口出生的减少，人口年龄结构的改变，特别是人口素质的提高，可以有效控制并缓解我国资源、环境的压力，增强我国的可持续发展能力。

生态环境的破坏有自然因素，也有人为因素。在我国，很大程度是人口过多造成的。我国人均资源少，经济发展落后，长期以来，为了生存，人们便不惜以破坏生态环境为代价，诸如乱砍滥伐、毁林开荒、陡坡开荒、围湖造田、草原开荒、超载放牧、竭泽而渔等是造成水土流失和沙漠化的根源。又如，我国大江大河的水体污染和城乡三废污染源自小五金、小水泥、小砖瓦、小化肥、小造纸等企业。这类小企业资金缺乏，设备落后，无环保设施，但由于能够容纳很多劳动力，成为许多地方难以根治的顽症。在我国的国情下，人口若得不到有效控制，即便经济增长了，人口对资源环境的压力也不会缓解。因此人口出生率的下降为实现生态建设和环境保护创造了重要的前提条件。

保护生态环境、实施可持续发展战略，在一个文盲充斥和急功近

利的社会是做不到的。控制人口数量有利于教育事业的发展，有利于促进人口科学文化素质的提高，有利于唤醒人们的环保意识，这就为实施可持续发展战略创造了最根本的条件。

五、居安思危，用辩证的眼光看待人口问题对发展的挑战

严格控制人口的政策给我国经济和社会发展创造了难得的历史机遇，同时也带来了严峻的挑战，突出体现在人口老龄化方面。

控制人口增长必然加速人口老龄化，这是人口政策面临的两难抉择。为了摆脱人口数量的压力和迅速改变"一穷二白"的面貌，中国选择了严格控制人口增长、加速经济发展的战略，这就不能不面对"未富先老"的历史必然。人口老龄化对我国社会经济发展的挑战严峻到什么程度，必须进行国际对比。同美、日的老龄化过程相比，我国的人口老龄化不是最快的，更不是最高的。总的来说，大大低于日本，同美国差别不大。据世界银行预测，到2025年，我国65岁及以上人口的比重为13.2％，低于美国18.5％的水平，更远远低于日本近30％的水平。从中、美、日、印的几个抚养比指标对比来看，自本世纪初到中叶，我国的总抚养比比美、日都低，只有到2025年之后才会高于印度，也就是说，我国的总抚养比在相当长的一个时期内还相对较低。

总的来看，我国人口老龄化起步之初对经济社会发展带来的挑战并不突出。我们必须从现在起就重视老龄问题，不失时机地做好应对人口老龄化的各种物质、精神、理论、法律、伦理道德、制度、科学知识和人才等方面的准备，避免重蹈人口政策失误的覆辙。

回顾我国人口与经济社会发展的历程，展望未来一段时期内人口

给我国全面建设小康社会创造的良机，可以看出，我国政府采取的人口发展战略是明智的，是符合历史发展趋势的。当前，我们要及时地、紧紧地抓住人口数量下降和年龄结构变化所创造的历史机遇，实现十六大提出的全面建设小康社会、加快推进社会主义现代化的宏伟目标。

科学认识计划生育与人口老龄化的关系*

最近颁布的《中共中央国务院关于全面加强人口和计划生育工作统筹解决人口问题的决定》，对当前我国的人口形势进行了清晰而理性的判断，为统筹解决我国人口问题指明了方向。但是，面对我国人口老龄化发展迅速，而生育率在较长一段时期又处于低水平的现实，有同志担心，继续坚持计划生育和稳定低生育水平的政策，会导致人口老龄化的进一步加剧，加重我国未来的养老负担。对此，我们有必要站在历史和全局的高度，用辩证唯物主义的观点来看待我国计划生育政策与人口老龄化的关系。

一、人口老龄化是人类社会经济发展的必然趋势，各国概莫能外

人口老龄化是老年人口在全部人口中的比重不断提高的过程。人口老龄化作为人口年龄结构变化的一种过程和

* 原载《求是》，2007年第7期，由邬沧萍，孙鹃娟合写。

趋势，受到人口出生、死亡和迁移的影响。我国人口的国际迁移和流动规模较小，对人口年龄结构影响不大，因此出生率和死亡率从高水平向低水平的迅速下降是引发人口老龄化的重要因素。生育水平的下降，使得新生人口规模缩小，低年龄人口在总人口中的比重相对减少，相应地加大了60岁及以上老年人在总人口中的比重。老年人死亡率的下降、人口平均寿命的延长，又使得老年人的规模及其在总人口中的比重不断加大。可以说，死亡率下降、寿命延长是我国人口老龄化产生、发展的前提条件。

从世界范围来看，人口老龄化是社会经济发展的必然趋势。因为只有当社会经济发展到一定水平，人类的食物、居所、安全、医疗卫生等各项生存条件才能得到有效改善，寿命才得以延长；也只有社会经济的进步，婴幼儿存活率的提高，对劳动者素质要求的提高，才会推动人们由追求孩子的数量转变为追求孩子的质量，使人口再生产类型由传统的高出生、高死亡、低增长，向现代的低出生、低死亡、低增长转变。所以从根本上说，社会经济的发展才是人口老龄化的内在因素。

世界人口的发展历程能够很好地佐证这一人口趋势。人口老龄化率先在经济较发达地区出现。19世纪后半叶至20世纪前半叶，法国、英国、德国等欧洲国家在工业化、现代化的过程中迅速发展，人口的生育水平、死亡水平迅速下降，65岁及以上老年人口在总人口中的比重陆续达到7%(即联合国认定的老年型人口标准)。随后，北美洲、大洋洲国家和日本等陆续进入老龄社会，而一些拉美国家和亚洲“四小龙”的人口也在经济腾飞的过程中逐渐老龄化，很多发展中国家包括一些最不发达国家到本世纪中叶也会陆续迈入老龄化的门槛。

由此可见，人口老龄化是社会经济发展的必然趋势，任何国家都不例外，只是出现时间早晚、进展速度快慢、程度高低有所差异。在我国即使没有生育政策的干预，人口老龄化也终将随着社会经济的迅速发展而出现。

二、控制人口数量与延缓老龄化进程是两难抉择，只能统筹解决

我国是世界第一人口大国。长期以来，人口数量庞大、分布不均、素质不高等问题一直是制约我国经济社会发展的“瓶颈”。因此，将严格控制人口增长放在解决各种人口问题的首要位置，是符合国情的选择，是一种客观要求。但控制人口必然会带来一些负面影响，比如会提高老年人口在总人口中的比重。对于这种两难抉择，我们只能从我国的基本国情出发，审时度势，选择最有利于我国经济社会发展的方案，而不能顾此失彼。

30 多年来，我国政府一直在控制人口的同时密切关注并着力解决包括老龄化在内的各种人口问题。其过程大致可以分为三个阶段：

第一阶段：20 世纪 70 年代初到 20 世纪末。这一阶段我国人口战略的核心是严格控制人口增长。当时，新中国成立以后出生的数以亿计人口尚未进入老龄阶段，但中共中央在 1980 年发出的《关于控制我国人口增长问题致全体共产党员、共青团员的公开信》中，对严格控制人口的后果和可能出现的问题已经有所预见。这一阶段，由于实行了有效的控制生育政策，使得中国成为世界上生育率下降最快的国家之一，总和生育率由 1971 年实行计划生育初的 5.8 下降到 20 世纪 90 年代初的更替水平(2.1)以下。

第二阶段：2000 年，当我国计划生育工作取得巨大成就，生育率下降到更替水平的时候，中共中央国务院同时颁布了两个决定：3

月，做出了《关于加强人口与计划生育工作稳定低生育水平的决定》；之后，鉴于人口老龄化的必然趋势和紧迫性，又于同年 8 月下发了《关于加强老龄工作的决定》，强调要充分认识加强老龄工作的重大意义，提出了老龄工作的指导思想、原则和目标。

第三阶段：2007 年年初，中共中央国务院做出《全面加强人口和计划生育工作统筹解决人口问题的决定》，将千方百计稳定低生育水平和积极应对人口老龄化一道提出来。

这个过程说明，党和政府对于我国人口数量和年龄结构关系的认识是清醒的、及时的，也是高瞻远瞩的，做到了全面安排、统筹解决，决不像有些人所说的“中国计划生育全然不顾及后果”。

计划生育是我国一项长期的基本国策。目前国内外大多数专家、学者都认同总和生育率处于 1.8 上下、略低于更替水平，是我国逐步实现人口规模相对稳定的数量界限。但我国现实的人口情况是：人口数量依然庞大，人口的惯性增长还将持续一段时期，出生率反弹的危险还不能排除。《中共中央国务院关于全面加强人口和计划生育工作统筹解决人口问题的决定》指出：“今后十几年，人口惯性增长势头依然强劲，总人口每年仍将净增 800 万～1000 万人。”世界上一些发展中国家的人口发展表明，人口惯性增长的转变往往需要很长的时间，有的国家可能长达半个世纪以上。

当前我国的人口问题已不同于实行计划生育以前的人口问题。除了人口数量依然需要给予足够的重视外，人口质量、结构、流动迁移等问题比以前更为复杂多样，也需要得到充分关注。如果不能把低生育水平稳定住，解决各种人口问题会更加困难。人口规模的稳定是我们工作的关键所在；生育率达到并在较长时期处于更替水平是人口规模稳定的前提。只有如此，中国人口达到零增长的目标才可望也可及。这就要求我国的人口政策和生育政策必须保持相对稳定。

把人口老龄化带来的负面影响都归罪于计划生育是不科学、不公平的。我国现阶段和今后一个时期进入老年的人口，都是实行计划生育以前就存在的人口，是过去高出生率和人类寿命延长的结果。计划生育的影响只体现在减少了出生人口数量，使老年人口在总人口中的比重提高。从长远来看，计划生育有助于减少未来老年人口的数量。因为现在新出生的人口少，60 年后的老年人口就少。

必须指出，稳定低生育水平并不意味着生育水平越低越好。因为过低的生育水平会进一步加重人口老龄化的程度，造成未来社会中老年抚养比过大，不利于社会的可持续发展。必须综合考虑人口数量和人口年龄结构，既要控制人口规模，又要防止人口过度老龄化。要通过持续监测生育率的变化情况采取相应的对策，使我国适龄人口的生育水平既不过高，也不过低。

三、在稳定低生育水平的基础上积极应对人口老龄化，处变不惊

过去，人口老龄化对我国的挑战并不突出，而人口规模过大对我国发展的全面影响却非常突出，必须优先解决。目前我国 60 岁及以上老年人口达 1.44 亿人，占总人口的 11.03%，已进入老龄社会。人口老龄化对我国发展和人民生活的挑战是严峻和紧迫的，必须提到重要议事日程上来。

中国老龄问题首先需要解决的是，如何满足数量庞大而且还在日益增长的老年群体在物质生活、医疗保健、精神关怀等方面的需要。事实上，未富先老与资源不足的双重压力，才是我国人口老龄化问题的严峻性所在。与世界上很多国家相比，我国的老年人比重并不算

高，但是，我国人口多、底子薄、耕地少、自然资源相对不足，难以满足1.44亿庞大老年人群的需求。而且，与一般人群相比，老年人的需求具有独特性，在医疗护理、精神慰藉等方面的需求比较强烈，这就对社会、家庭的经济资源、医疗资源、人力资源等方面提出了严峻的挑战。

由于我国社会养老保障体系建立较晚，至今尚不完善，现在大多数的老年人在过去工作时没有进行养老积累或积累很少，在我国经济转轨和社会转型过程中，随着人民生活水平的迅速提高，老年人很容易陷入相对贫困状态。特别是我国过去长期存在着城乡二元结构，农村社会保障体系滞后，与城市老年人相比，农村庞大的老年群体在经济收入、医疗保障、生活照料等方面面临更突出的问题。计划生育政策一方面为减轻社会抚养负担、推动经济发展和提高许多家庭成员的素质、生活质量作出了重大贡献；另一方面，由于减少了子女数量，也在一定程度上弱化了我国家庭养老的功能。待独生子女一代进入婚育期后，“四二一”家庭（即四个老人、两个中青年人、一个孩子组成的家庭）或“四二二”家庭（即四个老人、两个中青年人、两个孩子组成的家庭）在养老方面的压力是比较大的。这种压力对于长期以家庭养老为主的农村地区尤为巨大。因此，必须未雨绸缪，切实为独生子女家庭未来的养老做好准备。

积极应对人口老龄化，就要按照《中共中央国务院关于全面加强人口和计划生育工作统筹解决人口问题的决定》要求，制定和落实老龄事业发展战略规划和政策，把逐步建立覆盖城乡居民的养老保障制度作为社会保障体系建设的重点，构建以居家养老为基础、社区服务为依托、机构照料为补充的养老服务体系。农村要探索建立多种形式的计划生育家庭养老保险制度，有条件的地方，可建立政府、集体和社会共同参与的养老服务机构。城市要逐步完善社会统筹与个人账户相结合的基本养老保险制度、构建多层次的城镇养老保障体系，提高养老服务机构在城市规划中的比重，鼓励社会开办各种类型的养老服务机构。发扬敬老、养老、助老的良好社会风尚，大力弘扬子女赡养、家庭养老和邻里互助的传统美德。同时，大力发展老龄产业，建立满足特殊需求的老年用品和服务市场。

四、用提高生育率来应对人口老龄化是下策，后患无穷

稳定目前的低生育水平既有利于应对人口惯性增长，又有助于预防人口过度老龄化。有人提出以放宽生育率来解决我国人口老龄化问题，我们认为，从长远和全局来看这是下策。

首先，根据人口增长规律，放宽生育必然增加新生人口，使人口规模扩大并相应推迟人口实现相对稳定的时间；其次，通过增加新生人口来缓解现阶段人口老龄化的压力，是“远水不救近火”，于事无补；再次，新增加的出生人口在成长为劳动力以前，属于被抚养群体，在一定时期内增加了社会负担，形成社会老少负担的“两头沉”；最后，现在增加出生人口，意味着60年后扩大老年人数量，不仅无助于缓解我国长期的人口老龄化，反而会造成人口恶性循环，不符合中国人口发展战略。

积极应对人口老龄化的关键是按照科学发展观和构建和谐社会的要求，制定一个符合国情的人口发展战略，走一条中国特色的应对人口老龄化的道路。认识到位，才能工作到位。

中国人口老龄化的特点*

我国人口老化正在出现，而且还要发展，这是一个客观趋势，是无法逆转的。但是，现在已能预见到，我国今后人口老化的进程和老化的社会条件，同过去发达国家并不一样。我国人口老化的特点是：

1. 我国将是发展中国家中人口最先老化的一个。发达国家的人口老化是在工业化、现代化出现以后，人口出现明显老化时，这些国家工业化的程度、劳动生产率和人均国民收入都已达到相当高的水平。所以人们普遍认为人口老化是发达国家特有的人口问题，是“富国的人口病”。一个国家经济实力强大对付人口老化一般说来比较容易。我国现在是个发展中国家，还是个穷国，而预计在本世纪末人口就会变成老年型。那时我国人民生活不过是小康水平，人均国民生产总值还达不到今天许多发达国家的十分之一，与它们达到同样老化程度时的社会经济发展水平相比也低。有人比喻我们是“穷国患了富国的人口病”。另一方面，我

* 原载《漫谈人口老化》，辽宁，辽宁人民出版社，1986。

国是社会主义国家，在分配上不允许不合理的两极分化，这就决定了我国解决人口老化的措施同发达国家有所不同。

2. 我国今天人口老化的程度虽然不高，但老年人口的绝对数大。现在我国60岁及以上老年人口比美国和苏联加起来的老年人口还多。这样庞大的老年人口数本身就值得社会重视。这种绝对老化问题不是突然冒出来的，而是逐步积累起来的。只是过去未予重视，而今天认识到了并把它提到议事日程而已。

3. 人口老化的速度快。我国由于严格控制人口增长，人口老化进程加速。发达国家一般都经历了上百年时间，逐步达到目前人口老化的程度，我国预计在二、三十年就能达到。目前日本是世界公认的人口老化最快的国家，原因是日本的出生率下降最快。我国人口老化速度同日本可以说不相上下。许多发达国家人口老化是逐步出现的，因而可以逐步地采取相应措施，准备时间也较充分，但我国人口老化来得快，准备时间短，因而必须加速准备，以免措手不及。

4. 中国人口老化进程在地区上很不平衡。表1中可以看到，京、津、沪、江苏等地区人口已经较老，而宁夏、青海、贵州、新疆等省、自治区人口还很年轻。老化程度的巨大差别，就决定了我国的计划生育政策和老龄政策都必须区别对待，千万不能“一刀切”，要一把钥匙开一把锁。

表 1　1982 年我国人口老化程度高与低地区的比较

	人口老化程度高的地区				人口老化程度低的地区				各项指标之间最大差
	上海	北京	天津	江苏	宁夏	青海	贵州	新疆	
0～14 岁比重(%)	18.1	22.1	24.2	29.0	41.4	40.7	39.7	39.7	23.3
15～64 岁比重(%)	74.5	72.2	70.2	65.5	55.3	56.5	54.6	56.6	19.9
65 岁以上比重(%)	7.4	5.6	5.5	5.5	3.3	2.7	4.7	3.7	4.7
平均年龄(岁)	33.2	30.8	29.9	28.9	23.4	23.9	25.0	24.6	9.8
年龄中位数(岁)	29.3	27.2	26.0	25.5	18.3	18.4	18.8	19.5	11.0
1981 年出生率(%)	16.1	17.6	18.6	18.5	20.7	26.7	27.9	29.7	13.5
一对夫妇平均生育子女数(个)	1.32	1.59	1.65	2.08	4.12	3.93	4.36	3.88	3.0

未富先老——我国人口的新课题*

从"十五"计划起，我国已经进入全面建设小康社会，开始向现代化建设第三步战略目标迈进的发展时期。2000年我国GDP总量达到10000亿美元，人均国民生产总值达800～1000美元。与此同时，随着我国人口寿命的延长和生育率的下降，在我国还处于社会主义初级阶段时就迎来了全球最独特的未富先老。人口老龄化的来临使我们意识到在新时期提高老年人生活质量既是一个机遇，又是一个挑战。就机遇而言，经济的长期高速发展和良好的发展趋势为提高老年人生活质量提供了可靠的物质基础；党和政府的重视为提高老年人生活质量提供了有力的组织保障；日渐完善的各项有关老年人的法规、决定为提高老年人生活质量提供了法律和政策支持；而全社会尊老、敬老、助老的社会环境更为提高老年人生活质量提供了广泛的群众基础。但同时我们应该清醒地意识到，人口老龄化也是一个挑战，如果现在不关注老年人生活质量的提高，使老年人

* 原载《群言》2002年第9期，由邬沧萍，孙鹃娟合写。

难以充分享受社会发展的成果，趋于边缘化、贫困化，就有可能失去解决人口老龄化带来的诸多问题的最佳时期。面对人口老龄化的迅猛发展，把提高老年人生活质量提到议事日程上，对于我国的物质文明、精神文明建设有深远的意义。

一、提高生活质量是一个社会进步的命题

生活质量是全面评价生活优劣的概念。这一概念的提出可上溯至20世纪二三十年代第二次世界大战前，西方发达国家在战后经济发展迅速，被认为已进入“富裕社会”(加尔布雷斯)，达到“高水平群众消费阶段”(罗斯托)，但与此同时却引发了环境污染、贫富差距拉大等社会问题。加尔布雷斯、罗斯托等学者(他们也是政府的顾问)逐渐发现当经济增长达到一定水平后，传统的国民生产总值(GNP)已难以衡量社会发展的和谐程度与人民生活水平，于是提出了生活质量这一概念以反映社会的整体发展水平。生活质量概念的提出和理论本身的发展是伴随着“以人为本”的新发展观不断充实和完善的，它不仅包括生活的物质层面(如生活水平、自然条件等)，还包括健康状况、精神生活、社会环境等诸多层面。

生活水平是传统上用于衡量社会发展的一个范畴，它与生活质量是既有联系又有区别的两个概念——二者都是为了说明个人或人口群体生活状况的优劣程度；但生活质量和生活水平在内涵上也存在一些差异，主要有：

1. 生活水平一般只限于反映客观物质生活的高低；而生活质量既重视物质生活，也重视人们主观感受的精神生活。生活质量比生活水平更能描述人们物质上的富裕与精神上的满足程度。

2. 生活水平主要反映物质方面的消费水平，未把文化、教育或

其他非物质生活包括在内，特别是没有把人的生命质量包括在内，是“见物不见人”；而生活质量则将个人需求、宏观环境相结合来反映身体、心理、社会功能的总体情况，真正做到“既见物又见人”。

3. 生活水平主要以提高生活的数量增长为目的；而生活质量则是以人的全面发展为最终目标，是可持续发展中“以人为本”的体现。在这点上生活质量显然比生活水平更符合马克思关于人的彻底解放和全面发展的理论。

不可否认，生活水平的提高是生活质量提高的前提条件，但生活质量更能超越历史局限性体现发展的真正含义，提高人口生活质量是现代社会中社会经济发展的终极目标，是一个社会进步的命题。

二、在我国现阶段谈生活质量不是“乌托邦”

有人认为我国现在还处于社会主义初级阶段，尚有4000万贫困人口，大多数人的生活水平还有待提高，现在来研究生活质量的问题似乎是超前了。鉴于对生活质量内涵的理解和对我国现阶段客观现实的判断，我们认为现在探讨这一问题是必要的也是及时的，这是由于：

第一，从经济发展水平来看，我国连续二十多年平均以8%以上的速度实现了经济的高速增长，现在已进入了全面建设小康社会的新阶段。虽然目前已达到人均GDP800～1000美元水平的目标，在国际上排位还很靠后，但按购买力平价（Purchasing Power Parity，简称P. P. P）计算，我国生活实际水平至少比用外汇牌价计算高3～4倍（参见世界银行《1999/2000年世界发展报告》，中国财政经济出版社，2000年），接近中等发达国家的水平。如果现在不及时提出生活质量的概念就有可能使人们在生活方式、消费构成、生活追求上陷入大吃大喝、挥霍浪费、自我制造“富贵病”和产生封建迷信、愚昧落后的生活方式等不良后果。

第二，我国城乡之间、东部与西部之间都存在经济发展的差距，但无论经济增长状况如何，在每个地方都有生活质量提高的问题。生活质量的诸方面并非为经济发达的国家或地区所独有，它存在于各国、各地区的每一个发展阶段。人们对改善生活环境、增进健康状况、提高教育、服务保障等的追求一直是客观存在的，或者说，生活质量只有高低之分，而无有无之别。

三、提高老年人生活质量是时代的要求

我国现在正进入老年人由占总人口的10％向20％快速增长的时期。老年人的生活质量关乎今天占人口1/10、明天占1/5、未来占1/4甚至1/3的人口的生活质量。

提高老年人生活质量，不能仅满足于把老年人“养起来”，而要着眼于促进他们的身心健康水平和社会功能的健全，丰富他们的精神文化生活和强调老年人的社会参与；赋予老年人享有在国内外公认的人权准则和平等享有各种机会的权利。2002年世界老龄大会讨论的各项议题和提出的各项行动建议均与提高老年人生活质量密切相关，大会起草的《国际老龄问题行动战略》重申了1999年国际老年人年中提出的建立一个“不分年龄，人人共享的社会”的主旨，并将提高老年人生活质量作为全球共同努力的目标。

21世纪前30年是我国老年人增长最快的时期，届时进入老年期的人就是今天的中青年，他们的经济状况、文化教育水平、健康状况都好于现在的老年人，但同时未来的老年人需求又将大大超过现在，高生活质量更成为他们人生中的一种追求，因此提高他们的生活质量

现在就应未雨绸缪。

四、怎样提高我国老年人的生活质量

生活质量这一概念是人类进入经济高度发达的社会才提出的，我国当前还处于社会主义初级阶段，远未达到高消费的阶段，因此提高老年人生活质量根本之策在于大力发展经济，才能“大河有水小河满”。老年人个体之间的贫富差异很大，我国现阶段针对提高老年人生活质量既要有“雪中送炭”的对策也要有“锦上添花”的对策。

1. 提高老年人生活质量，需要政府、社会、家庭和个人共同采取行动。

提高老年人生活质量是一个涉及面广、任务繁杂的艰巨任务，需要一个有力的支持体系。我国在解决老龄问题和提高老年人生活质量问题方面与西方发达国家最大的不同之处在于：在西方发达国家老年人的各种需求基本上靠个人和家庭来解决，而我国的老龄问题除了家庭和个人外，还得到了政府、社会(包括社区)的共同关怀。我们社会主义社会中的集体主义优越性在人口老龄化过程中更应该发扬光大，应贯彻李岚清副总理提出的“政府主动、社会参与、全民关怀”的老龄工作指导方针。结合我国的现实国情以及国际经验，在制定提高老年人生活质量的政策时，政府的主要作用是制定政策法规、培育市场、加大投入等；社会(包括社区)要发挥自己的优势为老年人解决实际问题，调动全社会的力量形成养老、爱老、尊老、敬老的社会环境；家庭要继续发挥在物质供养、生活照料、精神慰藉的不可替代的作用；老年人自身则要保持先进的世界观、人生观和价值观，在进入老年期仍能有坚实的精神支柱，用积极、上进的生活方式实现自己的价值。国内外的实践表明，无论是社会的正式支持还是家庭、个人的非正式支持都无法独力支撑起提高老年人生活质量的重任，只有将各种支持力有机地结合起来才能满足老年人不断提高生活质量的要求。

2. 提高老年人生活质量，既要注重老年人物质层面的需求，又要注重老年人精神层面的需求，二者不可偏废。

需求层次论告诉我们，物质需求和精神需求是人类社会的基本需求。表现在个体身上，就是生存需求和发展需求。尽管在不同的社会发展阶段老年人的需求会有所偏重，而且目前物质需求的满足与否还是制约我国老年人生活质量提高的“瓶颈”问题，但这并不意味着老年人的精神文化需求可以忽视。实际上老年人的物质需求与精神需求二者不可分割，精神需求在任何社会、任何发展阶段下都是存在的。

在我国六个“老有”中的老有所养、老有所医主要是指对老年人物质需求的满足。老有所养不是简单地把老年人养起来，解决温饱而已，而应共享社会发展成果，因而在提高老年人生活质量时要注重老年人收入在GDP中所占的份额和老年人同中青年收入的差距。在经济分配中，老年群体收入的滞后过多、过久就难以体现老年人共享社会发展的成果，容易使老年群体边缘化和贫困化；老有所医则要改革对老年人当前以治疗为主的模式为预防、治疗、照料护理和康复的模式。在制定社会政策时要用健康老龄化和积极老龄化的思维来指导提高老年人生命质量。

老有所为、老有所学、老有所乐则可以理解为对老年人精神需求的满足。老年人的精神需求主要包括受尊重的需求、自我价值实现的需求和精神慰藉的需求。精神慰藉绝不仅仅是子女对年迈父母的精神安慰，也是子女对父母家庭地位的认可；自我价值再实现的主要途径是老有所为和老有所学，老年人通过社会的参与而实现了自身所需要的自我价值的认定。只有鼓励并提供机会使老年人参与社会、经济发展，才能使提高老年人生活质量问题不再是社会的沉重负担。

3. 关注老年人的生命质量(生存质量)。

生命质量(生存质量)是生活质量的基础。保持身心健康是许多老年人的首要要求，是晚年生活质量的根本保证。健康对各人口群体都是十分重要的，但老年人对健康、医疗、护理、康复等方面的要求更为迫切。优先和平等地享受医疗、在衰老甚至自理能力低下时得到照料、护理和康复是老年人最普遍和最迫切的特殊需求。现在国内外普遍倡导的健康老龄化和积极老龄化以及健康的生活方式对老年期生活质量提高是至关重要的，可以说“健康不是一切，但没有健康就没有一切”。

4. 老年人自身也应与时俱进地提高自身素质。

为使现在的老年群体和新的老年群体适应日新月异的时代发展，避免老年人由于知识，技能的陈旧而在现代社会发展中处于劣势，要把老年人生活质量的提高建筑在自身素质的提高上。提高自身素质本身就意味着提高生命质量，提高文化教育水平既能提高健康水平，也能提高需求层次，有利于老年人积极参与社会、实现自我价值。在现实生活中，老年人的物质生活富裕而精神生活“贫困”的现象并不罕见，这是低素质的表现。养生保健、强身健体和老年教育等形式都是提高老年人自身素质的途径。

老年人应不断学习新的知识，提高和丰富自己，做到与时俱进。“活到老，学到老”的理念应贯穿人的一生，这与 2002 年第二次世界老龄大会提出的终身福利、终身健康和终身教育的理念是一致的。

重新审视我国人口“未富先老”的命题*

上世纪把我国人口状况概括为“未富先老”得到普遍认同

“未富先老”是在1982年人口普查资料发布后，我在学术会议上的发言、论文和文章中多次提出的命题，旨在向全社会提出我国生育率迅速下降，人口老龄化趋势加速，必须对人口老龄化做好思想、理论、舆论准备，物质准备，制度准备，人才准备和健康等各种准备，居安思危，有备才能无患。我认为“未富先老”是中国老龄化的特点。一般情况是，低收入国家大多是高生育、低寿命。国内外数据显示，我国当时人均国民收入只有250美元，低于同时期许多第三世界国家，而生育率已下降到较低水平，平均寿命比他们都高出很多。统计数据显示，我国的情况偏离第三世界国家收入水平与生育、寿命水平的相关曲线很远。因此，外国学者都惊叹中国生育率的下降和寿命的延长（指死亡率下降），将之视为人类奇迹，并提出中国在低收入下老龄化必然加速的论断。我认为这是人类人口发展的客观

* 原载《光明日报》2007年8月7日。

规律在我国的特殊表现，有必要提出来，因为在当时人口老龄化还鲜为人知。

人类认识老龄化先是从简单重复的自然现象入手，然后认识到制约老龄化背后深层次的社会现象。以前对人口老龄化的成因大多认为是人类寿命延长，其实寿命延长是人口老龄化的前提，因为大量儿童夭折或英年早逝就形不成人口老龄化。人口科学从调查的实证和数理的模型推论都证明出生率(或称生育率，下同)是人口老龄化的决定因素，它直接决定人口老龄化的速度和程度，因此20世纪人口学家一致认同并把生育率的下降称为人口(年龄金字塔)底部老龄化，称寿命延长为人口(年龄金字塔)顶部老龄化。

纵观人类历史，人类的出生率和死亡率总是由高到低的趋势，这是人类生产力不断发展的必然结果。首先是生产有了初步发展，死亡率下降，人类寿命延长；随着生产力的进一步发展，人类进入工业化、城镇化特别是现代化以后，生育率也随之逐步下降。人类死亡率下降和出生率下降的直接后果必然是人口老龄化。法国是欧洲生育率最先下降的国家，与此相应，法国也是人口率先老龄化的国家。紧随其后的是所有欧美发达国家和日本，在20世纪中期以后都无一例外地出现人口老龄化；另一方面，在世纪之交，几乎所有亚非拉发展中国家(除了个别情况特殊的国家和亚洲“四小龙”外)，尚都保持着较高出生率，未进入老年型人口社会。中国可以说是当代发展中大国中唯一的低生育率国家，根据大多数人认同的科学估计，我国目前总和生育率是1.8(通俗形象比喻为一个妇女平均生育不到两个孩子)，有1.45亿60岁以上的老年人，占全部人口的11%，达到公认的人口老龄化程度。

从20世纪70年代开始，我国生育率持续下降，出现人口底部老龄化，那时我国人均 GDP 只有 250 美元左右，就是到 1990 年代也未超过1 000美元，在进入 21 世纪前我国仍属低收入或中下收入国家之列，这个时期决定和影响生育率下降和稳定低生育的经济社会因素诸如较高的工业化、城镇化水平、高妇女就业率、儿童抚养成本高和较高的文化教育水平等条件并不充分。在我国存在明显的城乡二元经济结构的条件下，生育率下降超前于经济发展，主要是由于我国的政治和政策因素，因此，在 20 世纪把我国人口概括为“未富先老”是被普遍接受的，所讲的“老”就是人口老龄化。进入 21 世纪后，人类进入长寿时代，人类已认识到人口老龄化是社会发展的普遍规律。21 世纪是人类人口老龄化的世纪，人们对人口老龄化的认识进一步深化，“未富先老”的“老”已不仅指人口老龄化的过程，而是进一步认识到老龄化有数量界限——所讲的“老”是指进入老年型人口状态(现象)的“老”。

进入 21 世纪我国“未富先老”的命题受到挑战事出有因

改革开放后我国经济持续迅速发展，1978 年我国 GDP 只有3 624亿元人民币，到 1998 年 GDP 为 7.8 万亿元，中国由改革开放时一个属于经济最不发达的国家跃升为一个中下收入国家，在世纪之交以后平均以 10%的速度递增，到 2006 年 GDP 已达到 20.94 万亿元，财政收入也达到 3.93 万亿元，人均 GDP 已超过2 000美元，已达到中下收入国家水平。另一方面，2000 年我国人口按我国大多数人约定俗成认为 60 岁老年人口达到全部人口的 10%就是老年人口的比重，我国已经达到了。2006 年明确提出我国进入老龄社会。按照我国现在已达到的人均2 000美元的经济水平，是否还应沿用“未富先老”？有人认为法国 1840 年和 1865 年以 60 岁或 65 岁为标准成为老年型人口，瑞典、英国、德国等紧随其后在 19 世纪后半叶或在 20 世纪初都进入老年型社会，那时他们的人均国民收入就是考虑到购买力也未达到我国今天人均2 000美元的水平，因此我国现在已经不是“未富先老”，而是“边富边老”、“老富同步”或“先富后老”甚至是“富而未老”，因为同发达国家和有些国家相比，我国老龄化程度还是轻的，只相当于欧洲国家和日本的一半。

进入21世纪以后，根据国内外人口老龄化的形势，特别是根据我国近年来经济迅速发展的形势，对我国经济发展与人口老龄化作新的价值判断，对“未富先老”提出挑战或质疑是一种思维创新和理论创新。但有必要指出，在“老”和“富”的相互关系中，“老”和“富”的标准和数量界定都没有客观标准，因此见仁见智在所难免。现在所谓“老”是以60岁为标准，老年比是10%，这些尺度都是50年前提出的，那时还是“人生七十古来稀”的时代，同今天普遍80岁的长寿时代迥然不同。因此，60岁以上人口超过10%是否就是“老”在学术上是可以讨论的。现在谈到“富”，大多数人都使用人均GDP或人均国民收入来度量，而从应对老龄化的物质资源来说，公共和私有财产、为老年人服务的基础设施、养老基金积累、为老服务的人力资源，甚至自然资源等都应考虑在内。因此，根据最近几年经济高速增长就断言中国现在已不是“未富先老”似乎有点操之过急。

有一种质疑我国“未富先老”的观点值得特别重视，就是认为我国未富先老论在政策层面上已失去了其积极意义，“未富先老”不是中国老龄化的本质特征，不是中国老龄化危机的根源所在，并认为“未富先老”论难以作为中国应付老龄化危机的战略基础。这种观点提出要摒弃“未富先老”的命题，认为老年人口存在的各种贫困现象，不是因为资源性短缺，而是体制性供给短缺。这种观点提出，我们必须跳出“未富先老”这一认识窠臼，并认为制度安排的缺陷和缺位、公共资源体系的长期滞后才是中国老龄化危机的根源所在，而“未富先老”无法将其涵盖在内。这一质疑正确之处就是指出“未富先老”只就生产力论述人口老龄化而没有从生产关系特别是分配制度上来论述老龄化。在20世纪80年代老龄化刚刚浮出水面时，提出“未富先老”时已含有要求做好制度安排的准备，但那时不可能深入。质疑“未富先老”论者断言，在“力”和“制”支撑失衡的中国人口金字塔的两根柱石中，“制”(指制度、体制)比“力”更为重要。对此我认为过于偏激，一个长期积贫积弱的国家，今天生产力虽然有了长足发展，但中国仍将长期处于社会主义初级阶段，过早摒弃“未富先老”是不明智的，虽然它可能为某些行政官员“不作为”提供借口，但不能因噎废食。“巧妇难为无米之炊”目前仍是应对人口老龄化的主要难题。

站在科学发展观和和谐社会的高度审视“未富先老”

对“未富先老”提出质疑者认为，“中国老年人面临的困境，并不是因为蛋糕做得不够大，也不是因为分蛋糕的人太多，更不是因为做蛋糕的人数不足，而是因为缺乏合理分配蛋糕的制度安排和社会机制，使得老年人难以及时充分地分享经济发展成果。”按照这种观点，我国老年人的困境应是“不患寡而患不均”。我国的经济分配制度存在缺陷，特别是城乡一部分老年人相对贫困化和边缘化比较突出，收入分配的政策有待改革。但就我国经济水平应对老龄化的现实来说，应“既患寡也患不均”，因为综合国力不足、老年人群长期积贫积弱，加上分配不公，三方面都是我国应对老龄化困难的根源所在。我国在今后一段时期应对老龄化问题仍是极其艰难的。正如邓小平指出的，我国人口特别是农村人口多、底子薄，自然资源相对不足，就是人口得到控制以后，人口多仍是个问题，因此应对人口老龄化必须按照科学发展观，做到全面协调和可持续发展，统筹人口、经济、社会、资源和环境的发展。

由于早期人口政策的失误，我国 20 世纪 70 年代以前出生的高峰人口，在 2010 年以后将陆续进入老年期成为庞大的新一代的老年人。平均每年递增 600 万～800 万，老年顶峰时将达到 4.3 亿，占人口的 30%以上，其中 80 岁以上的也有八九千万。我国老年人今天占世界老年人口的 1/5，今后将要占近 1/4。与此相对应，我国应对人口老龄化的经济社会资源还十分脆弱，我国平均耕地只有世界平均水平的 40%，GDP 只相当于世界 GDP 的 5%～6%。

正如前联合国秘书长在 2002 年老龄问题大会上所说的，发展中国家应对人口老龄化要面对发展和老龄化的双重挑战，因为没有发展，应对老龄化是不可持续的。发展要惠及所有人、当代人和后代人、今天的老人和明天的老人。发展的项目是很广泛的，涉及方方面面，要求投入多，覆盖面广，但效益容易彰显，容易提到议事日程上来，如在建设社会主义新农村中的农田水利基本建设、铁路、公路、安全饮水、通讯、教育、卫生等容易受到重视，而老年人的医疗、生活、福利、老年人的精神需要等常常受到轻视，加上农村老年人是个弱势群体，在“未富先老”的条件下常常被边缘化，就是经济有较大发展的条件下，老年人相对贫困化甚至绝对贫困也不少见。因此，“未富先老”不仅要宏观考察，也需要从微观层次，从一部分老年人特别是分配不公的体制下来考察。

由于近年来我国经济高速发展，因而有人认为“未富先老”的提法不切实际，并认为中国老龄化不是难以承受之重，问题只是体制蛋糕的分配问题。我认为有必要指出，目前我国养老保险方面隐性负债超过 6 万亿元，到目前为止养老金储备只有2 700亿元，现在退休人员的养老金主要靠现收现付来支付，老年社会保险覆盖面不大，老年人群已捉襟见肘，将来退休人员不断增加，困难就更大。我国目前社会养老床位120.5万张，平均每千名老年人8.6张，是发达国家50～70张的1/8，至于住房、医疗则差距更大。

十六届六中全会提出构建社会主义和谐社会的目标，和谐社会主要讲人与人的和谐，但我们对代际和谐谈得很少，实际上代际分配不公是个十分突出的问题。我们谈到“工业支持农业”、“城市支援农村”、“多予”、“反哺”等方针政策，农村老年人才是最值得“多予”、“反哺”的优先对象，他们为中国的发展付出了很大“代价”，他们许多人年事已高，健康状况不佳，现在不“反哺”，将来想补救也许来不及了。因此对农村贫困老人各种形式的援助和福利已刻不容缓。

我认为目前条件下“未富先老”的命题仍有重大的现实意义，它有利于提高我们的忧患意识，使我们认识到人口老龄化的严重性和紧迫性，有利于立足国情，厉行节约，做好老龄事业。还有，“未富先老”符合我国老年人当前的实际，能够得到老年群体的认同。当然我们也要指出，不能以“未富先老”为口实，不努力解决老龄实际问题。只要树立科学发展观，关注民生，执政为民，“未富先老”的命题会鞭策全党全民积极应对人口老龄化。

“未富先老”命题提出的理论价值和现实意义*

“未富先老”是我国人口老龄化的一个重要特点①，一直以来都是政府、学界和社会大众普遍认同的观点②。关于“未富先老”问题，最近学术界也有一些不同的看法（乔虹，2006），为此《人口研究》2006年第6期刊发了李建民、杜鹏两位教授的文章，对“未富先老”进行了专题讨论，这给了我们很大的启发，也促使我们对“未富先老”的理论价

---

* 原载《人口研究》第31卷第4期，2007年7月，由邬沧萍，何玲，孙慧峰合写。

① 全国老龄工作委员会办公室，《中国人口老龄化发展趋势预测研究报告》，2006：“中国则是在尚未实现现代化，经济尚不发达的情况下提前进入老龄社会的，属于未富先老”。

② 负责全国老龄工作的全国老龄办多次发文都强调中国“未富先老”的特点，如回良玉副总理在2006年全国老龄委第八次全体会议上的讲话（中国老龄网 http://www.cacn.org.cn 2006－01－19）。学术界对此也比较认同，例如田雪原、杜鹏、蔡昉等学界知名专家都曾就中国的“未富先老”从不同研究视角提出过自己的观点。在百度和google上键入“未富先老”，可分别搜索到相关研究和报道64600条和80200条，这表明社会当前对“未富先老”的广泛关注和接受程度。

值和现实意义进行更加深入的思考。

“未富先老”是邬沧萍教授(下用邬教授)在20世纪80年代提出来的，使用该表述，是鉴于当时人口老龄化还鲜为人知，希望这一命题有助于人们认识到我国经济还不发达与人口老龄化提前到来这一对矛盾所带来的复杂问题，在当时属于大胆的探索。现在，随着对我国人口老龄化的进一步深入认识，我们觉得对“未富先老”这个问题的认识也需要进一步深化。为了更好地认识“未富先老”的理论和现实意义，我们先回顾一下当时提出“未富先老”的历史背景和理论依据。

一、“未富先老”命题提出的历史背景和理论依据

(一)理论依据

人口老龄化是指一个人口中老年人口比例不断提高的过程。人口转变是人类历史发展的必然，而人口老龄化是人口转变的必然结果(United Nations，1956)。舍弃人口迁移因素，人口转变主要是由死亡率和生育率的转变引起的，死亡率的下降必然导致人口寿命的延长，是人口老龄化的前提，而生育率的下降必然导致出生人口数量的减少，是人口老龄化的决定因素。人口老龄化是个普遍规律，不论是发达国家还是发展中国家，或迟或早都要发生，概莫能外。根据这一理论，早在20世纪80年代我国人口年龄结构刚刚开始老化的时候，我国的人口学家就已经敏感地意识并预见到随着我国死亡率的下降和生育率的下降，人口转变必然出现，人口老龄化也将作为人口转变的必然后果而出现，并开始对我国人口老龄化的出现时间、发展速度、发展规模及其影响等进行研究。

(二)1980年初我国的实际

1980年我国生育率迅速下降，人口年龄结构开始从底部老龄化。

从20世纪70年代开始，我国逐步推行计划生育政策，人口控制工作取得很大进展，到20世纪70年代末，出生率已从20世纪70年代初期的近28‰的高水平急剧下降到18‰左右的较低水平(邬沧萍等，1999)，人口自然增长率大幅下降，年轻人口比重减少，人口年龄中位数提高，人口年龄结构进一步老龄化。1980年，《中共中央关于控制我国人口增长问题致全体共产党员、共青团员的公开信》发表时，我国总和生育率下降到2.24，达到了较低生育水平，人口加速老龄化成为中国的必然趋势。随着人口老龄化问题的凸显，我国政府也开始关注应对人口老龄化问题的研究和解决，1982年维也纳第一次世界老龄问题大会召开之际，中国老龄问题全国委员会也宣布成立。

在人口转变迅速发生的同时，学术界对我国人口老龄化问题的认识也不断深化。国际社会对此进行了大量研究(United Nations，1983)，学者认为在低人均收入的国家中，中国预期寿命长和生育率低都是突出的。通过国际对比，人们发现中国人口老龄化将出现在人均国民收入还不够发达的时期，与世界上已经人口老龄化的一些国家相比，“未富先老”已经成为中国人口老龄化的一个重要特征。在这种情况下，邬教授在1986出版的《漫谈人口老化》一书中首先提出了“未富先老”的观点(邬沧萍，1986)，此后，“未富先老”作为明确界定我国人口老龄化特征的描述逐渐开始出现在我国老龄问题的实际工作和学术研究当中。

(三)提出“未富先老”的初衷

鉴于20世纪80年代，人口迅速底部老龄化，人口老龄化的速度在当时超出了社会经济发展的速度，人口老龄化对中国的巨大压力在第三次人口普查后日益显露。为了保证人口、经济、社会健康、有序、和谐地发展，解决好庞大的、快速增长的老年人口的物质需求、照顾需求和精神需求，为了让全党全民认识到老龄化的必然性和重要性，为了让全社会未雨绸缪做好准备，邬教授提出了“未富先老”的观点，当时初衷是为抓住我国人口老龄化将快于经济发展这一现实矛盾，对我国即将到来的老龄化特征进行鲜明、准确的定义，给全党全民敲响警钟。

“未富先老”提出后，邬教授也多次撰文强调必须站在社会发展的立场应对老龄问题。人口老龄化有一个发展的过程，经济、政治、文化、社会也将不断发展。为此，我们要从发展的角度为人口老龄化做好准备：在制度上，要为迅速增加的庞大的老年人口提供一个合理的制度安排，使之能够参与政治、社会和经济生活，分享到社会发展的成果；在经济上，要有必要而充分的物质积累，加强各项为老基本建设，为规模庞大的老龄人口提供必要的经济和医疗保障；在思想意识上，要在全社会充分形成应对老龄化的思想、理论和舆论准备，发扬我国尊老敬老的优良传统；在理论研究上，要对人口老龄化进行充分的研究，准确把握我国人口老龄化的特点，了解我国人口老龄化的发展趋势，形成应对人口老龄化科学的理论指导，同时开展对老年健康、教育、康复和护理等方面的研究；在人力资源上，要为人口老龄化储备必要的各种人才；在人口素质上，要不断提高全民的健康素质，为形成健康老龄化打好基础。当然，我们只能兼顾而不能完全站在老年人的立场来认识老龄化。也就是说，要优先解决“未富”的问题，再兼顾做好应对“先老”的各项准备，否则，“未富”没有解决，应对“先老”的准备就成了无源之水，无本之木，成了本末倒置。

二、“老”的概念是相对的

(一)“老”与“少”的标准是人定的

人口老龄化的数量界限，即什么是人口“老”与“少”是人为确定的，可以说没有一个客观的标准，见仁见智在所难免。现在国内统计部门人口老龄化的标准，沿用的是联合国约定俗成的标准，即65岁及以上老年人口达到全部人口7%即为老年型人口(United Nations，1956)。1975年美国商务部普查局出版的《人口学方法与资料》中(U.S.，2000)，将65岁及以上人口在总人口中的比例超过10%作为人口老龄化的数量界限，这一比例低于5%则人口是年轻型的。从这些公认的人口学权威文献中我们不难看出，人口老龄化的数量界限只是一个人为划定的界限，老年人口的规模及其对社会的影响并不受这一数量界限变化的影响。我国普遍使用的60岁及以上老年人口达到全部人口10%视为老年型人口是参照联合国文献同我国的实际相结合而普遍使用的。

(二)“未富先老”的“老”有两种涵义

“未富先老”的“老”，在严格意义上说有两种既有联系又有区别的涵义：一种含义是人口老龄化(Ageing of Population 或 Population Ageing)，它是指老年人口在全部人口中的比重不断提高或是一个人口的平均年龄不断提高，即增龄的过程。另一种涵义是指人口进入老年型，即人口按某一个数量标准达到老年型，如60岁及以上老年人口达到10%或者65岁及以上老年人口达到7%等就视为老年型人口(old population 或 aged population)。第一种涵义中人口的“老”是一个时期指标，说明一个过程；第二种涵义中人口的“老”是一个时点指标，说明一个时点的现象。把人口作为一个变量(variable)来研究，这两种区分是清楚的，也是必要的，在外文的表述也是不同的。但作为描述一个社会状态，“老龄社会”和“老龄化社会”就不必作严格的区分，可以同时使用，在英文翻译上使用 Ageing Society 则更为准确、达意，而 aged society 或 old society 的表述是非常罕见的。这是因为，“老(aged)”、“老化(old)”，来描述一个社会或一种现象或事物，带有衰老、老化或衰退等贬义的意思。而且，一个进入老龄型人口的社会，由于人类寿命延长的趋势，必然继续老龄化和高龄化，称之为老龄化社会是科学的，不宜称为老化社会以免引起误解。

三、对“富”的认识要与时俱进，中国应对老龄化“既患寡也患不均”

认为中国已非“未富先老”者认为今天老年人的困境是个分配不均问题，我们认为“既患寡也患不均”，本文只就人口老龄化所讲的“富”的内涵的三个层次作简要分析。

(一)“富”的第一重含义

最直接来说，“未富先老”的“富”就是钱的含义，一般理解就是收入和财产(或财富)。西方谈到养老简明地概括为“三 M”(Money，Medicare，Mind 或 Mental，就是钱、医疗和心情)，排在首位的 M 就是钱。从微观层面来讲，就是指老年人有无收入和财产，有无收入保障(Income Security)；从宏观层面来讲，就是一个国家或社会保障老年人生活的经济实力，具有代表性的衡量指标就是人均 GDP。

从 1979 年到 2004 年，我国的 GDP 年均增长率为 9.6%，1980

年人均 GDP 为 400 美元①，2000 年为 840 美元，2005 年，中国人均 GDP 为1 700美元。从纵向比较来看，我国的收入保障能力比过去是大大提高了，但与发达国家相比，我们仍然不够富裕。据世界银行对各国人均 GDP 的排位，中国人均 GDP 的排名也在 100 位左右，我国仍然属于中等偏下收入国家行列，与发达国家之间有很大差距。我国现在还处于社会主义初级阶段，这是我们讨论"未富先老"问题时的一个基本出发点，对于这一点学者都普遍比较认同。

事实上，使用 GDP 作为"富"的衡量指标还有许多缺点和局限性。GDP 是增量和流量的概念，反映的是 1 年内新财富的增加量。我国 GDP 的快速增长，反映的是我国财富的增长，而作为应对人口老龄化挑战的经济实力的体现更重要的是财富(Wealth)，即多年资产的积累，是存量的概念。老年人已经退出生产第一线，靠工作时积累起来的财富支持晚年生活具有特别重要的意义。同样的道理，一个社会缺乏社会保障的财富积累，仅靠现收现付来养老，困难是可以想见的。中国在经济底子薄，缺少财富积累的情况下进入老龄社会，只有几年的 GDP 快速增长远远不够。所以，人均 GDP 的"富"，并不能代表每个老年人富，"国富民穷"或者说"国富老年人穷"仍是我国目前要极力避免的一个严峻现实。

(二)"富"的第二重含义

"未富先老"的"富"的第二层含义是丰富和富裕，即 affluence 的意思，指的是一国养老物质资源的数量与老年人口需求相比是否充足。社会经济层面的"富裕"与养老物质资源的"丰富"两个概念虽有联

① 重估 GDP 摸清家底有益于经济发展．新浪财经网(http://finance.sina.com.cn)．新财经，2004—10—12。

系，但却有不同。一个国家经济层面的富裕并不必然意味着养老服务资源的丰富，其中涉及国家全部资源在生产与消费以及各社会阶层，各年龄段公民之间的分配问题。从我国目前的情况来看，虽然近年来我国经济高速发展，国家经济实力不断提高，在养老方面的投入也不断增加，但与我国快速发展的人口老龄化形势相比，我国养老资源和老年人的收入仍然严重不足。众所周知，我国近几年基尼系数已经超过 0.4，在收入分配贫富巨大差距中，老年人处于弱势地位，在最低收入 10％和 20％中都占很大比例。因此，在我国一个相当长时期内，老年人寿命延长、存活率提高同收入相对较低仍是“未富先老”的重要表现。

与收入不足相比，我国老年人财富短缺问题更加突出。由于历史的原因，我国老年人大多数财产很少，根据 2000 年普查资料，老年人有财产收入的只有 0.3％。农村老年人贫困不用多说，城市靠社会保险生活的老年人也只占老年人的 1/3①，并且同样面临养老资源不足的问题。据估计，目前我国养老保险方面的隐性负债超过 6 万亿元，到目前为止养老金储备只有2 700亿元②，差距很大，政府、企业、社会都已经感到养老保障方面的压力正在显著加大。此外，我国医疗资源严重不足，为老服务业发展严重滞后，难以满足庞大老年人群，特别是迅速增长的“空巢”、高龄和带病老年人的服务需求。这些都是我国“未富先老”的重要表现。

(三)“富”的第三重含义

“未富先老”的“富”的第三层含义是发达程度高(developed)的意

① 郑斯林等就积极应对人口老龄化答记者问．北京日报，2007 年 3 月 10 日。

② 郑斯林等就积极应对人口老龄化答记者问．北京日报，2007 年 3 月 10 日。

思。“富裕”和“丰富”反映的是经济、物质资源方面的实力，相当于“硬件”。而“发达程度”强调的还有社会发展、文化环境，制度建设等“软件”方面。发达国家不光经济实力比我们强，而且大都有一、二百年的社会保险、社会福利制度的历史和完善的基础设施，人口科学素质和健康水平普遍明显强于我国，老年医学、社会老年学研究开展得广泛深入，虽然它们的人口老龄化程度较高，但它们应对起来比我们要从容得多。与之相比，我国在社会发展、保障制度、人力资源和思想观念准备等方面都有不小的差距，特别是：市场经济发展不够完善、各项政策制度不够健全、政府职能转换尚未完成、城乡二元经济和地区经济发展不平衡问题将长期存在，社会分配不公短期内难以解决，各类社会组织、中介机构发展水平较低等等，这些都对我国应对和解决人口老龄化难题有着明显的影响。概括而言，我国将长期面临发展的压力与人口老龄化的压力并存，失业、剩余劳动力与人口老龄化的压力并存，寿命延长与“寿而不康”造成的医疗卫生和护理压力并存等严峻挑战。

综合考虑以上三层含义的“富”，其实“富”可以概括为一个国家应对人口老龄化挑战的资源和能力总和，既包括经济实力、自然资源、养老资源、制度、人才、思想准备等所有方面的内容，代表一个国家解决人口老龄化过程中各种问题，满足老年人各种需求的综合实力。我国的“未富”就集中体现在应对人口老龄化能力的严重不足上，这一点我们必须有清醒的认识。有必要强调的是，我国人口多、底子薄，自然资源相对不足的国情，对应对人口老龄化也有我国的特殊困难。就养老而言，我国是以占世界5%的GDP要养活世界1/5的老年人。对于中国“未富先老”的严峻性，国内外有识之士都高度认同。欧洲经贸组织经济部主任科隆扎依指出：“中国将在今后面临各种各样的挑战，其中人口老龄化最为突出……中国应及早做好应对准备”。①

四、农村老年人的相对贫困是“未富先老”的集中体现

在我国人口“未富先老”的情况下，更需要重视的是老年人口多，老年人口大都处于相对贫困甚至绝对贫困状态的国情。我国现有老年人口 1.45 亿，其中9 000多万在农村。根据全国老龄办的百年预测(李本公，2007)，在今后半个世纪内，我国农村平均有 1 亿以上的老年人口，此外还有大量进城农民工中的老年人。可以说，这部分老年人的生活质量是我国“未富先老”状况变化的标尺。

目前，我国地区之间、城乡之间、不同阶层之间和不同年龄人群之间的收入差距高达几倍甚至几十倍，财富之间的差距则更大，而处于最脆弱和最底层的就是农村贫困老年人。现在和今后一个时期，由于历史的原因和制度的安排，当前农村贫困老人集机会贫困、健康贫困、经济贫困、知识贫困、能力贫困于一身，其健康水平、文化教育科学素质都较低，他们几乎都没有社会保险、土地保障，家庭保障也远远不足，如果没有外力帮助，没有制度安排，他们是很难摆脱困境的。尽管进入 21 世纪后，中国经济迅速增长，发达地区经济增长很快，“未富先老”的状态正在改变，但我们讲的“未富先老”是就全国总体来说的，特别是针对数以亿计的农村人口老龄化来说，他们的处境改变不大，这也是我国“未富先老”不能很快改变的客观原因。

---

① 记者专访，参考消息，2005 年 9 月 29 日。

五、"未富先老"作为中国人口老龄化的一个特点仍有它的现实意义

从20世纪80年代直到今天，"未富先老"或者说"人口老龄化超前于经济发展"仍为大多数人所认同。随着我国经济高速发展，特别是进入21世纪后，有人认为中国已经是"边富边老"或者说"富而未老"等等。基于上文的分析，特别是考虑到我国仍处在社会主义初级阶段，城乡二元经济体制在建设社会主义新农村中需要较长过程才能逐步改变，我们认为，我国摆脱"未富先老"尚不能一蹴而就。

(一)摆脱"未富先老"的必要条件

我们认为，快速发展的人口老龄化已是一个不可扭转的趋势，我们在接受它的同时，应提高应对人口老龄化的综合实力，逐步改变"未富先老"的状况。

具体而言，应该至少包括以下6个方面的提升：(1)国家经济实力显著提高。(2)社会保障体系更加完善。(3)老年人收入和财产的增加。老年人能在低水平、广覆盖的社会保障基础上，实现多层次补充养老，提高生活质量。(4)养老基础设施和资源的充足。社区为老服务基础设施、服务队伍建设等都要大大加强。(5)中介组织和社会力量得到更好发挥。(6)充分利用市场经济作用发展老龄产业作为社会公共产品和服务的补充，使老年人能得到更多物美价廉的老年用品和服务，提升老年群体的生活质量。我们认为，当我们在这6个方面都有较为明显的提高时，才能称得上摆脱了"未富先老"。如果只是单纯地在一个方面取得突破，例如，仅仅GDP有所提高，不能说是"又富又老"。当然，以上六点只是必要条件，其他诸如构建尊老敬老的社会氛围、各方面人才培养和老年人参与社会等充分条件，还需要大力

创造。

(二)坚持“未富先老”命题利大于弊

我们认为，现阶段“未富先老”命题仍然具有重大的现实意义。首先，坚持“未富先老”有利于我们认识人口老龄化的重要性和紧迫性。“未富先老”准确简洁概括了我国人口老龄化的特点，经过20多年的宣传和努力，当前社会对我国人口老龄化形势已有了一定的认识，对“未富先老”已有了一定认同感，达到这样的效果是非常不容易的。如果我们不讲“未富先老”，势必会造成认识和舆论上的混乱，甚至认为我国已经走出社会主义初级阶段，这与我国主导思想和对基本国情的估计是相悖的，不利于应对人口老龄化挑战。其次，坚持“未富先老”有利于我们立足国情做好老龄事业，防止贪大求洋，搞不切实际的形象工程。我国应对人口老龄化挑战的经济实力远远落后于发达国家，基础设施和养老的“软实力”差距更大，这是“未富先老”的基本内涵，我们在制定老龄政策，发展老龄事业时，决不能忘记这一基本国情，必须脚踏实地，抓紧老年人养老、医疗、服务等最基本需求这几个重点不动摇。再次，在应对人口老龄化中，“未富先老”的判断有助于加强忧患意识、公仆意识、节俭意识，使各级政府部门更好地为老年人管理和服务。最后，坚持“未富先老”能够得到老年群体的认同，有利于经济社会发展成果惠及老年弱势群体，促进代际和社会和谐。老年人属于社会弱势群体，个体经济实力更加脆弱，“未富”在他们身上体现得更加明显，现在用“边富边老”、“又富又老”、“老龄化与发展同步”等，对庞大的弱势老年人群是不公平的，也不能得到他们的认同。

总之，目前坚持沿用“未富先老”的命题，利多弊少。讲“未富先老”决不会因此低估我国经济社会快速发展的成就，而是帮助我们坚定地立足“未富先老”国情，大力发展老龄事业，提高老年人生活质量和福利，使老年人在共同建设社会主义和谐社会中继续发挥光和热。所以，我们主张要与时俱进地深入认识“未富先老”的理论价值和现实意义，从我国实际国情和老年人基本状况出发，立足“未富先老”，同时努力创造条件使我国逐步摆脱“未富先老”，最终真正实现“又富又老”。

参考文献：

1. 乔虹．中国会未富先老吗．高盛全球经济研究报告系列第138号，2006－02－14
2. United Nations. The Aging of Population and Its Economic and Social Implications. 1956
3. 邬沧萍等．社会老年学．北京：中国人民大学出版社．1999：192～197
4. United Nations. The World Population at the Turn of the Century. 1983
5. 邬沧萍．漫谈人口老化．沈阳：辽宁人民出版社．1986：36～37
6. United Nations. The Aging of Population and Its Economic and Social Implications. 1956：7
7. U. S. Department of Commerce，Cencus Bureau，The Methods and Materials of Demography. 2000
8. 李本公．中国人口老龄化发展趋势百年预测．北京：华龄出版社，2007
9. 田雪原．“未富先老”：机遇与挑战．人民日报，2004－11－16
10. 于学军．中国人口转变与“战略机遇期”．中国人口科学，2003；1：9～14
11. 邬沧萍，杜鹏．中国人口老龄化：变化与挑战．北京：中国人口出版社，2006
12. 杜鹏，杨慧．“未富先老”是现阶段中国人口老龄化的特点．人口研究，2006；6：28～36
13. 中国老龄工作委员会．中国人口老龄化发展趋势预测研究报告．2006
14. 李建民．中国真的“未富先老”了吗？人口研究，2006；6：23～28

提倡“健康的老龄化”*

近年，“健康的老龄化”已被作为人类对付人口老龄化挑战的一项战略目标。但是，人口已经老化的发达国家进入 20 世纪 90 年代后，普遍倡导的“健康的老龄化”的积极和深远意义，在我国还未有普遍认识。“健康的老龄化”和“健康长寿”意义近似，但前者丰富的内涵和外延，是后者难于直接充分体现出来的。

理由之一，“健康的老龄化”在人口学的涵义，是把健康长寿明确地推及群体老龄化上。人类人口有个体老(龄)化和群体老(龄)化之分。长期来人类对自身的老化，都是针对个体而言的。90 年代后提出“健康的老龄化”所指的群体老龄化，当然也包括个体老化在内。因为没有个体的健康就不可能有群体的健康。

理由之二，“健康的老龄化”在生物学、心理学和医学方面的涵义，是在各学科对生命的认识取得了新突破的基础上提出的，是科学认识而不是空想。90 年代在分子水平

---

* 原载《人民日报》，1994 年 7 月 29 日。

研究上已认识到衰老并不是一种病，是可以延缓的。已发现长寿与某对染色体和遗传基因有关，受损的器官和免疫功能，通过生物工程或基因工程或其他治疗方法，可以修复或恢复；对早老性痴呆，也不是无能为力的；高龄老人的残疾期和不能自理期可以大大延缓；使人的机体各种功能到75～80岁以前基本上没有明显变化，是完全可能的。

理由之三，“健康的老龄化”是提高人口身体素质的最集中和有决定性的表现。人类机体或器官的衰老，大多从青壮年已经开始，有的甚至出生前就已潜伏。已知人类的疾病有近半数是有遗传性或与生俱来的。健康的老龄化首先要求从抓优生、优育开始，随着普及儿童免疫，提高公共卫生和预防医学的水平，消灭各种危害人类的传染病、多发病和地方病，实现人类第一次健康转变，这是健康老龄化的奠基工程。健康的老龄化还进一步要求实现人类第二次健康的转变，即大大降低随着增龄出现的各种疾病诸如脑血管心血管病、癌症、糖尿病等的发病率和死亡率。

理由之四，在老龄对策中，“健康的老龄化”是把老年群体的身心健康摆到一个应有的和更优先的位置，并拓宽“老有所医”的思路。目前我国对老年人的保健准备，还未提到应有的高度。随着老年人口和高龄老人的剧增以及我国即将进入小康水平，老年保健问题将更为突出，“老有所医”的压力将愈来愈大。

理由之五，现代意义上的健康，远远不再限于延长寿命，应当是免于疾病和残疾，而且包括体格、精神和社会各方面的健全、完美无缺。因此“健康的老龄化”逻辑的外延应包括在老龄化社会里，应具备的健康生活方式和健康的社会经济机制及其运行。实际上指的是必须有一个健康的或良性的老龄化社会。在健康的老龄化社会里，老有所养、老有所医、老有所为、老有所学、老有所乐，是健康老龄化的客观要求和前提条件。

健康老龄化的科学涵义和社会意义*

——关于中国老年学学会提倡健康老龄化的理论依据

近20年来，“健康老龄化”的理论和实践在发达国家受到普遍重视，老年学家在探索人类衰老的奥秘的同时，也在探讨衡量健康的老龄化的客观标准和度量方法，其中特别突出的是以Sullivan为代表的一批学者已取得了一些成果①。世界卫生组织1990年9月在哥本哈根的会议上，第一次提出把健康老龄化作为一个战略目标，之后欧美国家在这方面的研究更加活跃。1993年第15届国际老年学学会布达佩斯大会，把《科学要为健康的老龄化服务》作为会议讨论的主题，讨论十分热烈，并对健康老龄化的提法取得比较一致的认同。本文以近年来对健康的老龄化的科学涵义研究取得的初步认识，结合我国的实际就教于专家学者。

---

* 原载《实现健康老龄化——全国老年医疗保健研讨会“太阳神”杯获奖优秀论文集》，1～15页，北京，中国劳动出版社，1995年。

① 美国人口普查局：《一个老龄化的世界》(第二册)，32页。

一、"健康老龄化"的词义的内涵和外延

健康老龄化是从英文 Healthy Ageing 译过来的。为此必须先弄清 Aging 和 Healthy 两个词的本义和外延。这两个词的专业性和学术性很强，而且都随时代的发展不时被赋予新的内容，含义越来越丰富。这两个字在大英百科全书、美国大百科全书中都占有很大的篇幅。

Aging(也可写成 Ageing)的词根是 Age，可作名词，也可作为动词。Age 原意是"年龄"或"岁"，Ageing 是 Age 用作动词时的现在分词或时态上的现在进行式，也可作为名词使用。Aging 作为动词就是年龄的变动，或增龄，本义是增加"日历年龄"(或岁数)，但常常被解释为"使变老"、"使老化"、"使成熟"和"使变陈旧"等等，因此我国常将其翻译为"老化"。20 世纪 30 年代以后，人类认识到人口老龄化的现实，就把 Aging 一词引入人口科学和老龄科学，此后，Aging 和 Population(人口，群体)结下了不解之缘。过去 Aging 这个词使用率极低，后来和人口一结合，出现就很频繁了。在学术著作和联合国文件中常常出现 Aging of Poupulation，或 Population Agingp 这个专业词组。逐渐地，单独一个"Aging"也指 Aging of Population(人口老龄化)。Aging 具有人口的含义，被理解为人口老龄化，在学术界已是不言而喻的了。

我国现在用的"老龄化"、"老龄问题"、"老龄委员会"、"老龄科学"等等的关键词"老龄"都是 Aging 一词翻译过来的。日本 1959 年就成立老年学学会，他们将 Aging 一词的汉字译为高龄化，有时用音译エイシ″ニグ。我国把 Aging 一词译作"老龄"源于 1982 年我国参加联合国维也纳《老龄问题世界大会》(World Assembly on Aging)。当时联合国在翻译会议的名称和文件时第一次翻译为"老龄"，以后一直沿

用。我仍认为译为“老龄”非常得体，很科学也很达意。很多学者和我本人也曾将 Ageing 译为“人口老化”，虽然比较简练，但不够准确，容易引起歧义，建议仍使用“老龄化”为好。其一，Ageing 原意是年龄，老龄把年龄这个特点表达出来了；其二，老龄化并不一定伴随生理和心理的同步变化，用人口老化容易误解为：日历年龄增进了，生理年龄、心理年龄也趋于老化；其三，作为个人的日历年龄总是有增无减，年龄由低到高，由年轻而向老龄方向发展，不会逆转①，所以用“高龄”和“老龄”都是达意的。针对我国习惯上把 75 岁或 80 岁以上的年龄才称高龄，我国把老年界定在 60 岁以上，所以用“老龄”比用高龄更符合中国实际。而且老龄与高龄的用法在我国已约定俗成，不必再改动。

健康(Health)或健康的(Healthy)一词的涵义，在不同时代有很大差异。Health 的字根是 Heal，在过去和现在都是治疗、治愈、恢复健康、痊愈的意思。在过去明显是就躯体状态而言，而那时对精神健康则知之不深。因此 Health 或 Healthy 在第二次世界大战前的辞典中都被解释为“健康”、“健全”或对健康幸福的颂词等，都是指躯体的健康。就是到 20 世纪 70 年代后期出版的牛津字典仍保持“躯体的健全”(Soundnessof body)②这一解释。现代权威辞典或大百科全书把健康一词引申到精神健康和福利，这是近 40 年的新进展、新认识。这种改变都是源于世界卫生组织(WHO)这一权威机构，它在 1946 年的章程中给健康下了一个经典式的定义：“… A. State of complete

① 人口群体有年轻化问题，我们这里不引入这一概念，免得使问题复杂化。

② Oxford Dictionary，Encrclepedia of Britani(1983～1984 版)。

Physical，Mental and Social Well-being（躯体、精神和社会的完美状态）”[①]以此为依据，现代的韦氏大辞典对健康新解释是：“人类生理和心理、躯体和精神的良好状态”；“不受病痛和残疾之苦，身体和精神的功能都处于正常、健全的状态”；并把健康的这一解释进一步引申用于说明一个社会和文化的健全和充满活力（Soundness and Vitality，as of Society or Culture）[②]。但其他各种书刊对健康一词的解释则见仁见智，各有见解，大同小异，本文不一一列举。

二、健康老龄化的科学涵义和社会意义

通过对健康和老龄化定义作出解释，阐明其内涵和外延及其在历史上的变化，可看出健康老龄化这一词组与我国传统上使用“健康长寿”近似，但寓意更深，内容更加丰富。要全面、科学地理解“健康老龄化”，必须明确下面六个要点：

第一，健康老龄化的目标是老年人口群体的大多数人健康长寿，体现在健康的预期寿命（Healthy Life Expectancy）的提高。

长期以来人们都把长寿作为健康的标志。虽然都已懂得长寿不等于健康，但迄今还只能以死亡，从反面来衡量健康。因为死亡就是最不健康的标志，而且，死亡现象有明确的客观标准，是寿命的终结。所以，迄今评估各个人口、各个国家、民族的健康水平都使用平均寿命（确切称为平均预期寿命 Expectation of Life），它就是从人口的死亡率（概率）计算出来，是群体的平均数。多年来曾有许多科学家试图用发病率或其他指标来度量健康，但都未取得一致认同，所以国内外

---

① 世界卫生组织：《基本文件》，1页。

② Webster New World Dictionary.

一直沿用平均寿命来表示人群的健康。

健康老龄化着眼点是群体的健康长寿是不言而喻的，因为所讲的寿命都是平均预期寿命不是某一个体的寿命。但群体的健康长寿是以个人的健康长寿为基础的，首先这个群体要有健康的个体老龄化(Healthy Aging of Individual)。个体的老龄化就是个人日历年龄的增加。在个体日历年龄增加的过程中，个人生理和心理一般也会随年龄增加而出现老化(即衰老 Senile，Senecence，senecent)现象。但在健康的个体老龄化过程中，个体的生理、心理的衰老不随增龄同步出现，常常是衰老得慢，或相对推迟，各种器官功能退化也相对缓慢。因而个体年龄增加，人的岁数已进入老年期或高龄期，但个人身心健康状况还良好，躯体各种器官功能还相对健全，能独立生活，能参与社会工作。当老年群体的大多数处于这种状态时，可以认为是健康的群体老龄化。

个人有年龄，人口也有年龄，人口各个群体也有年龄。不过群体的年龄是按各个个体年龄的平均值来表示的。只有当群体的大多数的健康寿命长了，群体的平均健康寿命才能增加。因此健康老龄化的着眼点是老年人的大多数的健康长寿，而不能仅满足于个别人的高寿记录和延长个体寿命取得的成就。因为在统计上少数几个人的健康寿命长短对提高群体的平均健康寿命作用不大。把健康老龄化定位在老年群体上，对于老龄政策、医疗保健的战略、卫生资源的分配、各种社会政策和社会生活方式以及老年学的科学研究都提出了方向性的全新课题。

第二，健康的老龄化不仅体现为寿命长度，更重要的是寿命质量的提高，老年人口健康寿命的质量是有客观标准的，也是可以量化的。

以平均预期寿命长短来衡量人群健康由来已久，在人口老龄化以前问题还不太大，但在人口老龄化和高龄化后，仅用平均寿命来说明人口的健康就很模糊，常常产生误导。因为在老年期和高龄期，由于各人的衰老发展不同，各种器官功能受损程度不同，因而个体健康状况差别很大，同样的寿命长度，在质量上就有可能有很大的不同。1971 年 Sullivan 就开始研究这个问题。到 80 年代，发达国家的许多老年学家都致力于研究老年期“健康的预期寿命”并取得较为满意的结果①。他们研究人的各种伤残的程度，制定客观标准，如对视力残、听力语言残、智力残、肢体残等制定客观标准进行测度；另外，将老年期生活自理能力区分为进食、穿衣、入厕、洗澡、提重、购物等等也可定出客观标准来加以衡量的。因此现在已能初步提出一套在老年人口的余寿中用以衡量健康寿命、带伤残的寿命、完全不能自理和部分不能自理的寿命等等的定义。还可以按程度计算在余寿中所占的比例，用以衡量寿命(老年期余寿)的质量。②

健康老龄化就是要求老年人余寿中带病、带伤残和不能自理的时间尽可能缩减，把这部分寿命压缩到生命最后很短的一个时期。欧洲老年学会主席 Dall 在第 15 届国际老年学学年会的闭幕式上谈健康老龄化的目的和前景时指出：

“人类在提高寿命方面已取得了很可贵的成绩，健康长寿期比许多科学家预想的还要长，但还必须使老年人生命质量提高。减少由衰老带来的疾病，使急慢性疾病得到治疗和康复，尽量减少长期患病和

---

① 美国人口普查局：《一个老龄化世界》，第二册，104 页。

② 美国人口普查局：《一个老龄化世界》，第二册，第三章，预期寿命和健康。

需要人长期护理的时间。延长老年人参与社会的时间，增加老年人独立的时间，减少老年人受歧视的时间。使老年人健康、积极、经济独立、长寿、生活质量提高，从而不会再有延长寿命是否值得这样的争议。”

目前我国老年人口寿命提高得很快，但质量不够高。一是老年期死亡率比发达国家高；二是进入老年期后，存活率很短，或说老年人更替较快；① 三是进入老年后的 17 年左右余寿中，预期健康的寿命只占 1/3 左右，② 这是我国十分值得重视的问题。

第三，人类年龄结构向老龄化转变，一方面要求有相应的“健康转变”(Health Transition)来适应；另一方面，要求把健康的概念引申到社会、经济和文化诸方面。

人口老龄化的特征是老年人口迅速增加，老年人口在总人口中的比重日益提高；与此同时，高龄人口(暂以 75 岁及以上来划分，下同)及其比重增加得最快，科学上称为老年人口的高龄化。西欧许多国家 1990 年高龄人口已占到全部人口十分之一，③ 21 世纪 20 年代将达到五分之一。④ 一个人随着年龄的进一步增加，身体各种器官逐渐衰老，机能受损、退化、失能以及各种慢性病发病率增加是难以避免的。因而庞大老年人口对卫生资源的需求，对护理的需求呈几何级数递增，造成医疗支出急剧增加是必然的。例如美国 1992 年医疗支出占到 GNP 的 14%，预计到 2000 年达到 20%，其中很大一部分是用于老人；日本 1975 年老人医疗支出占全国医疗开支的 12%，1985 年

---

① 参看 G. Myers：《老化人口学》讲义，在人民大学讲授。

② 杜鹏：《中国人口老龄化过程研究》，174 页，人民大学出版社，1994。

③ 美国人口普查局：《一个老龄化世界》，第二册，98 页。

④ 同上书，99 页。

增加到25.4％。① 因此提高全民健康水平，实现健康老龄化已是客观的要求。为此，在健康维护上，对预防和治疗那些与增龄和衰老相联系的慢性病和对受损器官功能治疗和康复等等都提出了新的要求，要求有“第二次健康转变”。这次转变与“第一次健康转变”不同，第一次健康转变旨在使死亡率下降，人口的大多数都能存活到老年期，主要解决由于细菌、病毒、寄生虫等导致的传染病和一些急性病。这个要求一般通过提高公共卫生水平，改变不卫生饮水习惯，以降低婴幼儿死亡率，对儿童、青少年推行免疫预防，利用杀虫剂、抗生素等科学技术的成就能逐步达到，但也经过人类的两三个世纪的努力。第二次健康转变要求解决已存活到老年的庞大人口延缓衰老的保健问题，这项任务更为艰巨。因此我们对身心健康的概念必须有一个新的视野，对全民的保健采取更积极、更主动的对策。

人口老龄化的另一特点是人口年龄结构的改变。人口年龄结构的老龄化带来的后果，除了影响为数愈来愈庞大的老年人群的健康、经济和精神生活外，还直接和间接带来许多宏观的社会经济问题，诸如劳动效率、社会活力、代际和谐、技术更新、社会消费结构、生产结构等等问题。这是人类过去未能认识的。人口的老龄化在客观上要求把健康涵义的外延延伸到社会经济和文化的健全和活力上来，这就使健康老龄化有了更丰富的内涵和外延。在第15届国际老年学会会议讨论健康龄化的涵义时，有的学者提倡使用生产性的老龄化(Productive Aging)，有的提出用成功的老龄化(Successful Aging)。② 这充分表明健康老龄化具有重大的社会和文化的涵义，它的广度和深度还有

① JOICFP，《亚洲人口老龄化》，31页。

② M. Julia Aliareg等在IAG第五届年会上发言(见会议文件)。

待于我们在实践中来加深认识。我国在老龄工作中提出的“老有所养、老有所医、老有所学、老有所为、老有所乐”，就是针对人口老龄化提出的社会对策，受到国内外的普遍重视。

第四，人口老龄化是一个过程，要从个体和群体增龄的过程中认识老年人群的健康状况的前因后果、来龙去脉及发展趋势；把老年群体健康看作是进入老年前的婴幼儿、青少年和成年后各阶段所有制约健康因素的最综合、最集中和最终的表现，历史地、全面地认识老年人的健康，它同所有人的福利都联系着。

Aging(老龄化)一词本身是一个动词进行式，表明是一个过程，它含有健康的年龄增长、发展变化之意。一个人随着年龄增长，把人生分成各个生命过程：婴儿、幼儿、儿童、青年、成年、老年、高龄，其中二三十岁以前是发育期和成年期，国内外许多学者都认为成年期以后个体的发育、成长和发展就停止而转入稳定阶段，之后进入老年期或衰老期。衰老是一个生物老化过程，是每个人都要经历的，所以人进入老年和高龄后，一些器官的功能随之会有一定的衰老，衰老并不是一种病态，但在衰老的过程中，个体与个体之间差异极大。个人进入老年期和高龄期后，器官受损和衰老的程度、功能衰退状态以及患有这样或那样的慢性病的情况，固然与遗传因素有关，但在程度上是生命过程机体受损或有些器官衰老过快导致的。许多老年人高血压、心脑血管病、骨质疏松、关节炎、糖尿病、早老性痴呆、帕金森症等等，是成年、青少年、婴幼儿时期甚至在胚胎时就已经潜伏下来，只不过到老年期、高龄期才暴露出来。健康老龄化是着眼于生命的各个过程，对躯体和精神健康的防治，把进入老年期前和进入老龄期后的防治统一考虑。这样，防治比在躯体、心理受损到后期，衰老、衰退发展到较深的程度，才求助于“老有所医”就更主动，而且事半功倍。从健康老龄化来观察，“老有所医”也应立足在早期的预防，及时进行健康检查，未病防病，有病早治，早日康复。

人口老龄化也有一个发展过程。总是由年轻型人口，进入成年型人口到老年型人口。人口老龄化过程和状态也存在一个是否健康或最佳状态的问题。如果老龄化过程过快或过慢，结构过于畸形或不规则也是不健康的，例如已经很低的生育率，达到一对夫妇只生一个孩子，如果持续过久，社会抚养的功能就会过于畸形，人类延续也难以为继，这种现象也不是健康的；又例如有的欧洲国家和日本 21 世纪 20 年代中位年龄近 50 岁，即有一半人口年龄高于 50 岁，也不能认为很健康。因此健康老龄化的健康也要转义为适度与合理的含义。

第五，健康老龄化是人类面对人口老龄化的挑战提出的一项战略目标和对策，它是建筑在科学认识的基础上的。

长期以来，人类都把健康长寿作为一个颂辞，而不是科学的语言。科学产生于实践的需要，在人口老龄化已成为发达国家普遍现象后，老年人口激增，比重提高，向科学家提出许多重大的理论和实践课题，这就促使老化生物学、老化心理学、老年医学与社会老年学开展研究并取得了许多重大的成果。诸如，对人类衰老和延长寿命机理的研究，对延缓衰老、推迟器官功能受损的研究，对与老年相联系的慢性病的致病因子的探索，对老年人认知和记忆的研究，对早老性痴呆的多学科研究等；此外，生物工程的成就对许多疾病的预防和康复有许多新的突破。

国际老年学学会第十五届大会是对近二三十年老年学成果的大检阅，在会上许多国际著名的老年学家都科学地论证了健康的老龄化，向世人昭示了延长人类的健康寿命并不是一种幻想。

例如，欧洲最知名老化生物学家 D. Danon 指出：“分子生物学的进一步发展，使人能认识高龄时期人体功能退化的过程……发现它在很大程度与基因有关……现在已找到某些器官失灵的原因。……功能失灵有时是细胞太集中，有时则是太分散或结构有缺陷。……分子研究已能使人们找到预防、推迟或治疗功能性疾病的手段。……基础科学研究最终会引导我们如何预防、治疗，如何保持健康，使人类能更加健康地实现老龄化。”①美国生物学家 R. C. Adelman 认为科学研究已论证人的能力和功能衰退可以推迟和防止，通过机械的或基因工程能逐步使变态后的器官能够恢复，衰老推迟是完全可能的，这就可解除许多老年人的痛苦。②

德国老化心理学家 Lehr 认为从精神健康方面加以改进是大有可为的，科学对老年人的认识与记忆已有较深的了解，人的某些功能衰退从中青年、壮年期就已开始。如果进行追踪研究可以找到预防和推迟的方案。今后用心理学的研究能改变一个人的个性和情绪，实现健康老龄化。③ 许多学者都认为老年痴呆症通过社会、医疗、心理和社会环境等多学科的合作是可以逐步防止的。日本前田大作认为解决老人晚年的幸福与生命取决于社会科学。

“科学要为健康的老龄化服务”大会的总结认为，现在人类已处于老化生物学有重大发现的前夕，例如，现在已发现许多染色体对衰老很起作用，有些染色体 Y 与第 21 对染色体与人的寿命有关，今后5～7 年老年科学在认识衰老和延长寿命方面会有新的突破。

国际老年学学会在 90 年代以后，发表了一个总结十年研究成果

① 王梅：《活得长≠活得健康——寿命质量与医疗保障》，68 页，中国经济出版社，1993。

② 国际老年学学会第 15 届年会会议文件。

③ 国际老年学学会第 15 届年会会议文件。

的声明，认为老年人到75～80岁时，生理、心理功能和以前基本一样是完全可能的。[①] 事实上，许多国家许多老年人已经做到这一点。例如美国1990年有80岁及以上人口700万，法国有230万，德国近300万，预计30年后分别有1 430万，390万和634万。[②]因此，把健康的老龄化作为一个战略目标是科学的。

第六，健康老龄化是同各个年龄人口，同各行各业都有关系的一项全民性保健的社会系统工程，需要全党全民长期不懈地努力才能逐步实现。

有人把健康老龄化看成是老年保健问题，因而只与老龄工作和卫生部门有关。这是只看到它眼前的需要和为现在的老年人群服务的一面。但健康老龄化的目的远不止此，更深远的意义在于为今后我国进一步老龄化和为今后更多的老年人(即今天的青壮年)服务。

今天中国老年人口超过1亿，高龄老人有2 000万，30～40年后老年人口要超过3亿，高龄人口要超过1亿，因此在战略上必须为今天的中青年进入老年期未雨绸缪。在这个意义上说健康老龄化同今天的青壮年关系更大。

使老年人口实现健康老龄化，就要求在老年余寿中减少生活不能自理的年限，减少残疾的年限，推迟、减缓衰老和器官受损和失灵，降低慢性病的发病率等。对老年人的慢性病和器官受损，最好是从中年开始就重视发病前期的病因预防，即一级预防。但对已进入老年的，也只能从他们已形成的健康实际出发，做好对慢性病的早期发现、早期诊断、早期治疗，控制疾病发展，这是二级预防。对已患有

---

① 国际老年学会第15届年会会议文件。

② 美国人口普查局国际研究中心：《老龄化国际数据库》。

慢性病的老年人就要防止致残，促进康复，做到三级预防。

作为一项战略，健康老龄化将是人类的永恒主题，因为今后的人类人口的年龄结构无例外地都是老年型人口，这是不会逆转的。老年人健康是全民健康状况的最终和最集中的体现，也是最客观的检验尺度。今天老年人的健康是对过去中青年人口健康的测度。今天中青年乃至青少年、儿童的健康是由明天的老年人来测度。因此必须从全社会发展的角度来看待健康的老龄化。

健康老龄化同卫生保健部门关系最密切是不言而喻的。《2000 年实现人人享有卫生保健》，城乡三级医疗保健网的建设，预防为主，中西医并举，国外先进的科学技术和中国传统医学相结合，开展各种群众性和专业性的健康教育，提倡科学营养、食物保健等等的效果，最终也将在健康老龄化中体现。

健康老龄化同体育部门的关系也很密切，“发展体育事业，增强人民体质”的效果最终会从健康老龄化中体现出来。目前在我国，老、中、青甚至一些大、中、小学生对体育锻炼和健身运动的深远意义认识不够，开展不力，这对我国今后对付更为严重的人口老龄化极其不利的，现在就应大力推动体育健身。“人无远虑，必有近忧”。

教育、科学、文化部门与精神文明建设对实现健康老龄化的巨大作用是难以估量的。全世界的研究材料都证明提高科学、文化教育水平，有利于各个阶段人口的身心健康。科学文化教育水平高，能够识别妨碍身心健康的各种伪科学和迷信的宣传，抵制不健康的生活方式和不良的生活习惯，如吸烟、酗酒等。

计划生育是人口老龄化的决定性因素。合理控制人口，实行适度的老龄化有利于实现健康老龄化。计划生育部门的优生、优育，对消灭各种遗传病、地方病、先天愚型以及先天营养不良等等，实际上是实现健康老龄化的奠基工程。

健康不简单是个生物、医疗问题，很大程度是个社会问题。国家建立的和正在进行改革的老年社会保障制度，如退休制度、公费医疗制度和各种老年立法是实现健康的老龄化的前提。老龄部门提出的“老有所养、老有所医、老有所学、老有所为、老有所乐”，倡导尊老、养老、爱老，保护老年人合法权益，反对年龄歧视等，都是为实现老年的自身价值，促进健康的老龄化的前提条件。从长远来看，健康老龄化的提倡和逐步实现，最大的受益者将是中华民族的子孙后代。

“健康老龄化”战略刍议*

在人类社会中，人口老龄化①出现的历史还十分短暂。19世纪50年代，法国刚刚出现人口老龄化的特征，其60岁以上老年人口的比重达到了10%。19世纪下半叶，瑞典的老年人口也达到了相应的标准②。由于发达国家人口老龄化是一个缓慢的发展过程，是一场“静悄悄的人口革命”，所以其前期对社会和人口自身的影响并不明显，也没有引起更多的关注。到20世纪二三十年代，特别是第二次世界大战之后，伴随着社会性经济危机的震荡，再加之社会保障制度和福利国家政策的推行，人口老龄化和老年人问题在西方国家开始引起重视。人们迫切感到需要认识人口老龄化的社会经济影响，需要国家和政府出面制订切实可行

---

* 原载《中国社会科学》1996年第5期，由邬沧萍，姜向群合写。

① 人口老龄化是指总人口中老年人口比重不断提高的过程。

② 联合国于1956年提出65岁以上老年人占总人口的7%作为老龄社会的标准；1982年世界老龄大会将60岁以上作为划分老年人的界限，此后多数学者以60岁以上人口占总人口10%作为老龄社会的标准。我国近年来多沿用此标准。

的对策。到现阶段，世界范围内的人口老龄化已成为大趋势，人们对它的认识也逐渐深化。例如，国际老年学学会为1997年世界老年大会制订的口号是："全球只有一个老龄化的前途"；1995年美国白宫全美老年会议则提出了"从现在起到下一个世纪，几代美国人将一起老龄化"的警告。

大略说来，人口老龄化所带来的老年人问题主要集中在两个方面：一是老年经济问题，二是老年健康问题。在发达国家，前一个问题已通过老年社会保障的发展和完善基本上得到了解决(当然仍存在危机)，而后一个问题正日益成为老年人和社会所面临的主要威胁。发展中国家的老年人问题则二者皆有，而且互为因果，即老年人经济保障不足会加剧健康的恶化，健康的恶化又会导致经济收入的降低和经济地位的下降。总之，不论是发达国家还是发展中国家，老年人的健康问题已成为一个社会问题。有鉴于此，世界卫生组织近年提出的"健康老龄化"不失为解决老龄问题的一条重要而有效的途径。下面，本文将围绕这一问题展开讨论。

一、中国人口老龄化的基本特点和严重性

一般而言，人口老龄化是社会生产力和科学技术发展的必然结果。在18世纪以前的整个历史阶段，60岁以上人口在总人口中的比重还不过4%左右，任何社会都未曾出现过老年人口过多的现象。造成这种情况的主要原因是人口死亡率过高①。虽然历史上人口出生率

① 原始社会中的尼安德特人死亡率不低于40‰。见梁中堂《人口学》，278页，山西，山西人民出版社，1983。

也很高①，但由于死亡率的抵消作用，能够存活到老年阶段的人口总体说来比重很小。如封建社会中人口的平均寿命不过30岁左右，而包括西欧、北欧、北美和大洋洲在内的大部分西方国家，18世纪和19世纪人口的预期寿命也只有40～50岁。工业革命后，死亡率大幅度下降，人类的寿命不断延长。另一方面，随着生育率的快速下降②，青少年人口的比重大幅度下降，老年人口的比重则相应大幅度提高，老龄化问题才凸现了出来。我国自20世纪70年代大力推行计划生育政策，使0～14岁青少年人口的比重从1964年的40.70%，下降到1982年的33.59%，并进一步下降到1990年的27.69%。与此同时，60岁以上老年人口的比重则从1964年的6.10%上升到1982年的7.60%，并进一步上升到1990年的8.59%，从而形成了近年来明显的人口老龄化趋势。

已有不少学者指出，与发达国家相比，中国人口老龄化所经历的时间更为短暂。如中国60岁以上老年人口比重由7%提高到14%只需25或26年，而英国、美国、瑞典和法国则分别要经历45年、65年、85年和115年③。其速度之快，甚至超过了我国学术界原来的预测。从第三次人口普查至第四次人口普查及其之后的一段时间，所有的预测结果都认为我国将于2000年稍后一二年进入老年型社会，即老年人口比重达到10%。而按国家统计局资料，我国已于90年代中

① 20世纪70年代之前世界人口平均出生率保持在30‰以上，发展中国家至80年代出生率仍保持高水平。见邬沧萍《世界人口》，62～73页，北京，中国人民大学出版社，1983。

② 目前发达国家总和生育率已经降到2.1的更替水平以下，东南亚和拉美国家的总和生育率也由60年代的6～7降到现在的2.5以下。

③ *An Aging World*, U. S. Bureau of the Census, New York, 1989, p. 7.

期接近了老年型社会的标准，截止 1994 年底，老年人口数已达 1.17 亿，占总人口的 9.76%。

进一步看，我国人口老龄化还有以下三个突出特点。

第一，人口老龄化在短时间内形成加速发展的势头，而这种快速人口老龄化的过程又是在较低经济发展水平下发生的，故对社会经济的影响将是世界上最严重的。人口年龄结构变化的一般规律表明，生育率的下降必然使人口年龄结构趋向老龄化，但生育率下降对老年人口比重的提高有一个滞后作用，即生育率持续下降十几年之后，分年龄死亡率大致保持不变，必然导致总人口中青少年比重大幅度下降和老年人口比重的大幅度提高。其后人口老龄化过程将持续四五十年进入高峰期①。如果从 70 年代中期中国老龄化开始发端算起，至 21 世纪四五十年代老龄化高峰时，中国将经历 70 年的老龄化时间。其中，速度最快的时期将发生在 2020～2040 年代。现阶段中国老年人口正以 3%～4%的年平均增长率增长，21 世纪上半叶的增长速度将更快。中国无疑属于快速老龄化类型(西欧、北欧和北美等国家属于慢速人口老龄化地区)，而中国的经济实力和社会保障水平却相对低下，这与人口老龄化加速发展的势头形成了巨大的反差。同属快速老龄化类型的日本②在 70 年代初进入人口老龄化时，其经济发展水平已经达到发达国家的标准，社会经济的承受力很强，因此人口老龄化未对社会产生过度的震荡。而中国到 21 世纪初经济发展也只相当于发展中国家的较低水平。由此可见，中国人口老龄化的客观压力将是十分巨

① 根据目前我国人口学界的预测，我国人口老龄化将持续出现在未来四五十年内，其后将步入人口年龄结构的稳定发展阶段。

② *An Aging World*, U. S. Bureau of the Census, p. 7, p. 35.

大的。

第二，与上一个特点相关，从历时性角度看，中国人口老龄化的发展过程是不平衡的，巨量老年人口的增加带有突发性。统计和预测表明，在今后相当长的一段时期内，老龄人口的增长势头将越来越强，且某些阶段带有明显的爆发性。如 1982～1900 年间我国每年平均增加 60 岁以上老年人口 300 多万①，进入 90 年代以来，则每年平均增加近 400 万②，21 世纪前 10 年每年将平均增加 400 万～500 万，2010～2020 年间最高年份将增加 900 万。2020～2030 年间每年将增加1 000万以上，直到 2030 年以后，每年的增量才逐渐减少③。我国老年人口原有的基数本来就很大，90 年代初即已达到 1 亿人，每年进入老年人口行列的人数也十分庞大，老年人口的规模在世界上是最大的。不仅如此，20 世纪五六十年代生育高峰期出生的巨大规模的人口将于 2010 年开始进入老年行列，他们必然在一定时期内形成前所未有的庞大的老年人口群体。这种形势将对中国社会发展造成极大的影响。

第三，从共时性的角度看，我国人口老龄化在地区间的发展极不平衡。我国地域辽阔，省区之间、城乡之间在社会经济文化发展上差异很大，历史上形成的人口年龄结构差别也很大。特别是改革开放以来，东南沿海和大城市人们的生育观念急剧转变，生育率在很短的时间内下降到更替水平或更替水平以下，人口老龄化的速度亦急剧加快。如北京、上海、天津、江苏、浙江等省市已于 80 年代末期进入

---

① 根据第三、四次人口普查资料计算。

② 根据国家统计局人口统计资料推算。

③ 参见杜鹏《中国人口老龄化过程研究》，49～50 页，北京，中国人民大学出版社，1994。

老年型地区。而贵州、新疆、西藏等省区的生育率在1990年仍保持在较高水平上，其老龄化指标亦很低，人口年龄结构尚属成年型发展阶段①。从地域差异看，我国人口老龄化程度可分为三大类。第一类是东部沿海地区，包括上海、北京、天津、江苏、浙江，1990年60岁以上老年人口比重都超过了10%，已成为老年型地区，其中上海、北京、天津3市的人口老龄化程度在不远的将来将进入世界高水平老龄化之列。第二类是内陆平原地区，包括河北、河南、湖北、湖南、黑龙江、吉林、辽宁、广东、四川、安徽、甘肃和内蒙古，老龄化程度居于我国中等水平，即将进入老年型行列。第三类是西北、西南及边陲地区，1990年60岁以上老年人口比重均低于8%，属老龄化的后进地区。因此，从全国来看，不同地区进入老年型地区的时间间隔较大。根据中国人民大学人口研究所关于"中国人口发展前景与对策课题"的研究预测结果，我国30个省区进入老年人口时间的均值为2005年，标准差为9.36年，先后相差最大值为36年②。由于各地区社会经济发展水平、居民生活水平及老年人普遍需求的差异，不同地区老龄化所引发的问题也将有程度上和时间先后的不同。在城乡差异上，我国人口老龄化的不平衡性具有"两头突出"的特点，即一方面表现为大城市人口超前老龄化；另一方面又表现为近年来农村地区由于青壮年劳动力人口大量外流而使人口老龄化程度迅速提高。农村老年人口数量庞大，已占全国老年人口总数的74.9%。而多数农村地区经

① 参见中国1990年第四次人口普查数据。

② 参见林富德、刘金塘《走向21世纪：中国人口发展的地区差异》，载《人口研究》1996年第2期。

济条件落后，社会保障缺乏，解决老年人口问题难度会更大①。

如前所述，我国将在较低的经济发展水平和保障水平的背景下，以世界上最快的速度进入老龄化时代。如果我们现在仍不进行实质性的准备工作，那么人口老龄化和老年人口膨胀所造成的社会问题可能会与我国的人口问题具有同等的严重性；如果对老年人问题处理不当，则可能付出与人口问题同等的代价。

二、人口老龄化对老年人口总体健康水平的不利影响

老年人渴望健康，这是常识。研究结果也证明了这一点。据国外有关资料，在众多愿望的排列上，75％以上的老年人把健康列在第一位②。同样，在权衡影响个人幸福感的诸多相关因素时，绝大多数老年人也将健康排在第一位。

老年人对健康的渴望是他们健康水平逐渐下降的反映。从横向对比看，老年人口患病率明显高于其他年龄组人口；老年人口中，年龄组越高，患病率也就越高。据 80 年代末我国 9 大城市老年人口抽样调查结果，老年人总体患病率为 63.5％，而 75 岁以上年龄组的患病率则在 70％以上③。另据美国 80 年代末期对美国老年人的专项调查，65 岁以上的老年人因健康问题而卧床不起的是 17～44 岁年龄组的 3 倍；老年人比年轻人更易于患慢性病，65 岁以上的老年人中大约有

---

① 农村老年人面临的主要问题是经济保障缺乏和空巢家庭增多所产生的老人供养服务不足，而城市老人则更多地受到物价波动和医疗保障不足的影响。

② 参见王梅《活得长≠活得健康——寿命质量与医疗保障》，1 页，北京，中国经济出版社，1993。

③ 参见《老年人状况抽样调查》，天津，天津教育出版社，1991。

80%至少患有一种慢性病①。

从纵向发展看，人口老龄化过程中必然出现高龄化趋势，即75或80岁以上老年人口比重的增加要高于全部老年人口比重增加的速度。根据现在的一般研究结论，在医学取得重大突破之前，人口高龄化的发展将使老年人整体健康水平下降。我国老年人口高龄化的趋势已经开始出现并逐渐突出，80岁以上老年人口占全体老年人口的比重不断增加，至21世纪30年代以后，增加的幅度将相当惊人(见表1)。

表1　中国60岁以上老年人口变动趋势

年份	60～69岁		70～79岁		80岁以上	
	人数(万人)	比重(%)	人数(万人)	比重(%)	人数(万人)	比重(%)
1964	2 930.66	69.36	1 113.56	26.35	81.26	4.20
1982	4 862.26	63.44	2 296.50	29.96	505.02	6.60
1990	6 043.88	62.2	2 905.32	29.9	769.89	7.9
2000	7 551.13	58.8	4 039.21	31.4	1 235.91	9.6
2010	9 587.74	58.2	5 129.47	31.1	1 764.72	10.8
2020	13 883.10	60.2	6 840.66	29.6	2 337.33	10.1
2030	20 079.51	59.8	10 087.84	30.1	3 371.24	10.0
2040	18 053.41	47.1	15 305.86	40.0	4 974.89	12.9
2050	18 919.97	45.9	14 021.90	34.1	8 246.42	20.0

资料来源：《中国人口年鉴1985》，中国社会科学出版社1986年版；《中国1990年第四次全国人口普查10%抽样汇总数据》，中国统计出版社1991年版。

预测参数：TFR2000年降至2.1，2010年降至1.8，此后保持不变至2050年；e^0(M)2000年增至70，2050年增至76，e^0(F)2000年为74，2050年为80。

---

① 参见N.R.霍曼和H.A.基亚克《社会老年学——多学科展望》，150页，北京，社会科学文献出版社，1992。

研究结果还表明，老年人寿命的延长并不等于健康寿命的延长，即长寿不等于健康。很多情况是，伴随着老年人口寿命的延长，其带病期也在延长。按 1990 年资料计算，我国 60 岁以上老年人口平均有 17 年的预期寿命，而其中有 2/3 的时间是带病期①。如果医疗手段和保健政策不能获得重大改善，那么随着老年人口寿命的进一步延长，其带病期也必将随之进一步延长。

老年人健康水平下降的另一个重要因素是其经济地位相对低下。老年人在社会分配中往往处于不利地位，加之在经济发展和社会保障水平均较低且医疗资源相对不足的情况下，老年人对医疗资源的利用率尤其低下，使社会上多数老年人不能得到及时足够的医疗保障②，这些都会导致老年人健康水平的下降。同时应该看到，老年人口高龄化的发展还将进一步相对或绝对降低老年人口的收入水平，因而会对老年人口的健康产生更加不利的影响。

老年人健康水平的下降对于社会分配和医疗保障提出了突出的要求，而另一方面，不同社会在满足这些要求上又存在着不同的困难。在发达国家，由于社会保障负担的加重，一些国家曾试图削减社会保障特别是医疗保障的开支，但总是难于下手。因为社会保障既取决于社会经济发展水平，又取决于已有的管理体制和总人口的社会需求。同时，社会保障具有刚性的特点，即上去了就难以降下来。在我国，一方面是老龄人口迅速增加，对保障健康水平的需求剧增。另一方面，我们还缺乏必要的经济积累和制度准备，因而问题就显得更加突

① 参见王梅《活得长≠活得健康——寿命质量与医疗保障》，47 页，北京，中国经济出版社，1993。

② 根据第四次人口普查资料推算，我国 1990 年仅有 8%的老年人具备享受公费医疗的条件。

出。总之，无论是在发达国家，还是在像我国这样的发展中国家，都存在着这种老年人健康保障需求增加与资源短缺的矛盾。正是在这一背景下，一些学者从提高人口素质和社会适应能力的角度，提出了健康老龄化的理论和对策。

三、健康老龄化对策的社会学意义

从字面上看，健康老龄化很容易被理解为仅是一种医疗保健目标，实际上，它有丰富的社会文化内涵，因而应当从社会学的角度去予以诠释。

所谓健康老龄化，是指在老龄化社会中，多数老年人处于生理、心理和社会功能的健康状态，同时也指社会发展不受过度人口老龄化的影响。这一理论的提出有一个过程。其大背景是在对待人口老龄化的态度和如何看待人口老龄化前景的问题上，在世界范围内形成了两种观点，即悲观论和乐观论。前者强调老龄化不可抗拒的消极后果，认为老龄化必然导致社会负担加重，群体和个体的老龄化必然导致老年人口总体发病率的提高和不能自理期的延长，进而导致社会活力的下降，科学技术更新和生产力发展受到不利影响等。后者则把老龄化看成是现代人口转变过程必然经历的人口现象，认为人类可以通过自身的努力克服老龄化的不良影响，或者建立各种有效机制，将老龄化的不良影响降低到最小的程度。为此，国外学者曾提出过“成功的老龄化”(Seccesful Aging)和“生产型老龄化”(Productive Aging)的概念和理论，作为可供选择的、比较乐观的老龄化发展模式。近一个时期，由世界卫生组织首倡的“健康老龄化”(Healthy Aging)更为引人瞩目，其原因首先在于健康老龄化口号的提出具有一定的权威性。1987年，世界卫生大会决定将“健康老龄化的决定因素”作为主要研究课题；1990年世界卫生组织在哥本哈根世界老龄大会上把“健康老龄化”作为对付人口老龄化的一项发展战略；1993年第15届国际老年学学会布达佩斯大会把“科学要为健康的老龄化服务”作为会议的主题，在此之后，各国在这方面的研究更加活跃。其次，健康老龄化理论具有合理性，它从医疗保健和老龄化过程中的老年人健康问题着眼，将重点放在提高大多数老年人生命质量，缩短生命带病期，使老年人以正常的功能健康地存活到生命的终点上。这样的提法无疑更具有号召力，在实践上也更具现实意义，更容易为大多数老年人和社会各个年龄组的人群所接受。

当然，我们也应该看到，健康老龄化的提法更符合发达国家的实际。因为发达国家的大多数老年人已经解决了物质生活问题①，老年人特别是高龄老年人的健康问题便被提上了议事日程。但是，能否就此便认为健康老龄化战略不适用于我国呢？回答当然是否定的。因为不论从内涵还是外延或者其引伸含义来看，健康老龄化都不仅仅是一个医疗保健目标，更是一项社会战略。对于像我国这样的老龄化问题尖锐的发展中国家，及早将这一社会战略纳入社会发展的总体框架之中无疑是十分必要的。为此，就需要从社会学意义上来理解和把握健康老龄化。

1. 老年人的健康明显地受到社会因素的影响，社会生活的完善状态对老年人的生活具有重要意义，因此实现健康老龄化是一项社会工程。

---

① 根据美国1990年人口现状调查资料，美国当时60岁以上老年人口的贫困人口比重，城市为10%，农村为15%。参见 *Rural Sociolog*，*Summer* 1995。

现代医学发展成果拓宽了健康的内涵，人的健康不再局限于传统医学含义。传统意义上的健康主要强调生理功能的健全和生理机能的正常发展。而现代意义上的健康则从生理、心理和社会多角度、综合性地探讨健康的机制，认为"健康是一种生理、心理和社会的完全的安宁状态"①，并以此作为衡量健康状态的一般标准。现代老年学的大量研究表明，影响老年人健康的因素是多方面的，由于老年人在社会群体中所处的特殊地位，例如退休，经济收入较低，所掌握的知识日益陈旧，与青年人的代际差异日益扩大等等，他们的社会关系更为脆弱和不稳定，他们的生活更难于与社会发展保持同步和协调，某些老年人被排斥于社会生活之外，成为社会学家伯吉斯所说的"非角色的角色"②。这就必然导致他们心理上、进而是生理上的不安宁状态，损害他们的健康。进而言之，作为日益庞大的老年社会群体，如果其中多数人出现角色失调或角色紊乱，则这个群体的社会生活以及群体本身就是不健康的。

具体而言，社会因素对健康的两个基本指标——生理、心理的影响是十分明显的。就心理健康而言，除了先天遗传因素等生理状态的影响之外，还更主要、更直接地受到社会生活的影响。例如，老年人的文化程度与其健康明显相关。1992 年"中国老年人供养体系调查"提供的数据表明，文化程度较高的老年人的心理素质较好，各项心理健康指标较高。如在北京市城区，有大学本科文化程度的老年人中心理上有孤独感的占 10%，而不识字或识字很少的老年人中有孤独感的

① 参见 N.R. 霍曼和 H.A. 基亚克《老年社会学——多学科展望》。

② 戴维 L. 德克尔：《老年社会学》，162～163 页，天津，天津人民出版社，1986。

占24%，后者比前者高出一倍还多。同时，老年人的孤独感与原职业有密切关系，在不同职业中，军人有孤独感的占38%，专业技术人员占18%，农民占14%。就老年人自感满意程度观察，未退休和已退休但继续工作的老年人幸福感最强，达到90%以上。另外，老年人的经济条件与幸福感呈明显的正相关①。

老年人的经济条件对其身体健康的影响也是十分明显的。这是因为老年人个人经济收入水平直接决定了他们营养的摄取和改善。据前述北京市的调查资料，在经济困难的老年人中，身体健康的占22.6%，较健康的占44.7%，不健康的占32.0%；城市经济困难的老年人不健康者占34.3%，农村经济困难的老年人不健康者高达50.4%②。此外，国家在老年人医疗保障上的经济投入也是影响老年人整体健康水平的至关重要的因素。可以说，这方面的经济投入越大，老年人的整体健康水平也就越高，反之就越低。当然，经济条件对健康水平的影响还取决于医疗资源分配和利用的情况以及老年人口的年龄结构状况。但就一般规律而言，两个方面呈正相关关系。

由此可见，在实施健康老龄化战略时，既要发展老年医疗保健，也要加强老年人的社会保障，如完善退休制度、医疗保险及社会服务体系，制订老年人保护法，提高老年人的社会经济地位，与此同时，还要重视老年人的精神文化生活，减少对老年人身心健康不利的社会影响等。

健康老龄化还是全民健康的题中应有之义。我国目前开展的建立

---

① 参见张一华、郭平《北京市老年人心理健康状况及相关因素的分析》，见《实现健康老龄化》，196～199页，北京，中国劳动出版社，1995。

② 参见王树新《中国老年人口的经济状况及对健康质量的影响》，见《实现健康老龄化》，158页，北京，中国劳动出版社，1995。

城乡三级医疗保健网，以预防为主，进行全民健康教育，提倡科学营养、饮食保健等全民健康活动，其最终效果都将在人口老龄化阶段老年人的健康质量上体现出来。健康老龄化还要求发展全民体育，没有全民体育健身的普及，就没有今后老龄化阶段全体老年人的健康。此外，教育、科学、文化等精神文明的发展对健康老龄化也是必不可少的。因为精神文明水平的提高有利于改善各年龄人口的生活方式和生活习惯，从根本上促进身心健康，保证中华民族健康地进入21世纪。

2. 健康老龄化关注老年人口中大多数人的健康长寿，强调总人口中健康老年人比重的不断提高，因此是一项社会发展对策。

健康老龄化的着眼点是社会群体的健康长寿，而不局限于少数长寿老年人的增加，例如百岁老人的多少。当然，群体的健康是建立在个体健康的基础之上的。个体在进入老年期以后表现出的老化差异很大，其生理和心理的衰老并不与增龄同步，而群体的老化是与群体平均年龄的提高同步的。具体而言，健康老龄化应该随着老年人平均寿命的延长，平均预期带病期不断缩短；老年人带病期占老年期的比重越来越小，亦即带病期被压缩到生命最后阶段的极短时间内。当然，具体指标需要通过研究各国老年人健康和寿命的具体情况才能确定。目前我国老年人口平均预期带病期比平均预期健康期要长得多。如1990年城市老年男性平均预期带病期为12.25年，占余寿的75.2%；女性为15.11年，占余寿的62.4%。可见，我国老年人的余寿期有一多半的时间是在患病状态下度过的①。这显然不是一种健康的老龄化。不管从什么意义上说，我们离健康老龄化还相距甚远。但从历史

① 参见王梅《活得长≠活得健康——寿命质量与医疗保障》，216～217页，北京，中国经济出版社，1993。

发展过程来考察，一方面总人口的平均寿命在不断延长，另一方面老年人口本身的健康水平也在不断提高。从平均水平看，今天70岁年龄组的人口要比一个世纪前50岁年龄组的人口更健康。我国老年人口死亡率的下降也说明了这一点。表2表明，按年龄组由低到高观察，我国老年人口死亡率下降的幅度越来越大，可间接地说明老年人口的健康水平在不断提高①。

表2　中国1975～1987年老年人口分年龄组死亡率下降幅度(千分点)

年龄组(岁)	60～64	65～69	70～74	75～79	80～84	85～89	90＋
死亡率下降	5.88	7.10	13.14	16.18	31.23	42.0	26.81

资料来源：根据《中国人口总论》(中国财经出版社1991年版)中国1989年人口变动情况抽样调查样本资料计算得到。

从表2可以看出，我国老年人口中高龄老年人口的死亡率下降的幅度较大，存活率在不断提高，平均寿命在不断延长。这可以说明老年人口中致命疾病的比率在不断下降(但慢性病的变化却不能由此而得知)。

健康老龄化着眼于人口群体的健康长寿，其必要性包含在人类社会的发展目标之中。而另一方面，人类也在创造实现这一目标的条件。强调群体健康老龄化的社会意义就在于，这一发展战略着眼于大多数人口健康质量的提高，并且必须从人的一生健康的培养着手，在进入老龄阶段之前即奠定健康的基础。这一战略还要求政府所提供的医疗保健资源必须面向全社会，从整体上提高人口的医疗保障水平，注重预防性的医疗保健以及人口整体素质的改善。

3. 健康老龄化是老龄化时代社会良性运行的标志，也是人类对

① 这一点还需要医学研究资料的精确实证才能得出更科学的结论。

付过度老龄化的一项有效、乐观的对策。

人口老龄化是一种必然趋势，是任何一个国家都不能回避和改变的人口发展过程。对此，人类只能因势利导，从经济发展、社会政策和分配制度等方面作出相应的调整，使其不利影响降低到最小限度。中国的老龄化速度是世界上最快的国家之一，同时，中国又是发展中国家。很多学者据此指出，我国人口老龄化是超前于社会经济发展水平的。我们认为，与发达国家相比，就人口老龄化的速度相对于社会经济发展水平来说，我国人口老龄化属于世界上过度人口老龄化类型。在这种形势下，健康老龄化意味着将老龄化对社会发展的负面影响降到最低限度之内。

老龄化的负面影响在发达国家已表现得很突出。美欧等发达国家的老龄化目前已达到了很高的程度①。在这种情况下，他们的社会活力、经济和科学技术的发展速度是否受到了人口老龄化的严重影响，由于其历史较短，尚无定论②，但在社会保障方面的影响已经是很明显的了。如英、美、法等国对老年医疗保险和退休金支出已感到难以承担，几届政府都试图削减或已经削减这方面的财政预算，因此引起很多社会矛盾。可以说，这些由老龄化引起的社会问题当然不是健康老龄化的状态。

老龄化的负面影响在我国也有表现。我国老年人口数量多、老龄化速度快是世界上公认的。更值得注意的是，我国退休职工的增长速度快于老年人口增长速度的一倍。据国家统计局公布的数据，1986～

① 根据联合国文献，1995年世界上发达国家60岁以上老年人口比重为20%，其中瑞典25%，英国24%，法国23%，美国19%。

② 参见 United Nations *Economic and Social Implications of Population Aging*, New York, 1988, pp. 13～71.

1992年退休职工年平均增长率为6.8%，同期老年人口的年平均增长率为3.7%。职工队伍的人口老龄化使退休人口急剧增加，对我国退休金的供给产生了极大的压力。特别是企业在参与市场竞争过程中，经济效益出现波动，退休金的提供也随之受到很大影响，某些企业不能保证全额支付退休金和医疗费，致使老年人的经济、医疗保障得不到落实。凡此种种老龄化导致的社会问题以及代际矛盾问题都说明我们现在还远未达到一种健康老龄化的境界。因此，需要加大改革力度，充分发挥政府职能，保证老龄化过程中社会的良性运行。

我国将在未来三十几年快速达到极高的老龄化程度。在这种情况下，要实现社会协调意义上的健康老龄化，一方面要依靠经济的快速、高效发展，提高综合国力，为解决人口老龄化问题奠定坚实的物质基础。另一方面，也要调整、改革和完善社会分配制度，建立合理、有效的再分配体制，从而保证我国顺利、平稳地度过人口老龄化高峰期。

健康老龄化是一条对付人口过度老龄化的有效途径。在健康老龄化过程中，绝大多数老年人保持身心健康，余寿中的带病期大大缩短，继续工作的年限延长，其智力和技术释放期也随之延长，由于衰老而造成的老年人社会功能的衰退减缓，老年人在更大程度上实现自强自立，实现老年群体自助。这样，由于老年人口健康水平的提高和参与社会能力的增强，将使“老有所为”获得更广泛的含义和更新的内容，进而使老年人的生活摆脱目前的消极沉闷状态，实现其生命力的第二次释放而步入人生的第二个黄金时代。同时我们还应该看到，实现健康老龄化可以最大限度地补充由于老龄化造成的劳动力不足，使社会劳动生产率和经济发展速度以及技术更新不受影响，或将这种影响减小到最低限度。这也正是我们大力提倡健康老龄化战略的根本意义之所在。

四、健康老龄化的基本对策

推行健康老龄化战略的直接目标是实现一个健康老龄化的社会。从这一目标的基本要求看，健康老龄化社会的主要特征是：(1)社会成员中庞大老年群体的绝大多数人是健康长寿的，并过着有尊严、有保障的物质和精神生活；(2)社会发展不受人口老龄化的影响，实现社会经济的持续、快速和健康的发展，并使社会生活充满活力；(3)社会和家庭的代际关系和谐，各年龄群体的人口协调发展，公平地享受社会发展的一切成果。

为此，就目前我国的情况而言，除了加快经济发展之外，我们至少应在发展对策上突出以下三点。

第一，转变政府管理职能，建立适应快速人口老龄化和社会主义市场经济的老年保障和服务管理体制。近年来，我国政府管理社会的职能有了一定的转变，但在新形势下，老年社会保障还缺乏实质性的措施出台。应该看到，人口老龄化是一个社会问题，人口老龄化所引发的老年人问题更具有社会性；与其他年龄群体相比，老年人属于社会的弱者群体，需要由政府给予保护。这就决定了由政府承担老年社会保障职能的必要性。同时还应看到，在企业走向市场化的过程中，老年人保障是不能走向市场化的，而主要应由政府来承担责任。

第二，建立适应社会发展需要的、公平的再分配体制。老年人需要获得满足的程度取决于社会再分配制度合理的程度。而社会再分配在老年人身上的体现必须通过社会保障制度来实现。我国目前的社会保障制度亟待健全和完善，特别是社会发展成果中老年人应享受的份额还没有完全得到社会的承认。从国内外的实践看，老年人问题的解决除了要具备足够的经济条件以外，更重要的是取决于合理、有效的再分配体制。否则，即使经济再发达，如果社会再分配体制不合理，那么社会弱者也不能得到有效的保护，社会发展成果就不能最大限度地满足社会的需求，社会也不能实现良性运行。只有经济的增长而缺乏合理的社会分配制度和有效的社会保障机制并不是我们所追求的目标。有中国特色的社会主义要求经济的发展必须与社会的发展同步。而社会发展的重要标志之一就是要有实现社会利益最大化的再分配制度。就医疗资源的分配而言，医疗保障的目标是全体人民的医疗保健，老年人是医疗保健需求的最大群体。因此，通过社会再分配的合理化途径实现有效的老年医疗保健，是健康老龄化的必然要求。

第三，提高人口素质，为实现健康老龄化创造有利的人口条件。健康老龄化的直接目标是实现社会大多数人的健康长寿，并进而实现社会的健康、良性运行。如果整体的人口素质不高，就不能在进入老龄化社会后实现健康老龄化。因此，必须在人的整个生命周期中注重人口素质的提高，特别是在进入老年期之前的人生各个阶段都注重培养其健康素质。这与我们“提高人口素质”的基本国策亦完全吻合。

有关研究健康老龄化方法论的几点思考*

人口老龄化现象是人类社会发展到一定历史阶段的产物，反映了人类社会的文明与进步。人口老龄化、高龄化是个不可逆转的趋势。在中国21世纪进入全面建设小康社会的过程中，实现健康老龄化是必然选择。在实现健康老龄化的前进道路上有些理论和方法还值得探讨。

一、老年人健康与长寿的辩证关系

(一)长寿是健康的标志

在长寿时代以前，寿命是衡量健康的唯一指标。早期人口由于高死亡率与高生育率，人口结构年轻，平均预期寿命不高。当时死亡的原因往往是饥饿、战争、流行病、传染病等外源性原因。因此，死亡的人与存活的人实际上都还没有进入自然衰老的阶段，即死亡人口年龄尚未达到我们现在所指的老年期。所以其寿命长短，在一定程度上

* 原载《中国人口科学》2001年增刊，由邬沧萍、苏苹、陈杰、王岸柳合写。

可以反映出这些人口的健康状况。另外，当时生物学、医学、心理学等各种科学水平还相当低，人们对于健康的概念是："没有病就是健康"。因此，寿命就是象征健康的唯一可靠指标。即使进入现代老龄化长寿时代后，寿命的长短(指预期寿命)仍然是衡量健康的指标，甚至作为人类发展水平最重要的指标之一。由于健康的复杂性，目前我们还找不到能替代寿命这样一个既显而易见，又十分客观的指标，因为死亡是最不健康的标志。长寿本身就表明其生理性衰老缓慢，病理性衰老也少。

在中国高龄老人健康长寿调查中，明显地看出许多高龄老人仍很健康，他们的日常生活自理能力尚较高，完全自理的占65.4%。单项日常生活自理能力达到70%以上。高龄老人许多慢性病的发病率也比较低(见表1)。与上海老年医学研究所的调查及上海市老龄委的调查数据(见表2)相比较，高龄老人有些慢性病的发病率比一般老年人的发病率还低。高龄老人近两年患重病率也相当低(见表3)。80～99岁组近两年没有患重病的达到90%以上，100岁以上者也达到86%以上。从以上数据就可明显地看出高龄老人的健康状况还相当不错，有的甚至比一般老人更健康些。所以在很大程度上长寿是可以体现健康的。生命的存在是基于人体内各器官、组织的生理功能在基本正常范围之内，从而使人体内环境平衡，使人体内环境与外环境之间相互协调作用。因此，长寿本身就是健康的指标，即使生活质量很低的人，也比死亡者要健康。

表 1　高龄老人慢性病患病情况　%

疾病种类	有	没有	不知道
高血压	14.01	80.98	5.01
糖尿病	0.81	94.20	5.17
心脏病	7.54	87.45	5.01
脑血管病	3.35	92.20	4.45
支气管炎	13.27	82.79	3.94
肺结核	0.88	94.42	4.69
白内障	18.43	76.92	4.65
青光眼	2.42	92.67	4.91
癌症	0.44	93.68	5.49
前列腺疾病	8.85	86.24	4.91
胃肠溃疡	9.19	78.73	12.08
帕金森氏病	0.99	93.91	5.10
褥疮	0.78	95.29	3.93

资料来源:《中国高龄老人健康长寿调查数据集(1998)》,北京大学出版社,2000 年。

表 2　上海市老年人口慢性病患病率　%

疾病种类	1990 年样本(9 862 个)	1995 年样本(4 500 个)	1998 年样本(3 524 个)
高血压	29.77	32.80	32.49
糖尿病	3.56	6.30	5.70
冠心病	25.79	27.57	24.23
脑血管病	4.86	9.91	4.51
慢性支气管炎	16.20	21.36	20.09
肺结核	1.20	1.24	—
白内障	24.57	33.17	—
青光眼	1.80	1.96	—
癌症	1.69	2.33	1.39
肺心病	0.83	2.67	—
前列腺疾病	—	—	4.46
其他	38.43	19.07	—

资料来源:1990 年和 1995 年的数据为上海市老年医学研究所的调查;1998 年的数据为上海市老龄委 1998 年的老年人口综合调查。

表 3　高龄老人近两年患重病情况　%

项　目	年　龄(岁)			合　计
	80～89	90～99	100～105	
没有	90.61	90.12	86.59	89.40
1 次	5.86	4.19	4.25	4.87
2～10 次	1.77	1.79	1.42	1.69
长期卧床不起	1.75	3.89	7.75	4.04

资料来源:《中国高龄老人健康长寿调查数据集(1998)》,北京大学出版社,2000 年。

(二)长寿并不能充分体现健康

现在我们已进入低出生、低死亡的老龄化社会，平均预期寿命延长了。人类死亡的原因主要是慢性病及生理性衰老，或是病理性衰老与生理性衰老共同作用的结果。中华医学会老年医学会，在 1982 年曾提出健康老人的选择标准，指主要脏器应无器质性病理改变。衰老变化与一些慢性病的产生是在不知不觉中进行的，自己和别人一开始都很难觉察到。有些器质性病理改变的早期，日前还没有科学的手段和方法对其精确地检测。可见，自己没有感觉到的或医学上尚不能检查出来有什么疾病的人，不等于是健康者；有些慢性疾病不是致命性的，只要及时治疗，患者也能带病延年；因而，长寿的人并不等于健康。我们从表 3 中也可看到，有些高龄老人近两年患重病有 2～10 次，有的长期卧床不起；许多研究均已证明老年人的健康状况随年龄增长而呈下降趋势。从 1992 年中国老年人供养体系调查的有关数据表明：年龄越大，感觉健康的老年人人数越少。随增龄，自感不健康的比例明显上升，并且发现 74 岁或 75 岁是一个明显的分界(穆光宗，1995)，表 4 说明老年人年龄与健康的负相关情况；世界各国的残疾流行病学研究均显示，老年残疾的年龄分布特征是随着年龄的增高，残疾人所占的比例增大，各类残疾的现患率水平也伴随年龄的增长而升高，残疾的严重程度也随年龄的增加而加重(李立明，1996)。中国1987年抽样调查资料同样显示了老年残疾这一年龄分布特征，即年龄分布呈"倒金字塔"形；从生物、心理、社会三维组合的健康新概念来看一个人是否健康，不但要从生物学角度检查器官功能和各项指标是否正常。而且要从心理精神角度看其有无控制能力，能否正确对待外界影响，是否处于内心平衡的状态。还要从社会学角度看其社会适应性，人际关系和应付各种突发事件的能力等等。许多研究表明，随着年龄的增加，老年人的心理健康状态也随之下降。有些老年人虽然生命尚存，但其心理状态和社会适应能力已很差。综上所述，长寿并不能充分体现健康。总之，我们在研究如何实现健康老龄化的过程中，一定要辩证地看待健康与长寿之间的关系，科学而合理地制定有关方针政策，使中国早日实现健康老龄化。

二、中国高龄老人划分的界定

什么年龄的人口才算高龄老人。人的年龄虽然可分为三种：生理年龄、心理年龄和日历年龄。我们通常所说的少年、青年、老年和高龄老年人口的划分是按日历年龄划分的，而实际上，在不同的历史条件下，老年年龄的概念并不一致。在不同的寿命水平下，老年人口的年龄起点有很大差异，伴随着老年人口的年龄起点的不同，高龄老年人年龄起点也呈多样性。

从目前中国和世界上一些老龄化国家的数据看，在老年人口中，高龄老人增长速度最快，另一方面高龄老人是老年工作的重点和难点，因为高龄老人是最需要照料的、带病生存甚至卧床不起的概率也是最高的。

从政策上照料老年人的面该多大一点来看高龄老年人年龄起点的

划分是一个重要的问题，它不是随意确定的，它同许多社会经济的发展水平和各年龄人数利益联系在一起，因为老年人所享受的社会福利对经济发展有一定的影响，同时也关系到有多少人会被关照。如果年龄订得过高，就意味着被关照的人群过少，国家制定的有关政策就起不到相应的作用。反之，过低就意味着照顾面太宽，失掉其重点照顾的意义。

老年人口的划分问题是与人口年龄结构变化研究联系在一起的。通常讲的老年人口往往从老年人的心理、生理和日历年龄三个方面去衡量。前两个年龄划分标准经常会因人而异，更多的涉及老年人的身体状况和心理状况，而且还没有公认的标准，所以一般不能作为人口统计上划分老年人口的标准。因此，作为社会中的人口群体来说，老年人口的起始年龄只能以日历年龄来衡量，当然划分时也考虑上述两个因素。

《中国高龄老人健康长寿调查数据集(1998)》，采用以 80 岁为高龄老人的划分标准，这一划分标准在中国是可以接受的。但从目前中国 80 岁以上高龄人口比例情况看，我们建议，在划分高龄老人年龄标准上，可采用两个标准，一个是 75 岁及以上，一个是 80 岁及以上。其理由是：

第一，中国 80 岁及以上老年人口占总人口的比例还不到 1%，远远低于发达国家。据 1990 年的第四次人口普查表明，中国 1990 年 80 岁及以上的高龄人人数为 800 万。占当时全国总人口的 0.68%，不到 1%，而 75 岁以上为 1.42%。第一、二、三次全国人口普查就更低了。1997 年，中国人口中 80 岁及以上的高龄老人共有 1 100 万人(中国老龄问题对策研究课题组，2000：73)，也未达到 1%。从以上数字可以看出，80 岁以上高龄老人数，目前还不是很多，如果我们仅以

80 岁及以上为标准，看来相对照顾面较窄。再从中国也习惯把 75 岁或 80 岁以上年龄才算为第二个高龄老人(中国老年学会，1995：3)。具体以哪个为标准，由各地区各部门掌握。

第二，从中国 1992 年全国老年人调查数据来看，老年人自感不健康是以 75 岁为明显分界。

表 4　1992 年健康感觉不同的三类老年人的比例变化　　%

年龄组（岁）	健康		一般		不健康	
	城	乡	城	乡	城	乡
总　计	32.67	38.53	46.37	40.04	20.96	21.44
60～64	37.66	44.75	45.73	35.88	16.61	19.37
65～69	33.25	39.98	45.98	40.22	20.77	19.80
70～74	30.43	30.06	45.27	41.67	20.30	22.27
75～79	25.30	22.93	48.69	44.44	26.31	25.63
80～84	24.14	30.32	50.91	44.56	24.95	25.12
85^{+}	24.17	27.17	50.24	43.37	25.59	29.06

资料来源：穆光宗：《人口老龄化过程中的健康问题》，载于《健康老龄化》，中国劳动出版社，1995 年，第 258 页。

从表 4 可看出，虽然存在着较大的个体差异，但年龄是影响老年人健康状况的重要因素是无异议的。通过对自感健康、一般健康和不健康三种老年人比例分城乡、分年龄地细致考察，进一步证实了上述观点。如表 4 中所示，从总的趋势看，无论城乡，随年龄的升高，自感健康的老年人比例在下降，而自感不健康的比例明显上升，仔细观察，还能发现 74 或 75 岁是一个明显的分界，由表 4 可知，三个序列比例的增减十分明显，或许可以说，74 或 75 岁大致可视为老年人健康存量加速递减或下降的临界年龄(中国老年学会，1995：258)。

第三，国际上主要国家划分高龄人口也是以75岁或80岁以上为标准。1993年在第十六届国际老年学会的报告中，对联合国老年大会后的10年情况(1982～1992年)进行评估，报告中写到“75岁以后的老年人对医疗卫生的需求明显增加。”在这里划分低龄与高龄老人的分界点也是以75岁为分界点。一些人口资料高龄老年人的划分也是以75岁或80岁为两个界点划分的。

第四，老年人划分双标准，高龄老人也可定为双标准。我们知道，现今国际上划分老年人起点年龄根据国家和地域的不同而不同。一般发达国家，老龄化开始比较早，其划分老年人起始年龄通常为65岁，这不仅是因为其老龄化开始的较早，更是因为其领取社会保障金的年龄为65岁；而发展中国家划分老年人口的起始年龄一般是60岁，这是因为一些发展中国家60岁及以上人口的比例还较低，65岁及以上人口的比例更低，以60岁为起点来划分老年人口更能反映发展中国家以至全球的人口老龄化情况。同理：划分老年人口以60岁和65岁为起始年龄，那么，划分高龄老年人也应以75岁和80岁为起始年龄。

三、衡量老年人健康寿命的指标体系

如何评价一个人的老年寿命是否健康，怎样才能算是健康寿命。对于任何一个社会经济现象的测评，都需要指标。那么，对于老年健康寿命的测评指标的采用，必须明确以下几点：(1)老年人的健康寿命涉及范围很广，没有任何单一指标能够完整准确地反映健康寿命。所以必须采用一组指标。(2)这些指标必须对任何时点的老年人都适用。(3)这些指标的测评结果必须一目了然，在实践中易于操作，便于制定相应的政策和对策。(4)有了这样一些指标，对任何老年人个体或群体的健康寿命的轮廓便有了一个比较清晰的把握。

目前，学术界关于老年健康状况已有较多论述，指标也多种多样。在此，我们按上述原则拟采用3个相互关联的指标：老年寿命、自理能力比例、自评健康状况。

(一)关于老年寿命

尽管长寿不等于健康，但寿命仍然是评价个体生命质量的最根本指标。没有足够长的寿命，健康老龄化根本无从谈起。长寿不是健康的充分条件但却是必要条件。还有极其重要的一点经常为人们所忽略，即不同年龄的人用同一指标来衡量往往是不准确的。例如，同样是患心脏病，65岁时的心脏病与95岁时的心脏病对于个人来说意义完全不同。长寿自古以来就是中国人所追求的一个极高的人生目标。医学的发展也是以尽可能延长人的生命作为其基本动力，现代医学治疗顽症、绝症也通常是以几年存活期的比例作为衡量某一药物或治疗方法效果的重要指标。我们不妨把老年寿命这一指标体系中的基本指标，用老年余寿较高的日本和奥地利与中国的老年余寿进行比较(见表5、表6)。

表5　日本、奥地利65岁老人平均余寿

国　家	1970年		1980年		1990年	
	男	女	男	女	男	女
日本	12.5	15.3	14.6	17.7	16.2	20.0
奥地利	12.0	15.1	13.0	16.3	14.7	18.1

资料来源：美国人口普查局：《An aged world Ⅱ》。

表 6　中国 65 岁老人平均余寿

性别	1975 年	1981 年	1987 年	1990 年	1995 年
男	11.77	12.50	12.60	12.55	13.65
女	12.71	14.69	15.02	15.09	15.82

资料来源：《中国 1990 年人口普查资料》，中国统计出版社，1993 年。

表 5 显示，(1)同样是发达国家：日本奥地利的老年余寿均较长，说明这两国老年人的健康平均水平较高。(2)无论年代还是男女，日本的老年余寿均高于奥地利，说明日本老年人的健康水平高于奥地利。(3)从 70 年代到 90 年代，两国的老年余寿一直在增加，说明老年人的健康水平一直在提高。(4)无论哪一个年代，两国的女性老年余寿均高于男性，说明女性老年人的健康水平高于男性。

表 6 显示，(1)中国老年余寿一直在不断增加，说明中国老年人的健康水平在不断提高，但增幅不及日本和奥地利。(2)与日本、奥地利一样，中国女性老年余寿一直高于男性，说明其健康水平也高于男性。

(二)关于自理能力比例

随着老龄化社会的到来，老龄问题日益受到关注。老龄问题多种多样，但生活能力自理是老年人最重要的问题，也是对个人家庭、社会最具压力的问题，对于自理能力，我们拟采用较为简单的是和否的二分法：即能够自理和不能自理。有人也曾提出老年人带病带残这样的指标。对于老年人，按严格的医学标准都或多或少地带病带残。疾病、残疾本身也多种多样，对人的影响也各有不同，根本无法用一些指标衡量其轻重缓急，而不能自理却是大多数疾病作用于人体的共同结果。用单一的共同结果显然比用多种多样的原因作为指标更为合理，更为适用。一旦老年人不能自理，就涉及老年社会政策中最重要，也是将来可能会大力发展的长期护理问题。现阶段及近期老龄问题的核心问题之一将是长期护理，另一方面，能否自理又是极其客观的，不受任何主观意识的左右，便于将具体的个人或群体进行是和否的二分。

涉及自理问题，我们需要关注一个事物自身的两个特点：即时期状况和时点状况。例如，一个 80 岁的老年人，我们当然要了解在调查时点能否自理，而另一方面，在他进入老龄的 20 年中，能够自理的时期多长是一个极其重要的信息。对于大部分老年人来说，因种种原因失去自理能力一般是不可逆的，但也有部分人在失去自理能力一段时间后又恢复了自理。还有同样是调查时的不能自理，其失去自理能力的时期也不同，所以只考虑时点不考虑时期是不完备的。因老年期的自理期对评估健康寿命的极端重要性，我们不妨将其称为核心指标，情况是各种各样的。

临床不带病者，自评健康并非百分之百，精神因素起了作用，而患病者也并非全部自评不健康，且不同的疾病自评健康的比例也大不相同，说明只知道是否带病远远不够，而疾病是否给患者带来身心痛苦是最重要的。

有了上述三个指标，我们便可以对老年人的健康寿命有相对清晰的认识。在此框架之下，才可以做一些深入细致的工作。当然，任何指标均不能涵盖一切，因为指标体系也存在缺陷，在此我们只强调一点，不及其余。数据集中的自理能力包括六项，也是为国际学术界所公认：洗澡、穿衣、上厕所、室内活动、大小便控制、吃饭。每一项分为四个层次，即完全自理，其他情形不论其轻重，均应视为不能自理，应作为长期护理的对象。高龄老人长期护理问题比普通老年人群更为迫切。本数据即说明在某一点上，能够自理的老人比例，可以作为衡量健康寿命的标志。

表 7　高龄老人日常生活自理率　　%

年龄组（岁）	城镇		农村	
	男	女	男	女
80～89	81.42	78.56	88.16	84.42
90～99	65.38	52.92	75.49	64.91
100～105	38.46	27.49	48.45	38.42

资料来源：根据《中国高龄老人健康长寿调查数据集（1998）》表 7-7-4 整理。

表 8　高龄老人自评健康率　　%

年龄组（岁）	城镇		农村	
	男	女	男	女
80～89	90.66	90.69	92.27	89.83
90～99	90.61	90.04	90.34	83.92
100～105	83.21	83.67	82.76	74.94

资料来源：根据《中国高龄老人健康长寿调查数据集（1998）》表 7-7-4 整理。

表 7 显示：(1)高龄老人的群体的自理能力，随年龄增长而下降，且幅度很大。(2)城镇高龄老人的自理能力低于农村。(3)男性高龄老人的自理能力明显高于女性，说明高龄女性是长期护理的重点。

(三)关于自评健康较好的比例

无论是基本指标老年寿命，还是核心指标自理能力，均是客观指标，未曾考虑老年人的心理因素。同时，在用自理能力为标准进行二分以后，能够自理的老年人的状况是极其复杂的。有人带病带残却不影响生活，有人却因病痛饱受折磨。仅有老年寿命和自理能力所包含的信息还是不够的。在此，我们采用一个指标即自评状况来做补充。同样为了简便起见，自评状况我们也采用二分法，即正常与不好。自评状况也存在时点和时期的区分。首先是被调查者在此时点的自评状况，其次是在其能够生活自理的时期里其自评状况正常的时期。对于那些精神因素较重的病人来说，自评状况是评价健康状况的唯一指标。

数据集中的自评生活状况，也包括 6 个层次：很好、好、一般、不好、很不好和无法回答。在我们补充指标的二分法中，很好、好、一般作为正常，而不好、很不好以及无法回答应视为不好。同自理能力一样，集中的自评生活状况也仅是时点调查，过去几十年中对自我健康的回顾性评价也没有反映。例如，也许同样是因为患青光眼自评状况不好，有的老人患青光眼已 20 年，而有的人刚刚一年，这两种情况对老年人生活质量的影响差别很大，如果这样的信息对评价其健康寿命是极其有意义的，应进一步受到重视和应用。当缺乏时期信息时，在某一时点上的自评健康率，也可作为衡量健康寿命的标志(见表 8)。

表 8 说明，高龄老人随着年龄增加，自评健康有所下降，但差别不大。城乡男女高龄老人自评率总体上没有差别，但农村 100～105 岁的女性高龄老人的比例明显偏低，说明其健康状况不佳。

至于三个指标间的内在相互关系，如何更直观地用它们测评的结果衡量健康寿命或建立模型尚有待深入研究。

参考文献：

1. 中国高龄老人健康长寿研究课题组. 中国高龄老人健康长寿调查数据集(1998). 北京：北京大学出版社，2000.

2. 中国老年学会编. 实现健康老龄化. 北京：中国劳动出版社，1995.

3. 李立明主编. 老年保健流行病学. 北京医科大学中国协和医科大学联合出版社，1996.

4. 中国老龄问题对策研究课题组编. 21世纪上半叶中国老龄问题对策研究. 北京：华龄出版社，2000.

5. 中国老年学会编. 实现健康老龄化. 北京：中国劳动出版社，1995.

孝文化的新时代涵义*

在我国优秀传统伦理道德中，“孝”(或称孝文化、孝道、孝德，下同)是无法逾越的，它是儒家学说的出发点和中国伦理道德的核心。在中国传统社会，孝道有极高的社会地位，它不仅是传统伦理文化的基石，也是整个文化、社会、政治生活的基石，在中国历史上受到过最高的尊崇。汉代及宋明以后，有的统治者甚至把孝的涵义进一步扩大，提出“以孝治天下”，以此巩固封建王朝。可以说，中国孝文化的发展脉络、轨迹已深深印刻在中国整个思想道德文化体系之中。另一方面，在近代史上“孝”又是受到严厉批判的伦理道德之一。新中国成立以前就受到指责，新中国成立以后，反右斗争批判“剥削阶级道德继承论”，“文革”中“破四旧”、“批林批孔”等都殃及孝道。但古今中外的历史证明，孝文化是经得起历史考验的。无数实践清楚地表明孝文化依然是一种传统美德，在广大群众中仍有深厚的基础，并受到人们的广泛拥护，它的内涵中许多方面有其

* 原载《群言》2004年第2期，由邬沧萍、孙鹃娟合写。

广泛的人民性、客观性和进步性。同时我们也必须认识到，孝文化毕竟植根于封建社会、宗法制度和封建家长制，特别是同中国几千年小农经济落后的生产方式相联系，不可避免地有它的落后性、封建性、局限性和愚昧性。因此，必须弃其糟粕、取其精华地继承并赋予它时代精神。有破有立，才能称之为美德，才能为社会主义实践服务。

在迅速发展的人口老龄化进程中，必须以变化的孝文化来应对变化中的老龄化。但如果仅仅认识到倡导孝文化是为了适应人口老龄化，特别是我国现在还需要“家庭养老”，那是很肤浅，甚至是实用主义的。“孝”是衡量一个人道德水平的最基本尺度，“孝”作为我国传统伦理道德的基础，有助于建立社会主义思想道德体系。完善适应于现代文明的孝道，将会对人类文明作出重大贡献。

一、站在正确的立场上谈论当代孝文化

中国传统把“善事父母”作为孝的主旨，通过血缘和宗族的亲情起到维护家庭团结和睦的作用。客观上，孝文化有利于社会发展的一面。但另一面，它站在家庭特别是父代的立场上，要求子代绝对服从，并不利于家庭代际关系的真正“和谐”。尤其统治者把“孝移于忠”，更是用以维护封建王朝的社会秩序。因为孝在古代中国有很宽泛的延伸意义，它不仅指养亲敬亲和养老敬老，还推及到对君主权威的服从，使孝这一家族伦理道德观念和规范成为传统政治的伦理道德基础。封建统治阶级把孝作为其宗法等级统治的精神基础，大力宣扬“忠孝合一，移孝于忠”，并加以专制化、愚昧化，使人们愚孝愚忠，以巩固封建专制统治。孝作为德之本，应该站在国家、民族和人民的立场上，把家庭内的养亲敬亲、养老敬老提升为以对国家、对民族和广大人民利益的“大忠”、“大孝”，从而形成整个社会养老、敬老、爱

老的道德氛围。

二、当代孝文化必须体现代际代内的公平、平等和民主

中国传统孝文化，把家庭内两代人的行为规范概括为“父慈子孝”，明确两代人在家庭内的各自责任、义务和权利。但中国孝文化中，“父慈子孝”中的两代人处于不平等地位，子代唯父命是从，无条件地对父祖代“无违”，否则就“不顺乎亲，不可以为子”。宋明时期提出的“父叫子亡，子不得不亡”的专制言论，更强调了子女的恭顺屈从，限制子代的自由和个性发展。现代社会，人际平等、尊重个人的自由选择和独立人格已成为人际关系的根本准则，传统孝文化中“唯父命是从”的理念也应更新、改进。在儒家孝道中，还宣扬父子相隐，即父子家人如有人犯罪，道德和法律都默许或鼓励父代和子代之间的相互隐瞒，甚至代父服刑。这显然有悖于现代法制中公平、透明的精神。因此，现代孝文化与现代法制建设如何相协相成，应成为孝文化研究的重要课题。

另外，与传统社会强调尊重过去和尊重老年人的经验不同，现代社会特别是现代西方社会更注重未来和青年的创造性，由此出现歧视老年人、重视年轻人的社会现象，这也是一种代际关系不平等。西方国家人口老龄化的实践证明，老年人口迅速增加带来的家庭、社会赡养压力加剧了代际之间的矛盾，形成“歧老文化”。事实上，无论是过去的老年本位还是现代的青年本位，一定程度上都表现为对孝文化的曲解或抛弃，两种倾向也都无助于父代和子代生活质量的提高。必须赋予孝文化以人为本的理念，在家庭内两代人平等、自由、民主地相处，这一基础上的“父慈子孝”，使两代人各得其所，都能得到全面发展的机会。如何批判地继承或有选择地继承传统孝文化，对于我国应

对人口老龄化的挑战有着独特而重要的意义。

三、当代孝文化要利于两代人的全面发展

在中国，孝文化产生于传统社会落后的生产力，家庭、家族作为主要生产单位，决定了人们必须采取的行为方式。为了巩固家庭、家族内反哺互养的稳定性，孝文化必须提出相应的行为规范，以约束家人特别是子代对父代的报答。传统孝文化的行为规范，适应了低生产力小农经济和封建宗法社会的要求。在生产社会化和社会主义市场经济的条件下，一套更加高效、完善的社会经济运行机制正逐步建立，生产单位的多样性、生产的复杂性决定了个体的生产行为不能仅限于家庭，传统孝道中的某些行为规范也显得不合时宜了。例如，“不孝有三，无后为大”，在巨大的人口压力之下就不利于经济社会的可持续发展；“父母在不远游”的传统观念也不利于人口流迁，与我国人口城镇化进程背道而驰。

与传统农业社会不同，社会主义市场经济拥有更广博、坚实的社会保障体系，养老保障不再单纯是家庭的责任，用以严格约束子女赡养父母的行为规范也体现得更加灵活多样。必须赋予孝文化当代文明社会新的通行规则，在爱国守法的前提下，各代人在促进社会发展中实现自身价值，通过参与社会公平竞争，敬业奉献，事业有成，为“扬名声显父母”增添新的内容。

四、孝文化蕴涵的以德治国思想必须与依法治国方略并行不悖

中国古代儒家十分重视“德治”。在“德治”中，又十分看重“孝”。孔子把“孝”看作是“治德要道”；中国古代把德治称为仁政、王道，把

孝称为“百善之首”和“仁之本”，都把孝文化提高到以德治国的重要地位。

随着社会内部结构和功能的日益多元化，家庭与家庭以外的社会组织之间的差异越来越大。泛家族主义以及泛孝主义逐渐消失。与传统孝道相比，现代的孝道更多地局限于家庭之内和亲子之间，体现子女对父母的良好态度与行为。与孝道规范领域的集中化相比，以社会公平原则为核心的法制规范，成为现代社会约束人们行为的主要依据。就养老而言，西方的社会公平原则认为老年人作为对社会作出过贡献的群体，社会履行赡养老人的职责是对他们过去劳动报酬的延期支付，他们在退出劳动领域后，有权参与社会资源的分配，社会也理应满足老年人的基本生存所需。必须用法律来规范人的行为，甚至家庭内部的代际关系也要纳入法治的轨道，依法治国的理念在实践中对于保障老年人的权利和权益发挥了极大的作用。

包括孝文化在内的以德治国的理念在当代中国依然十分重要。特别是对于用法制难以准确规范的某些领域，德治更是必不可少。老年人的需求中，精神慰藉需求日渐突出，而满足老年人的精神需求单靠法制的约束作用是远远不够的，这就需要以孝为核心的养老文化在当代发挥更大的道德规范作用。丰富深厚的孝文化正是我国在养老方面不同于西方发达国家的独特优势。在西方国家的发展历程中，很少有满足老年人精神需求的哲学、伦理道德。而中国早在几千年前，以儒家为主的诸子百家思想中，已经比较系统、深入地构建了“孝”文化的伦理道德体系。随着现代化的社会转型，“孝文化”被赋予以德治国的内涵以及德治与法治并行不悖、相辅相成的思想。

五、当代孝文化必须纳入社会主义精神文明建设中

孝文化提出的养亲、爱亲、敬亲、悦亲，对于维护家庭和谐有普遍意义。与此同时提出的谏亲、护亲、显亲等，若加以正确引导，也会有利于社会发展。要赋予孝文化新的时代精神。弘扬“孝文化”的科学精神，是社会主义精神文明建设的重要内容，通过社会教育和家庭教育，最终形成养老孝亲、尊老敬老、以礼待人、与人为善的良好的社会环境和社会舆论。孝文化作为道德文化建设的重要资源日益深入，丰富和提升人们的生活。这正是中华民族道德觉悟、道德责任和时代精神、时代要求相结合的生动体现。

六、当代孝文化必须与时俱进

我国孝文化博大精深，但它缺乏现代性、先进性和民主性，因此需要同世界上优秀文化和文明成果接轨，以丰富和发展孝文化的内涵。

中西文化最显著的区别在于中国是群体本位或家族本位，西方文化体现为个体本位。对于人口老龄化这样一个带有典型群体特征的社会现象，孝文化作为群体本位的价值导向有其独特的现实意义。它所强调的家庭内部的“亲亲”，如果推及到整个社会对老年人的仁爱、尊敬，我国在应对人口老龄化挑战方面就拥有了一个坚实的伦理道德基础。与此同时，西方国家在代际关系方面倡导的自由、平等、尊重年轻一代的创造性和自由个性等，对我国建立更加公正合理的代际关系也会产生重要的启示作用。传统孝文化是不断发展演变的，我们应该以变化的孝文化来应对变化中的老龄化问题。

应对人口老龄化的多学科视野*

欧盟经合组织经济部经济调查主任科龙扎伊在2004年接受记者访问时说："中国将在今后面临各种各样的挑战，其中人口老龄化问题最为突出，对中国居民的储蓄、生活方式、经济增长等领域都将产生重大影响，中国政府今后将作出很多调整以适应老龄化方向。虽然经合组织国家或多或少都有人口老龄化问题，但该问题在中国表现得最为明显。中国应及早做好应对准备。"作为一个资深的中国问题专家，对中国的老龄化作出这番谈话，充分说明中国老龄化速度之快、程度之深。人口老龄化对经济社会的影响有个积累过程，如果不能防微杜渐，轻则数以亿计的老年人会陷入相对贫困化和生活质量下降，老年人群体会边缘化，重则危及社会的长治久安和经济社会的持续发展以及文明的延续和继承。"凡事预则立，不预则废"，"人无远虑，必有近忧"，对待我国如此严峻和紧迫的老龄问题更应如此。而理论是行动的先导，只有正确地认识老龄化，才

* 本文由邬沧萍、彭彦合写，原载《市场与人口分析》，2006增刊。

能制定有效的政策、采取适当的措施，应对我国的人口老龄化。

一、中国人口老龄化历史演进及认识过程

新中国成立后我国对人口老龄化一无所知，在1953年第一次人口普查和1964年人口普查期间我国60岁以上人口在人口中的比例由7.3%下降到6.1%。在这一阶段人口不但不是老龄化而且是年轻化，因为老年人的比例下降了。所以我国人口老龄化过程起始于60年代中期以后。到1982年第三次人口普查时老年人人口的比例攀升到7.6%，1990年人口普查得到的结果是8.6%，1995年全国1%人口抽样调查结果进一步上升到9.4%。2000年第五次人口普查已超过10%这个人口老龄化的转折点，确认了中国在2000年是老年型人口（65岁以上人口8 811万人，占总人口的6.96%；60岁以上人口占总人口的10.46%）。现在，我国人口老龄化的来龙去脉已经一目了然了。

其实，我国人口老龄化早就开始并已经持续了30多年，不过在过去是悄悄地来的，人们都觉察不到，但到了90年代以后明显加快。在统计数字上，甚至在人们的现实生活中已经感觉到了，但这仍然是我国老龄化“前奏曲”，人口老龄化的主旋律在进入21世纪以后才会凸显。一方面由于21世纪我国人口要求稳定低生育水平，人口寿命会进一步延长；另一方面，由于在新中国成立后出生并存活下来的大批人口在2010年前后将陆续进入老年期，因而老年人数倍增和比例升高都要比现在更快。各方面对人口老龄化的预测结果都大同小异，预计到2015年老年人将超过2亿，到21世纪中叶前后，我国60岁以上老年人口在4亿以上，占全部人口1/4以上，大多估计认为要达到30%以上，历史将会证明，21世纪中国老龄化程度是很高的。这

是一个不以人的意志为转移的发展趋势，这是我国制定21世纪的发展战略和老龄化对策必须考虑的一个客观事实。

人口老龄化的产生、发展、对经济社会发展的影响和如何应对存在着人类的普遍规律，因此必须借鉴古今中外有益的成果为我所用；另一方面，由于各国国情不同，社会发展阶段不同，人口转变情况不同以及历史文化传统迥异，因此人口老龄化对不同国家的影响又因适应能力、应对能力的不同而不同。同样的老龄化水平，各国影响的程度、影响的方面、矛盾化解的能力可能有很大差别，因此必须从本国的实际出发，提高对人口老龄化的认识能力，特别是认识我国人口老龄化的特殊性或者说我国老龄化的特点。

1971年联合国恢复我国在联合国的合法席位后，我国开始参加联合国的人口委员会和经济社会委员会各种会议，特别是1982年参加在维也纳召开的“老龄问题世界大会”后，对人口老龄化、老龄问题有所认识并在1982年4月成立了相应的机构——中国老龄问题全国委员会。与此同时，在我国现实生活中，一些领导机构成员和一些专业队伍的成员出现年龄结构老龄化，特别是我国在20世纪70年代开始卓有成效地推行计划生育严格控制人口增长以来，我国妇女生育率迅速下降，相应地老年人口在全部人口中的比例急剧上升。1980年中共中央《关于控制我国人口增长问题致全体共产党员、共青团员的公开信》中，已经预见到中国人口会出现人口老龄化现象并提出可以提前采取措施。可以说，我国对人口老龄化是有所认识的，对它的必然性、重要性和长期性是重视的。从1982年成立“中国老龄问题全国委员会”我国认识人口老龄化开始，至今已有20多年，全党全民的老龄意识已有了很大的提高，“老龄问题”、“老龄化”等可以说现在已经是家喻户晓，对人口老龄化的必然性、重复性、战略性、长期性，业内人士都有认识，但对人口老龄化对我国经济社会发展以及对老年群体的宏观和微观影响的严峻性和紧迫性的认识是不够的，认为不是当务之急而是来日方长。表现在老龄问题还没有真正摆在重要议事日程上来，应对人口老龄化的许多准备工作，特别是需要长期准备的老龄工作，诸如应对人口老龄化的物质和基金准备工作，老龄的基础设施的硬件和软件建设、政策法律的制定、新制度和新机制的确立，对应对老龄化的各项准备工作如老年社会保障、医疗保险、制度创新、立法准备、人才准备和社区助老等都大大滞后。

二、突破人口老龄化的理论认识和方法论上的不足，建立多学科研究视野

我国对老龄化重视不够，原因与我国人口老龄化过程不长等多方面的原因固然有关，但与我国对人口老龄化认识不深、看不到它的严峻性和紧迫性关系极大，没有正确的理论认识就不可能有相应的行动。我们必须突破我国学界对人口老龄化特点的理论认识和方法论上的不足，建立多学科的研究视野，正确认识和了解我国人口老龄化。

1. 突破人口老龄化研究集中于人口学单一学科研究的现状，加强对人口老龄化的多学科的研究。

我国对人口老龄化在人口学单一学科的研究上已经取得了丰硕的成果，对老年人口的规模、人口总抚养比、老年人口抚养比和老少比作了大量的研究，对我国现存的老年人口规模和今后老年人口规模的发展趋势都给出了较为精确的数字，比如中国人民大学人口研究所所做的 2000～2100 中国老年人口数变化趋势的预测等。对人口总抚养比的变化及趋势、老年人口抚养比的变化及趋势、老少比的变化及趋势以及城乡老龄化的差异等做出了较为精确的研究结果。因此，对我

国人口老龄化的严峻性主要以人口统计指标为依据来说明。目前大多数学者都把我国老龄化的特点归结为：老年人规模大，老年人口增长速度快，人口老龄化发展速度快，高龄人口增长更快，高龄化迅速到来，地区间、城乡间老龄化差异大，等等，也有许多人用人口总抚养比和老年人口抚养比高及老少比高来说明我国老龄化的严峻性。

用人口老龄化指标体系来说明我国人口老龄化严峻形势是必不可少的，也是无可替代的。各种老龄化指标是确定事实或预估事物发展事实，这是真理，是评价事物的客观依据。因此评价人口老龄化的严峻性必须从可靠的老龄化指标为标准。但同样的老龄化指标对不同人口的影响后果是不同的。如 60 岁以上人口达全部人口的 10%、15%或更高，对不同国家感受是大不相同的，法国在 19 世纪中叶人口老龄化已达到这个水平。2002 年欧洲 60 岁以上人口达 20%或以上的有 25 个，日本已高达 25%，如果用老龄化指标来说明严峻性说服力显然是不够的，不足以令人马上采取行动，而且中国要达到今天日本的老龄化水平预计在 30 年以后，因为许多指标是带有人口老龄化普遍性的，如人口老龄化过程必然是老年人口增长速度快，快于全部人口增长，高龄人口增长快于一般老年人口增长，高龄化发展快于老龄化等。因此，要深刻理解一个人口老龄化必须认识各自人口的特殊性。这些特殊性除了老龄化指标外，还必须从政治、经济、社会、文化等方面的特点着眼，需要多学科的知识，人口统计学单一学科知识是不可或缺和不可代替的，但显然是不充分的。就从人口方面而言，中国未富先老和中国人口基数大、剩余劳动力多和人口老龄化并存的局面这一个更为重要的特点很少人提到。此外，人口老龄化对一个国家影响是通过其对该国家经济、社会、政治、文化、科技等诸多方面的影响来产生作用的，单纯的人口学单一学科研究不足以透彻深入地说明人口老龄化的影响，我们必须运用社会学、管理学、行政学、政治学等多学科知识来研究人口老龄化对我国产生影响的作用过程、作用原理、作用结果，掌握人口老龄化正在和将要对我国的经济、社会、政治、文化、科技等产生什么样的影响，只有这样我们才能更好地解决人口老龄化问题。

从出生率下降是人口老龄化的决定因素出发，把提高生育率作为应对人口老龄化的对策，这对中国今天来说不是明智的战略选择。我国的国情决定我国在目前一个时期只能采取稳定低生育水平的政策。当然，不是认为生育水平愈低愈好。但是提高生育水平意味着每年增加了更多的新生儿、增加了人口总量、增加了人口压力，在我国的资源条件下无助于提高养老能力，而且要较长的时间(最少要两代人左右)新增劳动力才能起到支持或照顾老年人的作用。因此提高生育率绝不是应对人口老龄化的上策。发展经济、提高社会支持和助老能力以及提高老年人本身应对能力更能立竿见影。以上分析不难得出认识和应对老龄化必须有多层次和多学科的视野。

2. 突破老龄化研究中理论创新不足、多采用西方学者的体系和方法的现状，建立创新型的具有中国特色的研究体系和方法。

在论证人口老龄化对经济社会发展的影响时，大多是采用西方学者的理论体系和方法。这本来是无可厚非的，到目前为止已经出现人口老龄化的都是发达国家，它们研究老年学比中国早几十年。在发展中国家开始出现老龄化的都是经济发展水平较高的国家和地区，如亚洲四小龙，拉美的阿根廷、乌拉圭、智利等，没有一个是发展中大国。发达国家由于人口老龄化已有较长的历史，也积累了许多经验、理论和方法，对我国是具有借鉴作用的，但它们的理论研究产生于经济发达国家的国情，社会保障系统已经比较完善，老年人作为一个群体经济上的保障已基本解决，不像我国仍有庞大的贫困人口，社会保障、保险很不完善，甚至还未建立，特别不像我国这样在二元经济下农村有一个经济上的老年弱势群体，相当一部分人还未解决经济保障问题。因此借鉴发达国家的理论体系来论证人口老龄化就不能照抄照搬，不然，就不能深刻认识人口老龄化对我国影响的严峻性。

例如西方论述人口老龄化对经济社会的影响着重从宏观上讲老龄化对经济增长的影响，诸如从劳动力、劳动生产率、储蓄投资对生产的影响和人口抚养比提高和对社会保障的影响；很少论述人口老龄化对老年群体的影响。我国作为一个未富先老的国家，人口老龄化的影响首先应聚焦在老年群体的贫困、生活质量及其对社会长治久安的影响上。我国刚进入老年型人口，来谈劳动力短缺、影响劳动生产率和投资积累不足，似乎有点隔靴搔痒，自然不会受到重视。从我国实际出发，首先把人口老龄化对我国老年群体的影响放在优先地位，这是以人为本和“五个和谐”的体现。

其次许多学者论述人口老龄化对经济的负面影响时常常援引西方学者理论：人口老龄化，导致非老年人口比重下降，出现劳动力不足，也会导致劳动生产率下降。这种立论对发达国家来说是合理的，发达国家由于人口转变和老龄化是相对缓慢的，所以在人口老龄化初期已出现劳动力不足，随着人口老龄化，青壮年劳动力不足更突出。它们的情况同我国的情况根本不同，我国人口老龄化过程是同劳动力过剩并存的，预计到 21 世纪中叶我国 15～60 岁劳动力仍高达 7.5 亿，在 2030～2050 的 20 年间，每年平均新增劳动力在 1 500 万以上，认为我国今后劳动力不足缺乏根据也言之过早，不能服人。至于人口老龄化导致劳动生产率下降的论点，是机器工业时代对老年人劳动的估计，在自动化、信息化和今天知识经济时代，劳动生产率受人口老龄化影响不大是公认的。用西方过去的理论说明人口老龄化这一负面影响，仅从老龄化程度高和抚养比高来说明人口老龄化的严峻性，也不能令人信服，因为当代人类寿命普遍提高，老年人对社会的贡献同过去相比，不可同日而语。

从上面的论述可知，我国老龄化的形成过程和老龄化的现状以及老龄化对我国产生的影响，与西方国家有着较为明显的不同之处。此外，我国应对老龄化的方式也很难照搬照抄西方老龄化国家的经验和方法。因此，我们必须适应我国老龄化的进程快、老年人规模庞大与总人口规模庞大并存、农村老年人口众多且贫困、劳动力过剩与老年人口巨大并不断增长等具有中国特色的人口老龄化的特点，建立起具有中国特色的人口老龄化的研究体系，寻找在我国现存的二元经济体制下如何解决人口老龄化带来的一系列问题，以寻求中国人口老龄化的解决之道。

3. 突破老龄化研究中应对能力研究的缺失状况，推进我国应对人口老龄化能力的研究。

目前用老龄的理论和实际工作说明人口老龄化挑战的严峻性时大多强调老年人规模大，老龄化速度快、程度高，抚养比高，很少结合我国国家、社会、社区、家庭和个人应对老龄化能力的大小来谈，这就是言不及义，未说到点子上。因为同样的老年比对不同国家的压力大小大不相同。例如，我国香港特别行政区，2002 年老年人口已占到香港人口的 15%，比大陆地区 10%的比例要高得多，但香港对老龄化的压力比大陆要轻得多，因为香港经济发展水平高于大陆近 10 倍(按 1998 年世界银行购买力评价计算)，老年基础设施、老年人才培养、老年人家庭和个人应对老龄化的经济能力(包括私有财产和老年人财产收入)比大陆要强得多，又由于老年人普遍有社会养老金，所以人口老龄化挑战的严峻性在经济上远不如大陆突出。而应对人口老龄化的能力又涉及多方面：如政治、经济、社会、法律、文化等和多层次：即国家、政府、社会(包括市场和机关团体、NGO 等)、社区、家庭(含亲属等)和个人的应对能力。

从宏观和微观来看，我国目前应对人口老龄化的能力是很低的。从生产力来看是未富先老，综合国力很弱，我国 GNP 在改革开放前只占世界 GNP 总量的 1%，到 1998 年也仅占全球 GNP 的 3%左右，即或按购买力平价计算我国人均 GNP 也达不到下中等收入国家水平，但我国要抚养的老年人占世界老年人的 1/5，到 2030 年后要抚养占世界 1/4 的老年人。如果按全球 GNP 同全球老年人数的比值为标准，或用单位 GNP 供养多少老年人来比较的话，中国老年人无疑是世界上最贫困至少是属于世界最低收入之列的，而且这一状况在一个相当长的时间内是不易得到根本改变的。另外，我国经济、社会发展正处于经济转轨、转制，社会转型的过渡时期，各项社会体制诸如社会保障机制、社会养老体制、医疗保障体制、社会助老体制、老年法律体制、老龄福利制度、社区助老机制、老龄产业体制等还未建立起来，由于公共资源的不足，投入到老龄事业中的比例只能是有限的，而且还常常是捉襟见肘、难于兼顾，国家对人口老龄化的应对能力还是很低的；就老年人的个人和家庭来说，当代已进入老年的城乡老年人总体来说应对老龄化的能力是较低的，经济、健康和文化教育等各方面都处于较低水平。这代老人基本上没有财产收入，根据 2000 年人口普查，我国城乡老年人收入来源中，来自财产收入的只有 0.3%。农村老年人缺乏必要的养老保障和医疗保险，贫病交加的不在少数。城市老年人的状况虽然比农村老年人稍好，但也面临退休金较少或不能及时发放、医疗保障有时难以兑现、收入同现职职工和中青年的差距日益扩大等现实状况。这些都是认识我国人口老龄化挑战严峻性必须考虑的。

我国人口老龄化是在我国人口多、底子薄的国情下，在国家政策主导下，顺应经济社会发展趋势，加速生育率下降，加快老龄化进程中出现的；另一方面，在推进经济体制改革方针指引下，在我国经济转轨、转制，社会转型的漫长过程中，国家、社会、社区、家庭和个人各个层次，在政治、经济、社会、文化各个方面，都出现了青黄不接，产生应对人口老龄化能力还较弱的严峻局面。因此，必须针对我国人口老龄化的具体状况，在研究人口老龄化时，加强对应对能力的研究，在人口老龄化的严峻和紧迫的状况下，寻求应对能力不断提高之策，从应对能力的角度为解决人口老龄化问题提供对策。

人口老龄化对发展中地区的挑战和中国应对人口老龄化的战略选择*

一、人口老龄化对发展中地区的挑战

发展中地区是指社会、经济、政治、文化、人口等方面都不够发达，所以也常用不发达地区表达，它是同发达地区相对而言的。衡量地区发达不发达有时用国内生产总值(GDP)或国民收入(GNI)或使用人类发展指数(HDI)来衡量，通常国际上亚大地区除日本、澳大利亚和新西兰属发达地区外，包括中国在内，均为发展中地区。也就是今天亚大地区40亿人口中96%以上都属于发展中地区(见图1)，虽然其中也有个别新兴工业化和收入较高的地区，也没有改变亚大地区人口95%以上属于发展中地区的事实。

* 本文为亚大老年学会2007年北京会议发言，原文为英文，中文译文发表于马永兴主编：《现代衰老学》，北京，科学技术文献出版社，2008。

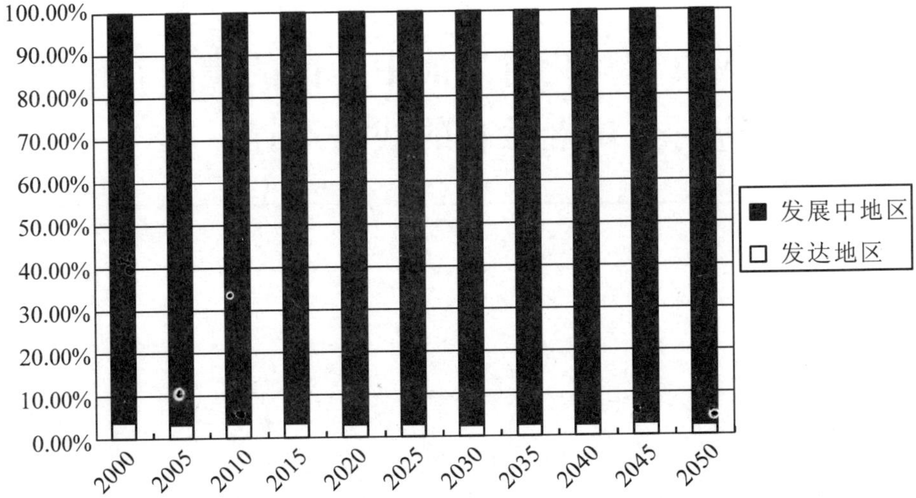

图 1　亚大地区发达地区和发展中地区的人口比重

资料来源：联合国，2006

人口老龄化是指一个人口平均年龄的增加，但更多是指人口年龄结构中老年人口比例提高的过程。人口老龄化对人口、经济、社会、政治、文化和个人都有重大的挑战，但对发展程度不同的地区挑战是不同。本文只谈几项对发展中地区来说不同于发达地区的挑战。

挑战一，发展中地区人口老龄化的加速与人口规模膨胀是并存的，因此应对人口老龄化的同时，首先要解决人口膨胀带来的如就业等问题，这同发达地区劳动力不足迥然不同。

人口学转变是人口普遍规律，概莫能外。当代发展中地区人口学转变中的人口增长要比 19～20 世纪上半叶发达地区快得多，“婴儿潮”一个接着一个，使人口迅速增加，就是生育率达到更替水平后，发展中地区的人口惯性增长也要持续很久，由于劳动年龄人口比重高于发达地区，中青年就业问题比老龄问题常常更为突出(见图 2)。

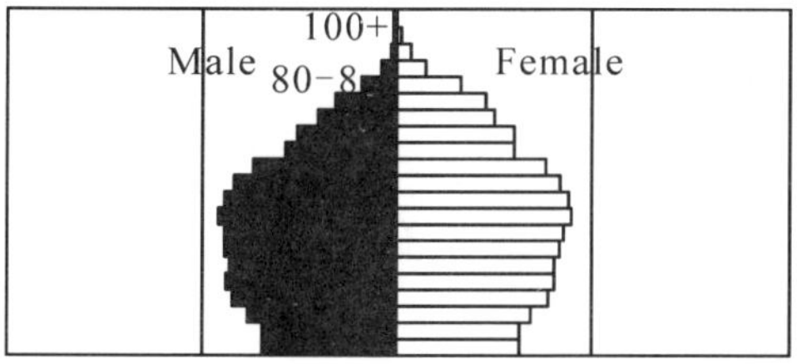

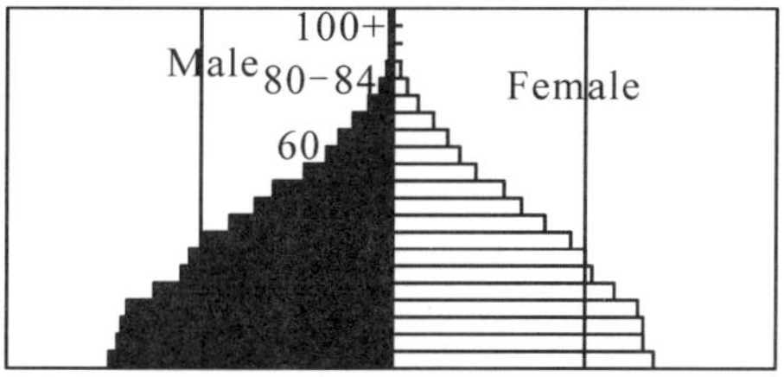

图 2　2005 年世界发达地区和发展中地区人口年龄金字塔

资料来源：联合国，2006

挑战二，发展中地区人口老龄化，超前于社会经济发展，要面对加速发展和应对老龄问题的双重压力。

发展中地区都是综合国力不足，人均国民财富少和收入不高，基础设施薄弱，社会发展中的教育、卫生、文化、科技和社会保障落后，贫困人口还很多。2004 年发展中地区的人均国民总收入不到发达地区的 1/10(World Bank，2006)。亚大地区发展中大国生活在 1 美元/天和 2 美元/天的比例很高：在 2003 年中国分别为 16.6%和 46.7%，印度 34.7%和 79.9%，印尼 7.5%和 52.4%，巴基斯坦 13.4%和 65.6%，孟加拉国 36.0%和 82.8%(UN，2006. 见图 3)，

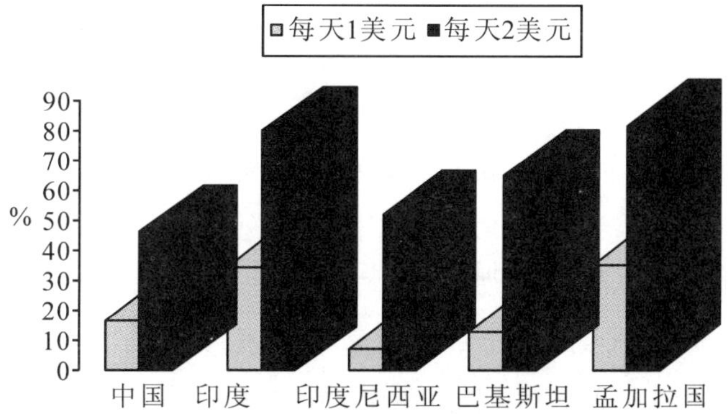

图 3　亚大地区主要发展中地区贫困人口状况

资料来源：联合国开发计划署，2006

因此，发展优先是发展中地区的必然选择，因为没有发展应对人口老龄化是无源之水。但是发展中要更加注意老龄问题常常力不从心。

挑战三，在发展中地区存在的二元经济体制下，城乡老年人收入、消费、财产和文化教育方面存在巨大的差距，在人口老龄化过程中这种差距会扩大。

发展中地区由于经济结构落后，第一产业占到很大的比重，到2006年仍占很高比重，相应地乡村人口比重高(见图4)。2000年亚大地区几个人口大国农业增加值在GDP仍占20%左右，而发达地区和高收入地区仅占3%～5%(UN，2003)。2003年亚洲地区乡村人口仍高达62.2%，就是到2030年仍将高达45.5%(UN，2003)。

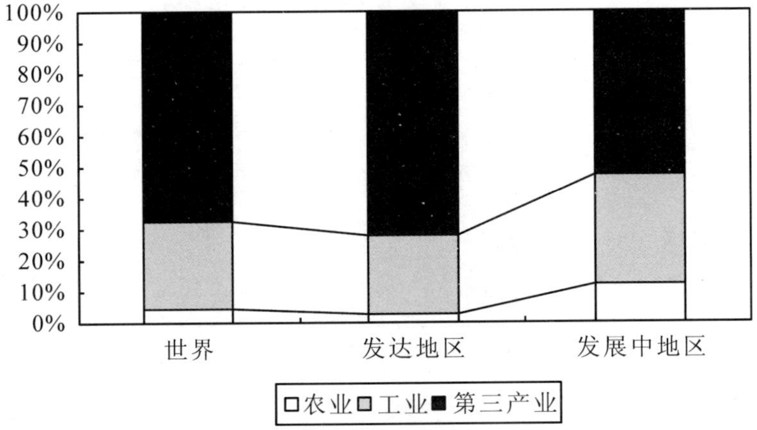

图4 世界产业结构图

资料来源：联合国，2003

在经济转变过程中，城乡老年人生活水平和质量差距进一步扩大；另一方面老年人年龄增加，农村年轻人大量迁离农村，由于生活孤独、生活照料乏人、精神忧郁使健康水平下降，城乡老年人生活质量差距必将进一步扩大。如无一项有效地确保社会公平的政策，农村老年人特别是妇女、残疾、失能老人难免被边缘化。

挑战四，发展中地区在20世纪寿命延长了，但由于经济、社会、文化、医疗卫生等方面落后，发展中地区老年人的健康仍没有完全摆脱传染病和发展不足带来的各种疾病的压力，因此总体健康状况不如发达国家。

在当代人类健康模式由过去主要患传染病转变为非传染病，由传染病造成的死亡率大大降低，使得20世纪人类平均寿命平均增加30岁，发展中地区也增加了30岁，但发展中地区由于发展不足，如结核病、疟疾、肝炎等传染病仍威胁人类的健康，更严重的是，由于贫穷落后造成营养不良，缺乏安全饮水，居住环境恶劣和不科学的生活方式和行为方式等，对发展中地区老年人的高血压、心脑血管病、癌症、糖尿病、骨质疏松、关节炎、老年痴呆等老年期多发病加剧危险因素和提前出现。

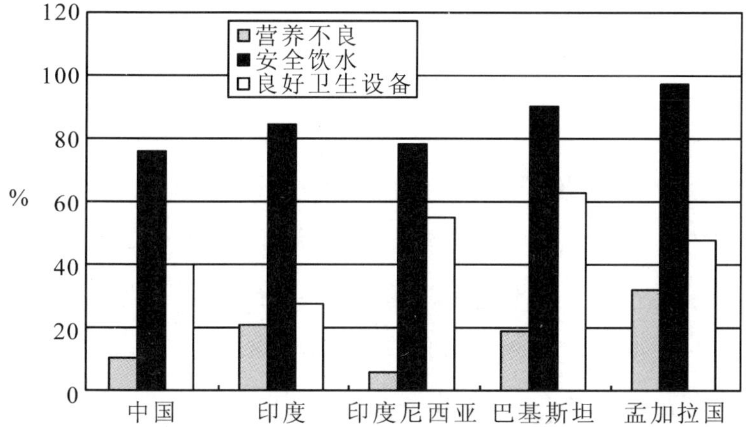

图5　2000年亚大地区主要发展中地区营养不良人口及享有安全用水和良好卫生设备人口

资料来源：世界银行，2003

因此发展中地区老年人总体健康和生命质量不如发达地区老人，据《2003年人类发展报告》，2000年亚大地区出生健康预期寿命55.5

岁，出生预期寿命 63 岁，大大低于发达国家的 76 岁，日本的 82 岁（UN，2004）。

二、积极应对人口老龄化是中国的战略选择

中国是世界人口最多的国家，人口已经超过 13 亿，其中 60 岁以上老年人有 1.45 亿，二者都占全球人口的 1/5。中华人民共和国成立时人口只有 5.4 亿，由于社会稳定，生产有所发展，医疗卫生条件有所改善，就形成出生多、死亡少和人口增长快的局面，由于一个时期对人口问题认识局限和重视不够，使人口持续迅速增长。在 1950 年代和 1960 年代形成两个人口高峰，对本来人口众多，人均自然资源相对不足，经济文化落后，城乡和地区发展不平衡的中国国情是很不协调的，不利于中国的发展。中国在 1970 年代开始提倡计划生育，控制人口政策并作为一项国策。1982 年提倡一对夫妇只生一个孩子，农村生育一个女孩的可以生育第二个孩子的政策。经过 30 多年的努力，中国计划生育取得了举世瞩目的成绩，一个妇女由上世纪 50～60 年代平均生 5～8 个孩子，到 2000 年前后只生育 1.8 个孩子；30 年来少生了 4 亿人，对中国的社会经济发展无疑起着不可替代的作用。

另一方面由于生育率迅速下降和人口寿命延长加速了中国的人口老龄化，今天 60 岁以上的人口已经达到 1.45 亿，占全体人口的 11% 以上。中国人口老龄化仅仅是个开始，到 2010 年以后，1950～1960 年代出生高峰人口进入老年期，中国人口老龄化比较严峻，预计 60 岁以上人口将达 4.3 亿人，65 岁以上也高达 3.2 亿人，分别占全部人口的 30% 和 23%，对中国这个发展中的大国是个严峻的挑战（见图 8）。中国政府认真对待这个问题，中国今天人均 GDP 虽然超过 2000 美元，但在世界上排在 129 位，仍是个发展中地区，上述人口老龄化

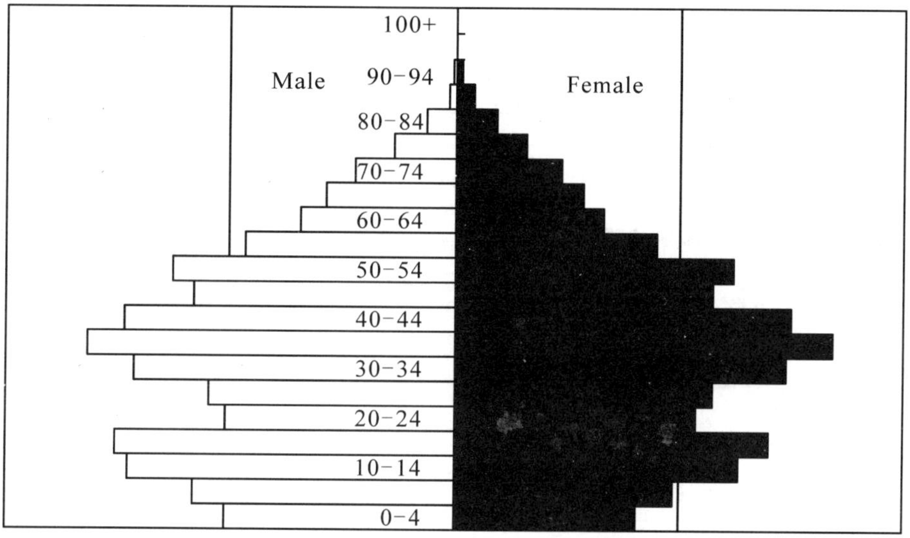

图 6　2005 年中国人口年龄金字塔

资料来源：2005 年中华人民共和国 1%人口抽样调查

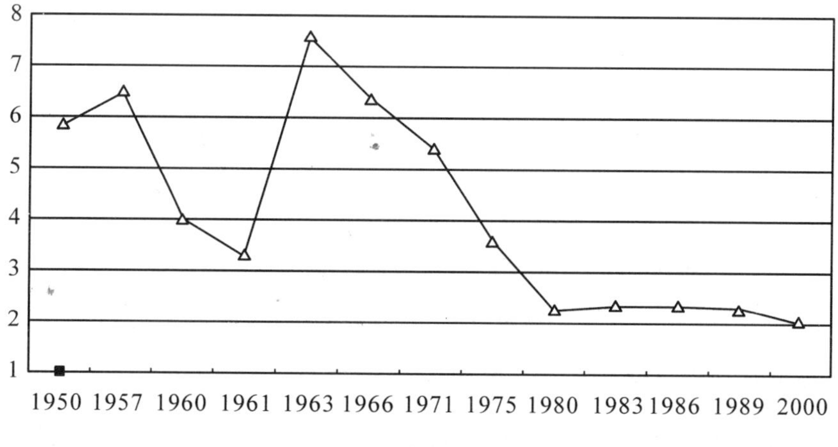

图 7　中国总和生育率

资料来源：1950～1989 年数据来自姚新武、尹华编(1994)，

2000 年数据来自庄亚儿、张丽萍编(2004)

对发展中地区的几个挑战对中国是完全适用的。去年中共中央提出了一条积极应对老龄化的重大决策。

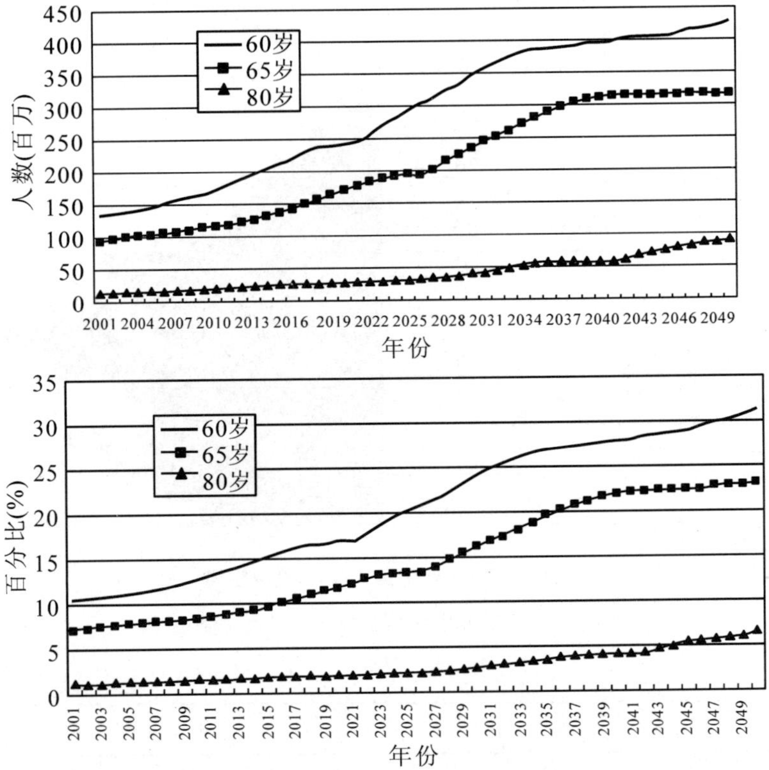

图 8　中国 2000～2050 年老年人口数及老年比

资料来源：联合国，2006

三、中国应对人口老龄化的实质

中国开始认识和在实践上应对老龄化已有 20 多年，由于中国人口多，老年人口多，经济社会文化的多样性，已积累了一定的经验，去年中共中央提出的积极应对人口老龄化是从中国国情出发，是在初步认识人类社会发展规律和人类个体老化的规律的基础上，提出这条积极应对人口老龄化的战略，这一战略的理论基础是以人为本，认为人类社会发展的终极目标是使所有人都能健康、长寿、幸福，并能得到自由、全面的发展和实现自我人生价值，这一目标经过人类持久努力是可以达到的，因此要积极主动乐观应对，更没有任何悲观的理由。这一战略的要点是：

1. 认识到人口老龄化是人类发展的历史必然。它标志着人类向前发展都比以前更健康长寿，这是人类的一项最伟大的成就。在人类历史长河中，人口老龄化的机遇和挑战总是并存的，人类个体老龄化和人口老龄化的规律都是可以逐步认识的，虽然迄今还未完全认识，人类通过认识和实践可以克服人口老龄化出现的一个又一个困难并取得更大的成就，因此人口老龄化的前景是乐观的，人类健康长寿是可望也是可及的，但必须积极、自觉、乐观、科学应对。国家必须把人口老龄化作为发展的一个组成部分，把老龄事业纳入国民经济和社会发展计划中，从长远的观点进行制度安排、建设和对相关机制、体制的创新，指导思想是科学发展观。

2. 不把人口老龄化仅仅看作是个老年人的问题，而是理性和科学地看成是与各个年龄人口利益攸关的大问题，它涉及代际之间的眼前和长远的利益的相互关系，社会要可持续发展就必须建立一个不分年龄人人共享的社会，实现代际和谐和团结，这是构建一个和谐社会应有之义。

3. 应对人口老龄化不能只满足于越来越庞大的老年群体能够存活下来，而且要有尊严地、在不断提高生活和生命质量中欢度晚年，能实现人生自我价值，并能继续对社会作出贡献。因此老年人的生存和生活质量和发挥老年人的潜力必须从每一个人的生命全程来考虑。积极应对人口老龄化必须强调每一个人的终身健康、终身学习、终身福祉、终身参与。指导思想是以人为本。

4. 积极应对人口老龄化不能把应对人口老龄化的责任由老年人自行解决或老年家庭负责、或推卸给政府和社会、更不能听任市场看不见的手来安排。人类社会和中国的实践经验都表明应对老龄化是全社会的共同责任，即政府、社会、家庭成员和老年人本人四个方面都有各自的责任，各方面的责任都要有明确的法律来规范并辅以中国传统的尊老、敬老、养老的美德来约束。指导思想是特色民主、法治和中国传统道德相结合。

四、现阶段中国应对人口老龄化的战略重点——发展方面

积极应对人口老龄化是中国的一个长期的战略目标。在不同的阶段有不同的战略重点，中国现阶段仍是个发展中地区，要把中国建设成一个富强、民主、文明的现代化国家作为奋斗目标，到 2020 年要努力实现全面建设小康社会，因此应对人口老龄化战略要有利于促进我国社会全面协调和可持续发展，这也是老年人的根本利益所在。按科学发展观当前中国应对人口老龄化的战略重点应包括两个方面：发展方面和老年人方面，二者有区别又有联系。现阶段各有侧重，应对老龄化的社会发展方面的战略重点：

战略重点 1. 在一个相当长的时期内稳定低生育水平是中国现阶段协调人口老龄化加速和人口规模继续膨胀的两难选择中最优选择。

中国人口生育率低于更替水平，目前 TFR 为 1.8 左右，但人口惯性增长仍要持续 20～30 年才能停止，另一方面人口老龄化正在加速发展，这是积极应对人口老龄化的一大难题。经过大量调查研究表明把总和生育率稳定在 1.8 的水平是中国现阶段的最优选择(见图 9)。

战略重点 2. 在优先社会经济发展的同时，要更加重视应对人口老龄化，要统筹兼顾，不能顾此失彼。

中国同发达国家不同，是在经济社会落后的条件下，人口老龄化

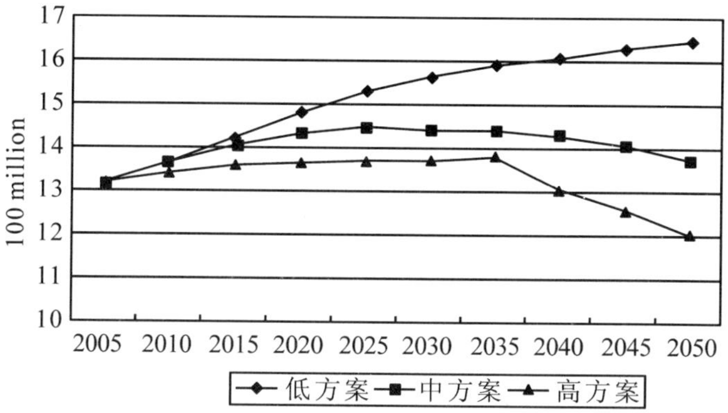

图 9　2005～2050 年中国人口形势预测

资料来源：高、低方案来自于联合国，2006；中方案(TFR=1.8)来自于杜鹏、翟振武、陈卫。中国人口老龄化百年发展趋势。人口研究，2005(6)

提前到来。中国人均 GDP 和人类发展指数还很低(见图 10)，在国际上排到 129 位和 81 位，基础设施薄弱，特别是社会发展方面的教育、卫生、住房、社会保障、环境保护等。经济发展社会不足和落后，中国应对人口老龄化则是无源之水，也不能持续应对，因此现阶段经济

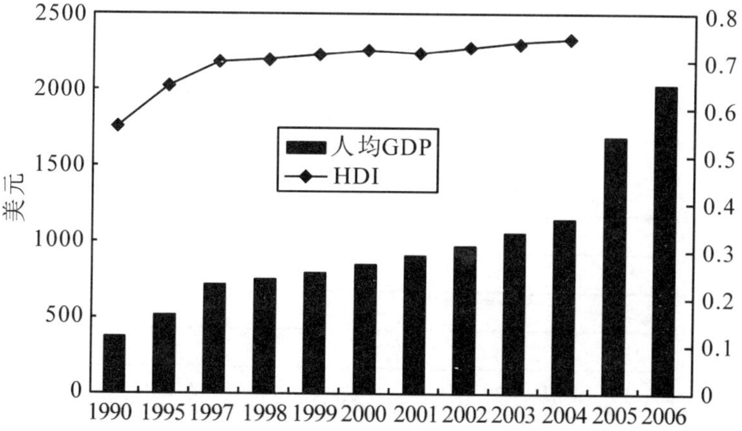

图 10　1990～2006 年中国人均 GDP 和 HDI

资料来源：世界银行历年资料

发展始终是第一要务，但加大对老龄投入已刻不容缓，是科学发展的需要。但对老龄化的投入必须和国情、国力和经济社会发展水平相适应。

战略重点 3. 有序大力推进城镇化和加速建设社会主义新农村，双管齐下是今天中国二元经济体制下，逐步消除城乡老年人差别的必然选择。

中国改革开放后，城乡老年人生活都有所改善，但在人口老龄化过程中收入消费差距仍在扩大。加速人口城镇化，把农村农业人口进城务工经商，进行产业结构转移，提高他们的收入是必由之路，但中国农业人口规模过大，城市就业岗位增加满足不了全部过剩人口的需要，因此农村人口必须有序逐步迁移。农村人口始终是个庞大数字，在中国大力建设社会主义新农村来逐步消灭城乡老年人差别不可或缺的。中国人口多，在一个相当长的时期内，城镇人口很难超过人口的 2/3，美国人口不到中国人口的 1/4，到 2003 年农村还保持人口的 20%。中国到 2030 年农村人口仍占全部人口的 30%以上(见图 11)。

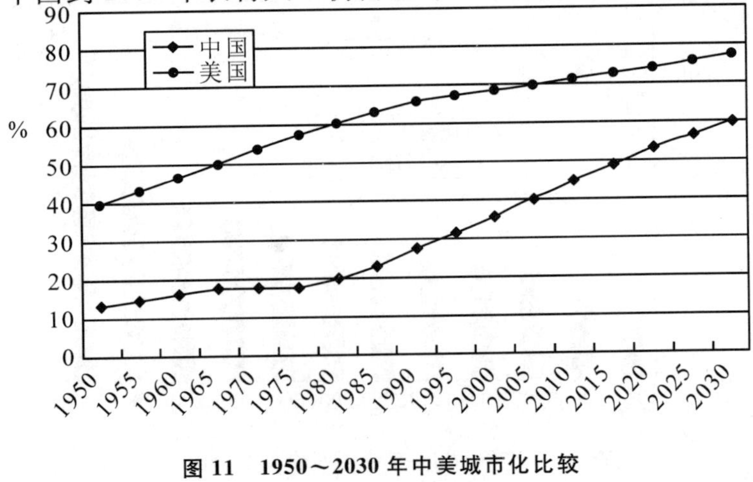

图 11　1950～2030 年中美城市化比较

资料来源：联合国，2006

因此缩小城乡老年人的差距还必须靠建设好新农村，要求工业“反哺”农业，城市支持农村，对农村“多予、少取、放活”。大力发展现代化农业，加强农田水利、道路交通、通讯、清洁饮水、宜居住宅等基本设施建设。发展农村教育、医疗和社会保障。政府加大投入，社会参与，特别是农民积极性是必不可少的。这样经过几代人的努力才能消除老年人城乡差别。

战略重点4. 加强对老龄社会民主法治建设，完善保障老年人权益的法律体系。中国1996年颁布的《中华人民共和国老年人权益保障法》(下简称《老年法》)明确政府、社会、家庭和老年人在维护老年人权益的各自职责，全社会要完善社会主义市场经济，以有利于老年事业的发展，加强对老龄问题的宣传教育，推动全社会形成一个弘扬尊老敬老的社会氛围，组织和领导全国老年学教育、科学研究和专业人员培训工作，为积极应对老龄化做好人才准备。

五、现阶段应对人口老龄化的战略重点——关于老年人方面

保障老年人合法权益是全社会的共同责任。国家、社会、家庭都有各自责任，老年人对自己的晚年生活在所能及范围内也负有责任，当前重点是解决好尚有部分绝对和相对贫困老人的温饱问题和使大多数老年人能老有所养、老有所医、老有所学、老有所为、老有所乐，为社会服务使他们成为社会文化的传递者。中国老龄工作方针是国家主导、社会参与、群众积极。国家建立养老保障制度，保障老年人的基本生活。

战略重点1. 老年人经济(收入)保障

目前城乡老年人收入保障是不同的，城乡社会保障统一起来是发

展目标。在城市，国家根据“低水平、广覆盖”的原则，逐步建立统一的包括各类退休人员的养老保险制度，并根据市场物价和企业在职职工工资增长的调整机制，积极设立、制定补充养老金。国家支持、指导企业根据自身能力开展和建立企业养老年金作为补充的养老保险金并鼓励老年人通过各种渠道开展储蓄养老。对城市贫困人口建立最低生活保障制度，实行应保尽保，对城市贫困老人设立各种社会救助制度。在目前二元经济体制下，城乡老年人社会保障应逐步实现一体化。

在农村，中国农村老人都有一份承包土地，因此老年人晚年生活主要依靠土地保障和家庭保障。在中国，《老年法》规定老年人的赡养人有义务耕种老年人的土地，收益归老年人所有，并鼓励老年人的赡养人就赡养义务签订协议。农村正在探索适合农村情况的老年社会保险制度。中国农村实行对无劳动力、无收入来源和无合法赡养人或赡养人无赡养能力的实行“五保”(保吃、保穿、保住、保医、保葬)。从今年开始在全国建立农村最低生活保障制度，对符合条件的农村贫困人口全部纳入保障范围。对农村的贫困人口国家和社会通过各种形式的救助制度予以不同形式的救助。

战略重点 2. 老年人健康与医疗保障

在目前的二元经济体制下，城乡老年人医疗、健康保障是不同的，城乡统一的健康医疗保障要经过一个较长时期才能逐步实现。目前城乡医疗保障制度正在进行改革，对老年人给予优惠。

在城市，国家启动大病统筹为主的城镇基本医疗保险制度，退休老年人免交医疗保险费，老年人大额医疗费开支由医疗保险统筹部分支付或部分减免，对不同的情况制定相关的支付规定。国家鼓励建立补充医疗保险制度和从各方面筹资建立医疗救助基金，以备大额医疗开支，有的城市把老人和小孩纳入大病医疗保险范围。

在农村正在建立新型合作医疗保障制度，这一制度从2002年开始，由个人缴费，集体资助，国家补助共同集资，到2007年8月已经覆盖到7亿农民，占农村人口的80%，有望不久覆盖到所有农村，在这一制度下，对参加新农合作医疗保障缴费有困难的农村老年人和农村贫困人口全部或部分给予补助。原已建立起来的农村五保制度的老年人仍由国家补贴的医疗补助制度解决，国家和社会对农民建立各种医疗保健救助制度。

战略重点3. 老年人生活照料和长期护理

老年人由于年事已高，他们的日常生活、精神文化生活常常需要别人帮助，除了主要依靠家庭成员外，在中国社会服务，特别是社区服务对老年人生活照料要起到重要作用。对于那些有残疾、生活只能半自理或不能自理的老人，完全依靠家庭照料护理或都推到社会上都存在这样或那样的问题和困难。中国从多年来的实践提出一条实践证明是可行的是以"居家养老为主、社区服务为依托，机构养老为补充"的照料模式。这一模式既能充分发挥也能减轻家庭成员的照料责任，也加大了国家社会对老年人照料服务的责任，这就要求国家社区加强公共服务和提供服务水平。中国鼓励社会志愿者为老年人服务并正在探索对老年人长期护理保险等制度。

战略重点4. 老年人的精神文化生活和社会参与的权益保障

中国《老年法》明确规定赡养人对老年人具有精神慰藉的义务。国家重视对老年人的文化和教育工作并领导和引导老年人参加各种群众性的文化、娱乐和体育活动。中国十分重视老年人参与社会发展的活动，政府机关和社会团体为老年人参与社会和社区工作开辟道路，在《老年法》中有专章关于老年参与社会发展的规定。

主要参考文献：

1. 中华人民共和国老年保障法.

2. 联合国经济和社会事务署人口司. 世界人口展望，2006

3. 联合国开发计划署.2005年人类发展报告

4. 联合国开发计划署.2003年人类发展报告

5. 世界银行.2003年世界发展报告. 北京：中国财政出版社，2003

6. 世界银行.2006年世界发展指标. 北京：中国财政出版社，2006

7. 杜鹏、翟振武、陈卫. 中国人口老龄化百年发展趋势. 人口研究，2005(6)

8. 国务院全国1%人口抽样调查领导小组办公室，北京：国家统计局人口和就业统计局，2005年

9. 全国1%人口抽样调查资料. 北京：中国统计出版社，2005(11)

10. 姚新武、尹华. 中国常用人口数据. 北京：中国人口出版社，1994(3)

11. 庄亚儿、张丽萍.1990年以来中国常用人口数据集. 北京：中国人口出版社，2003

12. Information Office of the State Council of the People's Republic of China. The Development of China's Undertakings for the Aged

我国社区养老的现状、问题和对策*

改革开放以来，我国的社会结构发生了急剧变迁。由于生育率的快速下降和平均预期寿命的不断提高，我国人口老龄化的步伐极为迅猛。2005 年全国 1%人口抽样调查显示，我国 60 岁及以上人口为14 408万人，占总人口的11.03%，其中，65 岁及以上人口占 7.69%，全国已有 21 个省(区、市)相继成为老年型地区。据全国老龄工作委员会办公室的预测，到 2020 年老年人口(60 岁及以上)将达到2.48 亿，占总人口的 17.17%；2021～2050 年，老龄化水平将加速推进到 30%以上，老年人口总量超过 4 亿。从2005～2020 年，我国老年人口将净增 1 亿。之后，进入高速发展阶段，到 2050 年前后提升到 30%以上，进入重度老龄化阶段①。人口老龄化的迅速发展，家庭结构的小型化、核心化，中青年职业竞争压力的增加，使得传统家庭养老

* 原载《中国社区发展报告(2008～2009)》，由郐沧萍、周俊山合写，北京，社会科学文献出版社，2008。

① 全国老龄工作委员会办公室：《中国人口老龄化发展趋势预测研究报告》，2006。

功能日趋衰退。面对这种形势，迫切需要大力发展社会化养老服务。在多种条件的综合作用下，社区养老应运而生了。

一、“社区养老”的概念与范围

家庭是构成社会的基本单位，是由夫妻关系和子女关系结成的最小的社会生产和生活的共同体。自人类社会进入文明时代以后，家庭就成为相对稳定的基本社会单位，同时也成为养老的最基本的单位。随着人类社会的发展，养老的内涵与养老模式也在不断变化。在传统的自给自足的自然经济社会中，家庭中的上一代生养子女，意味着自己老年有所依靠，这里的依靠包括在经济上、劳务上和感情上的依靠。下一代赡养上一代，是对上一代养育的回报，这同样也是家庭得以维持和延续的经济基础，同时也是人类自身的繁衍和人类社会存在和发展的必要条件。西方国家在实行工业化之前，养老也主要是由家庭负担。德国学者鲁道夫·吕贝尔特描述：“在18世纪中叶，欧洲各民族主要生活在农村，以农业为主，100个人中有90人靠农业生产或农业小企业为生。农民一般是三代，不少是四代同堂，共营家计。在农民大家庭中，每一个成员按其能力，为维持生活作贡献，老弱病残也各得其所，直至一旦瞑目为止。农村有毗邻居住的村舍和亲属结成的集体，这决定着农村居民的生活。”西方国家的社会养老最初是由基督教教义所倡导的慈善行为，政府对养老所承担的义务是提供养老救济。产业革命是社会保障得以产生的前提条件，社会化大生产转变促使家庭养老转向社会养老。在“未老先富”的一些发达国家，由于经济发展已达到较高水平，在实行居家养老的同时，国家也大量投资兴办各种养老机构，推动“社会养老”模式一时兴起。但随着人类社会逐步从少子高龄化社会走向少子高龄社会，特别像日本、北欧等一些发达国家甚至已进入以少儿人口减少为主的人口减少社会。在这种情况下，即使是发达国家，也已感到将难以承受迅速增长的社会养老之财政负担，而且人们也逐步认识到兴办养老机构、实行社会养老将割断被养老人与家人“共存”联系及情感诉求互动空间，不利老人的身心健康，社区养老可缓解或避免这些矛盾，于是又导致“社区养老”的出现。

社区养老来源于英国的“社区照顾”(Community Care)，满足老年人多方面的需求的关键就是社区照料。了解社区照顾，首先要了解老年人长期照顾(Long Term Care，简称 LTC)。老年人长期照顾是指老年人由于其生理、心理受损生活不能自理，因而在一个相对较长的时期，甚至在生命存续期内都需要他人给予的各种帮助的总称。然而经过学者们调查发现，LTC 容易使受助者处于一种与正常生活隔离的环境之中，使他们产生了强烈的依赖性，并逐渐失去了适应社会的能力。于是人们发出了让住院者回归社会的呼声，出现了社区照顾。社区照顾的定义有很多种，英国 1989 年的《社区照顾白皮书》对社区照顾所下的定义是：“社区照顾是指提供适当程度的干预和支持，以使人们能获得最大的自主性，且掌握自己的生活。为给老人提供服务的老人家庭成员提供喘息照顾(Respite Care)和日间照顾，通过团体之家和临时收容所，以增加照顾范围，直至提供居家照顾。”社区照顾至少有两种含义：一是不使老年人脱离他所生活、所熟悉的社区，在本社区进行服务；二是动员社区资源，运用社会人际关系即社区支持体系开展服务。在完整的意义上，社区照顾是“社区内的照顾”和“由社区来照顾”两方面的结合，它既包括由政府、社区甚至市场化的企业等各种非营利和营利的社会服务机构提供的专业服务，也包括由社区内的居民提供的非正式服务。我们可以将“社区内接受照顾”看做动用外来的专业人士提供的正规照顾，而“由社区负责照顾”则是依赖家人、朋友、邻居及社区内支援者提供的非正规照顾。理想的“社区照顾”应该能够同时融合“社区内接受照顾”及“由社区负责照顾”两种概念及策略。社区照料的对象是老年人、残疾人和精神病人。其服务对象是老年人的称为社区老年服务。而国外对于社区养老模式的研究也逐渐增多。提倡社区养老的学者普遍认为，传统的养老服务设施Nursing Home和LTC都面临着很大的危机，一方面，给政府造成很大的福利压力；另一方面，随着老年人口不断增加，养老设施明显不足，老年人希望更长时间留在自己生活的社区，还有更多新的老年服务设施产生。

在中国，家庭养老一直以来都是中国人首选的养老模式。城市化和人员社会流动的加快、计划生育政策的长期实施造成的少子化，导致家庭养老功能逐渐弱化，养老方式也出现了新的变化，部分老人经济条件的变化和自主意识的增强兴办养老院等各种“社会养老”模式也逐步发展起来。与居家养老相比较，“社会养老”模式可通过把老人集中到各种养老院“集体”养老，解决家庭养老人力资源不足的矛盾。但社会养老也有不少问题，其需要持续的大量投资，没有足够的政府财政补贴几乎就难以为继。随着老年人越来越依赖社区，老年人对社区服务的需求也变得多样化，主要包括治病健身的医疗需求，日常生活的照料需求和思想感情交流的精神慰藉需求。但是在理论上关于社区养老是不是一种养老方式仍存在争议①：(1)淡化社区养老。一些学者认为养老模式非社会即家庭。两者的区别在于养老费用由谁承担，

① 欧莹莹：《城市社区养老问题研究综述》，《云南行政学院学报》2008年第1期。

老年人是居家还是入住老年服务设施，不把社区养老作为一种独立的养老模式。(2)认为社区养老是家庭养老的辅助和补充部分学者认为，目前中国的养老模式仍然是居家养老，社区的服务设施与服务体系只是帮助更好地实现居家养老。认为将居家养老与社区养老服务相结合的模式是最有利于老年人的养老模式。(3)认为社区养老是家庭养老与社会养老的结合。社区养老是近年来兴起的概念，且伴随社区养老的出现，是家庭养老与社会养老的完美结合，认为社区服务的兴起和发展，为解决我国的养老问题提供了新选择。这三种观点其实都不否认社区服务与社区老年服务设施对养老模式的帮助，并且将社区服务设施体系看得十分重要，特别是持第二种观点的学者事实上都认同他们赞成的居家养老模式都是在社区服务下实现的，只是他们不把社区养老看做一种养老模式罢了，而持第三种观点的学者对社区养老的研究多停留在社区服务上。

这样看来，社区养老模式的概念还是十分模糊的，究竟它是不是一种养老模式，还是只是给家庭养老提供一些社会化服务，仍旧需要澄清。家庭养老与社会养老是探讨养老方式时使用最频繁、争议最多的两个概念，远未达成共识。目前对家庭养老概念的界定有亲情说、家庭说、方式说三类①，社会养老的界定也有社区养老和机构养老两种观点。在两者的划分标准方面，目前较为通行的观点是以“养老的经济来源”作为划分的标准，主要依靠离退休金和社会保障生活的为社会养老；主要由家庭及其成员供养的为家庭养老。但仅仅从经济供养角度界定养老的概念，很难区分实际生活中存在的大量混合型养老模式，也很难说明人们生活水平提高之后尤其是城市老年人的照料问

① 姚远：《对家庭养老概念的再认识》，《人口研究》2000年第5期。

题、精神慰藉问题将超过经济供养问题的现实。对此，穆光宗颇有见地地提出了一种以“养老支持力”作为划分的标准，认为在界定养老概念时是否考虑两个原则：“一是经济为主要原则，在分类时考虑经济变量为主，非经济变量为辅；二是问题感受原则，这一原则实际上要显示出老年人的个体差异”①。刘贵平对社会养老的内涵作了一番颇为深入的分析，提出了一些独到的见解，首先，他认为社会养老与家庭养老不会是对立的，也就没有“非此即彼”的排斥关系；其次，社会养老与家庭养老的主要区别绝不在一个是由政府出钱，一个是由亲属出钱。两者在两个方面有本质的不同，首先分散风险的程度不同；其次，社会养老具有收入再分配的功能②。姜向群也认为，从本质上讲，社会养老与家庭养老的区别在于：社会养老将养老责任分摊于全社会，而家庭养老则只是由家庭承担养老责任；社会养老具有社会再分配功能，从而实现社会范围的公平化③。

一个开放的体系同时由于各地在政策操作层面对于社区养老的理解存在着种种差异，因此要准确地界定社区养老的含义是比较困难的，并无法涵盖社区养老实践的全部内容。于是，我们放弃给出社区照顾一个定义的努力而是尝试从社区照顾的内容与组成部分入手对社区照顾进行界定，我们参照四个主要层面对养老服务进行了分类：(1)提供何种服务？(2)服务在何处进行？(3)谁提供这项服务？(4)服

① 穆光宗：《“3+2”养老工程：中国特色的综合养老之路》，《迎接人口老龄化挑战的战略构想——北京市“老人、家庭与社会照料”学术研讨会论文集》，1998。

② 《人口研究》编辑部：《社会化养老：问题在哪里?》，《人口研究》1999年第4期。

③ 姜向群：《家庭养老在人口老龄化过程中的重要作用及其面临的挑战》，《人口学刊》1997年第2期。

务的开支由谁来支付？“社区养老”不是要由社区来承担养老的主要责任，而是主要包括两层含义：一是老年人居住在家，在经济上仍以家庭供养及个人自养为主，自养经济来源于退休金或养老金以及民政福利补贴；二是以社区为主体建立社区养老中心，根据老年人需要为其提供各种老年人服务及设施，包括健身、医疗、学习、游乐、咨询等，大量家庭承担不了或不适合做的社会化养老事务由社区来提供。这样社区养老也分散了养老的风险，具有社会再分配功能，因此我们认为其也是一种新型的养老方式。参照这些指标，我们定义“社区养老”，是指老年人居住在家里，在继续得到家人照顾的同时，由社区承担养老工作或托老服务的一种养老方式。该方式既不同于传统的家庭养老，也不同于机构养老，而是汲取了二者的优势，是中国应对人口老龄化挑战的重要养老方式。

二、我国社区养老的现状

在我国较系统地提出并实施社区服务，开始于20世纪80年代中期。1987年，国家民政部在总结城市社会福利改革经验的基础上，首次提出了“社区服务”的概念，后来又提出了在政府倡导和扶持下，依托街道和居委会开展社区服务的指导思想。1996年10月起施行的《中华人民共和国老年人权益保障法》第35条中提到：“老年社区服务便是中国老龄化战略对策中的一项重要举措”，由此社区服务被纳入法制化、规范化的轨道。2000年8月，中共中央、国务院发出《关于加强老龄工作的决定》明确指出，要加强社区建设，依托社区发展老年服务业，进一步完善社区为老年人服务的功能。经过二十多年来的发展已粗具规模，在部分大中城市已初步形成以设施服务、定点服务和上门服务为主要形式，以日常生活照料、医疗保健、心理保健、文化娱乐、参与社会以及权益保护等为主要内容的服务格局①，在硬件设施、组织机构和人员支持上获得了空前的提高，各地也出现了不同形式的模式：

改革开放以来，我国政府先后针对老年问题颁布了200多件法律法规，各级财政用于社会保障资金的投入比例逐年增多，为社区养老提供了政策支持和一定的资金来源，社区硬件设施得到了很大程度的改善，社区附近是否有相应的文体教育场所和设施，即利用这些资源的便利性和可及性，是老年人能否参与相关活动的一个客观物质基础。按照民政部的统计，目前我国的社区老年服务设施已达到31.7万个，其中"星光计划"老年活动之家3万多个，成为"老有所养、老有所医、老有所教、老有所学、老有所为、老有所乐"的物质基础。我国城镇基层组织街道办事处、居民委员会等已经形成了一套比较完备的管理体系，截至2008年6月底，全国设有居委会(社区居委会)82 566个，社区服务中心已经达到9 439个，初步形成了区、街道、社区三级社区服务网络，为社区养老提供了较好的组织保证，也起到了很大作用。据民政部2006～2008年的统计数据显示，在这三年间，全国老年人的活动项目占了社区活动项目总数的30%左右，远远高于其他项目；老年人参加人次数竟接近60%。

由社会团体组织和自发参与的志愿服务者已经形成了一支相当规模的队伍，民政部与国家发改委联合制定并实施了《"十一五"社区服务体系发展规划》，推动建立社区志愿者注册制度，社区服务正在向广度、深度方向发展，截至2008年年底，社区服务志愿者组织43万

① 张文范：《社区养老社会化服务的战略意义》，《上海城市管理职业技术学院学报》2004年第6期。

个，注册人数达到600多万，为其提供了不小的人力帮助；我国部分经济发达地区和京、津、沪等大城市积极推进社区养老，已具有一定物质基础，初步建成了较为完整的组织体系，其经验可供我们借鉴：杭州市下城区探索实践了以“三个服务组织联网、六大系列服务联抓、500个居家养老服务点联建”为核心内容的居家养老“65金晖行动”，以实践“365天，天天在您身边，时时为您服务”的工作宗旨，着力构建一所没有围墙的区域敬老院，有效推进了下城养老服务事业的全面发展。江西省南昌市东湖区依托社区平台，以“星光老年之家”、社区图书室、社区课堂、老年健身场地等老年福利服务设施为载体，积极为老年人提供生活照料、文化娱乐、医疗康复、体育健身、终端呼叫、紧急援助等居家养老服务项目；通过政府购买岗位，为独居、孤寡老年人提供送时服务；通过组织志愿者队伍，开展了法律维权、温情陪伴等志愿活动。通过邻里互助，牵手帮扶，打造了亲情服务品牌。北京市作为首都，更是积极探索社区养老的模式，出现了典型的“汽南模式”和“德胜模式”的社区居家养老。汽南社区的模式是以民办非企业组织为依托开展居家养老服务；而德胜街道则以社区养老院为依托开展居家养老服务。这些实践都还在进一步探索中。

三、我国社区养老存在的问题

解决好社区养老问题，是对我们生存环境的一种建设和改善，是和谐社会建设的重要组成部分。我国的社区养老发展到现阶段，已经具备了很多有利条件，但是，从整体上看，我国的社区养老社会化服务水平还比较低，发展很不平衡，与国家总体改革发展的要求很不适应，与人口老龄化发展的要求很不适应，与老年人口提高生活质量的要求很不适应①，当前推行社区养老的过程中还存在不少困难和问题。多数老年人仍是以自我照顾、配偶及子女照顾为主，并没有得到身边的社区服务，洪国栋根据中国老龄科研中心对10多个省市的实证调查，指出社区在老年人供养体系中是最薄弱的一环②。

1. 传统观念影响深远，对社区养老认识不足

我国一直以来推崇的是传统的家庭养老，“养儿防老”的思想根深蒂固。因此，不仅是普通百姓，甚至是一些相关的职能机关和管理部门都没有真正意识到开展和完善社区养老服务的重要性和迫切性。也就是说，并没有把建设社区养老服务体系当做建设社会主义精神文明和物质文明的一部分，没有把建设社区养老服务体系上升到关系整个社会稳定发展和谐的高度来看待。这其中的原因，既有人为因素，也有自然因素。一些官员和群众对我国老龄化的严峻形势缺乏清醒认识，对社区养老这一新型模式不理解不习惯；有的学习不够，不能把做好为老年人服务、推进社区养老服务提到推进社会文明进步、构建社会主义和谐社会的高度来认识。还有的是属于发展落后，没有条件开展社区养老，思想自然跟不上形势，只能仅仅依靠家庭力量解决养老问题。在人口日益老龄化和高龄化的严峻形势下，如果不能处理好养老问题，会对我国的经济发展和社会建设造成重大影响，还可能对我国的稳定及安定团结形成威胁。

2. 社会经济发展不平衡，造成社区养老发展不平衡

长久以来，我国的城市与农村二元化格局的差异明显，影响深

---

① 李学斌：《我国社区养老服务研究综述》，《宁夏社会科学》2008年第1期。

② 洪国栋：《老龄对策科学的发展》，《中国老年学杂志》1996年第5期。

远；同时，又有沿海与内地，及经济较发达地区与欠发达地区的明显差异。在大部分城市发展社区养老，困难不大，一些经济发达地区如京、津、沪等大城市，社区养老服务已粗具规模，但仍欠完善，无论是“硬件”还是“软件”都有待进一步提高，至于在社区养老服务中能够全面做到经济上供养、日常生活中照料、医疗保健上保障以及精神感情上慰藉的更是凤毛麟角。一些经济欠发达地区，社区养老服务还只是刚刚起步，尤其是在广大农村，虽然经济也在不断发展，但是仍然和城市有明显差距，既缺少经济基础，思想支持也不够。近年来，在农村为老年人服务虽然有了不小的发展，如加强敬老院建设，为“五保”老年人提供集中供养场所，通过广泛签订“家庭养老协议”等使家庭矛盾得到缓解或解决，但从总体上看，由于绝大多数地区没有实行社区养老服务的经济能力，基本上还是家庭养老一统天下。这种情况显示，在我国全面推进社区养老任重道远。

3. 社区养老资金匮乏，基础设施建设滞后

随着人口老龄化进程不断加快，高龄人口数量逐渐增多，老年人对居住、医疗护理、文化体育设施等方面提出更多、更高的需求，而这些都对养老资金提出了更高的要求。社区养老服务从本质上具有社会福利性质，长期以来，尽管国家投入逐年加大，但由于目前其他方面资金来源渠道尚不确定，服务补贴标准偏低，所以常常面临资金不足、不能支撑其基本运作与相关设施购置的尴尬局面。街道特别是社区一级资金的不足是制约社区老人服务业发展的重要因素。全面开展社区养老服务，不但要求社区必须具有满足老年人衣食住行需求的生活设施、保护老年人健康的医疗卫生设施、丰富老年人精神文化生活的文化娱乐体育设施，还必须有足够的相应的场地和建筑，所有这些都需要一定数量的资金。资金的匮乏，成了当前制约社区养老发展的

“瓶颈”。

4. 社区养老服务产业化程度低，无法满足市场需求

社区养老服务走产业化之路是由市场经济规律所决定的，随着人们支付能力的提高，老年人的发展与享受需要也在增长，对社区服务也提出了新的需求，社区服务走产业化之路是必然趋势。然而，目前我国的社区养老服务产业化进程缓慢，尽管有些地方的社区服务已经开始出现了一些品牌化、连锁化发展趋势，但从整体的情况看，大部分地区的社区服务的产业化程度仍然较低。为推动和发展社区养老服务产业化，虽然为鼓励开办社区养老服务机构和设施的单位、个人，制定了一些优惠政策，如减免营业税、建设工程中的各项收费费率减半等，[①] 但在实际中因各部门协调困难而被打折扣的现象却屡见不鲜，使这些政策没有落实到位，从而无法给社区养老服务事业的发展提供一个良好的外部环境，影响了社区养老服务的发展。

5. 社区养老专业人员缺乏，志愿者队伍不够壮大

社区工作并不是人们通常认为的那种社会地位低下、素质要求不高的职业，而是一种对专业知识和专业技能要求极高的专业。目前，在我国从事社区养老工作的绝大部分是没有受过专业训练、不具备专业知识或者是下岗和再就业的工作人员。我国的社会工作专业教育刚刚起步，但专业还不成熟，专业地位也不稳固，各个院校普遍存在专业教师严重缺乏的问题。2002 年 2 月《养老护理员国家职业标准》开始推行，但在这几年的时间里，养老服务人员的专业化建设仍然没有提

---

① 财政部、国家税务总局《关于企业所得税若干优惠政策的通知》规定，养老服务机构自开业之日起，减征或免征企业所得税一年对从事经营活动的养老服务机构，利润偏低的，可以根据财政部、国家税务总局《关于印发企业所得税若干政策问题规定的通知》的规定，享受两档照顾性税率。

到日程。这不仅直接影响到社区服务的质量，而且还在很大程度上会影响到整个社区养老事业的发展。另一方面，目前我国社区养老服务中的志愿者队伍普遍缺乏，甚至有的社区没有志愿者队伍，缺乏公众支持基础。根据发达国家和地区的经验，社区养老助老服务工作除了专业工作人员之外，还应有相应的志愿者服务队伍作为支撑，组成诸如“老年服务小组”、“送温暖小组”、“孤老残疾保护网络”等志愿组织。没有社区公众的广泛支持与参与，社区养老助老服务工作肯定是搞不好的。

四、对我国社区养老发展的对策建议

由于我国的社区养老还处于起步和探索阶段，很多问题亟待解决，任重而道远，这就需要政府、社会和个人的共同努力，争取使越来越多的老年人安享晚年。

1. 充分发挥政府的主导作用，全面统筹和推进社区养老事业

和西方发达国家自下而上发展的社区养老不同，我国的社区养老服务事业是依靠政府力量自上而下大规模地推行而蓬勃发展的，政府在社区养老服务中起着至关重要的作用，这是由中国的国情所决定的①。鉴于政府在社区养老服务中的作用，发展社区养老就必须充分发挥政府的主导作用，主要从以下两个方面考虑。

首先，政府及相关部门制定好社区养老事业的政策和发展规划，并将它纳入经济和社会发展的整体规划之中。利用社区基层管理职权和地缘优势，摸查、掌握养老资源和需求者信息。立足当前、谋划长

① 王睿：《推进社区养老是应对老龄社会的必由之路》，《周口师范学院学报》2007 年第 7 期。

远，做到切实可行，既考虑有效需求，又考虑潜在市场，既顾及投资者的经济利益，又顾及服务对象的支付能力，避免盲目发展和重复建设。针对存在的突出问题进一步健全有关促进老龄事业发展的法律、法规、规章和政策，并严格落实已有的各项规定，尽快建立起完善的法规和制度体系。在当前要着重加大对养老服务机构的扶持力度，鼓励和引导社会力量投资兴办社会福利机构，创造公平竞争的社会环境，加强社会化改革步伐，强化社区养老服务功能，以推动社区养老事业与经济社会协调发展。

其次，加强政府的主导作用，提高对社区养老服务事业的投入力度。就中国目前的社会经济条件和人们的思想观念以及社区养老服务所具有的福利性、公益性而言，社区养老在很大程度上仍是一种政府行为，这就要求各级政府部门及其领导应该高度重视社区养老服务事业的发展，进一步加强社区养老事业的领导，并保证每年给予财政上的支持，建立社区专项养老基金，拨专款用于社区老年服务事业的发展和相关设施的建设。

2. 营造市场运行机制，走社会化、产业化相结合的道路

社区养老是一项社会事业，要全面构造社会广泛参与机制，增强社区自筹、机构投资和社会捐助，从而实现多方位多层次的资金筹集方式。营造市场运行机制，按照“社会事业社会办”、“谁投资谁受益”的原则要求，大力推进投资主体、投资方式多元化。鼓励和引导国家、集体、民营、个人等多种所有制的投入。注重通过合资、合作等形式，引进外资发展养老事业，兴办不同经济成分和不同服务层次的经济实体。现阶段要以现有民政部门举办的养老服务设施为基础，进一步扩大其功能，提高服务质量，规范管理，以逐步满足广大老年人日益增长的物质和精神需求，争取创办出适合老年人需求的名牌和品

牌服务。

社区养老走产业化之路是由市场经济规律所决定的，也是提高社区养老服务水平的有效途径，要加快建立社区各类养老服务机构市场化运行机制。原有的社区养老服务机构要实行法人实体化管理，建立市场化运行机制，改革内部管理、用工和分配制度，全面对社会开放，发挥示范作用；新办的各类养老服务机构或设施，要按照市场配置资源、价值规律调节、公平竞争、优胜劣汰等市场经济法则运作，使其成为自主经营、自负盈亏、自我发展的经济实体。政府办的养老服务机构也要引入市场竞争机制。要积极探索公办民营等委托运作形式，实行举办与运作、所有权与经营权相分离的现代企业财产法人制度。要明晰产权关系和相应的权利和义务，在保持国有资产保值增值的同时，实现经营者的利益最大化。大力培育社会中介组织。社区养老服务引入社会中介组织参与服务和管理，政府给予相应的扶持政策。

3. 在社会经济水平不断提高的基础上，切实加强社区养老的基础设施建设

基础设施是社区养老的“硬件”，是推行社区养老服务的重要物质基础，对社区服务质量有重大影响。当前的基础设施建设主要有以下几个方面：一是社区养老服务所需的场地、房舍的建设问题。这项建设牵涉面广，所需投资多、难度大，因此一定要取得多方面的支持与配合。有关部门、社区和社区养老机构都需要有一个规划，并积极争取把它纳入当地政府的统一规划之中，至于具体实施，则应组织设计单位、老龄问题专家、有经验的管理服务人员共同研究探讨，提出具体的指导和建设性意见。各级政府主管部门在制订规划、审批住宅建设项目时，也要对社区养老的要求作适当考虑与安排。二是社区养老

服务所需的医疗卫生设施的建设问题。应本着小病不出社区、健康保健日常化的原则，在社区内开设老年门诊、家庭病床、保健中心或兴建老年人医院、老年康复保健站等，以减轻老年人在病中挤车、排队，耽误治疗和日常健康保健无人指导的压力，有利于老年人的身心健康。

同时，也要加强诸如社区运动锻炼、老年食堂、社区活动中心等基础设施的建设。不仅要服务于老年人的物质生活，更要致力于丰富老年人的精神世界。有计划地组织老年文艺会演、书画展等活动，有条件的村委会、居委会要有老年学校、图书阅览室等学习场所，使老年人的生活不再孤寂空虚。另外，一些社区也可设立老年婚介所，帮助鳏寡孤独的老年人求得生活伴侣，互相照顾、互相关心、安度晚年。

4. 提高全社会对社区养老的认识，加紧培训社区养老专业人员

思想认识是行动的先导，对社区养老事业的认识越明确，推行社区养老的自觉性就越高，工作中的干劲就越大。要依靠各级组织，通过各种渠道，采用多种形式和方法，对推行社区养老的重要性、迫切性、优越性与可行性进行广泛的宣传教育，引导和帮助群众特别是广大干部提高认识，消除疑虑，提高自觉性与责任感；要及时总结经验，发现推行社区养老的先进典型，用事实让群众看到推行社区养老的好处，打破习惯势力与传统落后观念的束缚，增强信心，排除障碍。这项工作做好了，深入推行社区养老服务就有了坚实的思想基础。

社区养老服务工作的成功与否，很大因素取决于是否拥有一支专业、敬业的服务队伍。一些发达国家涉老服务人员已占总人口的1%以上，这些人员一般需要经过培训才能上岗。20 世纪 80 年代初期，

美国社区学院中有 1/3 至 1/2 开设 1 门或数门老年学课程[①]。要加强为老年人服务队伍的专业化建设，从专业院校选用相应专业(如社区服务与管理、养老服务、家政与社区服务等)的大中专毕业生，充实社区养老助老服务专业工作人员队伍；同时应分批选送在职工作人员到有关高校或培训机构学习，聘请专家或专业技术人员对从事社区养老服务人员进行岗位培训等，帮助他们提高为老年人服务的技能，努力优化为老年人服务的业务素质。要加强为老年人服务的规范化建设，制定老年服务职业资格标准，提高专业工作者队伍的质量和服务水平。通过以上专业化规范化的措施，为社区养老助老服务的发展提供最基本的人才保障。就目前我国的人力资源状况而言，社区养老服务员队伍建设还要与再就业工作相结合，从下岗失业群体这个人力资源库中进行选择。由于社区养老服务员拥有政府再就业政策给予的各项优惠，选择他们作为服务员，就等于借用政府政策给予的基础补贴，从而使得服务员领到的老年人福利服务补贴具有在各项津贴之上的叠加效应，符合低收费、低补贴、低成本的老年人福利服务的基本要求。

5. 针对不同类型的老年人群，提供不同层次的社区养老服务

社区养老照料服务是一个细分产品，对老人应给予程度不同的照顾，提供不同的服务。

一是高龄老人、非自理老人。这部分老人各种疾病增多，生活不能自理，与子女的沟通也越来越少，常常会产生孤独寂寞感。对他们应以上门照料服务为主(即家务助理服务)，为老人提供医疗、康复、护理、洗涤、购物、餐饮、心理咨询等全方位的服务。对其中丧失生

---

① 朱传一：《美国老年学研究与老龄问题》，《社会学杂志》1984 年第 5 期。

活自理能力的老人和缺少家庭照顾的高龄老人，仍需要通过养老机构来解决，使他们在养老机构得到多方面的照料服务和精神慰藉。

二是生活基本能自理但又需要一定照料服务的中高龄老人。可采取日间护理中心、托老所、老年康复站等形式服务。一般是早出晚归，白天在社区日间护理中心或托老机构接受护理和康复服务，也可参加社区组织的各种有益身心健康的文化娱乐活动。

三是低龄老人、空巢家庭老人。这部分老人多是刚从工作岗位上退下来，一般身体健康，收入也较高，子女又往往不在身边，需要一定项目的上门照料服务，如家务助理、出行旅游服务等。政府和社区组织要鼓励、提倡、支持低龄健康老人在自愿量力的前提下，参与社会发展和公益事业，体现“独立、参与、照料、自我实现和尊严”的老年人基本原则。有条件的社区可建立老年人才中心，为他们开辟第二职业、贡献社会创造条件。也可依托社区服务中心、老年活动室、老年大学，使他们参加各种有益的文化、体育、教育活动。

四是独居老人、残疾老人等特殊群体。这部分人是社区养老服务的重点保障对象，对他们要按照政府救助和社会互助相结合的原则，构筑多层次、多元化、多项目的贫困救助网络。要通过社会救济和低保保障他们的基本生活，大力倡导多种形式的扶老助困送温暖活动。要保障他们的基本医疗服务需求，为他们设立应急呼救电话。要动员社会各方面力量，组织自愿者队伍开展结对子活动，使他们在养老机构和家中安度晚年。

邬沧萍著作目录

《商业统计学》(合著，中国人民大学出版社 1964 年版)

《资本主义国家经济统计指标基本知识》(三人合著，人民出版社 1977 年版)

《人口通论》(上册)(合译主审，商务印书馆 1978 年版)

《人口统计学》(三人合著，中国人民大学出版社 1981 年版，再版多次)

《世界人口》(主编，中国人民大学出版社 1983 年版)

《人口学辞典》(副主编，人民出版社 1986 年版)

《漫谈人口老化》(辽宁人民出版社 1987 年版)

《世界人口纲要》(二人合著，中国人民大学出版社 1987 年版)

《人口与生态环境》(二人合著，辽宁人民出版社 1987 年版)

《中国人口发展战略研究》(主编之一，武汉出版社 1988 年版)

《北京市人口老龄化与老年人口生活质量问题研究》(主编，北京燕山出版社 1990 年版)

《改革开放与人口发展》(主编，辽宁大学出版社 1990 年版)

《Population Ageing In China》(马耳他联合国人口老龄化研究所和国际人口研究机构联合会出版 1991 年版)

《英汉汉语管理科学词典》(主编之一，中国劳动出版社 1993 年版)

《转变中的中国人口与发展总报告》(主编，高等教育出版社 1996 年版)

《改革开放中出现的最新人口问题》(主编，高等教育出版社 1996 年版)

《中国经济开发区外来人口研究》(三人合著，华东师范大学出版社 1996 年版)

《人口老龄化过程中的中国老年人》(二人合著，华东师范大学出版社 1996 年版)

《GENERAL REPORT OF CHINA'S CHANGING POPULATION AND ITS DEVELOPMENT》(二人合著，高等教育出版社 1997 年版)

《中国人口的现状和对策》(二人合著，清华大学出版社 1998 年版)

《社会老年学》(主编，中国人民大学出版社 1999 年版)

《英汉人文社会科学词典》(主编之一，中国人民大学出版社 2001 年版)

《CHINA'S POPULATION SITUATION AND POLICIES》(二人合著，外文出版社 2004 年版)

《人口、资源、环境关系史》(主编之一，人民大学出版社 2005 年版)

《中国人口老龄化：变化与挑战》(主编之一，中国人口出版社 2006 年版)

《人口学学科体系研究》(主编，中国人民大学出版社 2006 年版)

《老年学概论》(主编之一，中国人民大学出版社 2006 年版)

《邬沧萍自选集》(中国人民大学出版社 2007 年版)